职业教育汽车专业课程改革创新教材

U0883118

自动变速器构造与维修

（第2版）

Construction and Repairs of Automatic Transmission

(2nd Edition)

朱迅 李晓 ◎ 主编

人 民 邮 电 出 版 社

北 京

图书在版编目（CIP）数据

自动变速器构造与维修 / 朱迅，李晓　主编. -- 2版. -- 北京 : 人民邮电出版社, 2015.11
职业教育汽车专业课程改革创新教材
ISBN 978-7-115-40407-7

Ⅰ. ①自… Ⅱ. ①朱… ②李… Ⅲ. ①汽车－自动变速装置－构造－中等专业学校－教材②汽车－自动变速装置－车辆修理－中等专业学校－教材 Ⅳ. ①U472.41

中国版本图书馆CIP数据核字(2015)第215607号

内 容 提 要

本书根据职业教育汽车专业的教学要求，并参考相关的行业规范和岗位要求，介绍了自动变速器的基本构造及其维护、维修技能。

本书共 7 个模块，主要内容包括：认识自动变速器、液力耦合器与液力变矩器、行星齿轮变速器机械结构、自动变速器液压控制系统、电子控制自动变速器、无级变速器和自动变速器试验。

本书可作为职业院校汽车专业课教材，也可供相关从业人员参考。

◆ 主　编　朱　迅　李　晓
责任编辑　刘盛平
执行编辑　刘　佳
责任印制　张佳莹　杨林杰

◆ 人民邮电出版社出版发行　　北京市丰台区成寿寺路 11 号
邮编　100164　　电子邮件　315@ptpress.com.cn
网址　http://www.ptpress.com.cn
北京鑫正大印刷有限公司印刷

◆ 开本：787×1092　1/16
印张：17.5　　2015 年 11 月第 2 版
字数：437 千字　　2015 年 11 月北京第 1 次印刷

定价：39.80 元

读者服务热线：(010)81055256　印装质量热线：(010)81055316
反盗版热线：(010)81055315
广告经营许可证：京崇工商广字第 0021 号

第2版前言

随着国民经济的迅速发展，汽车行业已成为我国的支柱产业。各职业院校为适应产业和技术的发展，大力加强汽车专业的建设，大量培养汽车专业技能型人才，满足行业发展需求。

当前，职业院校汽车专业教学中存在的主要问题是，传统的教学内容与社会对汽车维修人员的技术技能要求差异比较大。本书的编写尝试打破原来的学科知识体系，按现代汽车维修生产的流程来构建本课程的技能培训体系。

本书是依据行业职业技能鉴定规范，并参考现代汽车维修生产技术文件编写而成的。通过本书的学习将使学生掌握汽车自动变速器各系统、总成和部件的功用、结构与基本工作原理；初步掌握自动变速器拆装、检测与故障诊断的技能。

本书力求体现以下特色。

1. 以主流车型为例。本书在课题实施中，以主流车型装备的自动变速器为例，便于各学校教学。

2. 难易适度。本书摒弃了那些理论过深、对实际工作影响不大的内容。着重介绍结论性强、应用性强的内容，使整体的理论难度降低。同时又保证了相应的理论基础，使学生能够在分析和解决实际问题时有一定的理论根据。

3. 关注产业发展对人才需求规格与学校培养目标的衔接与交流，重视企业现有操作规程与维修经验的引入。

4. 图文并茂，体例新颖。本书针对操作性的内容多配以示意图片，使操作要点更加直观，降低学生的学习难度。在编写体例上采用新的形式，设置“应用提示”“延伸阅读”等小栏目，使学生易学易懂。

本书建议教学学时数为 80 学时，各模块学时分配方案见下表。

模　块	内　容	学　时
模块一	认识自动变速器	2
模块二	课题一　了解液力耦合器	4
	课题二　检查综合式液力变矩器	4
模块三	课题一　认识行星齿轮与检修液压离合器	4
	课题二　分解检修辛普森行星齿轮传动机构	6
	课题三　分解检修拉维纳行星齿轮传动机构	6
	课题四　CR-CR 行星齿轮结构	4
	课题五　由基本行星齿轮组演变的多速自动变速器机构（选学）	6
模块四	课题一　认识自动变速器液压控制系统	2
	课题二　检修自动变速器液压泵	4

续表

模　块	内　容	学　时
模块四	课题三　自动变速器液压阀体的分解与检查	6
模块五	课题一　认识自动变速器电子控制系统	4
	课题二　电控自动变速器故障诊断	6
模块六	课题一　认识机械变速器自动控制	4
	课题二　了解轮带式传动机构	2
	课题三　拆装本田无级自动变速器	8
模块七	课题一　失速试验	2
	课题二　道路试验与挡位试验	2
	课题三　自动变速器液压系统油压试验	4
总　计		80

本书由北京电子科技职业学院朱迅和李晓担任主编，张献群担任副主编。密云县职业学校教师刘长青、刘凤良、肖晓玲、席金艳参编。其中，李晓负责模块一、模块三中课题一；朱迅负责模块三中课题五、模块四、模块六；刘长青负责模块二；刘凤良负责模块三中课题二、课题三、课题四；肖晓玲负责模块五；席金艳负责模块七。由于编者水平有限，书中难免存在不妥之处，恳请读者提出宝贵意见。

编　者

2015年6月

目 录

模块一 认识自动变速器

学习目标

知识目标

◎ 能叙述现代汽车自动变速器技术发展及自动变速器控制形式。

◎ 能正确描述自动变速器分类及各种类型自动变速器的特点。

◎ 能正确描述自动变速器基本组成及各组成部分的作用。

能力目标

◎ 熟悉自动变速器选挡手柄的功能和使用。

◎ 了解自动变速器。

20 世纪 30 年代，自动变速技术开始用于城市公共汽车，以解决车辆频繁起步带来的麻烦，提高乘驾舒适性。第二次世界大战期间，自动变速器出现在军用越野车上，提高了汽车的越野通过性。1940 年美国通用奥兹莫比尔汽车公司在其批量生产的轿车上装用了带有液力元件的自动变速器。直到 1948 年 Dynaflow 全自动变速器问世，现代汽车自动变速器的雏形基本形成。其后近半个世纪以来，自动变速器技术逐渐发展，自动换挡系统从全液压控制型发展到电子控制液压执行型，特别是近 20 年伴随着计算机技术飞速发展，自动变速控制技术日臻成熟，自动变速器在轿车和城市大型客车上的使用已开始普及。

基础知识

一、自动变速器的功用与特点

1. 变速器基础知识

（1）汽车驱动力与变速器传动比关系

汽车传动系是将车辆发动机发出的动力传递给驱动轮的动力传递系统。现代汽车上装用的活塞式发动机由曲轴输出的转矩 T_{tq} 和功率 P_t 特性如图 1.1（a）所示。以这类车用发动机直接作为汽车的动力源明显存在着一些不足之处，它们主要表现在：①输出转矩 T_{tq} 太小，导致车辆所获驱动力过小，无法满足汽车在各种载荷与各种道路状况下的驱动需要；②输出转速 n 太高，致使汽车行驶速度过大，不能确保汽车的行车安全；③转矩 T_{tq} 的变化范围太窄，使得汽车无法适应各种路面引起的阻力变化；④发动机存在最低稳定转速 n_{tq} 使汽车由静止起步行驶困难，即在此过程中难以协调旋转的发动机与静止的汽车之间的运动学矛盾。

综上所述，如若将这样的发动机直接与汽车的驱动轮连接，汽车会在行驶过程中受到各种困扰。为了解决上述发动机存在的问题，确保汽车能够正常行驶. 需要在发动机与驱动轮之间配置一套变速传动系统，通过该系统提供的足够大的传动比，达到降低发动机输出转速、增加输出转矩的目的，从而协调发动机与车辆行驶条件之间的关系。图 1.1（b）为一具有四挡变速器汽车与装有理想动力传动系统汽车的驱动力曲线，双曲线为理想动力传动系汽车的驱动力曲线，理想的动力传递系统应该是使汽车在整个工作范围内输出功率始终为最大值，这样才能保证汽车在低速行驶时加速、爬坡的驱动力。

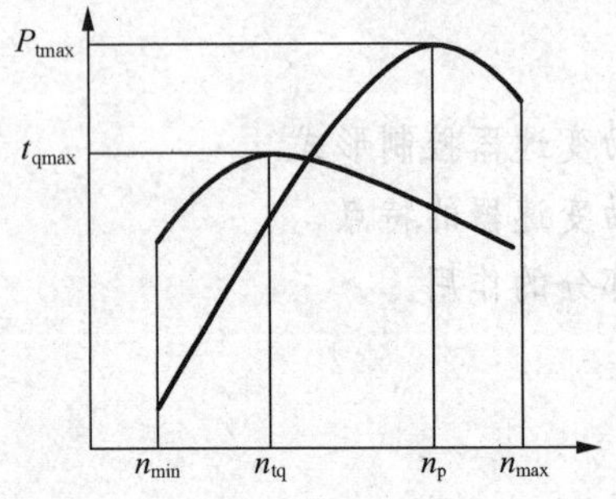

（a）发动机外特性曲线

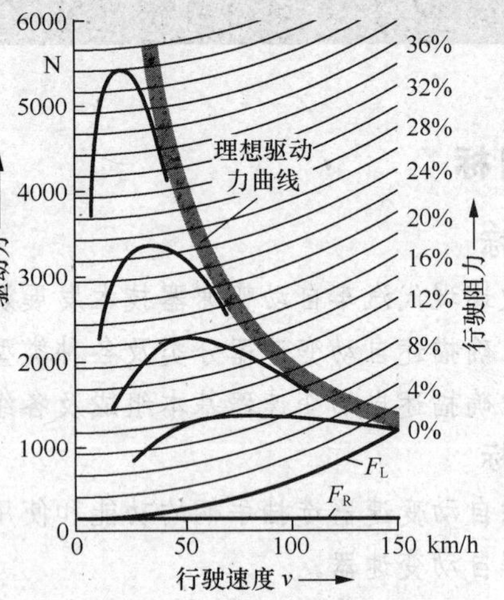

（b）汽车驱动力与行驶阻力平衡

图 1.1　汽车特性曲线

对于轿车类小型乘用车而言，通常希望汽车传动系的传动比达到 12～18，而对一般载货汽车来说，则要求传动系能够提供 35～50 的传动比，只有这样才能让汽车在使用过程中保持良好的动力性和燃油经济性，使工作范围相对较小的车用发动机能够适应车辆在各种情况下的需要。这种传动速比通常由汽车的传动系统通过两级以上的减速装置获得，即依靠变速器和分动器、主减速器或轮边减速器等装置来共同实现。

（2）变速器工作原理

① 变速原理

由齿轮传动的原理可知，一对齿数不同的齿轮啮合传动时可以变速，而且两齿轮的转速与其齿数成反比。设主动齿轮转速为 n_1,齿数为 z_1；从动齿轮转速为 n_2，齿数为 z_2。主动齿轮（即输入轴）的转速与从动齿轮（即输出轴）的转速之比值称为传动比，用表示 i_{12}。

即：$i_{12}=n_1/n_2=z_2/z_1$

例如：主动小齿轮齿数是 12，从动大齿轮齿数是 24，则这对齿轮的传动比（速比）是 2∶1。如果此时主动齿轮转速是 1000r/min，从动齿轮转速一定是 500r/min。

如图 1.2 所示，当以小齿轮为主动轮，其转速经大齿轮传出时就降低了，称为减速运动，此时传动比>1；如果以大齿轮为主动轮，其转速经小齿轮传出时就升高了，称为增速传动，此时传动比<1。这就是齿轮传动的变速原理。

② 变矩原理

如果忽略传动损失，一对啮合齿轮的输入轴（主动齿轮的）输入功率 P_1 应等于输出轴（从动齿轮的）的输出功率 P_2，

即 $P_1=P_2$。

设主动齿轮转速 n_1、转矩 M_1，从动齿轮转速 n_2、转矩 M_2，

由 $P_1=M_1n_1/9550$；$P_2=M_2n_2/9550$，

得：$n_1/n_2=M_2/M_1$

由上面公式可看出：齿轮传动的转速与转矩成反比。即当一对啮合齿轮的主动齿轮是小齿轮，从动齿轮是大齿轮时，输出的转速下降，转矩增加，如图 1.3 所示。

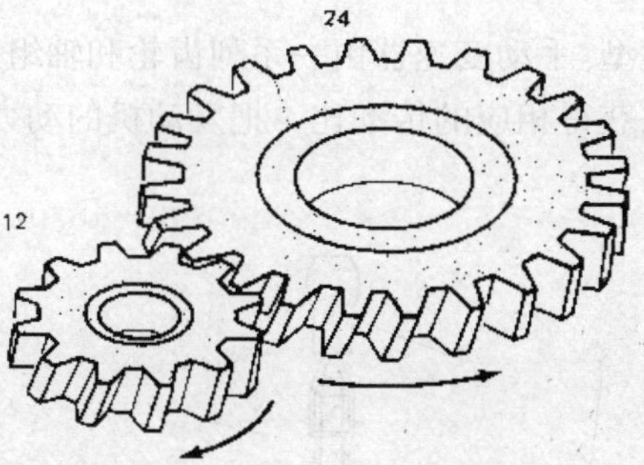

图 1.2　一对啮合齿轮

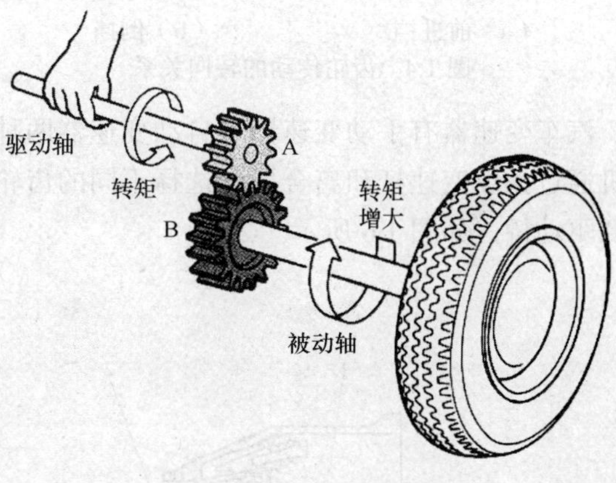

图 1.3　变矩示意图

例如：主动齿轮转速是 1000r/min，输入转矩 100Nm，从动齿轮转速是 500r/min，则从动齿轮输出转矩一定是 200Nm。汽车变速器正是根据齿轮传动的减速增扭或增速减扭的原理来实现变速变矩的。但是一对齿轮传动只能得到一种固定传动比，即得到一个输出转速和转矩。为了扩大变速器输出转速和转矩的变化范围，变速器实际采用了多个大小不同的齿轮传动，也就构成了多个不同的传动比，这就是变速器的挡位。不同的挡位有不同传动比，即有不同的输出转速和转矩。

③ 变向传动

一对齿轮啮合旋向相反，每经过一个传动副，其轴的旋向改变一次,如图 1.4（a）所示。在一对未啮合的齿轮间增加一个惰轮传动，其输出轴与输入轴的旋向相同，如图 1.4（b）所示。这种结构形式被用于变速器的倒挡。为获得相同旋向和适当的传动比，可以采用如图 1.5 所示的结构形式，使用中间轴和两对齿轮啮合，这是普通三轴式变速器前进挡的传动情况。

2. 自动变速器的功用与特点

汽车变速器是汽车传动系的重要组成部分。其功用是：按汽车的使用条件选择不同的传动比，扩大驱动轮转矩和转速的变化范围，以适应经常变化的行驶条件；不改变发动机旋向也能实现汽车的倒车；利用空挡中断动力传递，以使发动机能够起动、怠速并便于变速器换挡或进行动力输出。

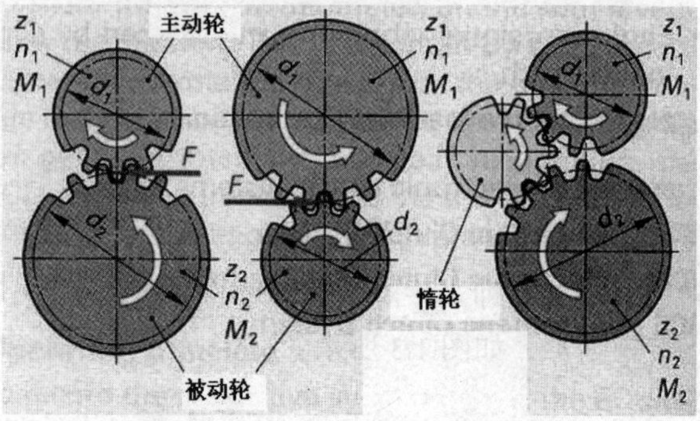

（a）前进挡　　（b）倒挡

图 1.4　齿轮传动的转向关系

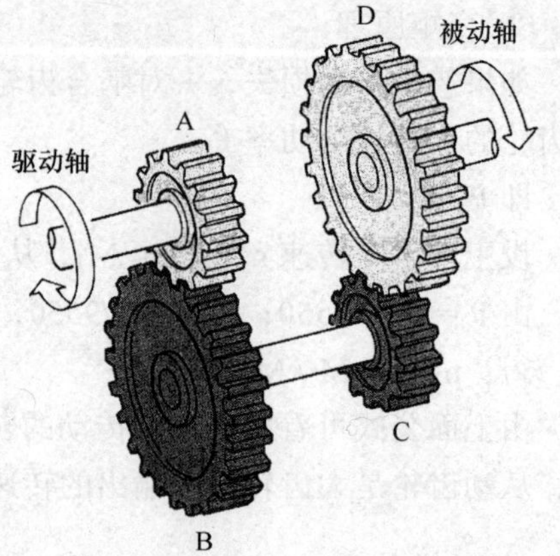

图 1.5　三轴式变速器结构示意图

汽车变速器有手动变速器与自动变速器两种基本类型。手动变速器由一系列齿轮和轴组成。司机通过操纵变速杆和离合器，选择不同的齿轮啮合以获得相应的传动比，把发动机的动力传递到驱动桥，如图 1.6 所示。

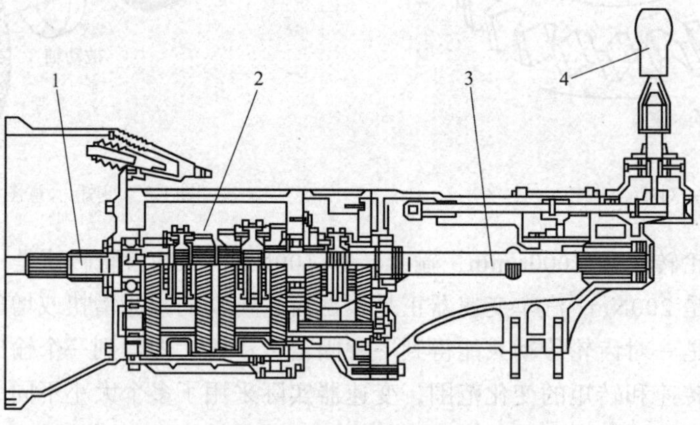

图 1.6　手动变速器示意图

1—输入轴　2—平行轴变速机构　3—输出轴　4—换挡手柄

自动变速器指能够进行自动换挡操作的变速机构。自动变速器将离合器的功能与变速器的功能合并，实现动力传递并根据道路状况自动改变传动比。一般由液力变矩器、机械变速器和液压控制系统等组成，如图 1.7 所示。

随着汽车的发展和普及，人们不仅对汽车的性能要求在改变，而且对汽车乘驾的舒适性也提出更高要求。从社会环保和能源利用的角度出发，需要汽车必须在各个方面不断改进，以满足这一需要。但是，作为汽车这一复杂的机械系统，让每个使用汽车的人都去理解和掌握汽车使用要领是非常困难的。人们需要更好的产品的同时还要求非常简单的操作。自动变速器为满足上述要求和简化汽车驾驶操作提供了可能，赢得了使用者的青睐。特别是现代汽车技术和科学技术发展为变速器的自动化和精确控制提供了条件，降低了能量损耗，改善了换挡震动，还可以根据道路变化自动调节驱动力输出。简洁的操控、良好的使用性能都使得自动变速器的装车率不断提高。

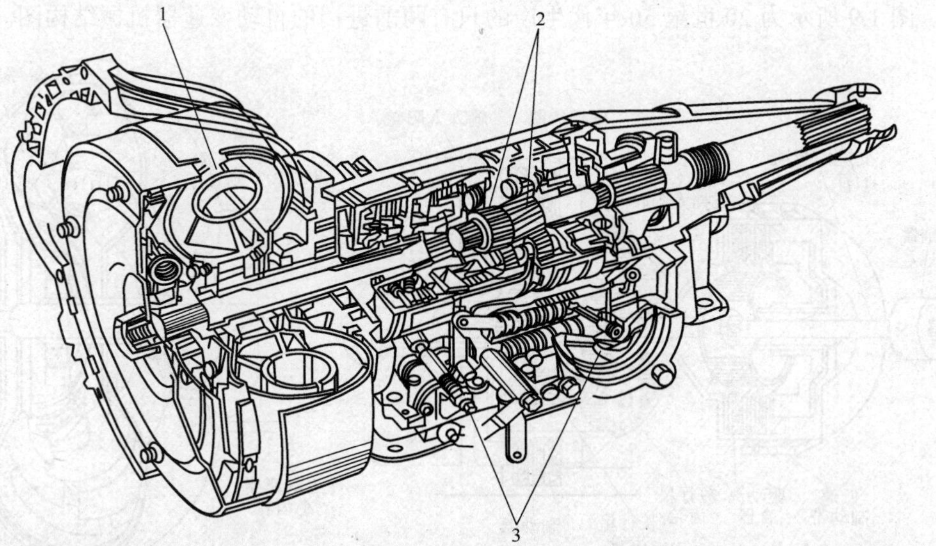

图 1.7　自动变速器
1—变矩器　2—行星齿轮变速机构　3—液压控制系统

二、汽车自动变速器的发展史

1. 汽车自动变速器的产生

20 世纪是科学技术高速发展的时代，也是汽车技术不断完善的时代。汽车传动系由最初的皮带传动进入到齿轮传动，都需要使用手动操作。由于换挡时需要在发动机与变速器之间使用离合器实现动力的结合和切断，同时为使发动机动力与路面行驶阻力和汽车的惯性力很好的匹配，避免汽车换挡冲击或发动机过载，都需要驾驶人员在起步、换挡、制动时进行一系列复杂的技术操作。尽管设计人员对离合器进行了有针对性的改进设计，但仍没有彻底改变对离合器复杂的操作要求。自动变速器的发展正是源于简化离合器操作的需要。为了消除汽车起步、停车时的频繁沉重操作，首先在发动机与离合器之间装了液力耦合器，利用液力传动的特点，使汽车在起步时不再需要进行艰难的“油离配合”的操作。早期的耦合器与手动变速器安装结构如图 1.8 所示。由于液力耦合器不能切断动力传递，所以仍需要离合器帮助完成换挡。此后，汽车液力传动技术进一步发展，综合式液力变矩器的出现进一步完善了液力传动的功能。液力传动的速比连续变化特性和变矩器的增矩功能改善了汽车运行的能力，锁止离合器提高了传动效率，这些都体现了液力变矩器在传动系中的重要作用。

图 1.8　早期液力耦合器与手动变速器
1—摩擦式离合器　2—手动变速器　3—液力耦合器

1938 年美国通用汽车公司最先推出并批量生产由液力耦合器与行星齿轮变速器组合的变速器。该变速器采用行星齿轮改变变速比，采用液压元件进行换挡控制，系统根据车速和负荷变化进行自动换挡，不再需要驾驶人员进行换挡操作，从而实现了真正的自动变速。20 世纪四五十年代，自动变速器在美国得到应用和发展。图 1.9 所示为 20 世纪 50 年代生产的只有两前进挡的自动变速器机械结构图。

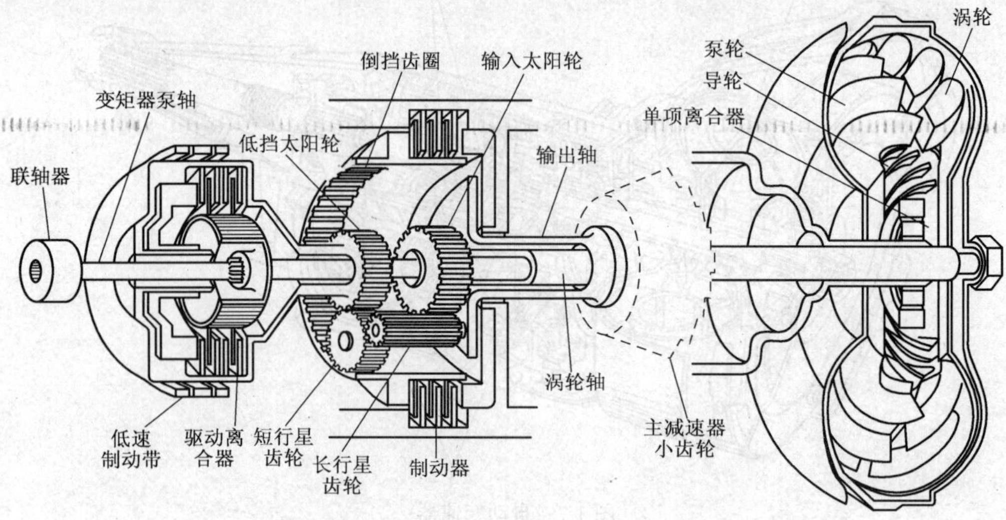

图 1.9　美国早期生产的两前进挡、一倒挡自动变速驱动桥

由结构图可以看出，液力变矩器取代了耦合器，平行轴齿轮变速机构改为使用行星齿轮组合机构，而离合器成为变速器内改变速比的元件。自动变速器采用液压系统控制实现自动换挡，将液力传动的增矩功能和无级变速作用与行星齿轮的变速与换挡控制功能结合，在两挡机械结构下既满足当时汽车行驶的要求，又可实现速比的自动变换。

由于自动变速器表现出一系列优越性，20 世纪 70 年代后期，自动变速器在各国汽车应用上迅速发展起来。正是人们对生活的追求，促使汽车功能发展；也正是设计人员的不断努力，使汽车技术日臻完善。现代科学技术在汽车工程技术领域的应用，使自动变速器实现了真正意义的自动控制，并逐步克服了从前技术方面的缺陷。

2. 现代自动变速器的发展

现代自动变速器已不是独立的传动装置，已经与汽车的其他系统构成了完整的控制系统，使汽车动力性、经济性和环保性能均得到提高。现代科学技术的发展，使得传感技术、控制技术、计算机技术、材料技术等不仅改善了自动变速器的性能，还促使在机械应用技术方面出现了新变化，使自动变速器结构出现多样化的趋势。在行星齿轮变速器方面出现了获得更多传动比的自动变速器，以更好适应道路条件和提高乘驾舒适性；而无级变速器则以连续可变的传动比实现发动机动力与道路阻力的最优匹配。与此同时，设计人员并没有放弃传统手动变速器的设计，在实现离合器和换挡操作的自动控制后，出现手动操作的自动变速器。目前，还有更多的传动技术在不断探索和实用化过程中，将来的汽车变速器的类型会更多、自动化程度会更高、使用性能会更好。

自动变速器采用不同的变速机构，通过液压或计算机控制降低了换挡冲击。由于液压控制换挡装置，取消了沉重的脚踏式离合器操作，并取代了手动操作过程，从而减轻了汽车变速时的操作复杂程度和劳动强度。

液力传动是自动变速器普遍使用的传动形式。它是以液体为介质的叶轮传动，通过叶轮与液体的相互作用实现能量相互转换并传递动力。液体特有的“变形”功能可以吸收振动、缓和冲击，提高了发动机和传动系机械零件的使用寿命。液力耦合器或液力变矩器的工作特性可实现无级变速传动或增加驱动轮的牵引力，并且在行驶阻力很大时也不会造成发动机熄火。

自动变速器可以根据汽车负载和行驶速度要求自动实现传动比变换，而无需驾驶员再为道路变化选择挡位，真正降低了操作技术的难度，使驾驶汽车更简便、更安全；同时提高了汽车动力性、平稳性和舒适性。

随着计算机技术在自动变速器上的应用，进一步完善了自动变速器的功能，降低了汽车能耗，提高了汽车经济性；同时有效降低了发动机尾气中有害物质的排放，减轻了对环境的污染。

自动变速器结构及制造工艺复杂、制造成本高、维修难度大和高维修成本，已成为我国汽车上普及自动变速器的障碍。

尽管如此，在发达国家中，如美国汽车自动变速器装车率已达到95%以上。注重环境、能源的欧洲和日本，自动变速器的装车率也达到80%以上。在我国，自动变速器的优势正在被认识，其装车率也在不断上升。

近年来，我国也在不断引进、研发、吸收和生产自动变速器，不仅有了自主的产品，并已被装到一些国产轿车上。自动变速器有着良好的市场前景，并会带动整体汽车技术的提高。

三、现代汽车自动变速器的类型与组成

汽车自动变速器一般按照实用技术领域的特征进行分类，这些分类代表了自动变速器的特性或结构组成，同时也体现了自动变速器控制的先进程度和技术领域。

1. 现代汽车自动变速器的类型

根据自动变速器的不同特征采用不同分类方法。

（1）按汽车驱动方式分类。

自动变速器按驱动方式可分为后轮驱动、前轮驱动、四轮驱动自动变速器，图 1.10 所示为四轮驱动装载自动变速器的轿车。四轮驱动自动变速器内要加装动力分动装置，其结构要相对复杂。一般前轮驱动自动变速器内装有主减速和差速器，又被称为自动变速驱动桥，发动机与自动变速驱动桥结构如图 1.11 所示。

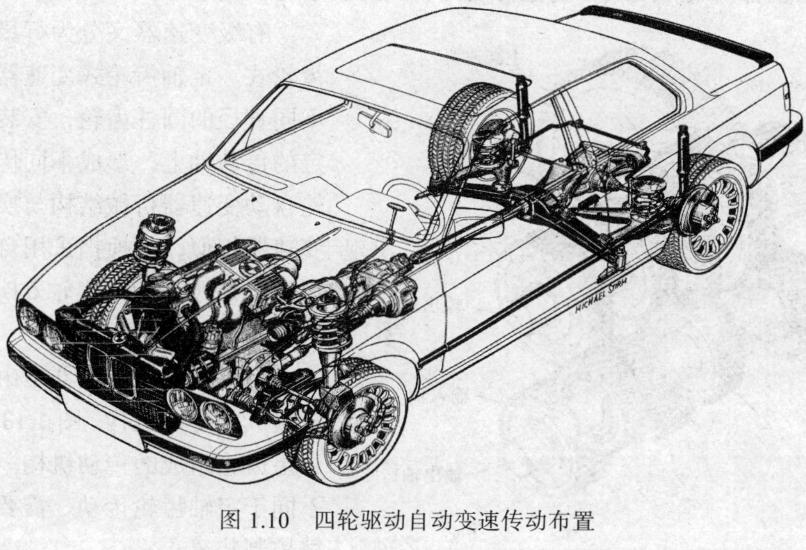

图 1.10　四轮驱动自动变速传动布置

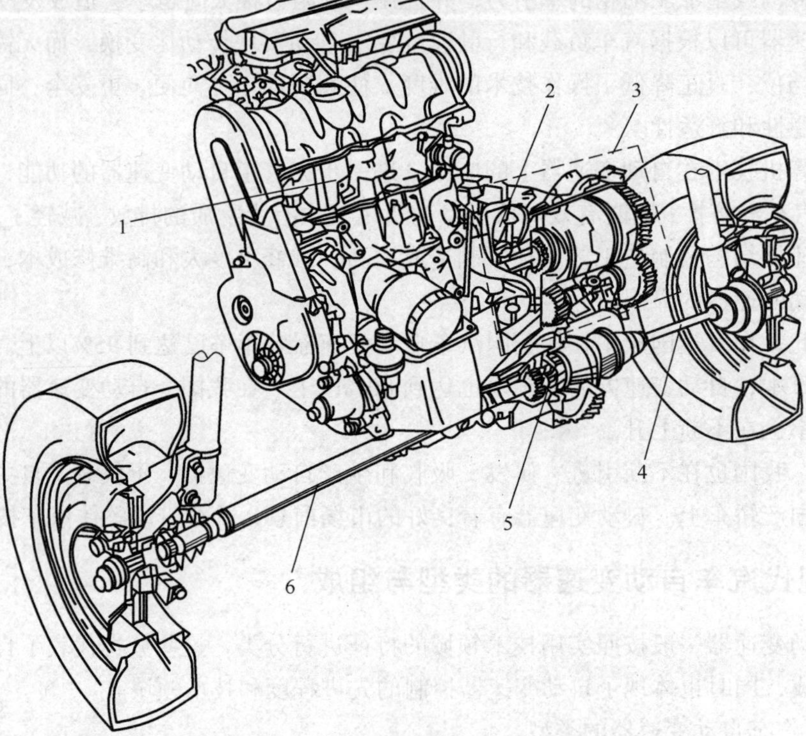

图 1.11　自动变速驱动桥

1—发动机　2—变矩器　3—变速机构　4，6—驱动轴　5—差速器

（2）按变速传动比分类。

按汽车变速器的变速传动比分为有级变速器和无级变速器两种。

① 有级变速器是指具有有限几个定值传动比，且传动比随汽车负荷和车速能够自动变换的变速器。这种变速器具有 3 个或更多个前进挡和 1 个倒挡，变速器的变速传动元件为齿轮，通过不同齿轮的组合构成有限几个定值传动比，因此属于有级变速器。

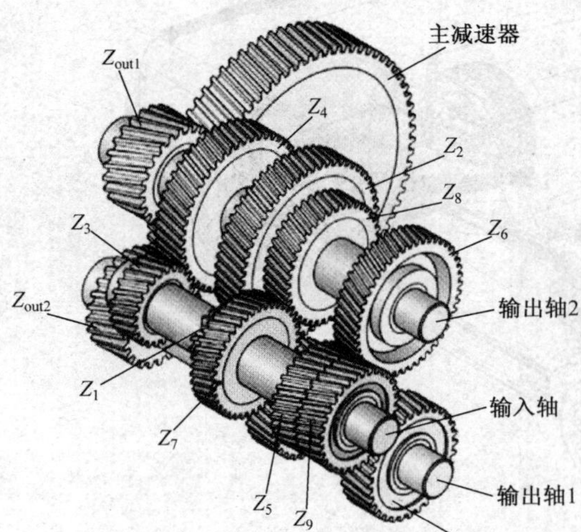

图 1.12　定轴圆柱齿轮传动机构

有级变速器又分为行星齿轮式和定轴齿轮式。定轴齿轮式变速器是利用若干对不同直径的圆柱齿轮，安装在轴线位置固定的传动轴上，形成不同传动比。定轴齿轮自动变速器机械结构与换挡结构与手动变速器相似，但换挡采用自动变换控制，图 1.12 所示为双输出轴 6 挡圆柱齿轮变速结构。

行星齿轮式变速器是由若干组行星齿轮组成的变速机构。图 1.13 所示是由两组行星齿轮组成的传动机构。行星齿轮传动不同于定轴齿轮传动，需要较为复杂的换挡控制装置。

② 无级变速器是指通过一定的机械

结构，使传动比在一定范围内实现连续变化，从而获得不同的传动比的变速器。现代轿车上完成实用设计并大量装车的无级变速器主要是轮带结构，能够实现速比连续变化的机械结构如图 1.14 所示。

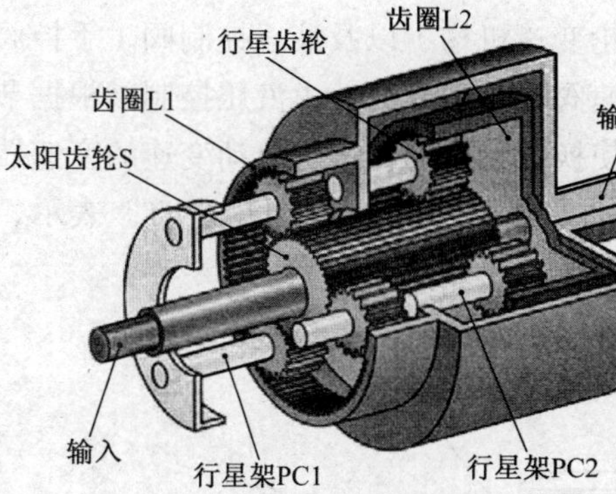

图 1.13　行星齿轮传动结构

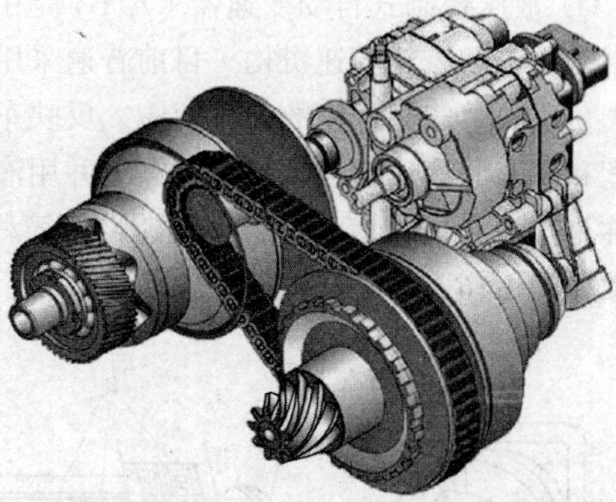

图 1.14　轮带式机械传动结构

（3）按照发动机与变速器之间动力传递方式分类。

① 液力传动式自动变速器。依靠液体动能进行动力传递称为液力传动。液力传动装置之间没有固体结构联接，以液体为介质实现动力传递，不仅传递力矩，且具有增矩作用，还可以实现无级变速、吸收冲击振动。液力变矩器较早被应用在变速器上，优点显著，技术不断完善，目前市场上大部分自动变速器采用液力变矩器传递动力。液力变矩器结构如图 1.15（a）所示。

② 摩擦离合器传动自动变速器。摩擦离合器是发展最早的动力传动机构。随着电子液压控制技术发展，出现自动控制摩擦离合器，并与定轴齿轮传动组成自动变速器。图 1.15（b）所示是湿式液压双离合器的组成结构。

③ 电磁离合器传动式自动变速器。电磁式离合器是利用电磁场作用力传递动力，结构如图 1.15（c）所示。离合器从动盘内装有电磁线圈，主动盘与从动盘间充满磁粉。电磁场强度不同，磁粉被磁化强度不同，所能传递的动力随之变化。由电子控制的励磁电流改变磁场力的强弱，从而实现离合器接合的过渡过程。

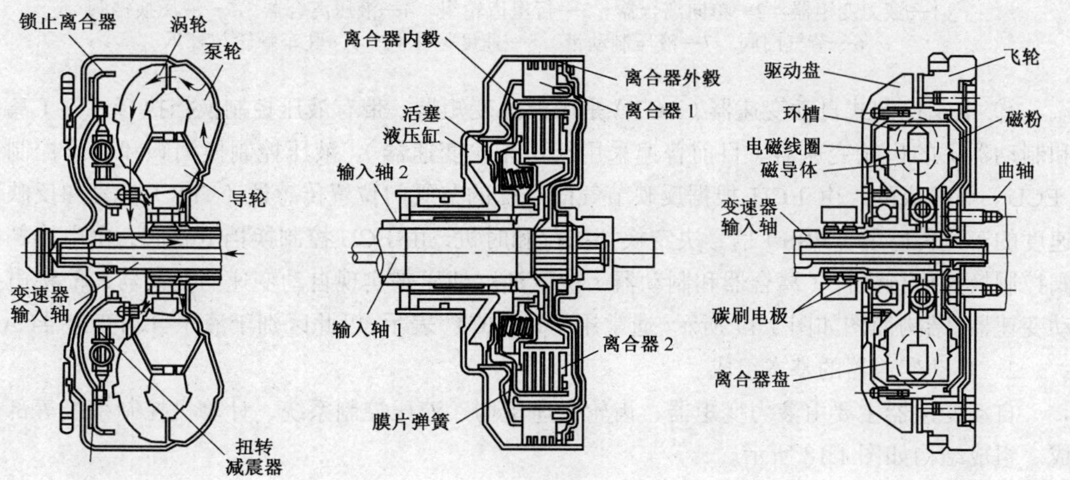

（a）液力变矩器　　（b）摩擦离合器　　（c）电磁离合器

图 1.15　传力装置类型

（4）按自动变速器控制方式分类。

按控制方式不同，自动变速器可分为液压控制式自动变速器和电子液压控制式自动变速器两类。

① 液压控制式自动变速器（A/T）是由液力变矩器、带有液压控制换挡执行元件（离合器和制动器）的齿轮变速机构（目前普遍采用行星齿轮变速机构）以及液压控制阀（手控阀、换挡阀、反映节气门开度的节气门阀、反映车速的调速阀等）组成的，由液压控制阀根据节气门开度和车速的液压信号决定换挡点，并用液力操纵使换挡元件动作进行自动变速的变速器。其全称是全液压机械传动式自动变速器，简称液压自动变速器，通常用字母“A/T”表示，结构简图如图 1.16 所示。

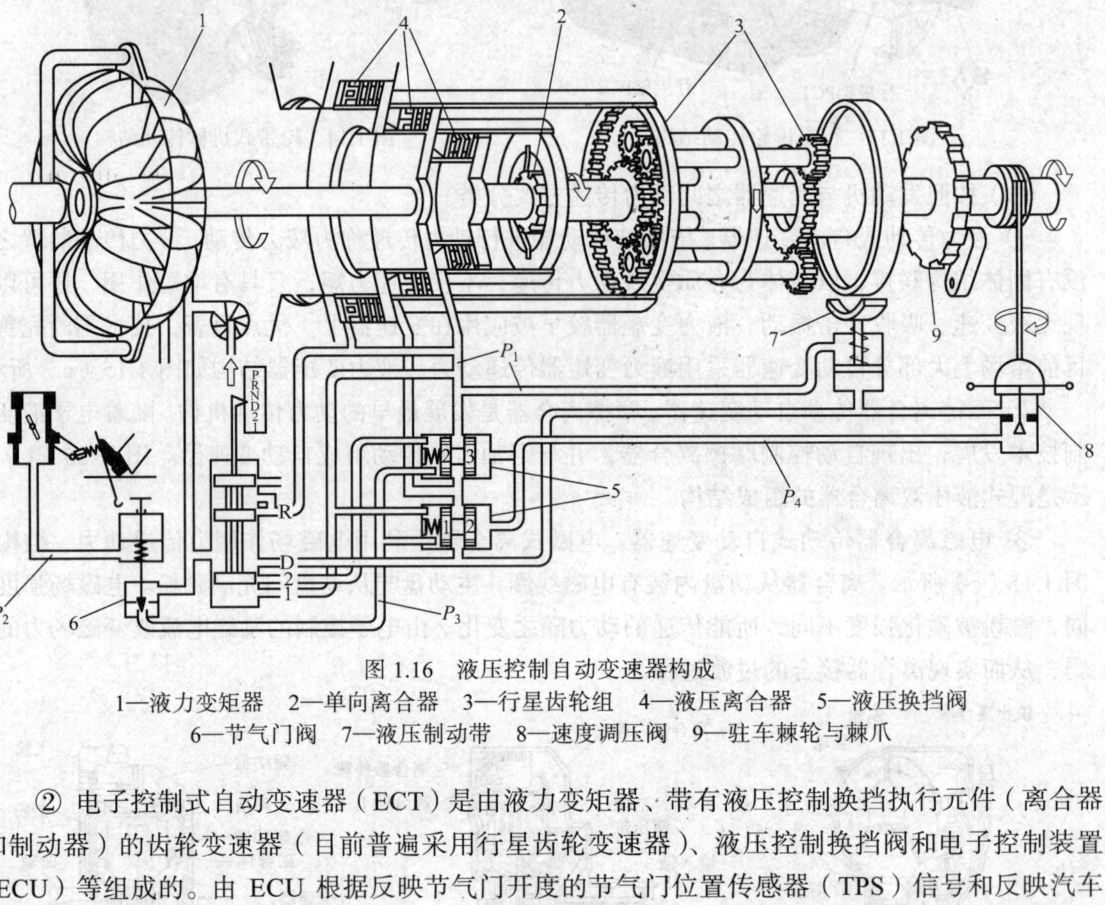

图 1.16　液压控制自动变速器构成

1—液力变矩器　2—单向离合器　3—行星齿轮组　4—液压离合器　5—液压换挡阀
6—节气门阀　7—液压制动带　8—速度调压阀　9—驻车棘轮与棘爪

② 电子控制式自动变速器（ECT）是由液力变矩器、带有液压控制换挡执行元件（离合器和制动器）的齿轮变速器（目前普遍采用行星齿轮变速器）、液压控制换挡阀和电子控制装置（ECU）等组成的。由 ECU 根据反映节气门开度的节气门位置传感器（TPS）信号和反映汽车速度的车速传感器（VSS）信号决定换挡挡位和时机，由 ECU 控制换挡电磁阀，再由换挡电磁阀控制换挡执行元件（离合器和制动器）液压油缸油压来实现自动变速的变速器，简称电控自动变速器，结构简图如图 1.17 所示。通常用字母“ECT”表示，以此区别于液压自动变速器（A/T）。

2. 自动变速器的基本组成

自动变速器主要由液力变矩器、齿轮变速机构、液压控制系统、计算机控制系统等部分组成。组成结构如图 1.18 所示。

（1）液力变矩器。

液力变矩器是以液体为介质的既传递动力又改变转矩的叶轮传动机械。工作轮叶片与工作液体相互作用，引起机械能与液体动能的相互转换，并以此传递动力，同时还可以通过液体动量矩变化改变转矩大小。液力变矩器使汽车平稳起步，加速迅速、均匀、柔和，且由于液体传动具有减震特性，降低了传动系的扭转震动，提高乘驾舒适性，延长传动系使用寿命。

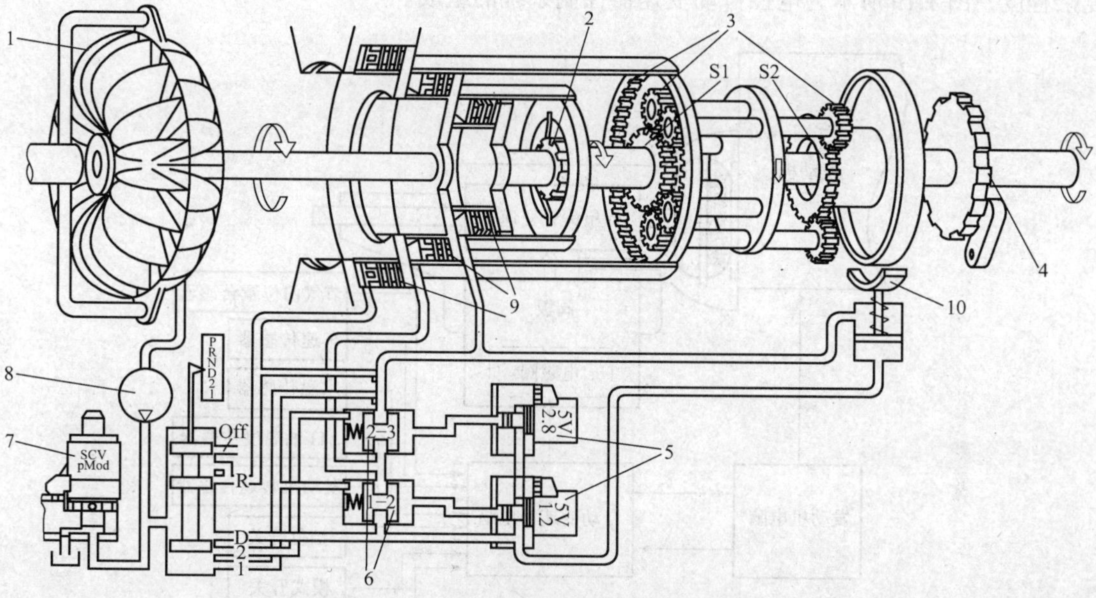

图 1.17　电子液压控制自动变速器构成

1—液力变矩器　2—单项离合器　3—行星齿轮组　4—驻车棘轮与棘爪　5—电磁开关阀　6—液压换挡阀
7—电磁调压阀　8—液压泵　9—液压离合器　10—液压制动带

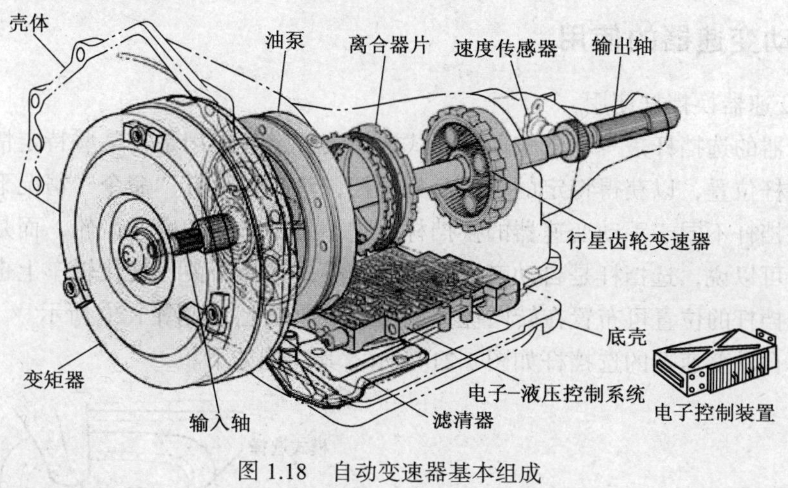

图 1.18　自动变速器基本组成

（2）行星齿轮变速机构。

有级式机械齿轮变速机构与液力或液压元件组成综合式变速器。其机械结构多采用行星齿轮机构或平行轴齿轮机构。行星齿轮变速机构具有结构紧凑、重量轻、易实现自动化控制等特点。与定轴轮系变速机构相比，存在结构复杂、制造成本高等缺点。

（3）液压控制系统。

液压控制系统又称液压传动系统，主要依靠液体压力能的变化传递或变换能量。在自动变速器中，液压传动与机械传动共同完成动力的传递，同时通过液体压力控制实现传动比的自动变换。

（4）计算机控制系统。

利用传感器和电磁执行器，由计算机根据行驶要求和负荷变化进行换挡控制和离合器控制，在提高换挡的精确性、平顺性、燃料经济性的同时，有效降低尾气排放，简化了液压系统结构复杂程度。图1.19所示为电控自动变速器控制系统的组成。

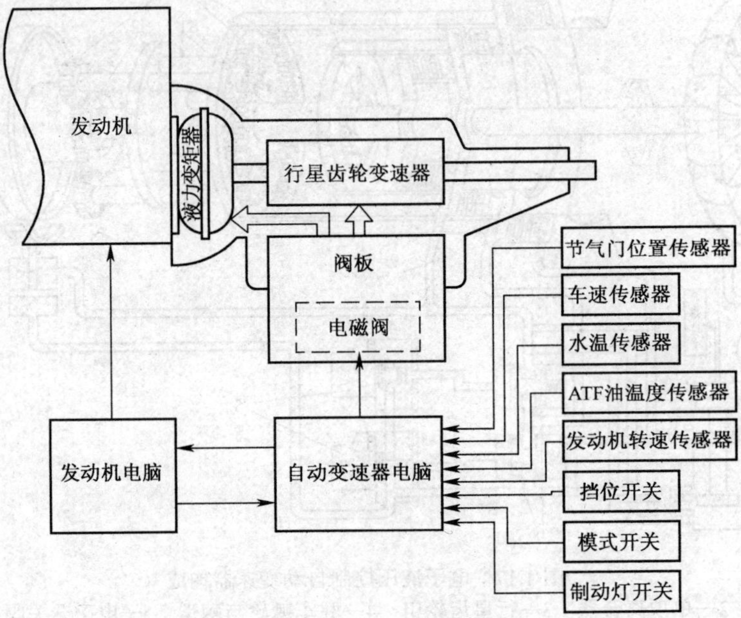

图1.19　电控自动变速器控制原理示意图

四、自动变速器的使用

1. 自动变速器换挡杆使用

自动变速器的选挡杆是一个汽车运行模式选择装置。其作用是在某些特定情况下由驾驶员通过改变选挡杆位置，以获得特定的挡位。如倒挡，汽车在没有“命令”情况下是不会实现倒车运行的。选挡杆不同于手动变速器的换挡杆，它不是用来拨动变速齿轮，而是选择一种变速器运行模式。可以说，选挡杆是自动变速器较早的模式选择开关，现代轿车上也正在被模式开关替代。选挡杆的位置可布置在转向柱上或驾驶室地板上，如图1.20所示。

常见轿车自动变速器的选挡杆如图1.21所示。其功能如下。

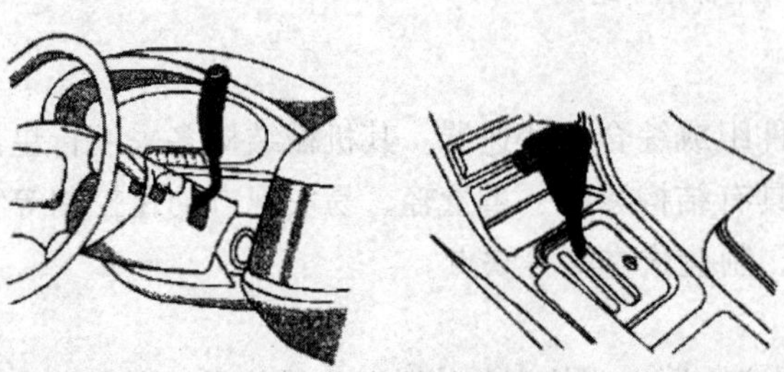

a）布置在转向柱上　　b）布置在驾驶室地板上

图1.20　选挡杆的位置

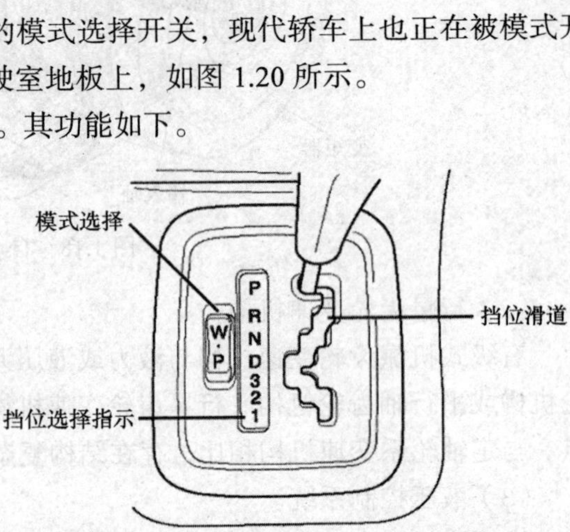

图1.21　自动变速器选档杆位置示意图

（1）挡位选择。

P 位：驻车挡。选挡杆置于此位置时，驻车锁止机构将自动变速器输出轴锁止，可阻止汽车溜滑移动。

R 位：倒挡。选挡杆置于此位置时，液压系统倒挡油路被接通，驱动轮反转，实现倒向行驶。

N 位：空挡。选挡杆置于此位置时，所有行星齿轮机构空转，不能输出动力。

D 位：前进挡。选挡杆置于此位置时，液压系统控制装置根据节气门开度信号和车速信号自动接通相应的前进挡油路，行星齿轮变速器在换挡执行元件的控制下得到相应的传动比。随着行驶条件的变化，在前进挡中自动升、降挡，实现自动变速功能。

3 位：限制换入高速挡。选挡杆置于此位置时，液压控制系统只能接通前进挡中的一、二、三挡油路，自动变速器只能在这 1，2，3 三个挡位间自动换档，无法升入更高的挡位，从而使汽车获得较大的驱动力。

2 位：发动机制动挡。选挡杆置于此位置时，液压控制系统只能接通前进挡中的一、二、挡油路，自动变速器只能在这 1，2 两个挡位间自动换档，无法升入更高的挡位，从而保证汽车较大爬坡驱动力；而在下坡时，可以借助发动机制动作用减低制动器的使用频度，防止制动器过热而产生效能衰退。

1 位（也称 L 位）：低速发动机制动挡。选挡杆置于此位置时，汽车被锁定在前进挡的一挡，只能在该挡位行驶而无法升入高挡，发动机制动效果更强。

后两个挡位多用于山区等路况的行驶，可避免频繁换挡，提高变速器的使用寿命。

发动机只有在选挡杆置于 N 或 P 位时才能起动，此功能还与制动开关相关。

（2）驱动模式选择。

驱动模式的选择包括一个模式选择开关和指示灯。根据汽车类型的不同，可以提供不同的模式选择，典型的情况下，可以有“正常”“动力”“雪地”三种模式选择。

当选择“正常”模式时，有燃油的最大经济性，此时指示灯不亮。当选择“动力”模式时，车辆将有最大动力性能，并且“动力”模式指示灯点亮。当选择“雪地”模式，将实现第二挡的启动，并且“雪地”模式指示灯点亮而“动力”模式指示灯关闭。对于每种车型特殊的模式请具体参考相应的操作手册。

2. 自动变速器实训注意事项

（1）自动变速器只有排挡杆置于 P、N 位置时，方可起动发动机，在点火开关打开状态下，若想移出这两个挡位，必须先踏下制动踏板，同时按下手柄按钮，才可将排挡杆移入其他挡位。

（2）自动变速器车无法用牵引或推动起动的方法起动发动机，因为 ATF 油泵不工作，自动变速器无法建立正常的工作油压。

（3）P 挡可作为制动的辅助制动器，但不可替代手制动器。

（4）若短时间停车，不必将排挡杆换入 N 挡，此时只需踏住制动踏板即可。

（5）车辆被牵引时排挡杆须置于 N 位置，牵引时车速不可超过 50km/h，牵引距离也不能超过 50km，若需牵引更长的距离，需将驱动车轮升高地面。

（6）若自动变速器的控制单元因电气故障而导致其进入应急状态，此时只有 3、1、R 挡可以工作，应及时查明故障并排除，否则会损坏自动变速器内的多片离合器。

（7）在寒冷的冬季，行车前先预热发动机 1min 后再挂挡行驶。

课题实施 认识汽车自动变速器选挡杆和使用

提示　由于存在意外事故可能，下面的活动以体验认识为主，必须由教师为学生演示讲解，不允许学生进行驾驶操作。

① 如图 1.22 所示，认识自动变速器选挡杆和使用方法。

② 脚踩制动踏板，启动发动机。

③ 变换选挡杆位，体会汽车有何状况变化。

图 1.22　选挡杆操作

注意　做此动作时，始终踩住制动踏板。

④ 将选挡杆换入 D 挡位，缓慢松开制动踏板，体会汽车即时状态。

⑤ 在道路上或在底盘测功机上“行驶”，体会行驶中挡位变化。

⑥ 将汽车停在坡路上，踩住刹车，观察汽车发动机状况。

⑦ 松开制动，踩下加速踏板，体会坡起的状况。

课题小结

（1）自动变速器可以根据汽车负载和行驶速度要求自动实现传动比变换，而无需驾驶员再为道路变化选择挡位，真正降低了操作技术的难度，使驾驶汽车更简便、更安全；同时提高了汽车动力性、平稳性和舒适性。

（2）自动变速器主要由液力变矩器、齿轮变速机构、液压控制系统、计算机控制系统等部分组成。

（3）根据自动变速器的不同特征采用不同分类方法。如：有级式自动变速器和无级式自动变速器、定轴轮系式自动变速器和行星齿轮式自动变速器等。

作业测评

（1）改变选挡杆，汽车为何产生振动？

（2）为什么踩住制动踏板才能启动发动机？

（3）汽车起步时的“蠕动”现象是否有益于驾驶操作？

模块二

液力耦合器与液力变矩器

学习目标

知识目标

◎ 了解液力耦合器与液力变矩器结构的区别。

◎ 能正确描述液体传动的基本原理。

◎ 能正确理解液体动能所做的功。

◎ 能正确描述液力耦合器与液力变矩器内液体的运动。

◎ 能正确描述液力变矩器的增矩原理。

◎ 能简单叙述液力变矩器如何提高传动效率。

能力目标

◎ 掌握液力变矩器检测的基本方法。

◎ 掌握更换变矩器油的方法。

液力传动装置是以液体作为工作介质的一种能量传递装置。液力传动是通过液体循环流动过程中的动能进行能量传递。

液力耦合器和液力变矩器是两种结构形式液力传动装置。液力耦合器或液力变矩器安装在发动机曲轴后端的连接板上，如图 2.1 所示。其作用是将发动机动力传递至机械变速器。采用液体传递动力有如下优点。

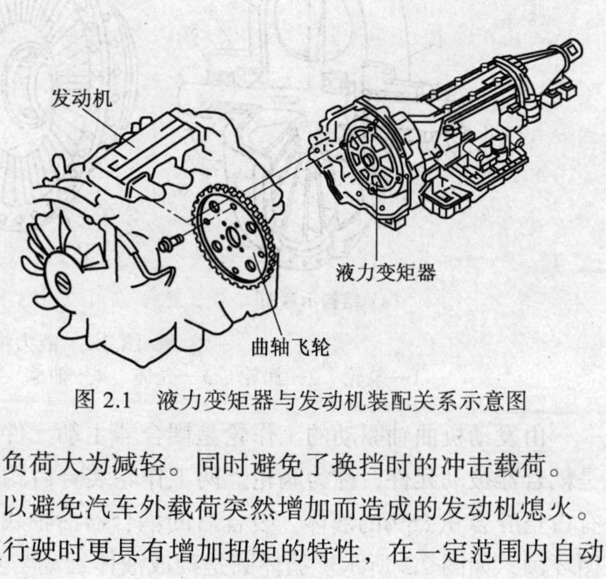

图 2.1　液力变矩器与发动机装配关系示意图

（1）提高车辆的舒适性。采用液力传动，可以实现平稳起步、缓和发动机与传动系统的扭转振动和吸收刚性冲击。

（2）延长、提高汽车的使用寿命。由于传动介质是液体，可使传动系所承受的动负荷大为减轻。同时避免了换挡时的冲击载荷。

（3）使驾驶操作简便。液力传递装置可以避免汽车外载荷突然增加而造成的发动机熄火。

使用液力变矩器的汽车，在起步或低速行驶时更具有增加扭矩的特性，在一定范围内自动地、无级地改变传动比，使汽车具有良好的自动适应性。所以几乎现代自动变速器都使用液力变矩器进行动力传递。而液力耦合器在其他商业机械中也具有广泛的应用。

液力传动装置的主要缺点是：结构复杂、制造成本高、传动效率低等。但随着设计技术的发展和计算机控制技术的应用，它与发动机能更好地进行匹配，使得汽车的燃料经济性得到提高。

课题一 了解液力耦合器

液力传动装置是通过液体的循环流动，实现能量的变换，从而在两构件间传递动力。液力耦合器的传动元件间没有机械刚性连接，能够实现主动轴和从动轴间的柔和接合，在理论上能将主动轴的转矩大小不变地传递给从动轴。

液力耦合器的传动与元件的结构有关，更重要的是结构决定液体运动。充分了解耦合器的结构和液体运动的一些特性，是理解耦合器工作原理的首要任务。液力耦合器是先于液力变矩器出现的液力传动装置。液力耦合器结构元件少，便于建立对液体运动和作用原理的认识，所以先介绍液力耦合器的结构与传动原理。

基础知识

一、液力耦合器的结构

液力耦合器的结构如图2.2（a）所示。耦合器主要由两个直径、结构基本相同的工作轮和壳体3个元件组成，工作轮上排列有从中心向外呈辐射状的叶片，如图2.2（b）所示。工作轮安装于封闭的壳体内，壳体内充有一定量的液体。工作轮通过花键与输入、输出轴连接。

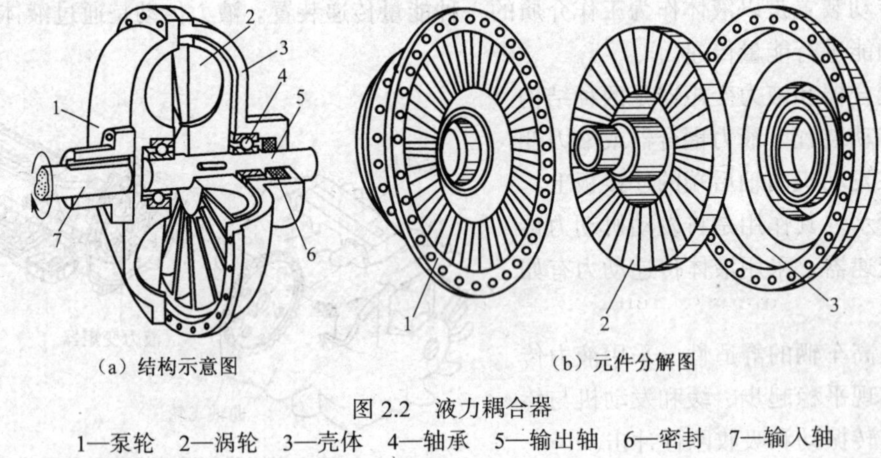

（a）结构示意图　（b）元件分解图

图2.2　液力耦合器

1—泵轮　2—涡轮　3—壳体　4—轴承　5—输出轴　6—密封　7—输入轴

由发动机曲轴驱动的工作轮是耦合器主动元件，称为泵轮。与变速器输入轴相连的工作轮是耦合器被动元件，称为涡轮。两工作轮装合后相对之间有3～4mm的间隙，封闭的壳体内装有占空腔容积85%的液体。装合后的耦合器沿轴线剖开的纵断面相对叶片及壳体呈圆形，称为循环圆，如图2.3所示。循环圆是构成液体运动与实现动力传递的主要区域。

读一读

液力耦合器发明于 20 世纪初，最早被用于轮船上，将蒸汽机的动力耦合到螺旋桨，后来用于衰减重型柴油机的震动，1924 年起被应用于伦敦市的公共汽车上。在传动系中增设了液力耦合器，使得变速器保持在行驶挡上时发动机也能够怠速运转。

二、液力耦合器的工作过程

由结构可知，液力耦合器的两个工作轮没有刚性连接，动力传递完全取决于其内部液体的运动。当发动机驱动泵轮转动时，泵轮上的叶片推动液体同方向转动，将发动机的机械能转变为液体的动能，运动的液体冲击在相对位置的涡轮叶片上，使涡轮随之转动，又将液体的动能转变为机械能对变速器输出。

发动机驱动泵轮旋转时，耦合器内的液体被叶片搅动一起旋转，液体开始绕耦合器旋转轴线作圆周运动，同时在离心力作用下液体从泵轮叶片的内缘向外缘流动，在外缘形成高压区，内缘液体流出形成低压区。泵轮内部产生的压力差迫使涡轮内液体向低压区流动，形成首尾相接的循环圆运动，实现发动机机械能转换为液体的动能，如图 2.4 所示，其压力差决定于工作轮的半径和转速。液体的圆周运动与循环圆运动所合成的运动构成对涡轮叶片的冲击，推动涡轮转动时，液体的动能转换为涡轮的机械能。

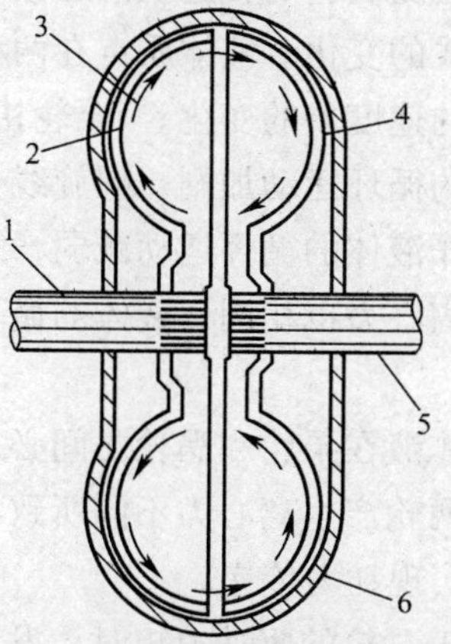

图 2.3　涡流运动

1—输入轴　2—泵轮　3—液体循环圆运动
4—涡轮　5—输出轴　6—耦合器壳

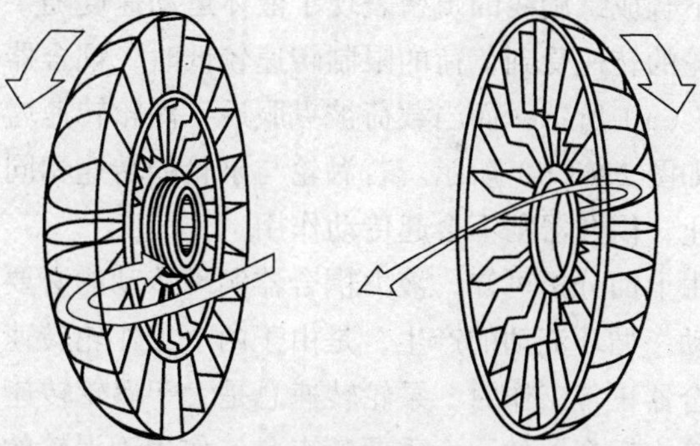

图 2.4　液力耦合器工作原理

读一读

流动液体的能量守恒定律：流动着的液体中有 3 种能量形式存在，即势能、动能、压力能，这 3 种能量的总和是一定的，它们之间可以相互转化。

在液力传动中，因液体高速流动，其动能远大于压力能，则主要依靠液体的动能传递动力。而在液压传动中，因液体的压力能远大于其流动所产生的动能，则主要依靠液体的压力能传递动力。

1．汽车在起步阶段的液体运动

汽车在起步或遇到极大的阻力时，涡轮处于静止或低转速状态。由于涡轮与汽车的传动系连接，当汽车阻力大于涡轮叶片上的作用力时，被甩到泵轮外缘的液体冲击涡轮叶片，液体的圆周速度被降低至零并释放热量。但在压力差作用下，液体被迫沿着涡轮壳向压力低的涡轮内

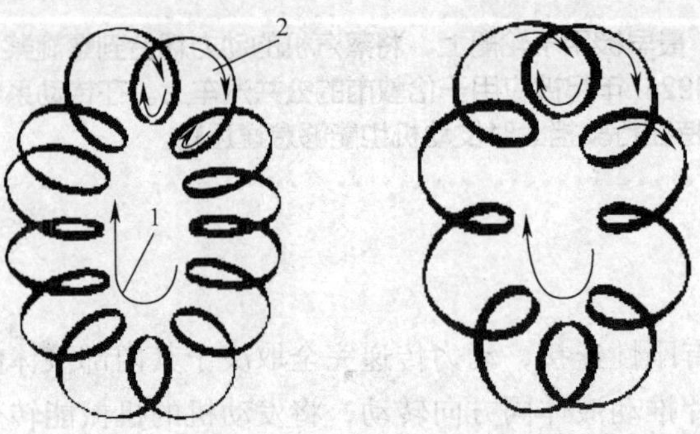

（a）　　（b）

图 2.5　液体质点运动示意图
1—圆周运动　2—循环运动

缘流动，返回泵轮内缘后再次受离心力作用被甩到外缘。在涡轮上圆周速度的降低加速了液体的循环圆运动，液体不断从泵轮冲入涡轮，又经涡轮返回泵轮。这时的液体运动并不对外做功，发动机的机械能转换为液体高速涡流运动进而转换为热能而被吸收。液体的质点不断穿梭于泵轮与涡轮的叶片之间，形成首尾相接的环形螺旋线，如图 2.5 所示。

液体从泵轮冲向涡轮时，力图使涡轮旋转。但当液体离开涡轮叶片时，其流动方向发生变化，并且与泵轮旋转方向相反，再进入泵轮后消耗了发动机的机械能，产生的紊流生成大量的热，从而降低了传动效率。

2. 汽车行驶阶段的液体运动

随发动机转速升高，液体的动能增加，从泵轮甩出的液流冲击力增大，推动涡轮克服阻力矩作圆周运动，汽车克服起步阻力而运动。随着涡轮转速的增加，涡轮内部液体的离心力随之逐渐增大，形成对液体循环流动的阻力，液体循环圆流动也会随涡轮的转速上升逐渐减弱。这种随涡轮转速变化的循环圆运动势必造成液体质点运动螺旋线的变化。液体质点在两种运动的作用下合成螺旋线的疏密表现了液体运动速度随泵轮与涡轮的速度差的变化。当泵轮快速转动，而涡轮的转速受到负荷的限制转速较低时，耦合器壳内液体的循环运动加剧，螺旋线变密，如图 2.5（a）所示；而当载荷被克服后，涡轮转速增加时，工作液体的循环运动减弱，螺旋线变疏，如图 2.5（b）所示。若涡轮与泵轮的转速相同，形成的离心力也相同，液体的循环运动将会停止，耦合器则不会起传动作用。

由上面分析可知，液力耦合器实现传动的必要条件是工作液在泵轮和涡轮之间必须存在循环流动。循环流动的产生，是由于两个工作轮转速不等，使两轮产生离心力不同所致。所以液力耦合器正常工作时，泵轮转速总是大于涡轮转速，才能够实现动力传递。

液力耦合器的一个重要特点是，作用于涡轮的阻力矩大于泵轮的驱动力矩时，发动机的能量可以加剧液体的循环圆运动，将能量转变为热能使变矩器升温。所以，当汽车制动时，即使涡轮处于静止状态，在不切断作用力传输情况下，发动机仍可维持运转。这一特点被应用于汽车的怠速，改善了汽车的停车制动与起步的操作过程。当发动机低速运转时，耦合器中液体的运动很微弱，没有足够的作用力克服传动系载荷使涡轮旋转，只能推动液体完成从泵轮到涡轮的循环圆运动。因此，发动机可以较低的怠速转动维持液体的循环圆运动，而不会受传动系载荷的影响出现堵转现象。

3. 循环圆与导流环

为了减少液体动能损失，在耦合器中安装了导流环。导流环是分别装于泵轮、涡轮叶片上的管状圆环，圆环位于循环圆的中间位置，如图 2.6（a）所示。工作液体在平直叶片的循环圆内流动时，靠近循环圆中心的液体由于压力相近而形成紊流运动，如图 2.6（b）所示。这部分液体阻碍叶片的运动，增加能量消耗。在叶片上去掉中间部分，并安装导流环，可使液体在泵轮与涡轮内不断循环流动，并减少叶片的搅油损失，降低能量损耗，如图 2.6（c）所示。

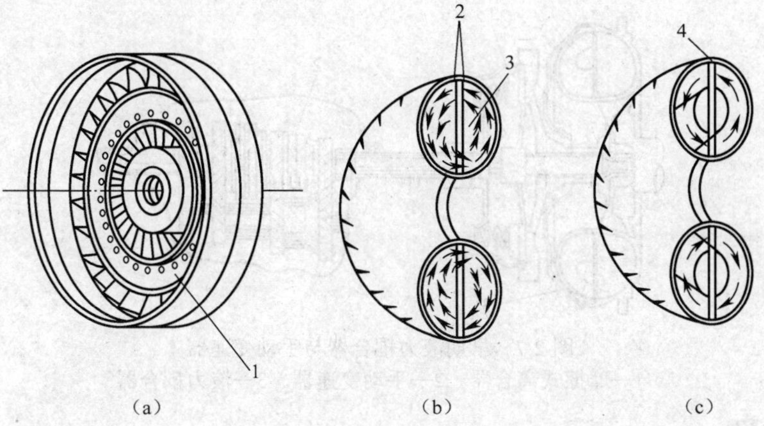

图 2.6 循环圆运动与导流环
1—导流环 2—无导流环的液体循环运动 3—无导流环中的紊流
4—有导流环的液体循环运动

三、汽车传动系采用液力耦合器的优缺点

液力耦合器的传动过程是：泵轮将发动机的机械能转变为液体的动能，而涡轮又将液体的动能转换为机械能对外输出。

由泵轮与涡轮的运动可以看出:耦合器的传动比为输出转速与输入转速之比，即$i=\frac{n_w}{n_b}\leqslant 1$。涡轮被泵轮驱动，其转速呈连续变化，故传动比也连续改变，所以在一定范围液力传动可以实现无级变速。

在耦合器实际工作时，液体传递的功率中，一部分功率消耗于液体高速流动的摩擦和冲击叶片产生的热量损失，泵轮上的功率等于涡轮功率与损失功率之和。液力耦合器的传动效率损失高达发动机能量的 10%，这种能量的损失是以热量的形式散失掉。

涡轮转速为零的工况，是汽车起步或制动时的工况。此时循环圆内液体从泵轮获得能量，但不对涡轮做功，输出功率为零。在该工况时，液体循环圆运动被加速，耦合器传递的功率全部转换为热能，使得工作液温度迅速升高。所以这一工况不能持续时间过长。

液力耦合器是用液体作为传动介质，泵轮与涡轮间允许有较大的转速差。因此，可以保证汽车平稳起步和加速。由于液体形状可变，所以能够吸收传动系中的扭转振动并防止传动系过载，从而延长传动系和发动机部件的使用寿命。当涡轮不动，液体循环圆运动可以吸收部分能量，甚至在暂时停车时不脱开传动系也能维持发动机的怠速运转。

由液力耦合器工作原理可知，液体在循环过程中没有受到任何附加外力，如果不考虑液流损失，则发动机作用于泵轮上的转矩与涡轮所获得并传给传动轴的转矩相等。即耦合器只能起传递转矩的作用，而不能改变转矩的大小。此外，液力耦合器不能使发动机与传动系彻底分离，故在采用普通变速器时，还要使用机械离合器，以便换挡时切断动力，如图 2.7 所示。另外，液力耦合器中存在液流损失，传动效率比机械离合器低。所以现代汽车上已不再采用液力耦合器。

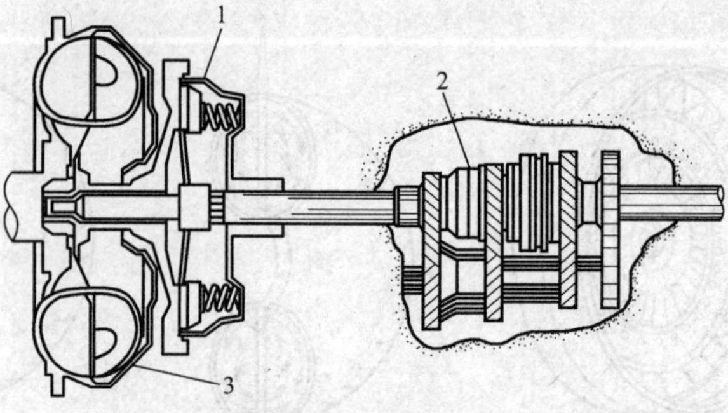

图 2.7 早期液力耦合器与手动变速器

1—摩擦式离合器 2—手动变速器 3—液力耦合器

课题实施 演示液力耦合器工作原理

① 将两台电风扇轴向相对放置，在被动风扇后面绑上丝线，如图 2.8 所示。

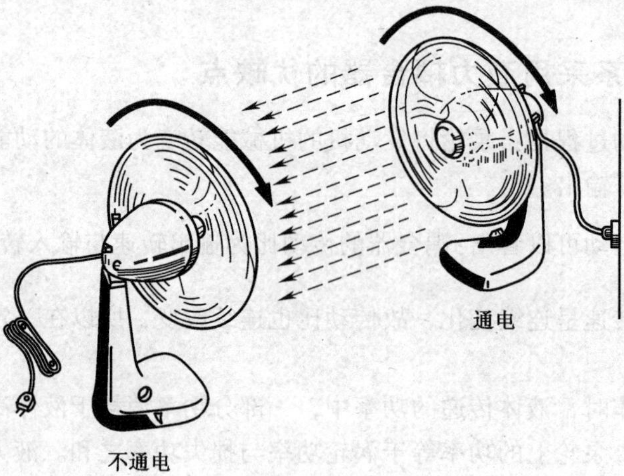

图 2.8 流体传动示意

② 给其中一台电扇通电，观察另一台电扇状态如何变化，并观察空气流动的特点。

③ 断开电源，待扇叶停止运转，用铅笔转动不通电风扇的扇叶。

④ 给未制动风扇通电，观察被动扇叶的状况并分析其受力。

课题小结

1. 液力传动装置是通过液体的循环流动，实现能量的变换，从而在两构件间传递动力。

2. 液力耦合器主要由两个直径、结构基本相同的工作轮和壳体 3 个元件组成。

3. 由发动机曲轴驱动的工作轮是耦合器主动元件，称为泵轮。与变速器输入轴相连的工作轮是耦合器被动元件，称为涡轮。

4. 当发动机驱动泵轮转动时，泵轮上的叶片推动液体同方向转动，将发动机的机械能转变为液体的动能；运动的液体冲击在相对位置的涡轮叶片上，使涡轮随之转动，又将液体的动能转变为机械能实现变速器输出。

作业测评

1. 液力传动的特点是什么？

2. 液力耦合器是怎样传递动力的？

3. 汽车自动变速器采用液力耦合器有什么不足的地方?

课题二 检查综合式液力变矩器

液力变矩器是在液力耦合器上发展而来的液力传动装置。与摩擦式离合器不同，液力传动装置诸元件之间不存在机械连接，而是利用液体平稳地将发动机转矩传递到变速器。

与液力耦合器相同，液力变矩器的作用是将发动机的动力传递给机械变速器。液力变矩器与液力耦合器内部液体运动特性相似，允许发动机与变速器之间存在转速差，从而在不脱开挡停车时也能维持发动机转动。液力变矩器还用来驱动液压泵运转，由于其重量较大，又可起到曲轴飞轮的作用。因为液力变矩器依靠液体传递动力，所以能缓和发动机和传动系统的扭转振动。

与液力耦合器不同，液力变矩器可以在汽车承受载荷时起到增矩的作用，用以改善汽车的驱动性能。

本课题着重分析液力变矩器与耦合器结构上的不同，理解液力变矩器增矩原理及如何提高液力传动的传动效率。

基础知识

一、综合式液力变矩器的结构

综合式液力变矩器具有耦合器的所有优点，而且还具有增加转矩的特性，更适合汽车的运行工况，所以现在汽车上普遍使用综合式液力变矩器。

液力变矩器的结构根据特性需求不同具有不同的形式。现在轿车自动变速器上主要使用三段式综合液力变矩器。三段式液力变矩器是将液力耦合器的两个工作轮在沿循环圆方向设计为3个工作轮，形成3个独立部分，3个工作轮分别被称为泵轮、涡轮和导轮，其结构如图2.9所示。液力变矩器工作轮的位置关系如图2.10（a）所示。为使变矩器具有适应工作工况的特殊性能，每个工作轮上的叶片均具有一定的弯曲形状，图2.10（b）所示为去掉工作轮外壳后能够看到的叶片形状。变矩器壳体与曲轴连接，泵轮叶片固装在变矩器的壳里面，由发动机驱动旋转。涡轮叶片固装在涡轮壳上，涡轮壳通过花键毂驱动变速器输入轴。导轮位于循环圆内侧泵

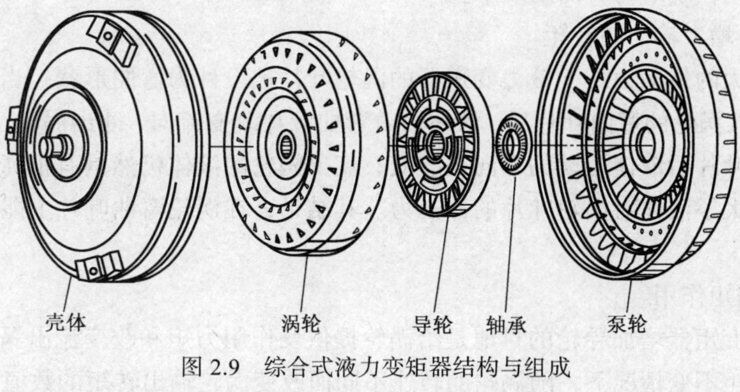

图 2.9　综合式液力变矩器结构与组成

轮与涡轮之间，所有从涡轮流出的液体都要经导轮叶片再进入泵轮。导轮通过单向离合器安装于固定的支撑套上。3 个工作轮装在封闭的变矩器壳体内，其断面形成循环圆的环结构，整个变矩器内充满油液。

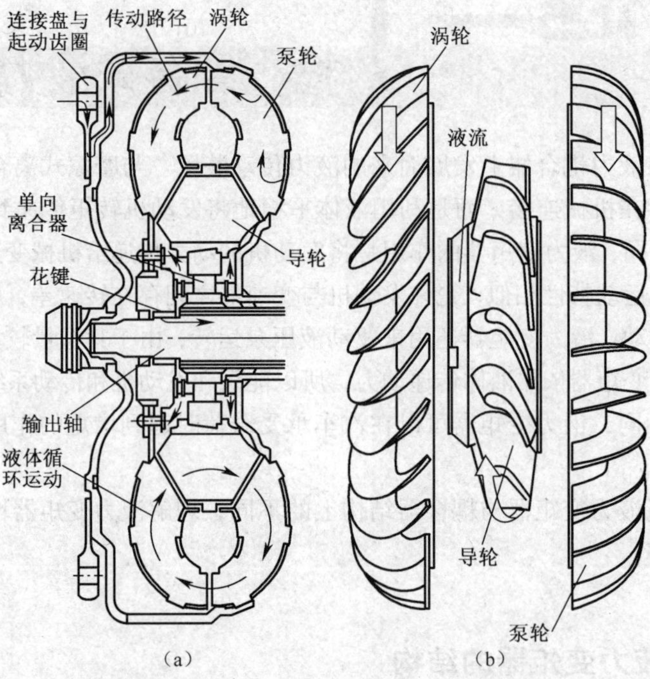

图 2.10　综合式液力变矩器断面结构与叶片形状

在综合式液力变矩器中，泵轮的功用是带动液体运动，将发动机械能转换为液体的动能。涡轮的作用是接受高速运动的液体冲击，将液体的动能转换为机械能并传递给变速器。导轮的功用是向涡轮提供反作用力矩，同时改变从涡轮流出液体的流向。导轮安装在单向离合器上，单向离合器使导轮只能沿一个方向转动，而在相反方向对导轮制动，不允许其向相反方向旋转。导轮和单向离合器是综合式液力变矩器中起增矩作用的重要元件。

二、综合式液力变矩器工作原理

严格讲，综合式变矩器也是液力耦合器，但结构更复杂。二者都是在泵轮与涡轮间通过液体传递动力，不同在于结构和传动效率。

1. 弯曲叶片增大输出的转矩

为了获得更大的传动力矩，液力变矩器的涡轮叶片被设计为弯曲形状。当具有动能的液体从泵轮流出，冲入涡轮的弯曲叶片后，液体沿着弯曲叶片改变流向，冲出涡轮，如图 2.11 所示。当液体冲击涡轮叶片后液体运动的方向被改变，流出涡轮的液体仍然具有很高速度，在液体反作用力作用下增大了液体对涡轮叶片的冲击力。其结果，在涡轮弯曲叶片上能够获得比直叶片大得多的转矩。

2. 导轮的增矩作用

综合式液力变矩器增加导轮的目地是给涡轮提供反作用力矩和改变流出涡轮液流的方向，以实现在泵轮转矩不变情况下，随涡轮的转速不同而改变涡轮输出转矩的数值。

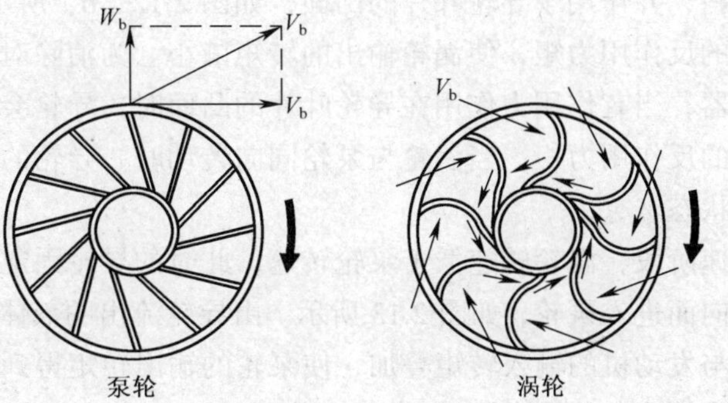

图 2.11　通过涡轮叶片的液流改变流向

W_b—泵轮离心力产生的相对速度　U_b—泵轮圆周运动的牵连速度　V_b—泵轮出口处冲向涡轮的绝对速度

导轮位于涡轮液体流动的出口，是一组与涡轮叶片的弯曲方向相反的叶片。从涡轮流出的液体直接作用于导轮。由于涡轮的转速是在不断地变化中，所以，液体对导轮叶片冲击的情况不同。为便于说明，设发动机转速及负荷不变。

涡轮出口的液体流速 V 由两个方向运动速度合成，一个是涡轮带动液体沿切线方向的流速 V_1，另一个是由涡轮冲出的流速 V_2，如图 2.12 所示。

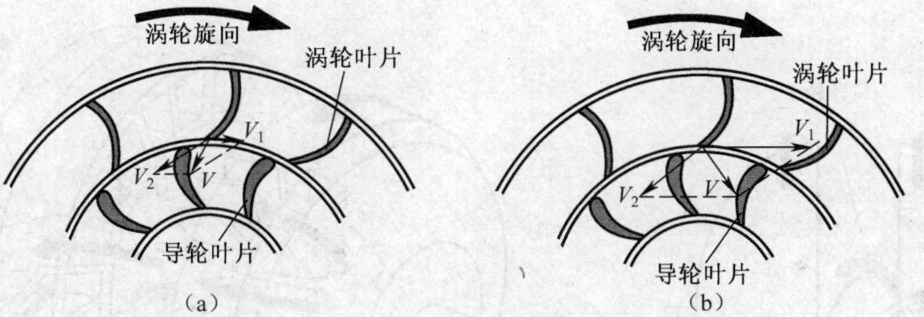

图 2.12　流出涡轮液体的合成速度

当汽车处于起步工况时，涡轮转速为零。工作液在泵轮叶片的带动下，以一定的绝对速度冲向涡轮叶片。因涡轮静止不动，液体沿涡轮弯曲叶片高速流出并冲向导轮。此时液体具有很高的流速和冲击力。液体的绝对速度 V_2 冲击到导轮叶片的凹面，会沿着导轮叶片改变流向。此时，导轮固定不动，液体冲击导轮产生的反作用力作用在涡轮叶片上，在涡轮上会获得更大的作用力。显然，此时涡轮获得的转矩大于由泵轮输入的转矩，即固定的导轮使液力变矩器起到增大转矩的作用。

当变矩器输出转矩传递到车轮足以克服汽车起步阻力矩时，汽车起步并开始加速，涡轮的转速也逐渐增加，切向速度 V_1 随着增大，由涡轮流出液体的速度 V_2 逐渐减小。结果，其合成速度 V 的方向逐渐改变，导轮上受到的冲击力也逐渐下降，使反作用于涡轮的力减弱，如图 2.12（a）所示。在此过程中，导轮仍固定不动，尽管涡轮仍承受液体的反作用力矩，但与涡轮起动时相比已有所下降。

随着涡轮的转速增加，导轮产生的反作用力持续下降，变矩器的增矩作用也随之减小。当涡轮转速增大到某一数值，涡轮流出的液流正好沿导轮出口方向流过导轮，导轮转矩为零，于是涡轮转矩与泵轮转矩相等。

当涡轮的转速进一步增大，涡轮叶片出口处切向速度 V_1 更大，而由涡轮冲出的速度 V_2 下降，合成速度向右倾斜，并作用于导轮叶片的凸面，如图 2.12（b）所示。如导轮还固定不动，则会形成对涡轮运动的反作用力矩，使涡轮输出的转矩减小。为消除对涡轮的反作用力矩，在导轮上采用单向离合器，当有作用力作用在导轮叶片的凸面时，导轮会沿作用力方向与涡轮共同转动，消除对涡轮的反作用力矩。当涡轮与泵轮同向转动时，导轮的增矩作用消失，变矩器就转入耦合器的工作状态。

在汽车起步或加速阶段，涡轮转速低于泵轮转速，此时的导轮固定不动，由涡轮流出的液体沿弯曲叶片改变方向而进入泵轮，如图 2.13 所示。由导轮流出的液体仍然高速运动，具有一定能量，形成的转矩与发动机的输入转矩叠加，使泵轮的输出转矩得到加强。进一步增大了液力变矩器在汽车起步或加速时的输出转矩。

通过以上分析可知，综合式液力变矩器的导轮可以起到增加涡轮输出转矩的作用，这取决于导轮的运动状态。值得注意的是，增矩作用只发生在泵轮与涡轮存在转速差工况，当导轮固定不动时液力变矩器起增大转矩作用。变矩器工作在变矩时液体的流动示意如图 2.14 所示。当涡轮转速接近泵轮时，涡轮也带动油液做旋转运动，当流出的液体冲击在导轮叶片的背面时，因单向离合器制动作用消除，此时导轮的增矩作用消失导轮与泵轮和涡轮共同转动，变矩器进入耦合器工作状态。导轮的这种变化使变矩器具有增矩和耦合两种工作状态，所以被称为综合式液力变矩器。

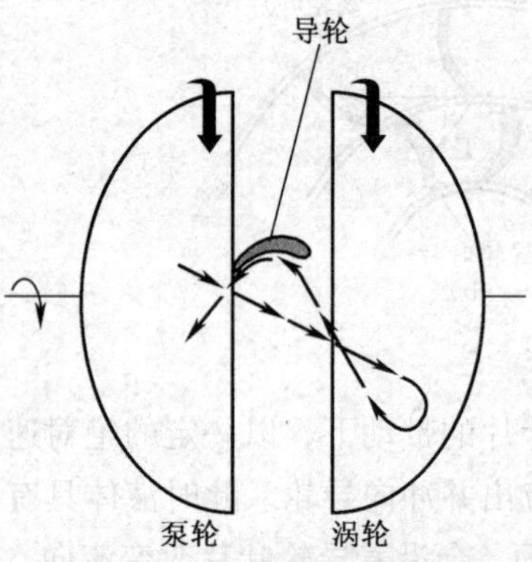

图 2.13　液体流动经导轮改变流向

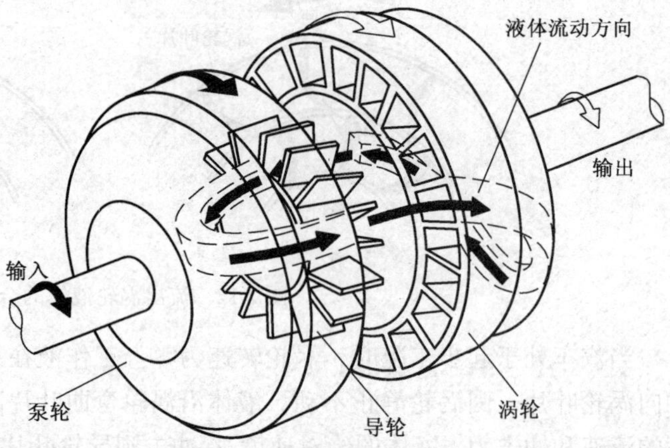

图 2.14　变矩时的液体流动示意图

三、单向离合器工作原理

综合式液力变矩器中，导轮的存在使变矩器具备了增加转矩的能力，前提条件是导轮不能转动。但为消除固定不动的导轮对涡轮运动的影响，要求在涡轮达到一定转速时 1，导轮与涡轮一起转动。这一功能由单向离合器实现。

单向离合器是一种能够单方向传递转矩的机械装置，又被称为超越离合器。在综合式液力变矩器中单向离合器的作用是限制导轮只能单方向转动，而在另一个方向可以对导轮制动。单向离合器通过内花键安装在固定套上，其外圈安装导轮，安装结构如图 2.15 所示。

自动变速上应用的单向离合器主要有滚柱式和楔块式两种类型。

1. 滚柱式单向离合器

滚柱式单向离合器由内座圈、外座圈、滚柱和弹簧组成，结构如图 2.16（a）所示。外座圈的内侧设有若干个楔型槽，槽内装滚柱和弹簧，弹簧将滚柱推向楔型槽窄端。由于内座圈安装在固定套上不能转动，当外座圈逆时针转动时，滚柱向楔形槽宽端运动，外座圈与滚柱有脱离接触趋势，使外座圈能够转动，如图 2.16（b）所示。当外座圈顺时针转动时，在弹簧力与摩擦力作用下，滚柱被推至楔形槽窄端，形成的挤压力将内外座圈“卡紧”而不能相互转动，如图 2.16（c）所示。

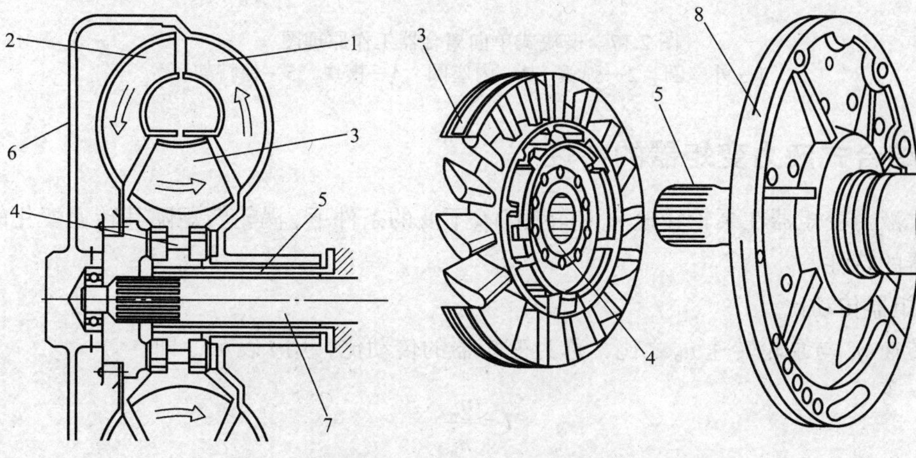

图 2.15　单向离合器与固定导套安装关系示意图

1—泵轮　2—涡轮　3—导轮　4—单向离合器　5—固定导套

6—变矩器壳　7—变速器输入轴　8—液压泵壳

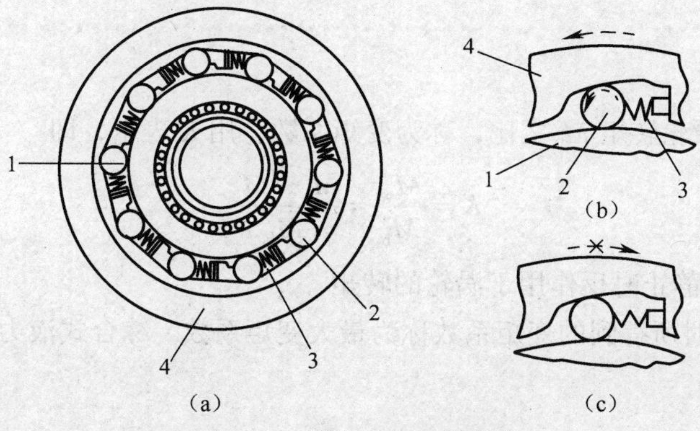

图 2.16　滚柱式单向离合器

1—内座圈　2—滚柱　3—弹簧　4—外座圈

2. 楔块式单向离合器

楔块式单向离合器也是由内座圈、外座圈、保持架和弹簧组成，内、外座圈间由若干楔块支撑，如图 2.17 所示。楔块是一组对边曲率相同，菱形对角线长度不同的零件。变矩器单向离合器内座圈被固定不动。当外座圈受逆时针转矩作用时，内外圈摩擦作用有使楔块长径倾倒之势，从而解除制动力矩，外座圈可转动，如图 2.17（a）所示。当外座圈受顺时针转矩作用时，由于楔块在弹簧圈弹性力作用下有使长径直立的趋势。在摩擦力作用下楔块顺时针转动，因菱形对角线长度大于内外座圈间距，致使对外座圈产生制动力矩，而将外座圈锁止不能转动，如图 2.17（b）所示。

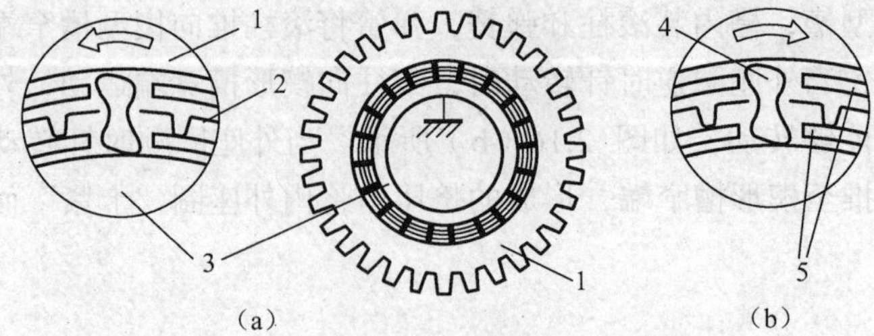

图 2.17　楔块式单向离合器工作原理图
1—外座圈　2—弹簧　3—内座圈　4—楔块　5—保持架

四、综合式液力变矩器的特性

综合式液力变矩器在泵轮转速 n_b 和转矩 M_b 不变的条件下，涡轮转矩随其转速变化的规律，称为变矩器的特性。

1. 变矩器传动比

涡轮转速 n_w 与泵轮转速 n_b 之比，称为变矩器的传动比，用 i 表示，即

$$i=\frac{n_w}{n_b}$$

提示

液力变矩器的传动比的定义与齿轮变速器的不同，$i=n_w/n_b\leqslant 1$。

2. 变矩系数

涡轮转矩 M_w 和泵轮转矩 M_b 之比，称为变矩系数，用 K 表示，即

$$K=\frac{M_w}{M_b}=\frac{M_b+M_d}{M_b}$$

其中，M_d 为导轮静止时反作用于涡轮的转矩。

当涡轮转速为零时所得到的变矩系数称为最大变矩系数。综合式液力变矩器最大变矩系数根据结构不同可达 2.5。

3. 变矩器效率

变矩器输出功率 N_w 与输入功率 N_b 之比，称为变矩器的效率，用 η 表示，即

$$\eta=\frac{N_w}{N_b}=\frac{M_w n_w}{M_b n_b}$$

综合液力变矩器传动效率随传动比变化的规律曲线如图 2.18 所示。图中的直线 η_a 为耦合器的传动效率特性曲线，曲线 η_b 为变矩器的传动效率特性曲线。采用三元件综合式液力变矩器的目的在于利用耦合器在高传动比时相对变矩器有较高的传动效率的特点。由曲线图可知，在变矩区的范围内，变矩器的传动效率高于耦合器。当进入耦合区，变矩器的效率迅速下降，而耦合器的效率继续升高。综合式液力变矩器在低速时按变矩器特性工作，当传动比达到 $i_k=1$ 时，转为按耦合器特性工作，从而扩大了高效率的范围。图中变矩器曲线与耦合器曲线的转折点 A 称为耦合点，在变矩器内部表现为导轮由固定状态转换到旋转状态。

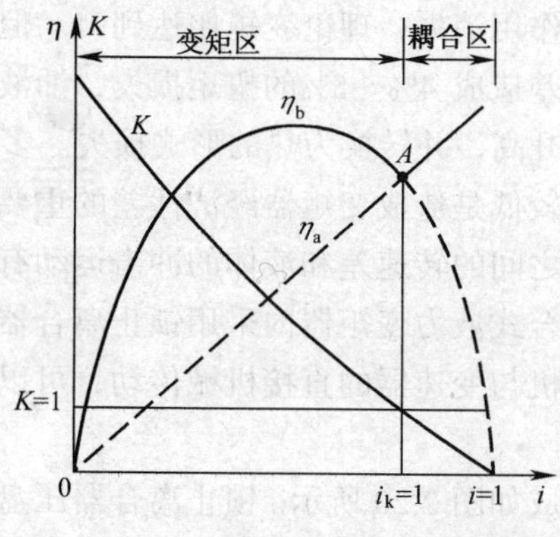

图 2.18　综合式液力变矩器特性曲线

知识拓展

综合式液力变矩器是由液力变矩器演变而来的。其最大不同在于液力变矩器的导轮上没有单向离合器，导轮是固定不动的，如图 2.19（b）所示。尽管两种变矩器导轮的作用相同，但单向离合器的存在使得两种变矩器的工作特性不一致。

在液力变矩器中，因导轮固定不同，当涡轮流出的液体冲击在导轮叶片的凸面时，其产生的反向作用力会阻碍涡轮输出力矩，降低变矩器的传动效率，如图 2.18 中效率曲线 η_b 虚线部分。在导轮上增加单向离合器使变矩器输出特性得到改善。

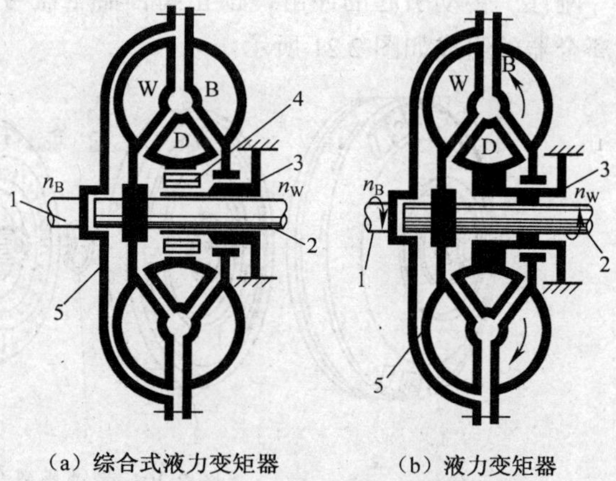

图 2.19　两种液力变矩器的结构区别
1—曲轴　2—变速器输入轴　3—固定套
4—单向离合器　5—壳体

尽管使用综合式液力变矩器有许多优点，但液力变矩器的传动效率并不高。由于运动的工作液吸收发动机转矩，经变矩器的发动机转矩并没有完全传递到变速器。特别是在失速转速时，发动机转矩完全转变为液体的动能而高速运动，致使液体热量骤升，但并没有转矩对外输出。失速工况常发生在汽车停车、起步和倒车等状态。

名词解释

失速转速

失速转速是液力变矩器的一种工作状态，当涡轮固定不动而泵轮仍在旋转的状态，称为失速工况。当涡轮处于静止，发动机所能达到的最高转速被称为失速转速。

液力变矩器的失速转速被用来检测变矩器的工作状况。

五、锁止离合器

由综合式液力变矩器特性曲线可以了解到，综合式液力变矩器工作在变矩器区时有增矩作用，而工作在耦合区时，增矩作用消失，理论变矩比达到 1。但由于变矩器内部液体循环流动依然存在，泵轮与涡轮的转速差造成 4%～5%的扭矩损失，油液内部相互摩擦也存在一定的能量损失。能量损失表现为温度升高，并转换为热的形式损失。多达 10%的能量消耗在变矩器的纯液力传动过程中，传动效率较低是造成变矩器经济性差的重要原因。由此可知，来自液力变矩器的传动损失与泵轮与涡轮之间的转速差和液体的冲击运动有关。为了避免这种能量损失，提高传动效率，现代汽车的综合式液力变矩器内采用锁止离合器，以便在某些工况下消除泵轮与涡轮间的转速差，实现发动机与变速器的直接机械传动，可以改善燃油经济性和降低油液工作温度。

带锁止离合器的变矩器组成如图 2.20 所示。锁止离合器压盘通过中心的内花键安装在涡轮前端的花键上，可沿花键直线移动。锁止离合器压盘的一侧端面上粘接着摩擦材料，在推力作用下可与变矩器壳内端面接触，使变速器输入轴通过锁止离合器与发动机形成刚性连接。为消除“刚性”传动引起的冲击，锁止离合器压盘与中心的花键毂间加装了扭转减振器。压盘式锁止离合器的组成如图 2.21 所示。

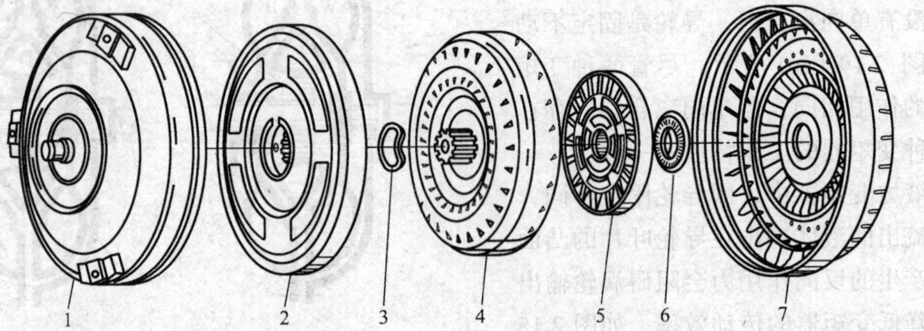

图 2.20　带锁止离合器的液力变矩器

1—变矩器壳　2—锁止离合器压盘　3—垫片　4—涡轮　5—导轮　6—止推轴承　7—泵轮

锁止离合器压盘为一无孔圆盘，相当于液压活塞，由液压控制使其接合或分离，工作原理如图 2.22 所示。当汽车在起步、低速挡行驶时，压力油从变矩器壳与离合器间通过流入变矩器，使锁止离合器压盘与变矩器内壳体脱离接触，离合器处于分离状态。发动机动力通过泵轮、涡轮传递到变速器，充分利用导轮的增矩作用，提高驱动力矩。当汽车高速行驶，液力变矩器泵轮与涡轮之间的转速差很小时，变矩器壳与离合器压盘间压力下降，变矩器内油压作用在离合器的背面，使离合器压盘与变矩器壳前端面形成离合器接合，变矩器壳体、涡轮及变速器“刚体”连接，发动机动力直接传给变速器输入轴，可提高

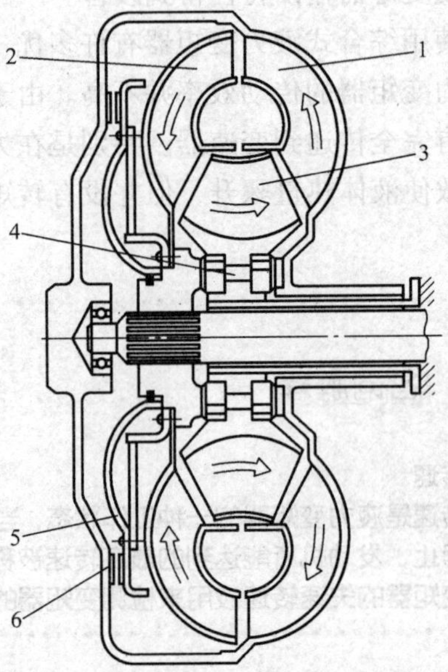

图 2.21　压盘式锁止离合器

1—泵轮　2—涡轮　3—导轮　4—单向离合器

5—锁止离合器压盘　6—摩擦材料

传动效率。

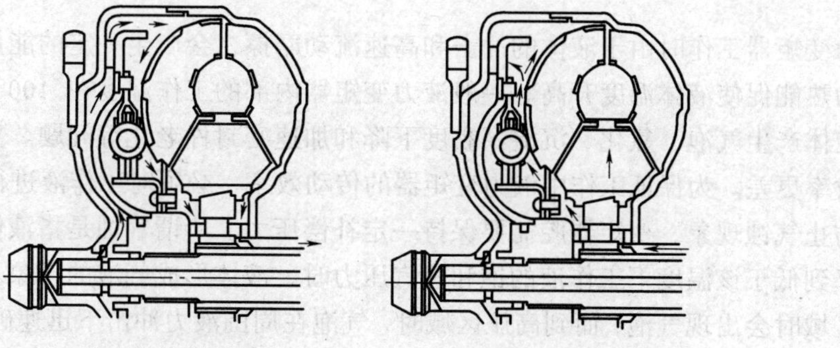

（a）锁止离合器停止工作　　（b）锁止离合器工作

图 2.22　锁止离合器工作原理

综合式液力变矩器除了采用单片锁止离合器摩擦结构，还有采用多片摩擦式锁止离合器结构，如图 2.23 所示。该结构是在涡轮与变矩器壳体间设置了液压缸和多片湿式摩擦片。

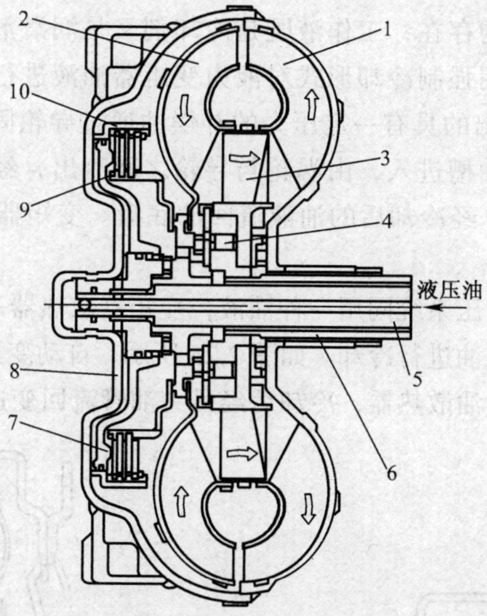

图 2.23　多片式锁止离合器

1—泵轮　2—涡轮　3—导轮　4—单向离合器　5—变速器输入轴　6—固定导套　7—锁止活塞及传动片　8—变矩器壳　9—离合器内毂　10—离合器外毂

当液压缸内没有液体压力时，摩擦离合器片打滑，不能传递动力。此时充分利用泵轮和涡轮通过液体传动。当液压油经油路进入液压缸，液压活塞被推动右移，将离合器摩擦片压紧产生摩擦力矩，发动机动力经离合器内、外毂直接传递到变速器输入轴。

由综合式液力变矩器特性曲线与锁止离合器工作过程分析可知，锁止离合器只有在泵轮与涡轮转速差很小时才接合动作，这个动作需要由液压系统根据汽车工况进行控制。另外，汽车下坡行驶时，需要利用发动机辅助制动。锁止离合器在结合状态，其传动效率也要比液力变矩器高得多。在现代汽车上锁止离合器被赋予了更多的功能，锁止离合器的控制也更加复杂，需要由计算机控制才能实现。锁止离合器控制原理将在后面的内容中进行详细介绍。

六、液力变矩器冷却

液力变矩器工作时由于液体的冲击和高速流动摩擦，会产生一定的能量损失，这些能量损失转变为热能促使液体温度升高。一般液力变矩器内部的工作温度在 100℃左右，过高的温度会引起液体产生气泡、氧化、沉淀、黏度下降和加速密封件老化等问题。工作液温度过高将导致传动效率更差。为保证工作中液力变矩器的传动效率，必须对工作液进行冷却。

为防止气蚀现象，变矩器腔需要保持一定补偿压力。所谓气蚀是指液体流动过程中，某处压力下降到低于该温度下工作液的饱和蒸汽压力时，液体形成气泡的现象。当液体通过低于气化压力区域时会出现气泡，而到高压区域时，气泡在周围液力冲击下迅速破裂，又凝结成液态，使体积骤然缩小，出现真空。于是周围的液体质点即以极高的速度填补这些空间。在此瞬间，液体质点相互撞击，产生明显的噪声。同时造成很大的局部压力，致使叶片表面的金属颗粒被击破。由此可见，气蚀现象将影响变矩器正常工作，使其效率下降，并伴有噪声。变矩器工作时，由于泵轮进口处的压力最低，气蚀常发生在泵轮叶片的背面。为消除气蚀现象所带来的影响，应使泵轮进口处压力高于能够产生气蚀的压力。为此，需要通过液压泵提供一定压力补偿。

同时，由于机械运动的存在，工作液既是冷却剂又是润滑剂。为保证变矩器在工作中保持正常功能，在汽车上采用强制冷却形式对液力变矩器油液进行冷却。变矩器冷却系统组成如图 2.24 所示。液压泵输出的具有一定压力的补偿油通过导轮固定套管与泵轮轮毂之间的间隙，由导轮和泵轮之间的油槽进入，由涡轮与导轮之间流出，经导轮固定套管与变矩器输出轴之间的间隙通往散热器。经冷却后的油液流回油底盘。变矩器内的补偿压力一般在 0.25～0.7MPa 范围内。

变矩器与自动变速器液压系统同用一种油液，变矩器散热器一般安装在发动机散热器内，利用发动机冷却水对变速器油进行冷却。如图 2.25 所示，自动变速器油经油管流出变速器，送到发动机散热器内的变速器油散热器，冷却后经另一油管流回变速器油盘。

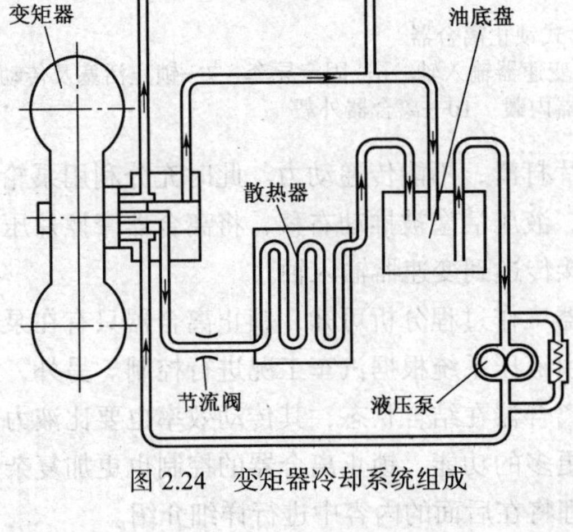

图 2.24　变矩器冷却系统组成

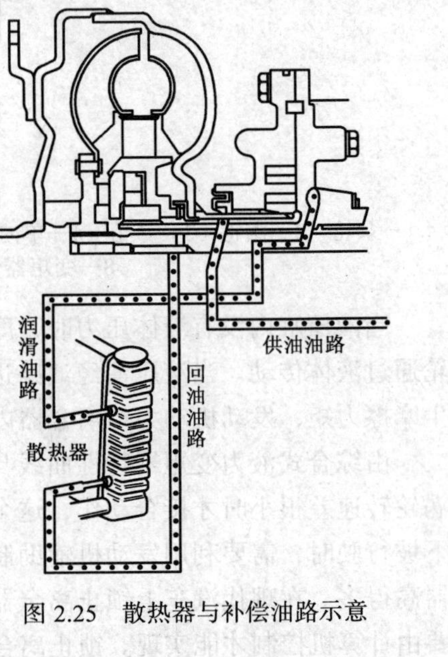

图 2.25　散热器与补偿油路示意

课题实施　检查液力变矩器

操作一　观察综合式液力变矩器的结构组成

（1）观察液力变矩器在发动机上的位置，记录液力变矩器在发动机上的安装关系。

（2）打开液力变矩器，观察元件的形状、判断位置关系和元件名称，并画简图、标注名称。

（3）观察液力变矩器，转动不同元件，分析元件在变矩器中的作用。

（4）观察液力变矩器与变速器的安装关系，解释变矩器如何驱动液压泵。

（5）观察变速器输入轴与变矩器的哪个元件连接。

操作二　检查液力变矩器

提示　轿车自动变速器液力变矩器的外壳是采用焊接的整体结构，不能够分解检查。主要是通过一些基本的测试和分析，以确定其是否存在故障。

（1）观察液力变矩器外观，是否有损坏、裂纹、擦痕、漏油等。

（2）将液力变矩器安装到发动机挠性板上。将百分表支架固装到发动机壳体上，百分表头对准变矩器液压泵驱动轴套，转动曲轴，观察百分表针的摆动，如图 2.26 所示。对照维修资料提供的参数，判断是否能够继续使用。

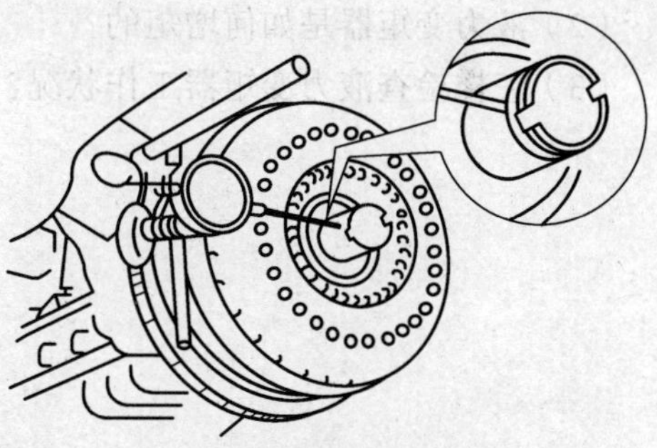

图 2.26　径向圆跳动检查

（3）用手指拨动单向离合器内圈花键，顺、逆时针转动，通过感觉检查单向离合器是否有效，如图 2.27 所示。

（4）用细长弹簧卡钳卡住花键，如图 2.28 所示。利用卡钳的杠杆原理，使卡钳撑住单向离合器或涡轮内的花键，尽量向上提起，观察轴向位移间隙，并判断轴向位移间隙是否在合格使用范围。

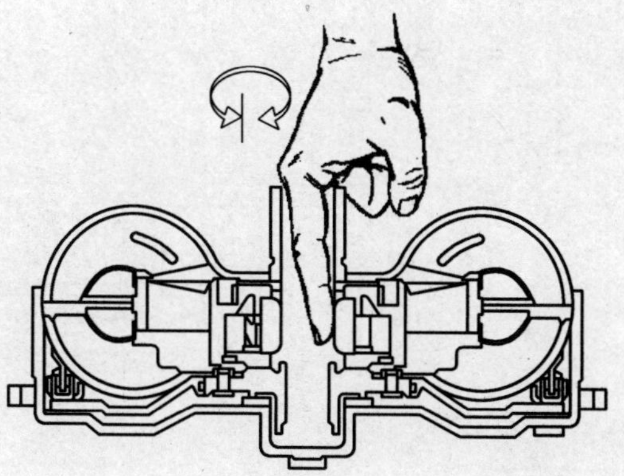

图 2.27　用手指波动单向离合器内圈花键

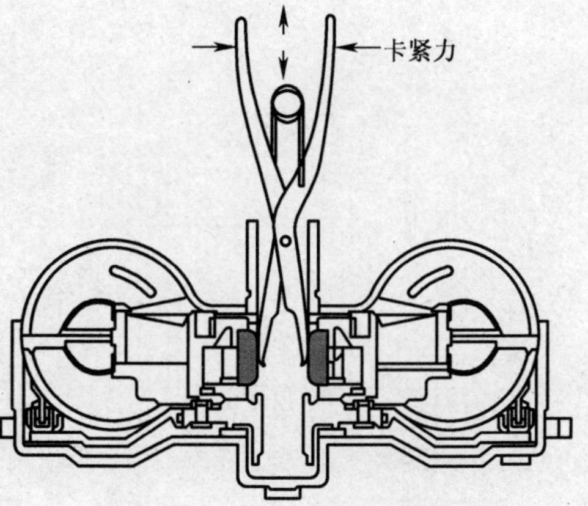

图 2.28　使用卡钳检查轴向间隙

（5）将单向离合器固定套（与液压泵后端盖一体）插入单向离合器内圈；插入变速器输入轴，转动输入轴，检查涡轮转动时是否有摩擦或产生杂音。

课题小结

（1）液力变矩器可以在汽车承受载荷时起到增矩的作用，用以改善汽车的驱动性能。

（2）综合式液力变矩器是将液力耦合器的两个工作轮在沿循环圆方向设计为 3 个工作轮，形成 3 个独立部分，3 个工作轮分别被称为泵轮、涡轮和导轮。

（3）单向离合器是一种能够单方向传递转矩的机械装置，又被称为超越离合器。在综合式液力变矩器中，单向离合器的作用是限制导轮只能单方向转动，而在另一个方向可以对导轮制动。

（4）为了避免能量损失，提高传动效率，现代汽车的综合式液力变矩器内采用锁止离合器，以便在某些工况下消除泵轮与涡轮间的转速差，实现发动机与变速器的直接机械传动，可以改善燃油经济性和降低油液工作温度。

（5）变矩器的外壳是采用焊接整体结构，不能够分解检查。通常借助百分表检查液压泵驱动轴径向跳动，通过手感检查单向离合器性能好坏。

作业测评

（1）液力变矩器与液力耦合器有哪些区别？

（2）液力变矩器是如何增矩的？

（3）怎样检查液力变矩器工作状况？

模块三

行星齿轮变速器机械结构

学习目标

知识目标

◎ 能正确叙述自动变速器机械变速机构的种类和结构特点。

◎ 能正确描述行星齿轮工作原理，知道如何获得不同传动比。

◎ 能正确描述 3 种行星齿轮组的结构特点和如何改变传动比。

◎ 能正确描述离合器和制动器的功用和工作原理。

◎ 能正确根据结构图分析传动路线。

◎ 了解自动变速器结构的不同表达方式。

能力目标

◎ 能正确进行自动变速器的拆装和元件的测量。

◎ 会进行离合器和制动器的拆装、检查。

◎ 掌握自动变速器专用工具、量具的正确使用。

◎ 会进行自动变速器的组装检查与维护。

虽然液力变矩器能够在一定范围内自动地、无级地改变转矩比和传动比，但变矩系数比较小，不能满足汽车使用要求，故汽车上在变矩器后还要使用变速器来扩大传动比范围和扩大驱动转矩并得到空挡和倒挡，使液力变矩器在高效工况下工作。自动变速器主要由变矩器、机械传动机构与液压换挡机构组成，如图 3.1 所示。现代自动变速器尽管采用计算机控制技术，使自动变速器的换挡性能和自动化程度大大提高，并且把驱动性能与汽车的其他性能结合起来，根据汽车工况形成发动机、自动变速器、制动系的整体控制，但是变速器的基本机械结构和液压系统仍是自动变速器的重要组成部分。自动变速器采用的机械结构形式主要有：行星齿轮有级变速机构、普通齿轮变速机构和轮带式无级变速机构。换挡或调速机构主要采用液压控制离合器和制动器。当前的自动变速器技术得到全面发展，不断推出新的自动变速器传动结构类型。但是，发展最早、利用液力机械传动的行星齿轮自动变速器仍然在汽车市场上占据主导地位，这是基于成熟的设计生产技术降低了成本、良好的服务技术水平以及对产品可靠性的信赖。近年来计算机技术的应用弥补了控制过程中的不足，增加的传动比减低了驱动环节中的“动力断点”，性能得到很大改善，使行星齿轮式自动变速器仍然作为主导产品占据汽车市场。本模块主要介绍行星齿轮传动结构和液压换挡执行机构。

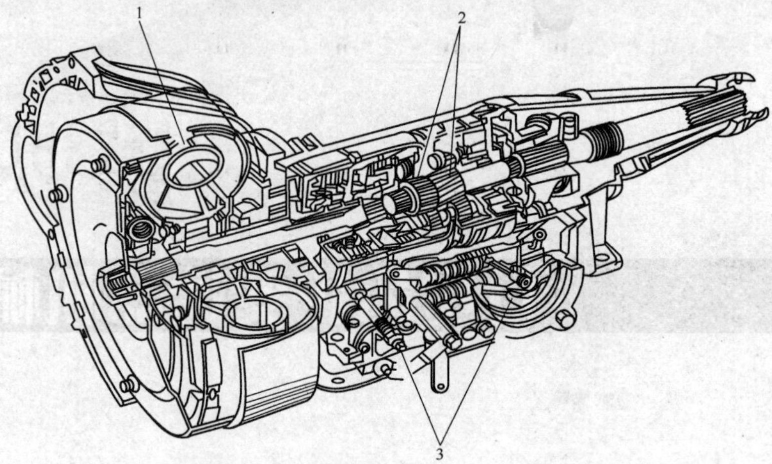

图 3.1　液压控制自动变速器结构组成
1—变矩器　2—行星齿轮变速器　3—液压控制阀

课题一　认识行星齿轮与检修液压离合器

基础知识

行星齿轮变速器由行星齿轮机构和换挡执行机构两部分组成。行星齿轮机构的作用是改变传动比和传动方向，即构成不同的挡位。换挡执行机构的作用是自动实现挡位的变换。

液力自动变速器的行星齿轮机构由多个单行星齿轮机构组成，其多少取决于挡数。换挡执行机构包括片式离合器、片式制动器、带式制动器和换挡单向离合器等。

行星齿轮式变速器具有结构简单、体积小，不需要中间轴和中间齿轮；操纵容易，各齿轮处于常啮合状态，不存在换挡啮合冲击；传动比范围大等突出优点。因此行星齿轮式机构在现代轿车液力自动变速器上得到广泛应用。

一、行星齿轮机构的结构与传动原理

1. 行星齿轮结构

行星齿轮机构有很多类型，其中最简单的行星齿轮机构由一个太阳轮、一个内齿圈、几个行星齿轮和行星轮轴、一个行星架组成。图 3.2 所示为单行星齿轮机构。所谓单行星齿轮是指在太阳轮与齿圈间由一个行星齿轮做介轮即可传动的结构。为使各传动构件均衡受力和避免径向载荷造成轴类零件的弯曲，行星齿轮机构以太阳轮为中心齿轮，3～6 个行星齿轮安装在行星架上，行星齿轮对称布置在太阳轮与内齿圈之间。

太阳轮、齿圈及行星架有一个共同的旋转轴线，行星齿轮支撑在固定于行星架的行星齿轮轴上，并同时与太阳轮和齿圈啮合。行星齿轮平面机构如图 3.3 所示。当行星齿轮机构运转时，行星架上的几个行星齿轮，一方面可以绕自己的轴线旋转，另一方面又可以随行星架一起绕着太阳轮旋转，就像天上的行星运动。太阳轮、齿圈和行星架称为行星齿轮机构的 3 个基本元件。

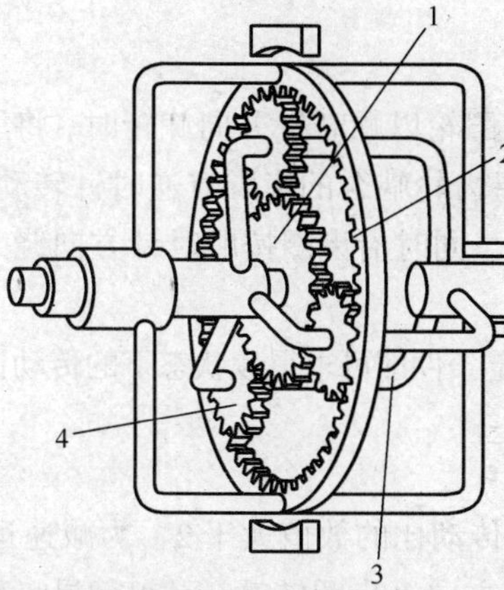

图 3.2 单排行星齿轮机构

1—太阳轮 2—齿圈 3—行星架 4—行星轮

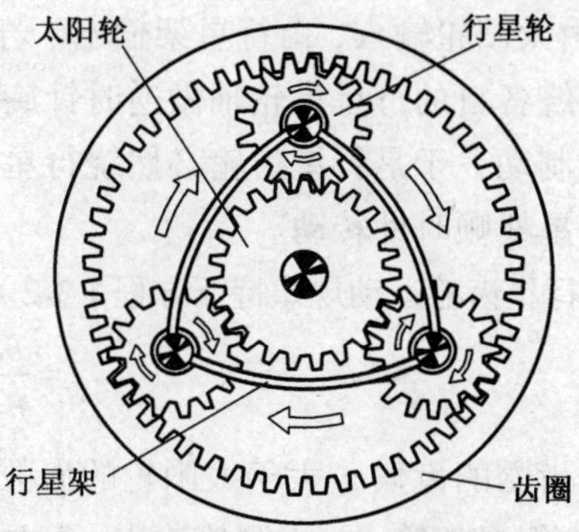

图 3.3 行星齿轮平面机构图

2. 行星齿轮转速特性方程

行星齿轮机构的运动特点是，太阳轮、齿圈和行星架均为旋转构件，可以将不同构件设定为输入或输出条件，随条件不同能获得多种传动比和旋向。为获得行星齿轮特征方程，先计算定轴轮系传动比。设转速由太阳轮输入，由齿圈输出。当行星架 3 固定不动时（见图 3.2），此时为定轴轮系，则行星齿轮只是中间齿轮。定轴轮系的传动比取决于齿圈和太阳轮的齿数，其传动比可由下列公式获得

$$传动比\ i=\frac{n_1}{n_2}=\frac{z_2}{z_1}=\alpha$$

当行星架未制动时，行星架 3 以速度 n_3 转动，行星轮 4 既绕行星架轴自转，又围绕太阳轮公转。为便于运动分析，这时可视为对整体行星轮系施加了一个与行星架 3 大小相等、方向相反的速度 $-n_3$，这对构件的相对速度无影响，使行星轮系变为定轴式转动，则得

$$i_{12}=\frac{n_1-n_3}{n_2-n_3}=-\frac{z_2}{z_1}=-\alpha \tag{3-1}$$

由式（3-1）可得单行星轮结构的转速特性方程为

$$n_1+\alpha n_2-(1+\alpha)n_3=0 \tag{3-2}$$

或表达为

$$z_1n_1+z_2n_2=(z_1+z_2)n_3$$

由转速特性方程可以看出，太阳轮、齿圈和行星架 3 个元件中，可任选两个分别作为主动件和从动件，而使另一个元件固定不动（该元件转速为零），或使其运动受一定约束（即该元件的转速为某一定值），则整个轮系即以一定的传动比传递动力。

3. 行星齿轮机构的变速原理

太阳轮、齿圈和行星架三者具有同一旋转轴线。将此三者中的任一构件与主动轴相连，第二

构件与从动轴相连，加上第三个条件，即第三构件被强制固定或使其运动受到一定约束，如使该构件的转速为某一定值，则整个系统就以一定的传动比传递动力，实现不同挡位速度的变化。

按连接和制动情况的不同可以有多种组合方案，相应可获得各种不同的传动。下面分别讨论各种传动的情况。

（1）齿圈制动（见图 3.4）。

① 由太阳轮输入，由行星架输出。若输入轴驱动太阳轮以顺时针方向旋转时，将引起行星齿轮分别绕各自的行星齿轮轴做逆时针旋转，这使与行星齿轮啮合的齿圈有逆时针转动的趋势，但它已被制动，于是行星齿轮必然绕行星轴逆时针自转，同时沿齿圈按顺时针方向绕太阳轮公转，即行星架顺时针转动。

由单行星齿轮运动规律特征方程（3-2），再根据所给定条件即可求得该状态下的传动比 i，即

$$i=\frac{n_1}{n_3}=(1+\alpha)=1+\frac{z_2}{z_1}$$

由于齿圈的齿数 z_2 大于太阳轮的齿数 z_1，因而这一传动比的数值大于 2，为减速运动。

② 由行星架输入，太阳轮输出。行星齿轮按顺时针方向沿齿圈转动，引起行星齿轮在各自行星齿轮轴上逆时针旋转，使太阳轮与输入轴同向旋转，所以传动比 i 为

$$i=\frac{n_3}{n_1}=\frac{1}{1+\alpha}=\frac{z_1}{z_1+z_2}$$

该传动比小于 1，是增速运动。

（2）太阳轮制动（见图 3.5）。

① 由行星架输入，齿圈输出。行星架按顺时针方向旋转，即行星齿轮按顺时针方向沿太阳轮转动，引起各行星齿轮分别在各自的行星齿轮轴上顺时针旋转，使齿圈与输入轴同向旋转，所以传动比 i 为

$$i=\frac{n_3}{n_2}=\frac{1}{(1+\alpha)}=\frac{z_2}{z_1+z_2}$$

该值小于 1，因此是增速传动。

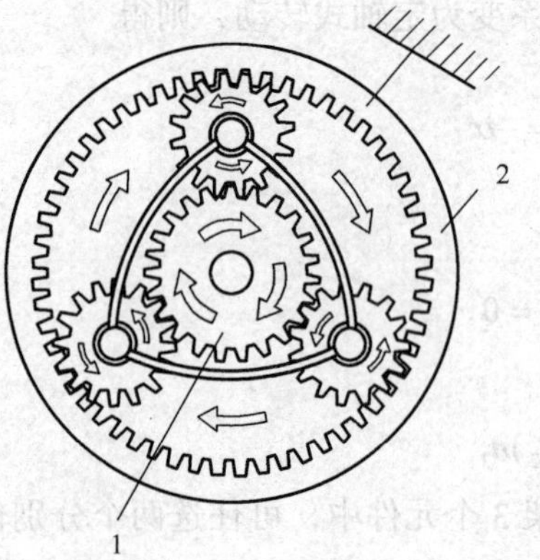

图 3.4　齿圈制动

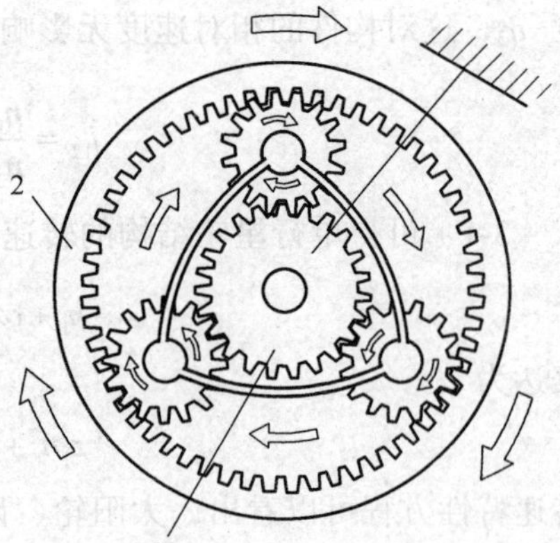

图 3.5　太阳轮制动

② 由齿圈输入，行星架输出。齿圈顺时针旋转，引起各行星齿轮分别在各自的轴上做顺时针旋转。同时，它们还将沿太阳轮顺时针转动，即行星架顺时针转动，可求得传动比 i 为

$$i=\frac{n_2}{n_3}=\frac{(1+\alpha)}{\alpha}=1+\frac{z_1}{z_2}$$

此方案也是一种增矩减速传动，但传动比大于 1 小于 2。

（3）行星架制动（见图 3.6）。

① 由太阳轮输入，齿圈输出。因行星架制动，各行星齿轮只有自转而无公转，此时它们作为惰轮工作，使齿圈与太阳轮反向旋转，所以传动比 i 为

$$i=\frac{n_1}{n_2}=-\alpha=-\frac{z_2}{z_1}$$

因传动比绝对值大于 1，故为反向减速传动。

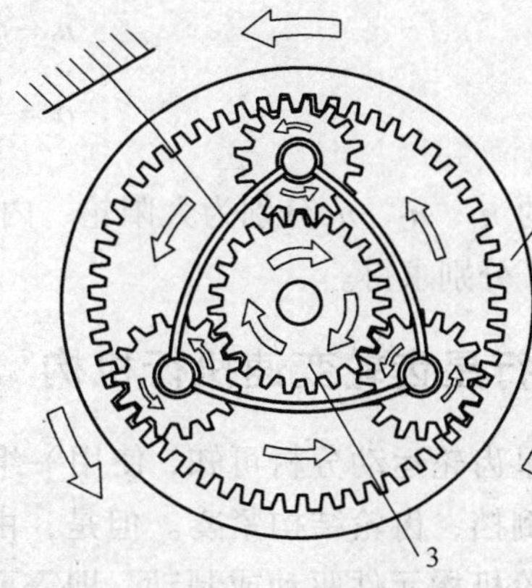

图 3.6　行星架制动

② 齿圈输入，太阳轮输出。很容易看出太阳轮与齿圈反向旋转，所以传动比 i 为

$$i=\frac{n_2}{n_1}=-\frac{1}{\alpha}=-\frac{z_1}{z_2}$$

由于传动比绝对值小于 1，故为反向升速传动。

（4）直接挡传动。

若太阳轮与齿圈同时输入同一转速，即 $n_1=n_2$，可求得行星架的转速为

$$n_3=\frac{(n_1+\alpha n_2)}{(1+\alpha)}=n_1=n_2$$

$$i=1$$

故可知：太阳轮、行星架和齿圈三者中，有任意两个构件被连锁成一体，各齿轮间均无相对运动，整个行星轮机构将成为一个整体而旋转，此时为直接挡传动。

（5）空挡。

如果太阳轮、行星架和齿圈三者中，无任何一个构件被制动，而且也无任何两个构件被锁成一体，各构件自由转动，行星齿轮机构就不能传递动力，从而得到空挡。

一个行星齿轮机构的传动比范围有限，往往不能满足汽车的实际要求，因此在实际应用的行星齿轮变速器中，是二至三个单排行星齿轮机构组成的，从而组成不同的传动比或挡位。但其工作原理仍与单一行星齿轮机构相同，可由其运动规律特性方程推导出传动比。

4. 双行星齿轮机构

现代汽车自动变速器上还使用一种双行星齿轮机构，如图 3.7 所示。双行星齿轮机构在太阳轮和齿圈之间有两个互相啮合的行星齿轮，其中外面的一组行星齿轮与齿圈啮合；里面的一组行星齿轮与太阳轮啮合。与单行星齿轮组比较，双行星齿轮只是多了一个介轮啮合。按照齿轮传动

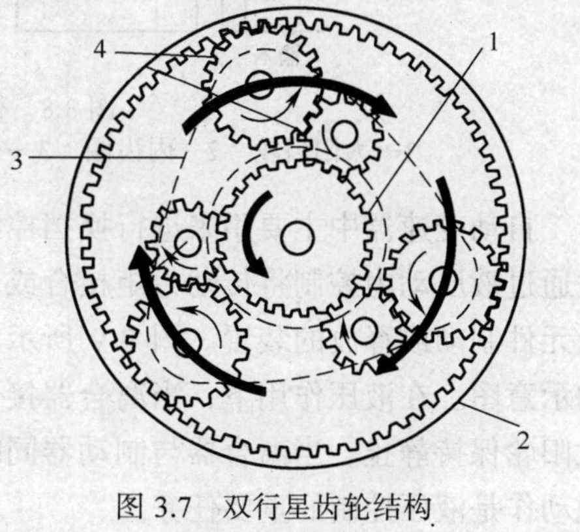

图 3.7　双行星齿轮结构

1—太阳轮　2—齿圈　3—行星架　4—行星齿轮

原理，输入与输出的旋向将发生改变，所以按单行星齿轮机构的计算方法，双排行星齿轮机构的运动特性方程为：

$$n_1 - \alpha n_2 - (1-\alpha)n_3 = 0$$

$$\alpha = \frac{z_2}{z_1}$$

式中的 n_1、n_2、n_3 分别为太阳轮、内齿圈和行星架的转速。行星齿轮的传动比可根据不同设定状况，分别求得。

二、行星齿轮变速执行机构

由行星齿轮运动分析可知，使用一组行星齿轮不需更换齿轮即可获得若干个汽车需要的前进挡或倒挡，齿轮结构紧凑。但是，由行星齿轮运动分析看到，要获得所需的挡位，需要对行星齿轮机构元件驱动或制动，即需要对行星齿轮进行相应的控制，才能改变传动路线实现汽车变速。用来对行星齿轮状态进行控制以改变传动比的装置称为换挡执行元件，由若干换挡执行元件构成行星齿轮换挡执行机构。图 3.8 所示为一组对行星齿轮实现传动与制动的机构。

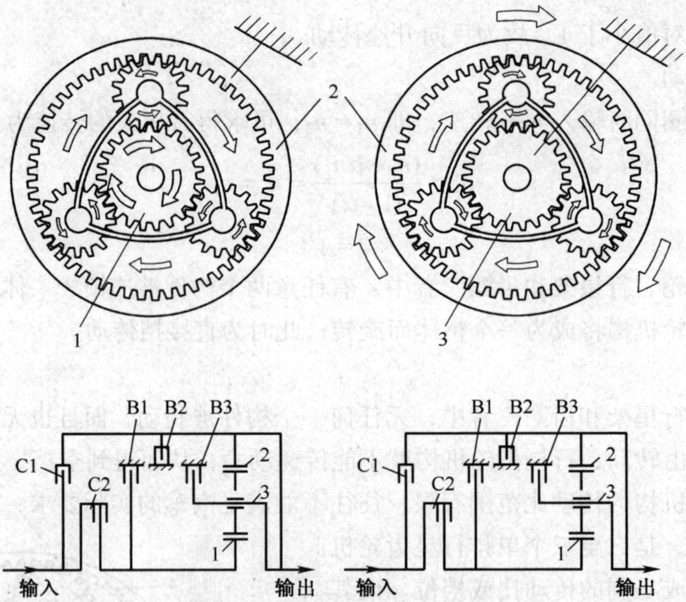

图 3.8　行星齿轮变速控制机构简图

1—太阳齿轮　2—内齿圈　3—行星架　C1、C2—离合器　B1、B2、B3—制动器

自动变速器中主要用来进行换挡控制的执行元件是液压离合器和液压制动器。液压离合器是通过液压动力控制将传动力矩接合或切断的装置。液压制动器是通过液压动力控制将行星齿轮元件制动或释放的装置。图 3.9 所示为对太阳轮运动进行控制的液压离合器与液压制动器结构示意图。在液压作用下，当离合器接合，动力传递到太阳轮；当液压作用在制动器时，可将太阳轮保持静止。当离合器与制动器同时发生动作，则为错误工作状态。这种按照特定要求实现动作是液压控制的重要任务。

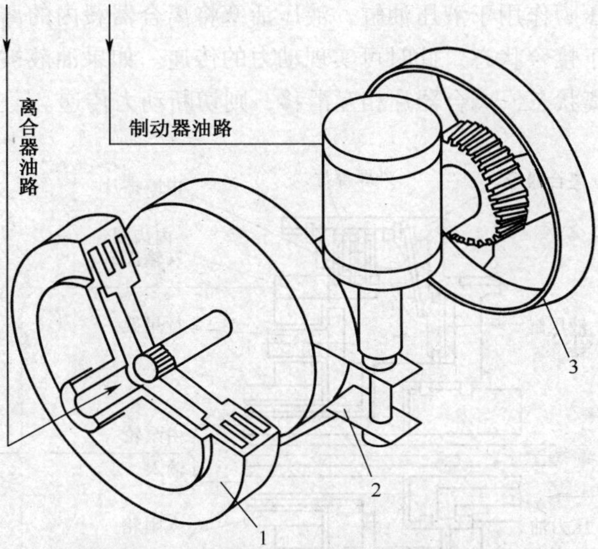

图 3.9 行星齿轮液压控制机构
1—液压离合器 2—液压制动器 3—行星齿轮组

1. 液压离合器

湿式多片式离合器是自动变速器中最常用的动力传递装置，主要由液压缸和机械离合器两部分组成，其内部结构如图 3.10 所示。液压缸的功能是将油路压力转变为对离合器的压紧力，以借助离合器片的摩擦作用传递转矩。自动变速器内的离合器采用摩擦传动原理。机械离合器要传递较大的转矩，又受到整体结构尺寸限制，所以使用多摩擦片式结构设计，其优点在于接触面多，可传递较大转矩；接合平顺柔和，能够保证换挡质量。工作时离合器片浸在油液中，可以及时清洗摩擦表面并散掉摩擦所产生的热量。

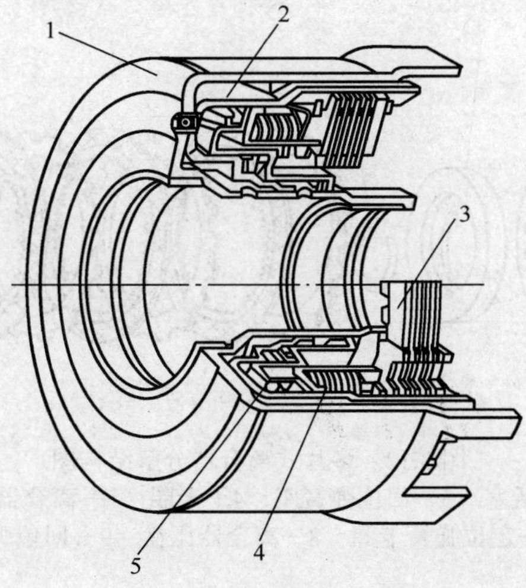

图 3.10 离合器内部结构
1—离合器外毂 2—液压缸 3—多片离合器片 4—回位弹簧 5—活塞

自动变速器液压离合器主要零部件有外毂、内毂、液压活塞、离合器片、压盘、回位弹簧等，其剖面结构如图 3.11 所示。离合器由摩擦片与钢片组成，离合器摩擦片通过其内缘花键与离合器内毂上的键槽连接，离合器钢片通过其外缘花键与离合器外毂的键槽连接。摩擦片与钢片交错安装，当油液压力作用于液压油缸，液压活塞将离合器毂内的离合器摩擦片与钢片压紧在一起，使离合器处于接合状态，此时可实现动力的传递。如果油液被排出，回位弹簧使活塞回位，离合器处于分离状态，离合器片相互滑移，则切断动力传递。

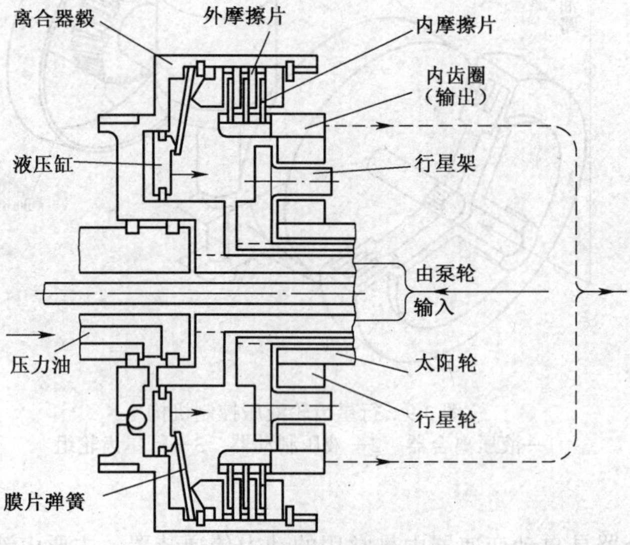

图 3.11　膜片弹簧多片离合器结构

离合器摩擦片材料是在一个基础钢片的两面衬上摩擦材料。其摩擦材料有金属性的、半金属性的和经硬化处理的合成纤维材料。硬化合成纤维材料是最常用的摩擦材料，因为它有较大的摩擦系数，可以提供更大的摩擦力。摩擦片上常加工有油槽以利于它的冷却，从而可以提高它的效率和耐久性，如图 3.12 所示。

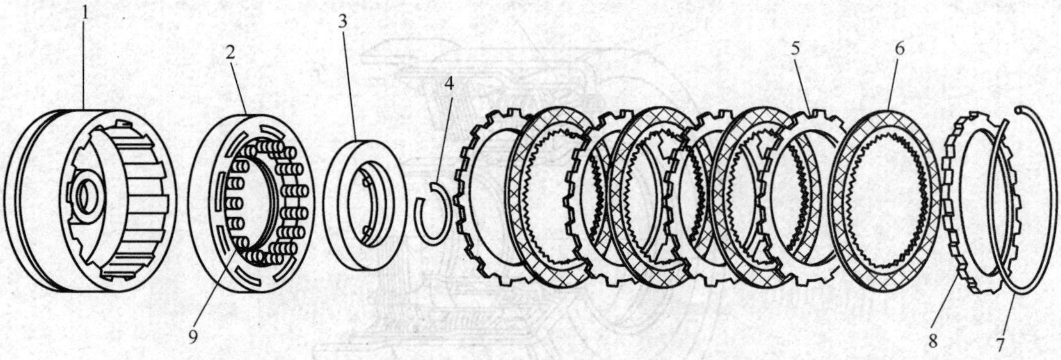

图 3.12　多片式离合器分解结构图

1—离合器毂　2—液压活塞　3—回位弹簧座　4—卡圈　5—离合器钢片　6—离合器摩擦片　7—定位弹簧卡圈　8—离合器压盘　9—回位弹簧

压盘是具有一定厚度的金属盘，用于压紧离合器片并在受力时不至产生变形，它被装于离合器主从动片的一端或两端。锁止卡圈用于把离合器片及压盘封在离合器毂内，当离合器片受液压推力作用时，限制离合器片的移动并形成反作用力。主、从动片间的摩擦力使它们锁紧在一起，成为一个整体。

在典型离合器中，液压缸位于离合器毂内部，液压活塞通过回位弹簧和弹簧座被挡圈固定在适当位置。液压活塞为单方向作用式，即只在一个方向接受液压作用产生推力，活塞回位则依靠回位弹簧的弹性力作用。为此，液压离合器内设有回位弹簧、弹簧座、弹簧卡圈等，安装后的回位弹簧已经具有一定的压紧力，以保证活塞可靠回位。多片离合器回位弹簧的结构形式有螺旋弹簧组、中央螺旋弹簧和膜片弹簧，如图 3.13 所示。

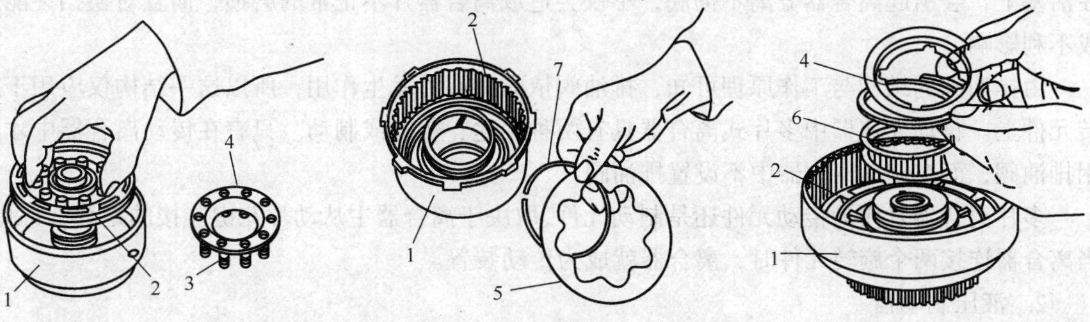

图 3.13　回位弹簧的类型

1—离合器外毂　2—活塞　3—螺旋弹簧　4—弹簧座圈　5—膜片弹簧　6—中央螺旋弹簧　7—支撑圈

离合器液压缸工作原理如图 3.14 所示。当液压油经油路进入液压缸，克服弹簧力推动活塞移动，将离合器片压紧，实现内、外毂接合。

当液压油路释放油压，活塞在回位弹簧作用下回位，并将液压缸内的油排出，将离合器片放松，使内、外毂脱离接合。

离合器液压缸的边缘处设一单向球阀，称为排油阀，球阀为钢球，结构如图 3.14 所示。排油阀的作用是：当系统停止向液压缸输送液压油时，活塞在回位弹簧作用下迅速复位，能将残存在液压缸内的液压油迅速排出，而使离合器处于分离状态，可有效防止出现离合器拖滞现象发生。目的是迅速解除作用在活塞上的残余油压，工作过程如下。

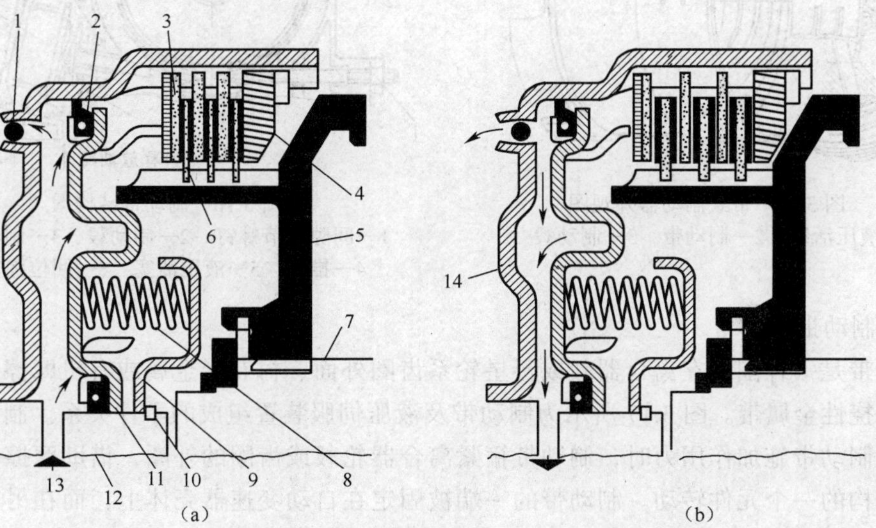

图 3.14　单方向作用液压离合器工作原理

1—单向球阀　2—密封圈　3—钢片　4—压盘　5—离合器内毂　6—摩擦片　7—离合器输出轴　8—回位弹簧　9—弹簧座　10—卡簧　11—活塞　12—离合器输入轴　13—液压油进入　14—离合器外毂（液压缸）

（1）离合器需要接合时，压力油进入液压缸，在油液压力的作用下，单向球阀压在阀座上，将排油口关闭，液压缸内压力迅速增大。活塞移动，压紧离合器片，如图 3.14（a）所示。

（2）当油路解除油压时，高速旋转油液在离心力作用下，滞留在缸体内边缘，形成的残余油压作用在活塞上，影响活塞迅速回位，钢球可在离心力作用下偏离排油阀座，油缸内油液通过其缝隙排出，保证活塞迅速回位，如图 3.14（b）所示。如果残余油压不被解除，而仍作用在活塞上，会引起离合器分离不彻底，不仅会造成离合器片不正常的磨损，而且对换挡性能造成不利影响。

由排油阀的结构与工作原理可知，排油阀依靠离心力发生作用，所以这一结构仅应用于旋转元件上。自动变速器中多片式离合器具有两种用途：传动或制动。只有在传动离合器中才采用排油阀，而在制动离合器中不设置排油阀。

多片离合器是作为传动元件还是制动元件,取决于离合器主从动片花键连接的是什么部件。当离合器连接两个旋转元件时，离合器就成为传动装置。

2. 液压制动器

制动器的功用是在需要时阻止行星齿轮机构元件的旋转运动，以实现不同速比的传动。制动器由液压伺服装置与机械制动两部分组成，制动器被安装在变速器壳体上，通过摩擦力矩阻止元件的旋转，如图 3.15 所示。带式制动器的内部结构如图 3.16 组成，制动带的一端被固定在自动变速器壳体上，另一端由液压活塞推杆推动。液压伺服装置是液压缸的另一个名称，由液压缸体、液压活塞和回位弹簧组成。自动变速器中使用的制动器分制动带式和离合器式两种类型。

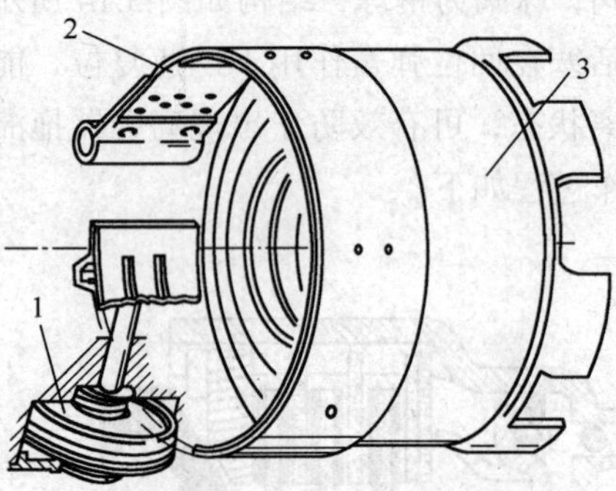

图 3.15　带式制动器外观图
1—液压活塞　2—制动带　3—制动毂

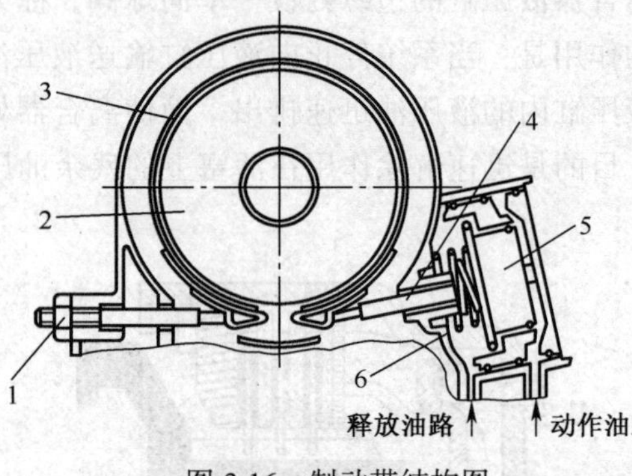

图 3.16　制动带结构图
1—间隙调节螺钉　2—制动毂　3—制动带
4—推杆　5—液压活塞　6—回位弹簧

（1）制动带。

制动带是一种围绕在离合器毂或行星轮系齿圈外面、衬有半金属或有机摩擦材料的简单可收拢的挠性金属带。图 3.17 所示为制动带及液压伺服装置组成的零件关系。制动带的功用是，当给制动带施加作用力时，制动带箍紧离合器轮毂或齿圈的外圈，借助摩擦力矩阻止行星齿轮机构的一个元件转动。制动带的一端被固定在自动变速器壳体上，而在另一端通过伺服液压缸施加作用力。当液压控制系统施加作用力时，制动带开始箍紧转动的制动鼓，直到停止。阻止制动鼓转动所需液压的大小取决于制动带的长和宽，以及在制动带非固定端上作用力的大小。

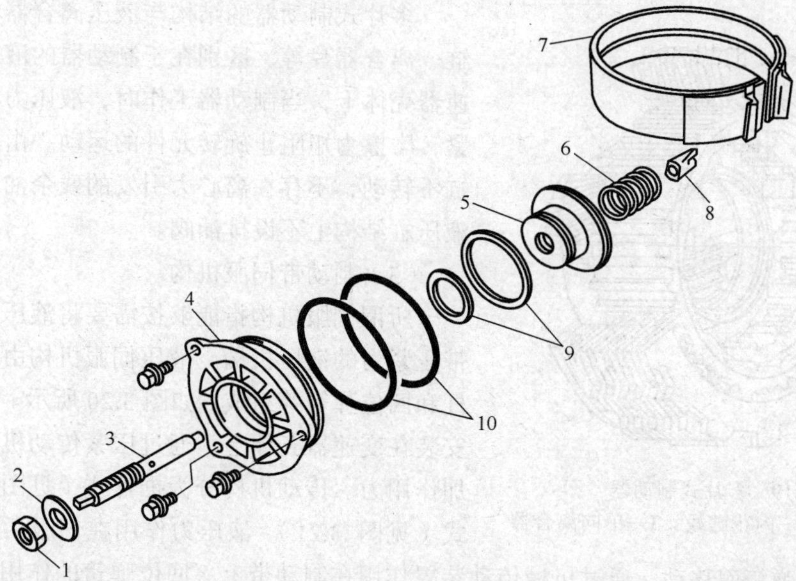

图 3.17　制动带及传力零件

1—调节螺母　2—垫圈　3—活塞推杆　4—端盖　5—活塞　6—回位弹簧　7—制动带　8—顶杆　9—密封环　10—密封圈

挠性钢带由金属材料制成，如图 3.18 所示。按制动带金属材料分为图 3.18（a）和图 3.18（c）所示的铸铁材料和图 3.18（b）所示的弹簧钢材料，按制动带开口类型分为图 3.18（a）和图 3.18（b）所示的对口结构与图 3.18（c）所示的交错结构。对口带为单片弯曲结构，交错式为多带交错缠绕结构。与对口式制动带相比，交错结构制动带更容易适应毂外形，能够更平稳和均匀地箍紧离合器毂，而且具有更好的自行增力作用。所需要的作用力也比对口式制动带需要的液压作用小。这些特点使双层制动带提供平稳的换挡。

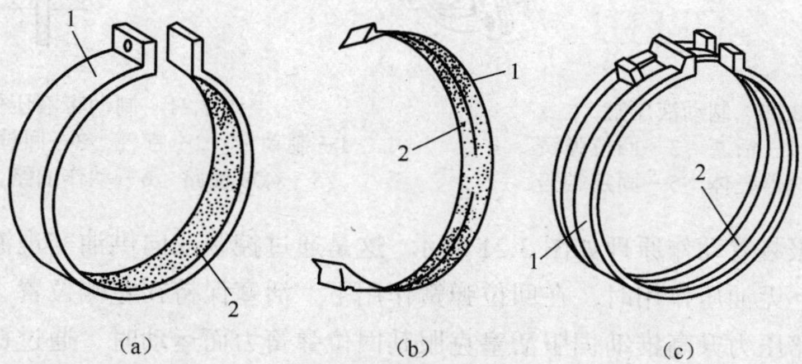

图 3.18　制动带类型

1—金属制动带　2—摩擦材料

图 3.17 中的调节螺母 1 可用来对制动带与离合器毂之间的间隙进行调整。因随着制动带衬里的磨损，滑动量增大，使制动带的箍紧力减小，所以有的自动变速器的制动带需要定期调整。

（2）多片式制动器。

多片式离合器也用于固定行星齿轮机构的某一元件。如图 3.19 所示，离合器钢片花键安装于变速器壳的花键内，离合器摩擦片花键与离合器毂结合。当液压缸动作离合器被接合时，行星齿轮机构元件被锁止在变速器壳上，而不能转动。此时的离合器起制动器作用。

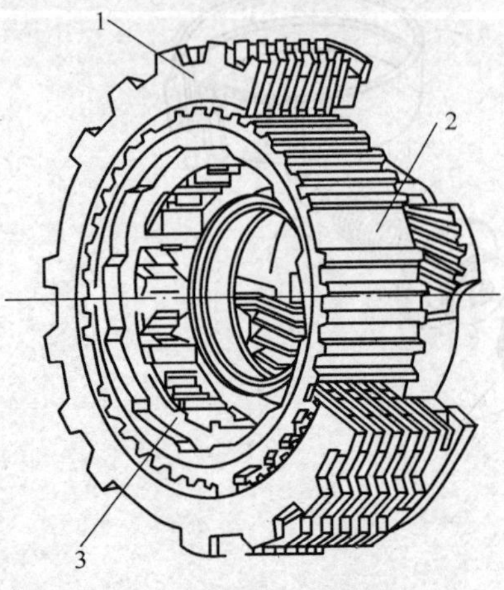

图 3.19　多片式制动器

1—制动片　2—内花键毂　3—单向离合器

多片式制动器的结构与液压离合器相同，有液压缸、离合器片等，区别在于制动器的液压缸设置在变速器壳体上，当制动器工作时，液压力将离合器片压紧，摩擦力矩阻止旋转元件的运动。由于制动器液压缸不转动，不存在离心力引发的残余油压问题，所以液压缸结构上不设排油阀。

（3）制动带伺服机构。

所谓伺服机构指能够按需要将液压力转变为制动带压紧力的液压机构。液压伺服机构由液压活塞、推杆和回位弹簧等组成，如图 3.20 所示。液压伺服装置安装在变速器壳体上，通过压紧传动机构对制动带施加作用力。传动机构分为推杆式（见图 3.17）和杠杆式（见图 3.21）。液压力作用在伺服活塞上，使伺服活塞压缩回位弹簧而移动，通过机械传动装置作用在制动带上。回位弹簧的作用是在无液压作用时使活塞回位，制动带处于放松状态。

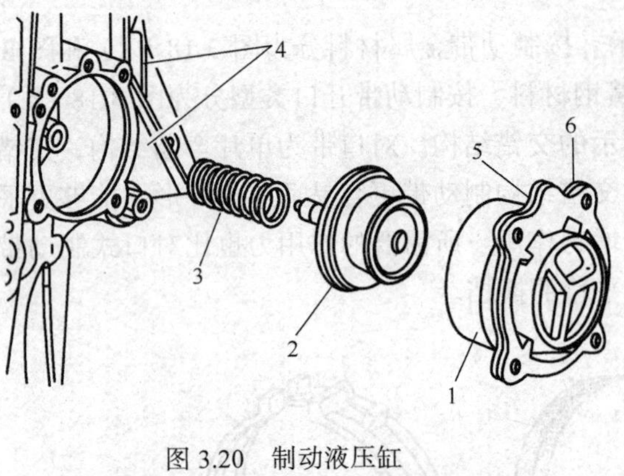

图 3.20　制动液压缸

1—缸体　2—活塞　3—回位弹簧

4—自动变速器壳体　5—固定端盖

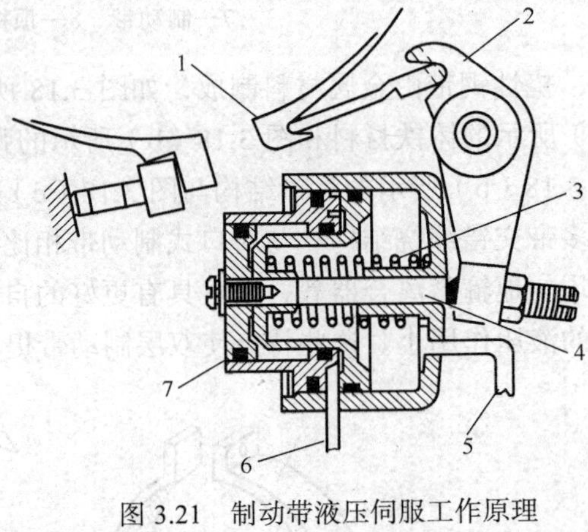

图 3.21　制动带液压伺服工作原理

1—制动带　2—杠杆　3—回位弹簧　4—活塞推杆

5—释放油路　6—动作油路　7—伺服器端盖

制动带及伺服装置动作原理如图 3.21 所示，这是通过控制双向供油实现液压活塞移动的装置。动作过程是：无油压作用时，在回位弹簧作用下，活塞保持在左侧位置，制动带处于放松状态。当动作油路压力升高推动伺服活塞克服其回位弹簧力而运动时，通过杠杆 2 使制动带直径减小而箍紧在制动毂上（离合器毂）上。当动作油路保持压力，在释放油路施加与动作油路相等的油压时，回位弹簧作用力能够推动活塞左移，使制动带放松，解除制动。

课题实施　检修液压离合器

操作一　分解液压离合器

（1）离合器摩擦片是用弹簧挡圈进行限位，首先用改锥撬出弹簧挡圈，如图 3.22 所示；然后拆下压盘，如图 3.23 所示；依次从离合器毂上取下离合器片和离合器盘，如图 3.24 所示。

（2）拆卸离合器液压缸活塞。拆卸液压缸活塞时要先卸下活塞回位弹簧，拆卸回位弹簧时，可用图 3.25 所示专用工具，将其装在弹簧座圈上；用压床压缩弹簧后，用卡簧钳取下小弹簧卡环；再拆下活塞的回位弹簧，如图 3.26 所示。

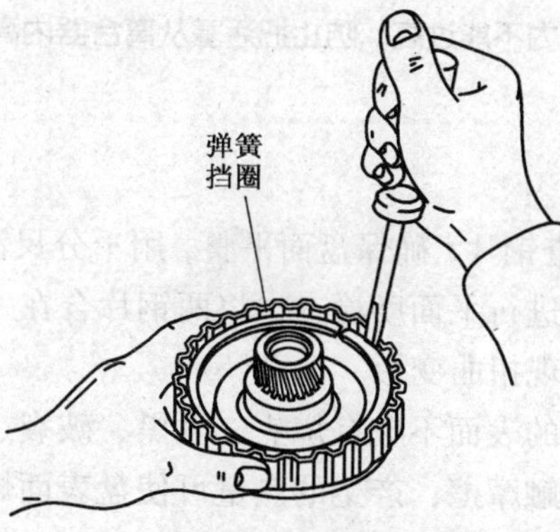

图 3.22　拆下弹簧挡圈

提示

严禁直接用改锥撬出弹簧挡圈，防止弹簧弹出伤人。

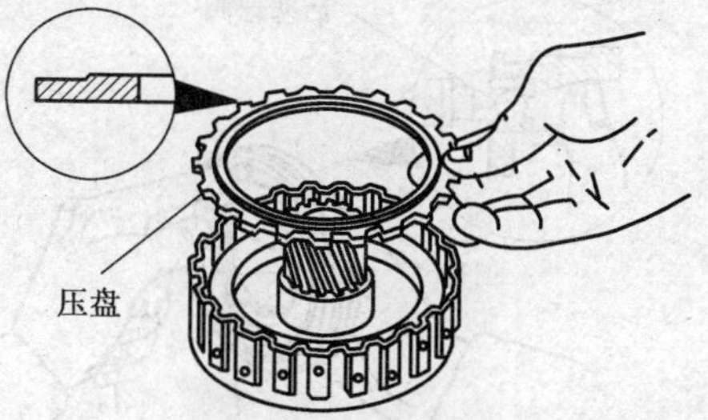

图 3.23　拆下压盘

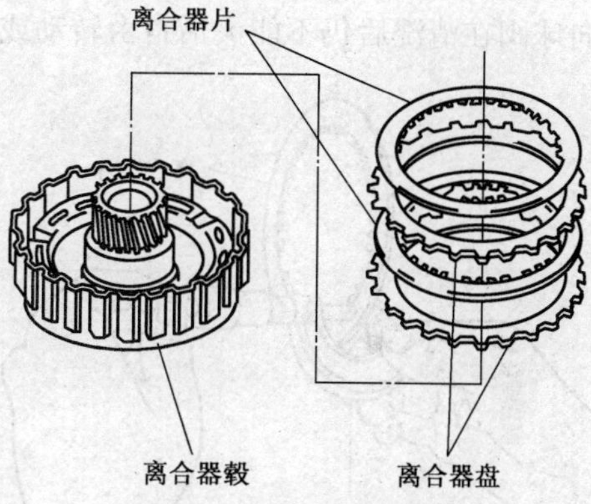

图 3.24　取下离合器摩擦片

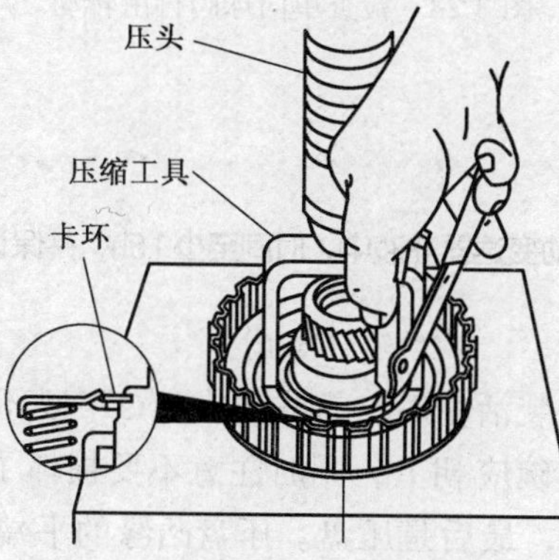

图 3.25　用压床压缩回位弹簧

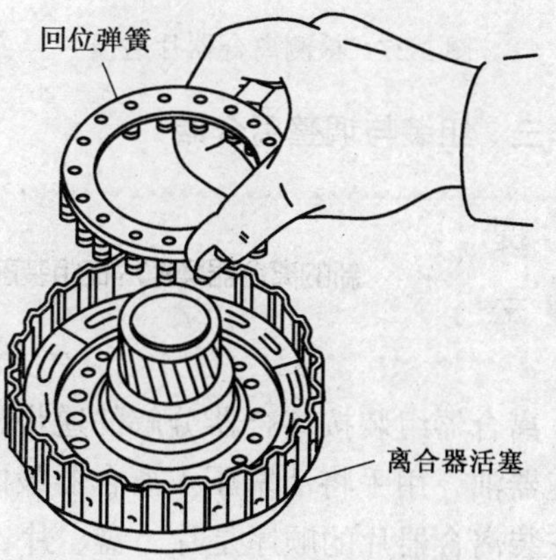

图 3.26　拆下活塞回位弹簧

然后利用压缩空气充入离合器毂上的油缸进油孔，将活塞推出，如果气体推力未能将活塞完全顶出，可辅以尖嘴钳取出活塞。同时取下活塞上的“O”型密封环。

提示　压缩空气的压力不能过高，防止把活塞从离合器内高速吹出。

操作二　检修液压离合器

（1）摩擦片的检修。仔细检查钢片，确保盘面平整，用千分尺测量离合器片厚度，如图 3.27 所示，确认没有过度磨损。还应进行平面度检查，将两钢片合在一起，检查它们的合缝是否满足要求，离合器钢片一定不能出现扭曲变形。

检查摩擦片的磨损状况，盘的表面不应有烧焦、发黑、破裂、表面剥落等情况。摩擦材料完全磨掉，会造成钢片的直接接触摩擦，产生的热量可使盘表面熔化形成黏接，导致离合器无法分离。检查中如果发现上述问题应更换摩擦片。

（2）离合器活塞的检修。对离合器活塞主要检查是否有裂纹、变形或卡滞，并检查密封圈和密封环槽是否有磨损。用压缩空气吹活塞上单向球阀，观察单向球阀是否能自由转动，如图 3.28 所示。单向球阀密封性的检查方法是，在单向阀的一端倒些变速器油，观察单向阀的另一端，如有油液漏出，说明单向球阀与阀座不再密封。单向球阀的密封性与自由转动十分重要，如果单向球阀在清洗后仍不能灵活自由转动或密闭不严，则应更换活塞。

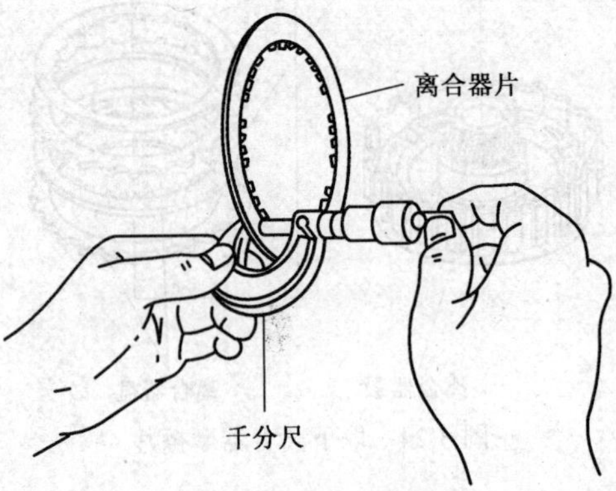

图 3.27　检测离合器片磨损

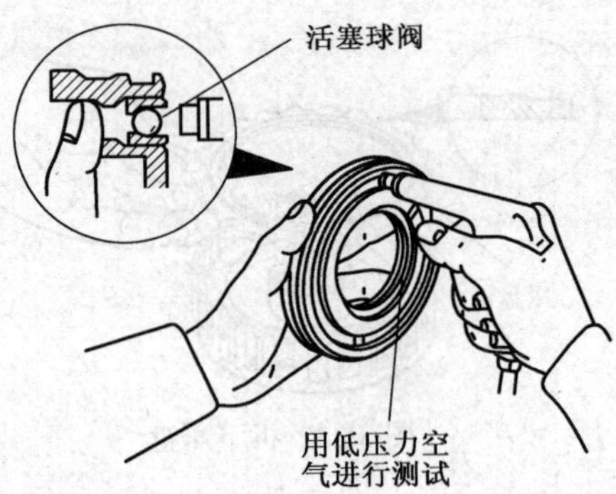

图 3.28　检查单向球阀自由转动

操作三　组装与调整离合器

提示　新的离合器摩擦片在组装前，需浸泡在自动变速器油液中，时间至少 1.5h，并保证浸透。

（1）离合器组装按离合器分解的逆步骤进行。在安装活塞时，首先要在“O”型环上涂抹自动变速器油，用手将活塞压入离合器毂内，压入时皮碗应朝上，同时注意不要损坏了“O”型环。安装离合器片的顺序是片、盘、片、盘、片、盘，最后是压盘。压盘凸缘的平端朝下装入离合器毂内。

（2）离合器组装完毕后，应测量离合器间隙。测量方法如图 3.29 所示，将离合器总成固定，装上百分表，用压缩空气通过油道孔推动离合器，测量并读出在压缩空气下活塞移动前、后离合器压盘的移动值。

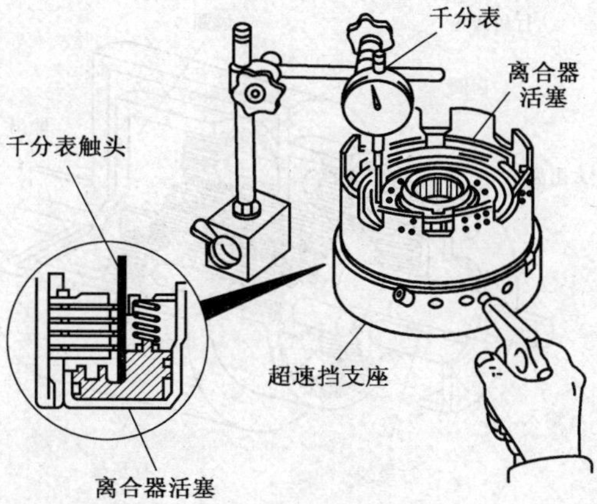

图 3.29　测量活塞行程

如果测量的间隙大于规定的数值，可以通过下面的方法进行调整。

① 选装较厚的挡圈以便减少间隙。

② 选装不同厚度的离合器压盘以调整间隙。

③ 选装不同厚度的离合器钢片以调整间隙。

不同自动变速器其离合器间隙的调整方法也不同，应参照修理手册选择调整方法。

课题小结

（1）行星齿轮变速器由行星齿轮机构和换挡执行机构两部分组成。行星齿轮机构的作用是改变传动比和传动方向，即构成不同的挡位。

（2）换挡执行机构的作用是自动实现挡位的变换。包括片式离合器、片式制动器、带式制动器和换挡单向离合器等。

（3）液力自动变速器的行星齿轮机构由多个单行星齿轮机构组成，其多少取决于挡数。

作业测评

（1）简述片式离合器和片式制动器的区别。

（2）为什么多数自动变速器都采用行星齿轮变速机构?

（3）换挡执行元件主要有哪些？在自动换挡中各起什么作用?

课题二　分解检修辛普森行星齿轮传动机构

辛普森（Simpson）式行星齿轮变速机构被广泛应用于汽车自动变速器。它是以其设计者霍华德 · 辛普森（Howard Simpson）的名字命名，辛普森行星齿轮机构由两个单行星齿轮机构组合而成，能够提供 3 个前进挡（3 速或 3 挡）和 1 个倒挡。其特点是：由一个长太阳轮将前后两个行星轮机构连成一体，俗称“前后行星排共用一个太阳轮”。辛普森式行星齿轮机械结构总体布置如图 3.30 所示。

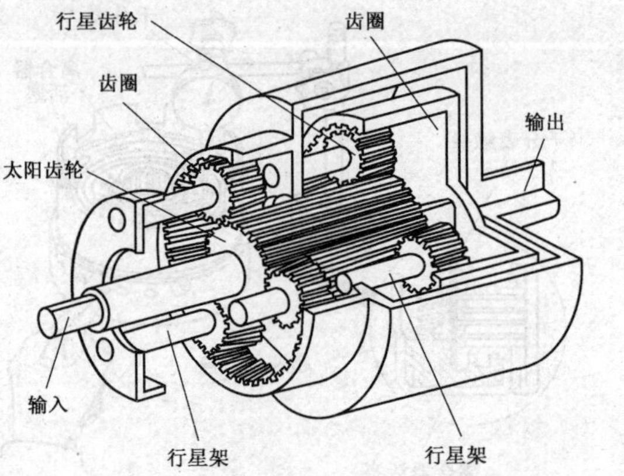

图 3.30　辛普森行星齿轮结构轴测图

基础知识

一、辛普森式行星齿轮变速器的结构与传动

1. 辛普森行星齿轮结构

辛普森行星齿轮变速机构由传动齿轮机构与换挡机构组成。辛普森式行星齿轮变速器的两个行星齿轮机构组成元件完全相同，换挡执行机构由前离合器（C_1）、后离合器（C_2）、单向离合器（OC）、前制动器（B_1）和后制动器（B_2）组成，结构组成如图 3.31 所示，简化结构图如图 3.32 所示。在不同挡位时，动力经不同换挡执行机构及不同的行星轮实现传动比的改变。

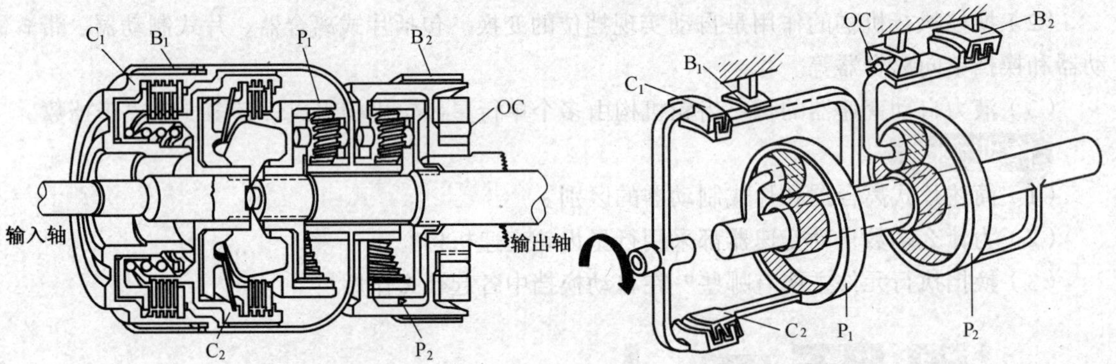

图 3.31　三速辛普森行星齿轮变速器平面与结构示意图

C_1、C_2—多片离合器　B_1、B_2—制动器　OC—单向离合器　P_1、P_2—行星齿轮组

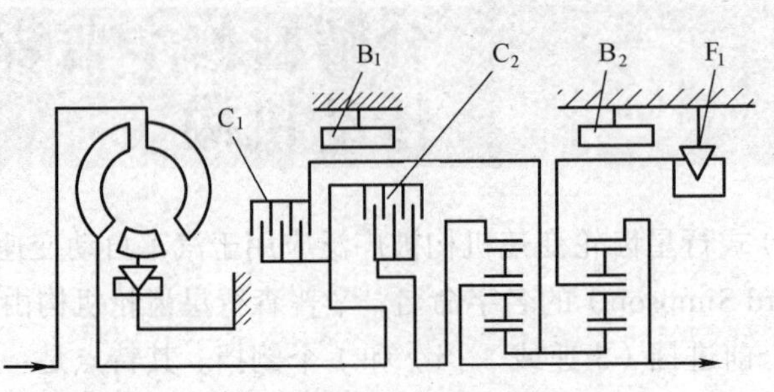

图 3.32　辛普森行星齿轮变速器结构简图

由于不同的离合器和制动器在改变传动比时承担不同的动力传递任务，为学习方便，本节以图 3.31 所示的字母标识来描述机构元件。执行元件换挡规律见表 3.1。

表 3.1　　执行元件工作规律表

挡　位		C_1	C_2	B_1	B_2	OC
D	1		○			○
	2		○	○		
	3	○	○			
R		○			○	

2. 辛普森式行星齿轮变速机构传动情况

（1）N 位（空挡）：各执行元件均不工作，前后行星排所有元件均不受约束，变速机构无法传递动力。

（2）D 位 1 挡：后离合器 C_2 处于接合状态，使输入轴驱动左排齿圈转动。单向离合器 OC 产生制动作用，使右行星架固定不动，如图 3.33 所示。

左侧齿圈通过行星轮驱动太阳轮旋转，由于两个行星排共用太阳轮，太阳轮同时驱动右行星齿轮转动。由于右行星架向此方向的运转被单向离合器制动，所以右行星轮只能按图示箭头方向旋转，进而驱动右齿圈输出转矩。

其传动路线为：输入轴→后离合器 C_2→左排齿圈→左行星轮→太阳轮→右行星轮→右排齿圈与左排行星架（一体结构）→输出轴。

因直接挡离合器 C2 与单向离合器 OC 分别作用于左右两个行星机构，不易直接看出它们之间的联系。利用行星齿轮运动规律特性方程，通过联立求解，可获得该状态下的传动比与旋向。

设左排的行星机构为 L，右排的行星机构 R，可建立各自的运动规律特性方程：

$$n_{L1} + \alpha n_{L2} - (1 + \alpha)\, n_{L3} = 0 \tag{3-3}$$

$$n_{R1} + \alpha n_{R2} - (1 + \alpha)\, n_{R3} = 0 \tag{3-4}$$

由给定条件已知：由左齿圈输入，输入转速为 n_{L2}

解：$\because n_{R3} = 0$（已知）

由（3-4）得：$n_{R1} + \alpha n_{R2} = 0$

则

$$n_{R1} = -\alpha n_{R2} \tag{3-5}$$

$\because$（由结构条件可知）$n_{L1} = n_{R1}$

$$n_{R2} = n_{L3}$$

则有

$$n_{L1} = -\alpha n_{L3} \tag{3-6}$$

将（3-6）代入方程（3-3）求解后得：

$$\alpha n_{L2} - (1 + \alpha)n_{L3} - \alpha n_{L3} = 0$$

$\therefore i_1 = \dfrac{n_{L2}}{n_{L3}} = \dfrac{1+2\alpha}{\alpha}$ 或 $i_1 = \dfrac{n_{L2}}{n_{R2}} = \dfrac{1+2\alpha}{\alpha}$ 为减速运动且转向相同。

此时，由于单向离合器 OC 单方向制动，右行星架不能旋转，发动机驱动汽车前进。当汽车进入滑行状态，发动机处于怠速状态，驱动力下降。但汽车的惯性力驱动右齿圈维持原方向运转，其惯性力方向使单向离合器 OC 失去制动作用右行星架随之转动，因右行星架约束条件消失，不满足行星齿轮传动条件，故而将逆向传动路线“切断”，而使汽车处于“空挡”滑行状态。

（3）D 位 2 挡：左离合器 C_2 处于接合状态，左制动器 B_1 处于锁止状态，将太阳轮固定不动，如图 3.34 所示。后离合器 C_2 接合使左齿圈与输入轴连接成一体而成为输入元件。此时，行星轮转动，由于太阳轮被制动，左行星轮只能沿固定的太阳轮滚动，同时在行星架轴上自转的，其结果推动行星架转动并输出转矩。这一过程只有左侧行星排参与传动，由齿圈驱动行星架，实现二挡速比传动。

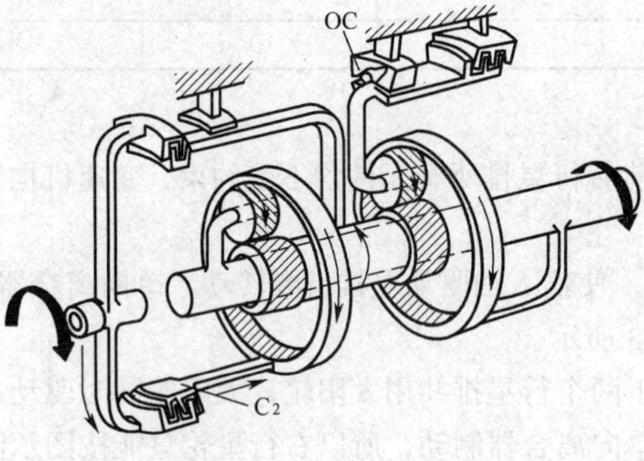

图 3.33　1 挡传动路线

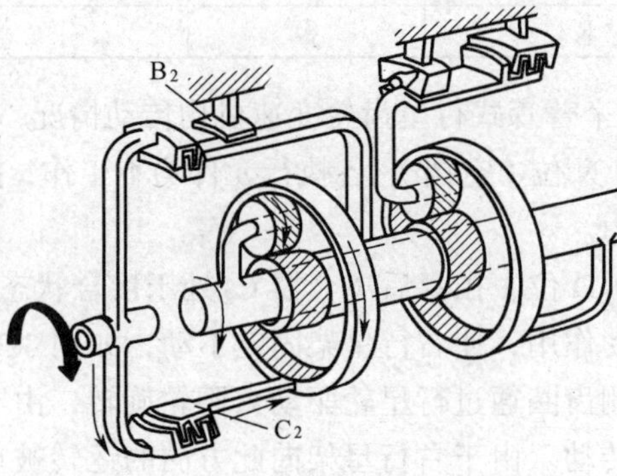

图 3.34　2 挡传动路线

动力传递路线为：输入轴→后离合器 C_2→前排齿圈→前排行星轮→前排行星架→输出轴。

（4）D 位 3 挡（直接挡）：前离合器 C_1 和后离合器 C_2 均处于接合状态，如图 3.35 所示。前离合器 C_1 接合使太阳轮与输入轴连成一体，后离合器 C_2 接合使前排齿圈与输入轴连成一体。根据行星齿轮机构的运动规律“三元件中的任意两个元件结合为一体将形成直接挡传动”可知，前排齿圈和太阳轮与输入轴连成一体后，前排行星架将与齿圈、太阳轮一同转动而形成直接挡传动，从而将输入轴的动力直接传递给输出轴。

（5）L 位 1 挡：后离合器 C_2 处于接合状态，后制动器 B_2 处于锁止状态。工作情况与动力传递路线与 D 位 1 挡相同。其差别是后制动器 B_2 锁止将右行星架强制固定。汽车在滑行时，特别是在汽车下坡滑行时会形成输出轴高速运转。完全制动左行星架后，来自滑行的惯性力可沿原传动路径，经液力变矩器到发动机，利用发动机怠速做功冲程实现对汽车的制动作用。

（6）R 位（倒挡）：前离合器 C_1 处于接合状态，后制动器 B_2 处于锁止状态，如图 3.36 所示。

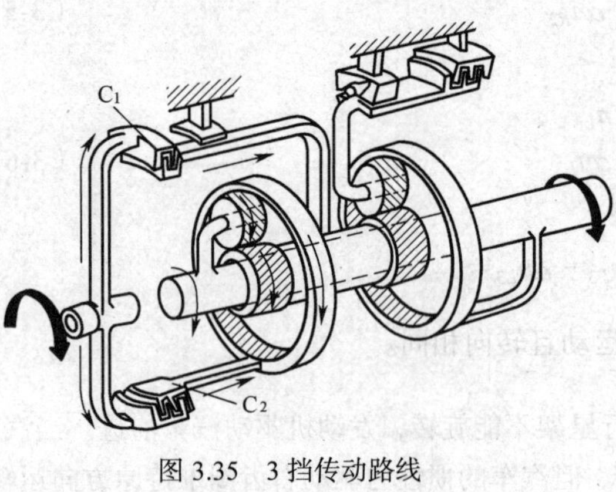

图 3.35　3 挡传动路线

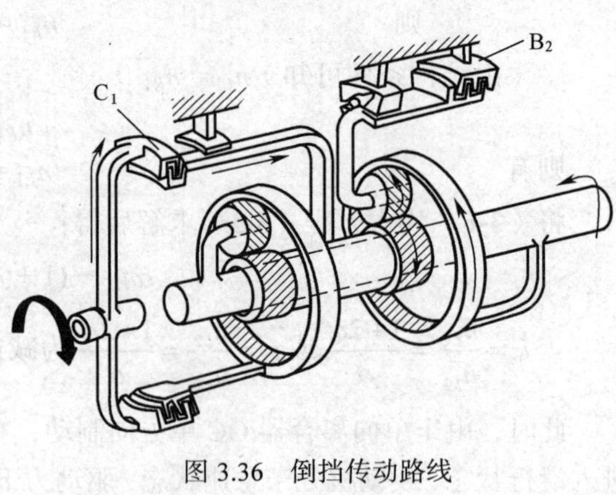

图 3.36　倒挡传动路线

此时，作用元件都在后行星机构，可通过后行星机构计算传动比与旋向。

动力传递路线为：输入轴→前离合器 C_1→太阳轮→后排行星轮→后排齿圈→输出轴，如图 3.36 所示。

（7）P 位（驻车挡）：大多数自动变速器都是通过锁止输出轴实现驻车（停车）。驻车锁止机构的结构，如图 3.37 所示，由锁止棘轮 1、锁止棘爪 3、锥销 4 和输出轴 2 组成。锁止棘爪一端与固定在变速器壳体上的支承销相连。锁止棘轮与输出轴为一体。锥销通过拉杆与选挡操作杆连接。

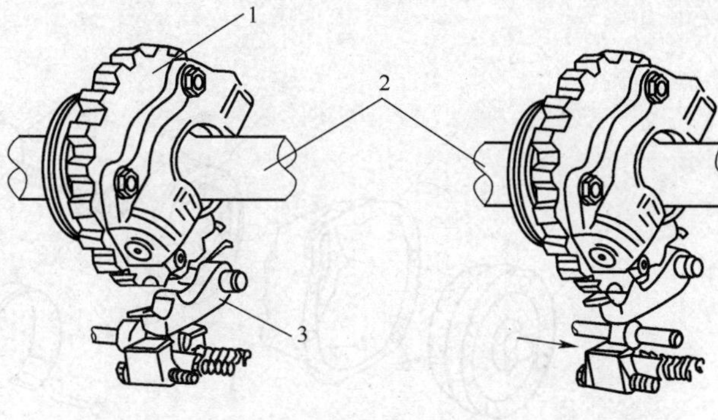

图 3.37　P 位（驻车）示意图
1—锁止棘轮　2—输出轴　3—锁止棘爪　4—锥销

当选挡操纵杆处于 P 位以外的任一位置时，连杆机构与弹簧将拉动锥销，棘爪在回位弹簧作用下脱离锁止棘轮，使变速器输出轴可以旋转，如图 3.37（a）所示。

当选挡操纵杆拨到 P 位置时，连杆机构与弹簧推动锥销将锁止棘爪推向输出锁止棘轮，锁止棘爪的凸齿嵌入棘轮的齿槽中，使输出轴与变速器壳体连成一体而无法转动，如图 3.37（b）所示。

二、带超速挡的行星齿轮变速器

现代汽车大多数都采用带有超速挡（即四速）的行星齿轮自动变速器，以便提高汽车的动力性和燃油经济性。使用辛普森式行星齿轮机构要实现四挡，需要在原辛普森式行星齿轮机构基础上增设一个单行星齿轮机构，称为超速 O/D 行星轮机构，如图 3.38 所示。超速行星齿轮机构元件分别是：超速行星齿轮机构、超速离合器 C_0、超速制动器 B_0、超速单向离合器 OC_0。

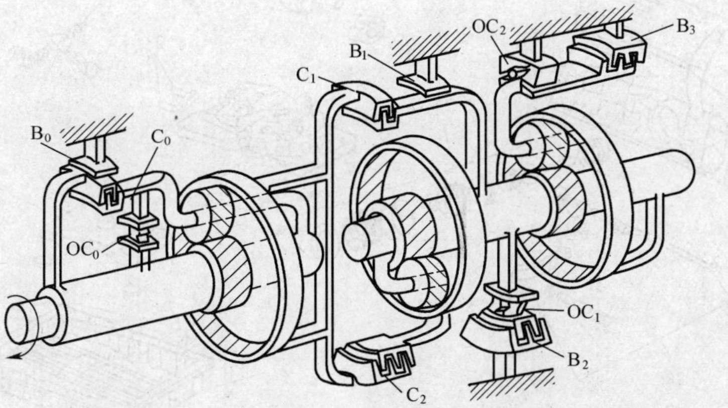

图 3.38　4 挡辛普森行星齿轮传动结构示意图

低速挡时，超速挡离合器 C_0 和单向离合器 OC_0 工作，将超速挡太阳轮和行星架刚性连接，形成直接传动。此时，由辛普森行星轮机构完成 1、2、3 挡的传动比变换。

超速挡时，超速制动器 B_0 动作，将超速行星齿轮机构的太阳轮制动，使超速行星齿轮机构形成增速传动。发动机动力经由变速器输入轴→行星架→齿圈传至后面的辛普森行星齿轮机构。此时的辛普森行星齿轮机构为直接传动状态。两机构传动的总传动比为增速，从而实现超速挡。

课题实施 分解检修辛普森行星齿轮变速器

AW-7 自动变速器采用四速辛普森式行星齿轮传动结构，结构组成如图 3.39 所示。

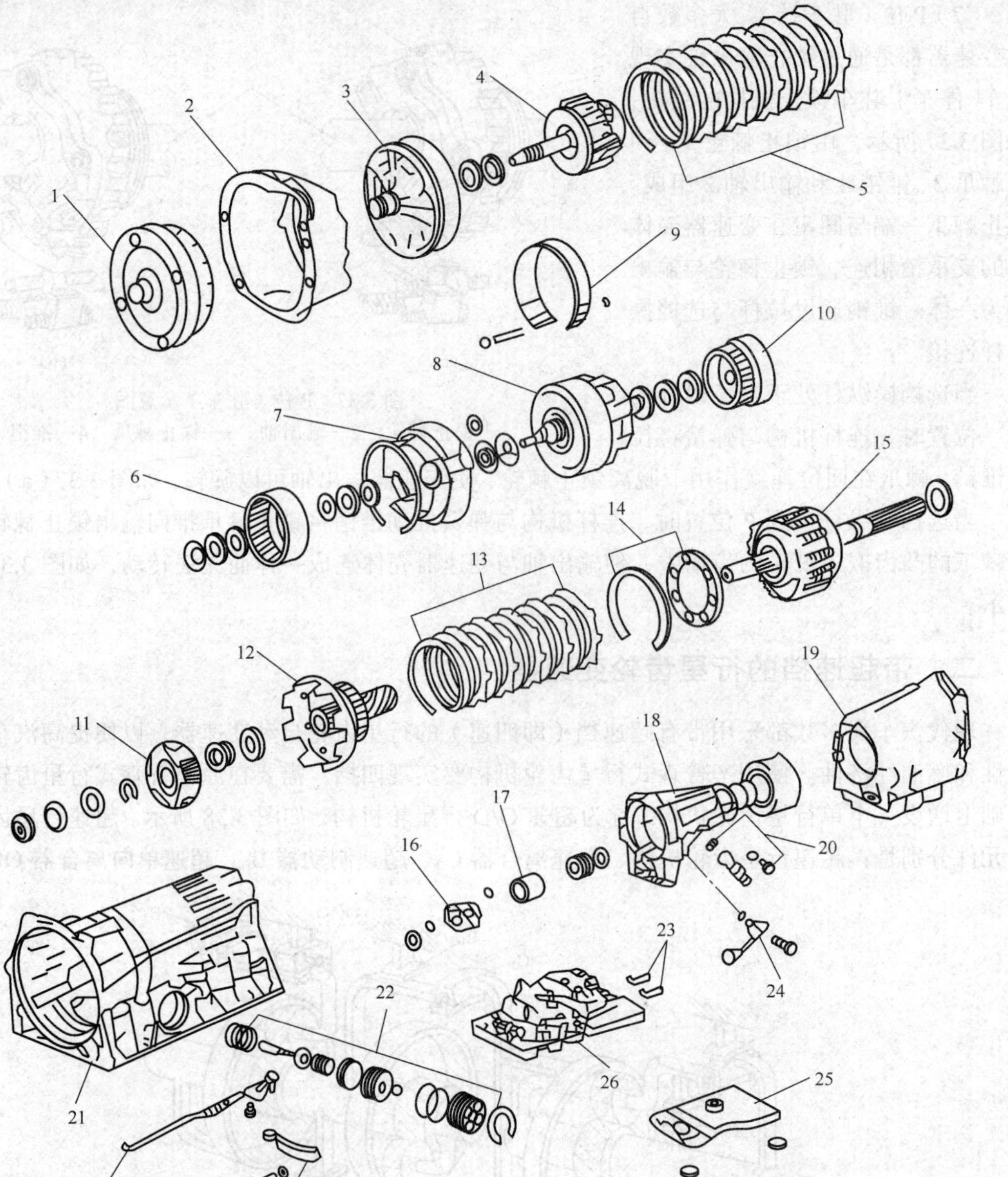

图 3.39 自动变速器组成零部件图

1—液力变矩器 2—变矩器壳 3—液压泵 4—超速挡行星齿轮与离合器 5—超速挡离合器片 6—超速挡行星齿轮圈 7—超速挡支座总成 8—直接挡和前进档离合器总成 9—第二滑行制动带 10—前行星齿轮齿圈 11—前行星齿轮 12—太阳轮输入鼓与单向离合器 13—第二制动器组建 14—和制动活塞与卡环 15—后行星齿轮 16—车速表传感器转子 17—车速表驱动齿轮 18—外接壳体 19—后壳体（四驱动） 20—车速表被动齿轮 21—变速器壳体 22—第二制动器伺服缸总成 23—油管 24—车速传感器 25—油滤清器 26—液压阀体 27—油底壳 28—驻车零部件

操作一　自动变速器外围件的分解

（1）从变速器上拆卸液力变矩器。

（2）拆卸油尺和加油管上下两部分。

（3）拆卸固定变速器线束和节气门油压拉线夹子（见图 3.40）。

（4）拆卸变速器左侧的手控制阀轴上的选挡拉杆。

（5）拆卸空挡开关。

（6）拆卸车速表被动齿轮，拆卸速度传感器（见图 3.41）。

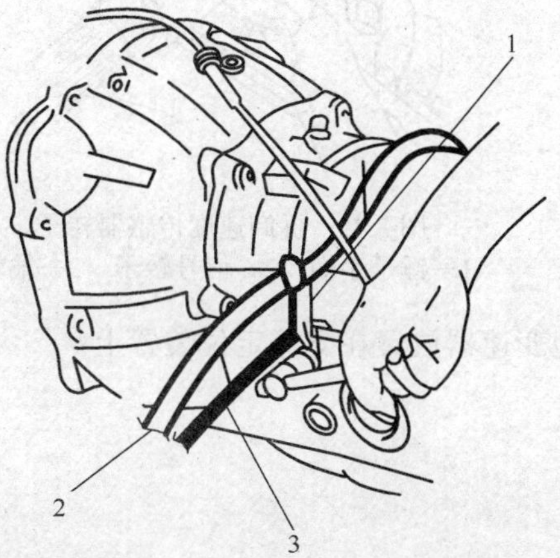

图 3.40　拆卸节气门油门拉线夹子
1—夹子　2—变速器线束　3—节气门拉线

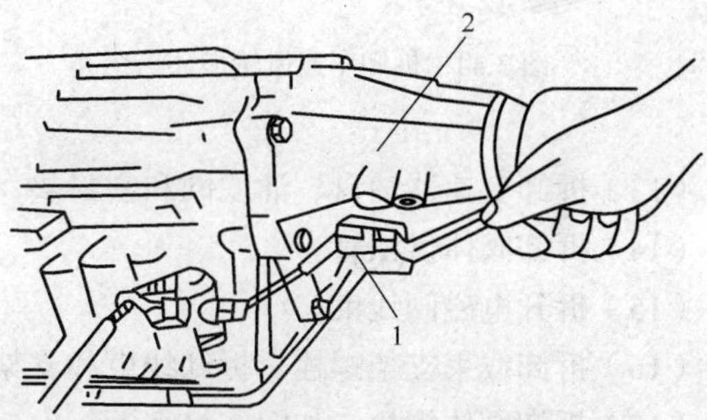

图 3.41　拆卸车速传感器或速度表齿轮并分解后壳体
1—车速传感器　2—变速器后壳体

（7）拆卸液力变矩器壳螺栓，把壳体从变速器壳体上拆下来（见图 3.42）。

（8）拆卸外接或后壳体。对于二轮驱动车型，从外接壳体上，拆卸管和油封。

（9）通过支撑连接板，将变速器安装到变速器翻转架上（见图 3.43）。

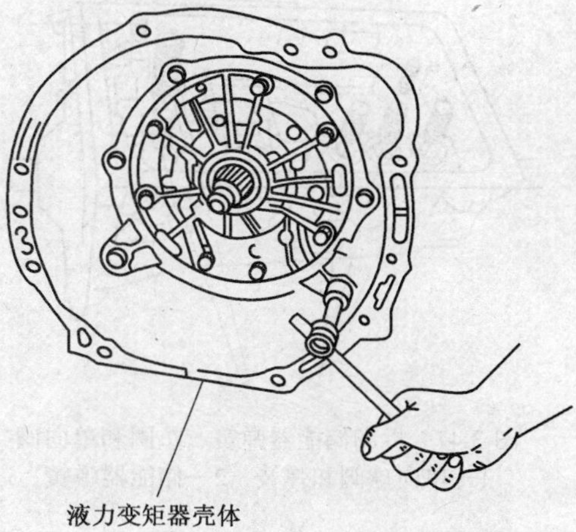

图 3.42　拆卸变矩器壳螺栓并摘下

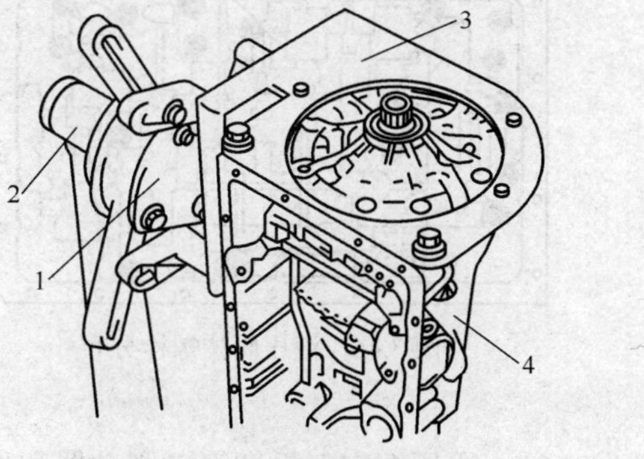

图 3.43 将变速器安装到翻转架上
1—支撑过渡板　2—翻转架　3—连接板　4—变速器

（10）对于二轮驱动车型，用量缸表或内径千分表，测量外接壳衬套内径，内径应该是 38.09 mm 或低于此数。如果内径超过规定值，应更换壳体总成。

（11）拆卸车速表驱动齿轮卡环，拆卸齿轮和齿轮隔套（见图 3.44）。

（12）拆卸速度传感器转子和键。用木棒或锤子手柄松动或拆卸转子（见图 3.45）。

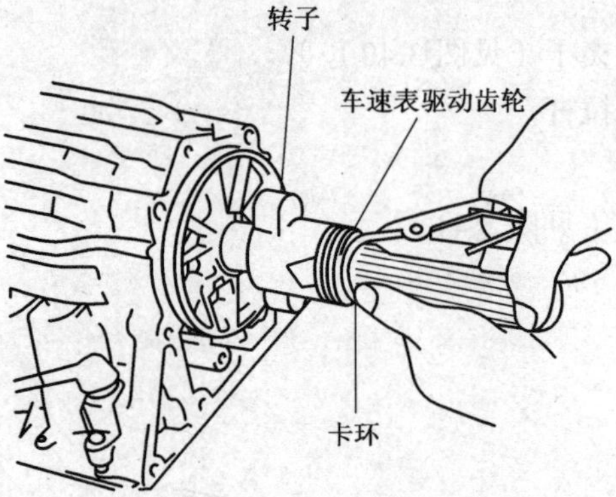

图 3.44　拆卸车速齿轮卡环

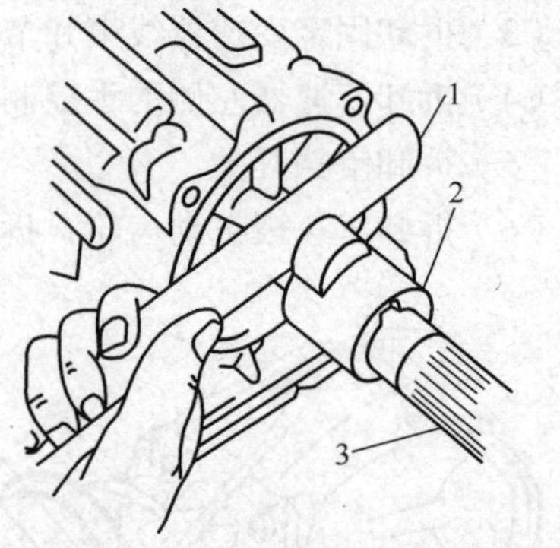

图 3.45　拆卸速度传感器转子
1—锤子手柄　2—信号转子　3—输轴

（13）拆卸变速器油盘、油滤网和密封垫。然后把变速器放置在支撑定位装置上。

（14）拆卸阀体供油管。

（15）拆开电磁阀线束。

（16）拆卸线束支架螺栓，拆卸线束和支架。

（17）拆卸阀体螺栓，如图 3.46 所示。

（18）拆卸节气门阀凸轮上的节气门拉线。

（19）从壳体上拆卸阀体；然后，拆卸储能器弹簧、隔垫和单向阀以及弹簧（见图 3.47）。

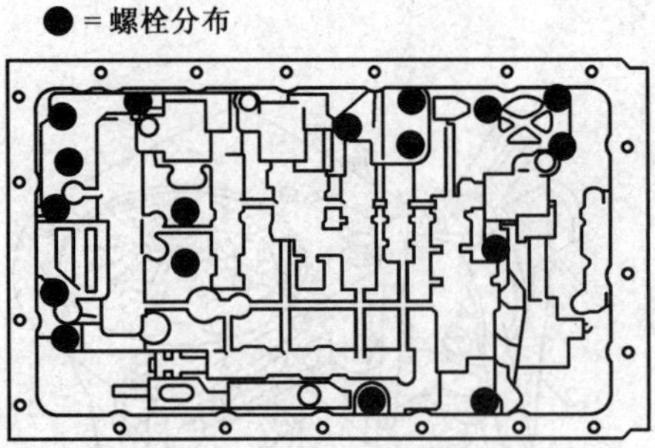

图 3.46　液压阀体螺栓分布

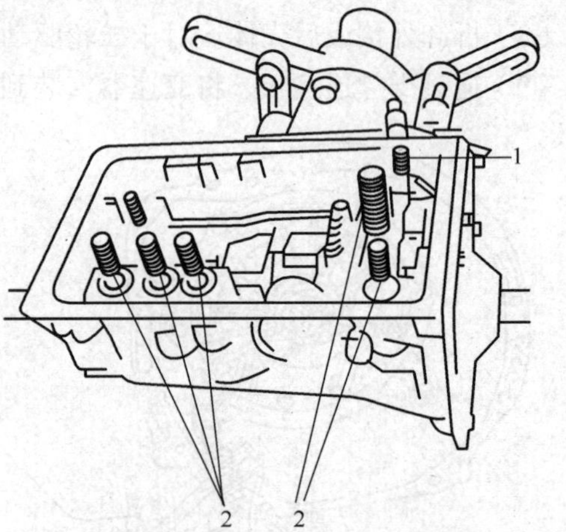

图 3.47　拆卸储能器弹簧、垫圈和单向阀
1—单向球阀和弹簧　2—储能器弹簧

（20）用压缩空气拆卸第二制动器和离合器储能器活塞，如图 3.48（a）所示。通过供油口施加气压，把活塞从活塞座中慢慢取出。

（21）用压缩空气拆卸超速挡制动器储能器活塞，如图 3.48（b）所示。

（22）拆卸超速挡离合器储能器活塞，如图 3.48（c）所示。

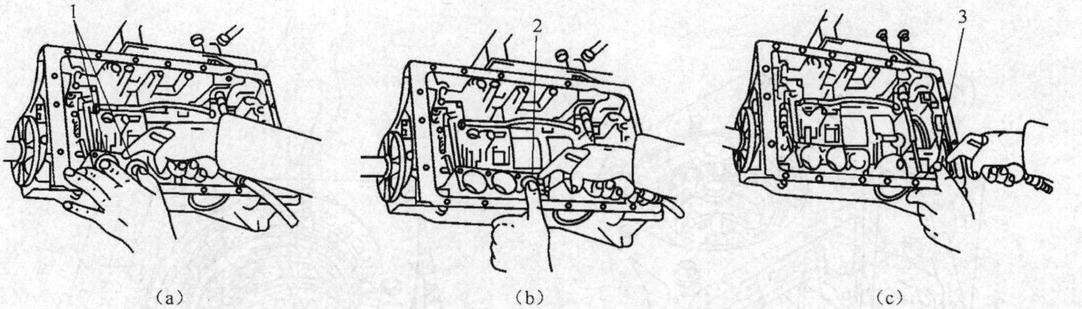

图 3.48　拆卸储能器活塞

1—第二制动器和离合器蓄能器活塞　2—超速挡制动器蓄能器活塞　3—超速挡离合器蓄能器活塞

（23）拆卸节气门拉线。

（24）拆卸液压泵螺栓，用桥形拆卸器拆卸液压泵，如图 3.49 所示。

（25）拆卸液压泵座圈。

操作二　分解机械变速器

（1）拆卸 4 挡超速传动行星齿轮和超速挡直接离合器总成（见图 3.50）。

（2）拆卸 4 挡超速传动行星齿轮座圈（见图 3.51）。

（3）拆卸推力轴承、座圈和超速挡行星齿轮齿圈（见图 3.52）。

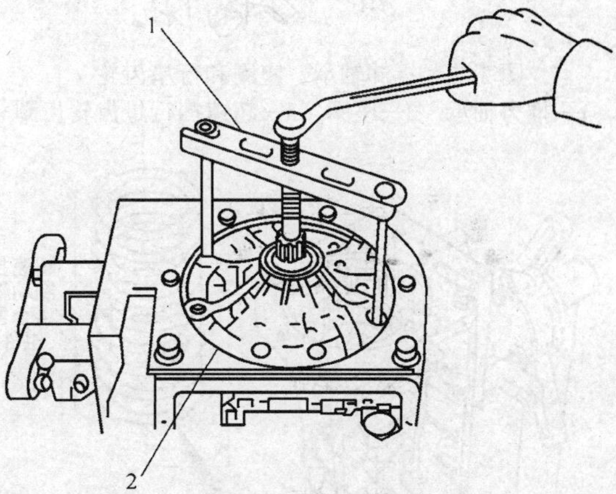

图 3.49　拆卸油泵

1—拆卸器　2—液压泵

（4）按下列所述，测量超速挡制动器活塞行程：把千分表固定在壳体上，固定表测头，使它与活塞接触。通过活塞供油孔，施加 400～800 kPa 的气压，注意千分表上活塞行程的读数，行程应该是 1.40～1.70 mm。如果行程不在范围内，更换制动器组件固定片。

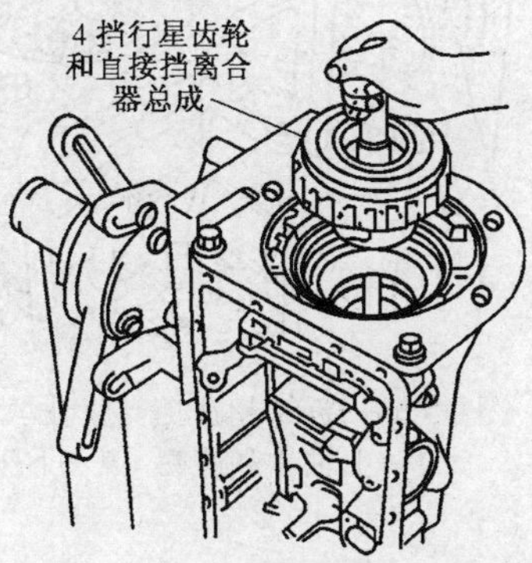

图 3.50　拆卸 4 挡行星齿轮和直接挡离合器总成

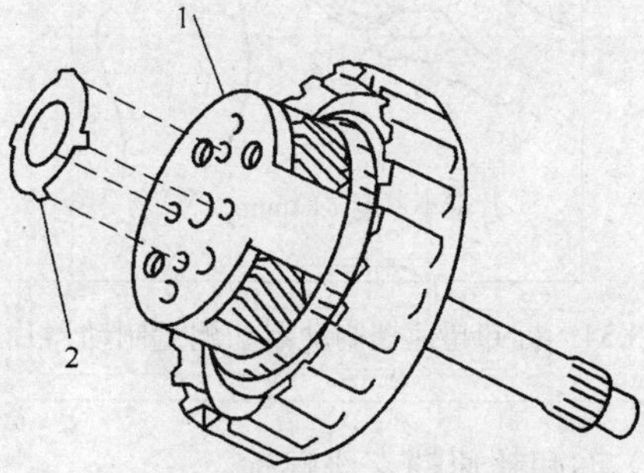

图 3.51　拆卸 4 挡行星齿轮座圈

1—4 挡行星齿轮　2—座圈

（5）拆卸超速挡制动器卡环（见图 3.53）。

（6）拆卸超速挡制动器片和盘（见图 3.54）。然后用千分表测量片的厚度，片的最小厚度是 1.84 mm。如果片的厚度小于规定值，更换制动器片。

（7）拆卸超速挡支座下座圈以及上轴承和座圈总成（见图 3.55）。

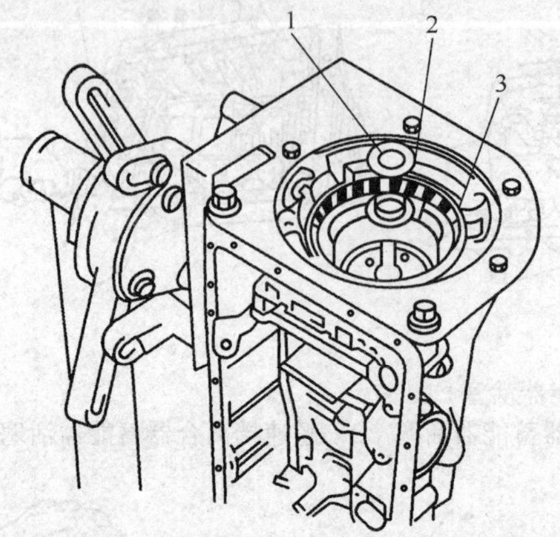

图 3.52　拆卸轴承、座圈和行星齿轮
1—推力轴承　2—座圈　3—超速挡行星齿轮齿圈

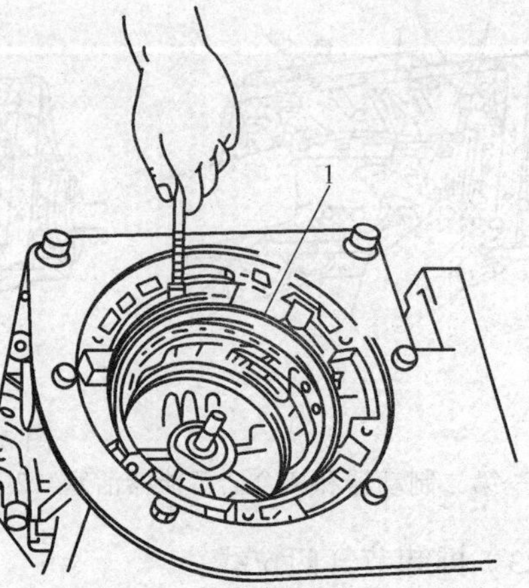

图 3.53　拆卸超速挡制动器卡环
1—超速挡制动器卡环

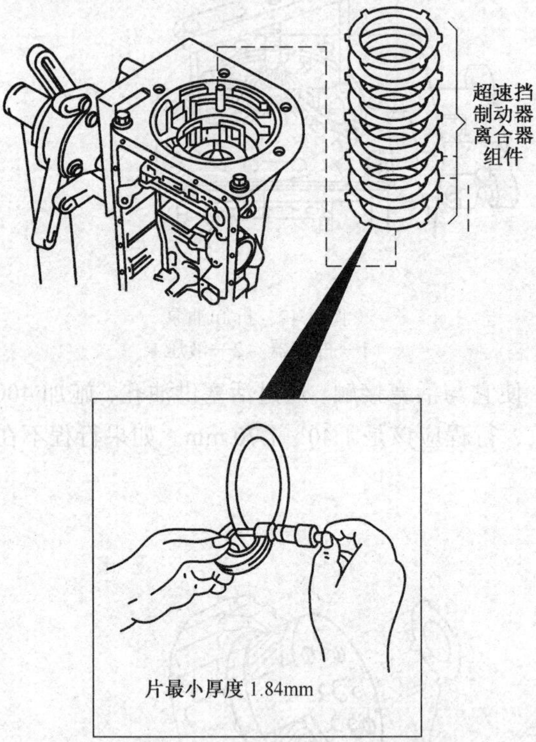

图 3.54　拆卸超速挡制动器和测量制动器片厚度

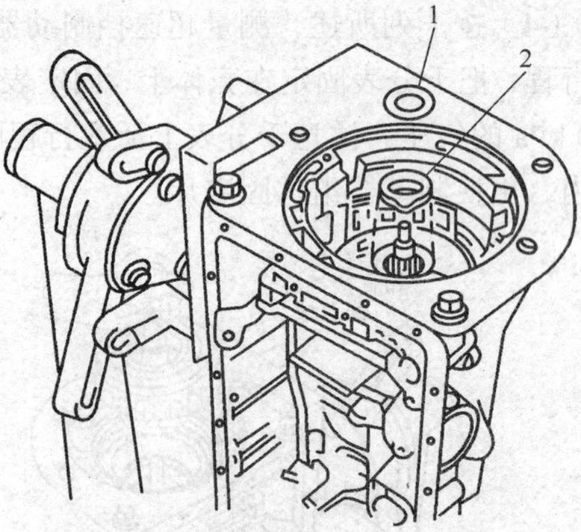

图 3.55　拆卸超速挡支座轴承和座圈
1—上轴承和座圈　2—下座圈

（8）拆卸超速挡支座螺栓。

（9）用夹钳拆卸超速挡支座卡环（见图 3.56）。

（10）用桥形拆卸器，拆卸超速挡支座（见图 3.57）。

（11）从超速挡支座毂上拆卸轴承座圈（见图 3.58）。

（12）按下列程序，测量第二滑行制动器活塞杆的行程：按图 3.59 所示，在活塞杆上做参考标记。通过活塞供油口，施加 400～800 kPa 的气压，用表测头检查活塞行程。活塞行程应该是 1.3～2～3.0 mm。如果行程不正确，安装新的活塞杆，重新检查行程，如果行程还是不正确更换第二滑行制动带。更换的活塞杆有两种不同的长度：71.4 mm 和 72.9 mm。

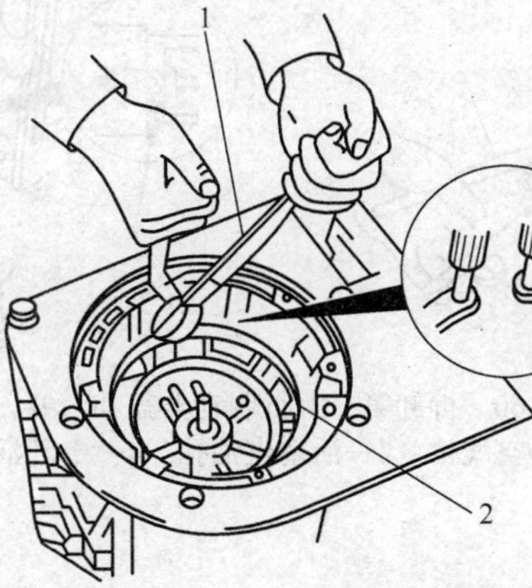

图 3.56　拆卸超速挡支座卡环
1—夹钳　2—支座卡环

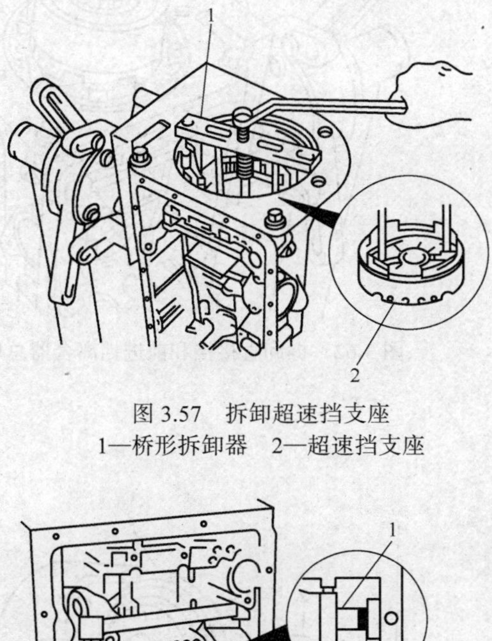

图 3.57　拆卸超速挡支座
1—桥形拆卸器　2—超速挡支座

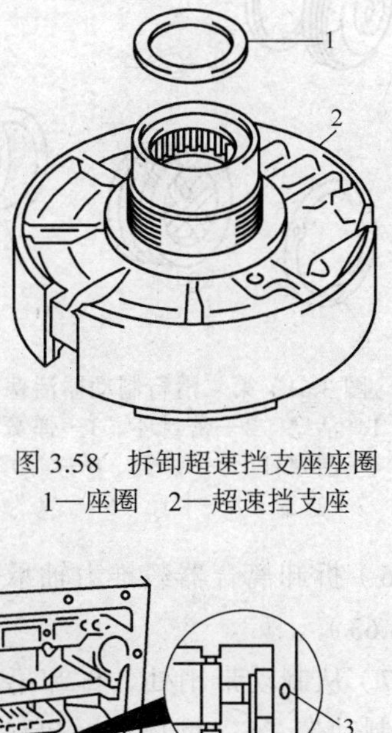

图 3.58　拆卸超速挡支座座圈
1—座圈　2—超速挡支座

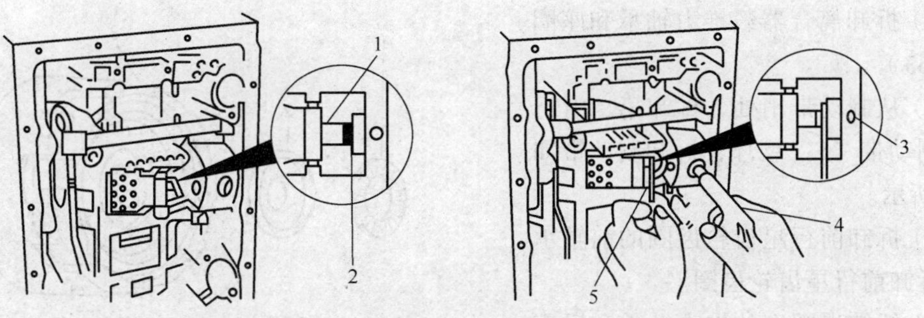

图 3.59　测量第二滑行制动器活塞杆行程
1—活塞杆　2—参考标记　3—供油孔　4—空气枪　3—表测头

（13）用夹钳拆卸第二滑行制动器活塞卡环；然后，通过活塞供油孔，用压缩空气拆卸活塞盖和活塞总成（见图 3.60）。

（14）解体第二滑行制动器活塞（见图 3.61）。

（15）拆卸直接挡和前进挡离合器总成（见图 3.62）。

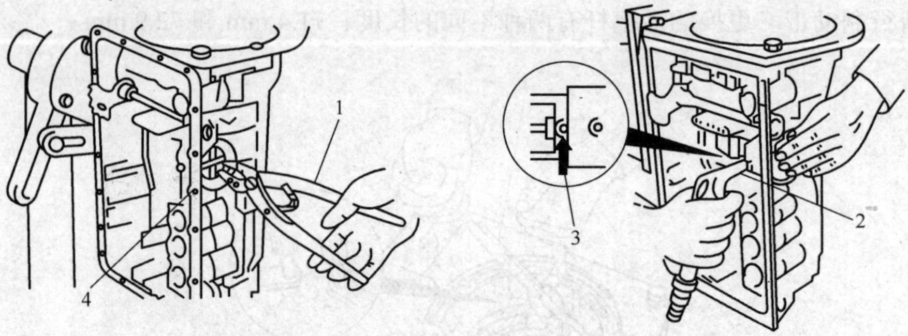

图 3.60　拆卸第二滑行制动器盖和活塞
1—夹钳　2—空气枪　3—活塞供油孔　4—卡环活塞和盖

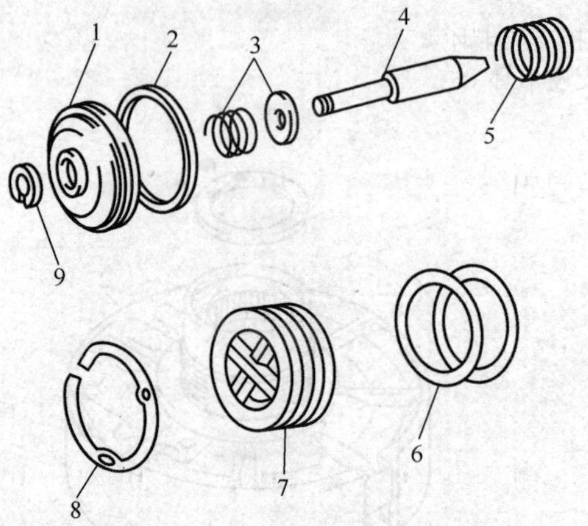

图 3.61　第二滑行制动器活塞部件
1—活塞　2—密封环　3—弹簧和座圈
4—活塞杆　5—弹簧　6—“O”型环
7—缸盖　8—卡环　9—“C”型环

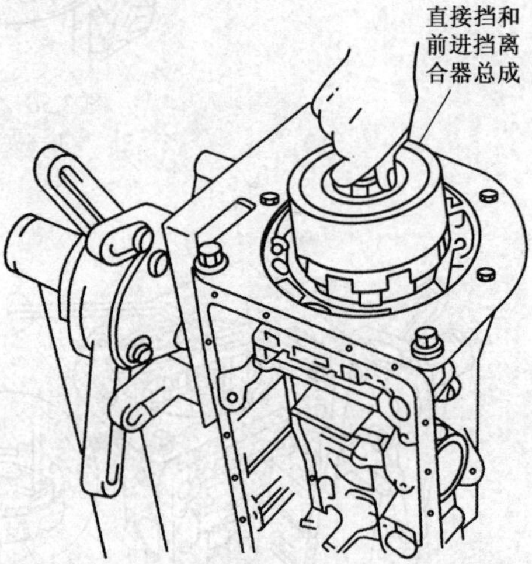

图 3.62　拆卸直接挡和前进挡离合器总成

（16）拆卸离合器毂推力轴承和座圈（见图 3.63）。

（17）从制动带销处，拆卸第二滑行制动器制动带“E”型环，拆卸制动带如图 3.64 所示。

（18）拆卸前行星齿轮齿圈的前轴承座圈，拆卸前行星齿轮齿圈。

（19）拆卸齿圈上的推力轴承和后座圈（见图 3.65）。

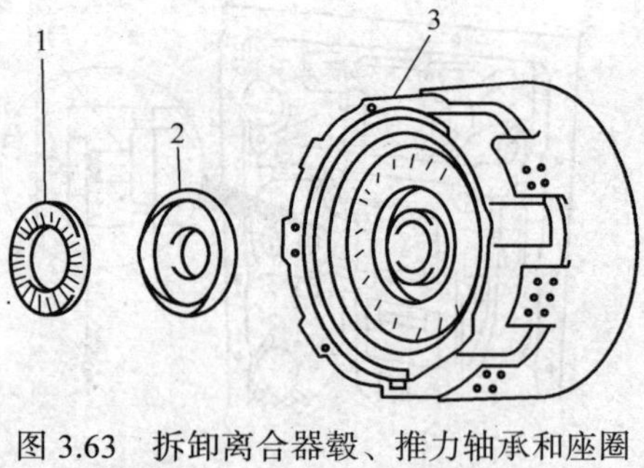

图 3.63　拆卸离合器毂、推力轴承和座圈
1—轴承　2—座圈　3—直接挡离合器

（20）拆卸行星齿轮推力座圈。

（21）按下述，给行星齿轮卡环卸载：松动变速器夹紧装置，翻转变速器，用输出轴支撑变速器的重量。为了保护输出轴花键，应在输出轴下垫上木块。

（22）拆卸行星齿轮卡环，拆卸行星齿轮齿圈（见图 3.66）。

（23）拆卸太阳轮、输入鼓和单向离合器总成（见图 3.67）。

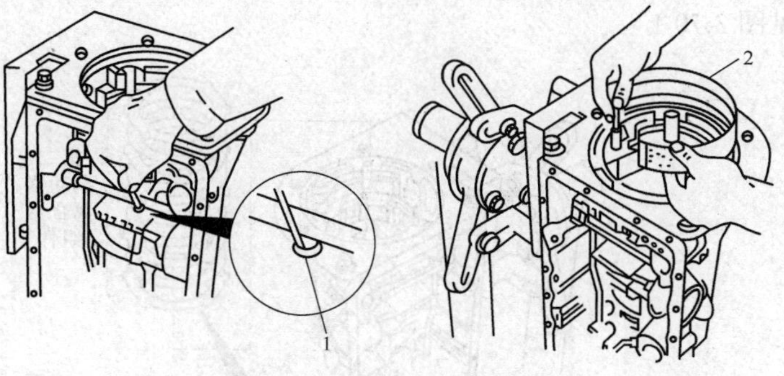

图 3.64　拆卸第二滑行制动带
1—制动带“E”型环　2—制动带

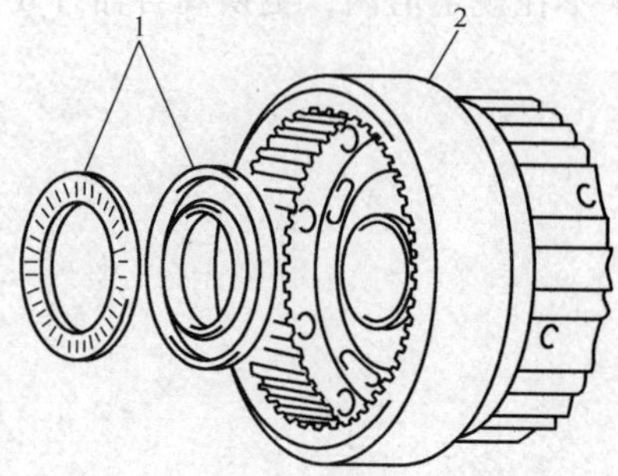

图 3.65　拆卸推力轴承和后座圈
1—推力轴承及座圈　2—齿圈

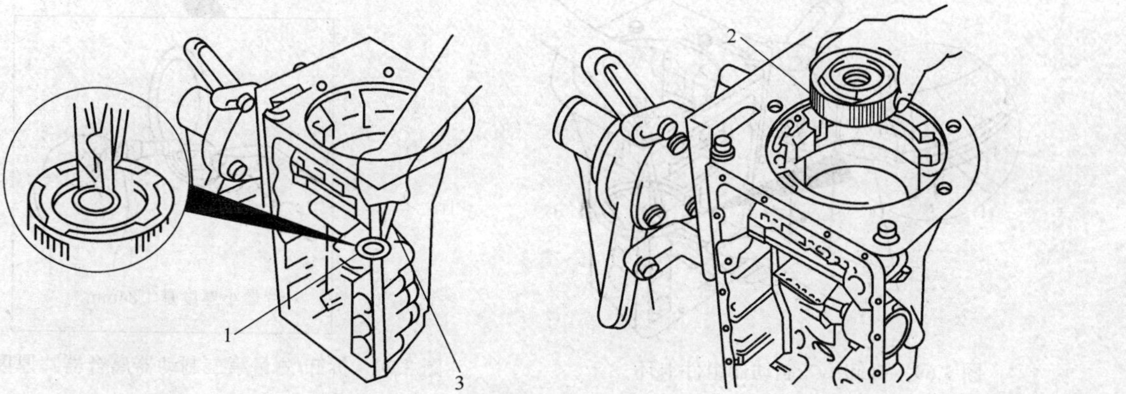

图 3.66　拆卸行星齿轮卡环和齿圈
1—卡环　2—齿圈　3—夹钳

（24）测量第二制动器组件的间隙（见图 3.68），间隙应该是 0.62～1.98 mm。如果间隙不在规定值内，更换离合器片。

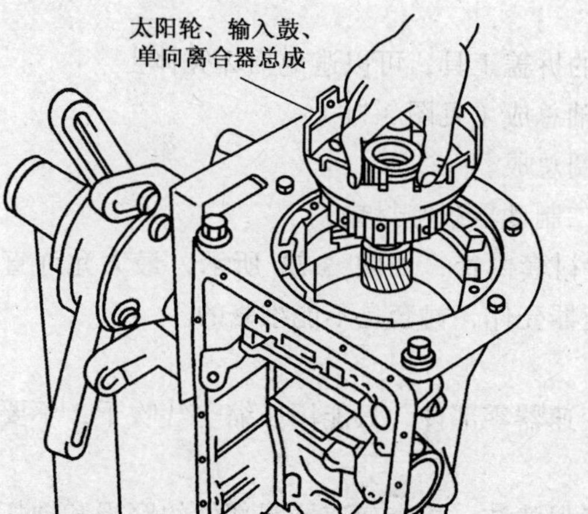

图 3.67　拆卸太阳轮、输入鼓和单项离合器

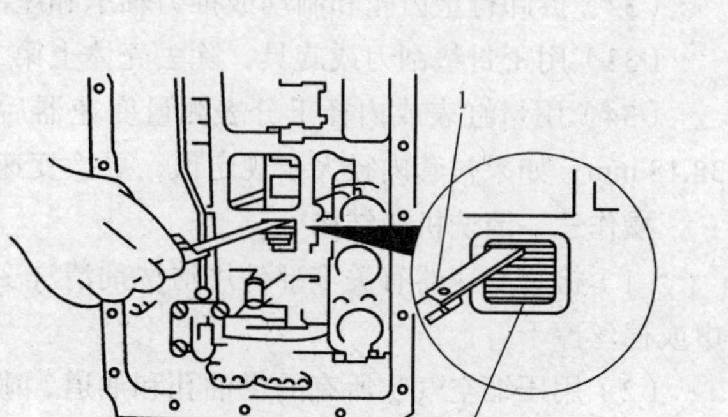

图 3.68　检查第二制动器组件间隙
1—塞尺　2—制动片组件

（25）拆卸第二制动器离合器组件卡环（见图 3.69）。

（26）拆卸第二制动器离合器组件。用千分尺测量片的厚度，最小厚度应该是 1.84 mm，如果不在规定值内，更换离合器片（见图 3.70）。

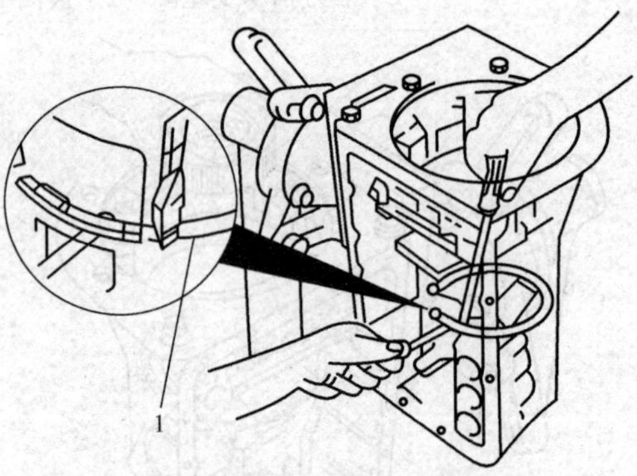

图 3.69　拆卸第二制动器组件卡环

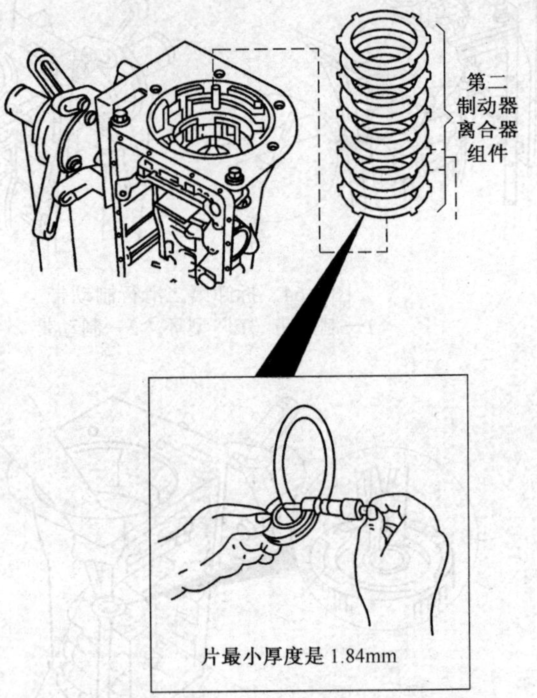

图 3.70　拆卸/测量第二制动器离合器片厚度

（27）拆卸连接停车杆支架和壳体的螺栓，然后将控制阀轴拉杆和停车杆拆开，拆卸杆和支架。

（28）拆卸停车棘爪弹簧、销和棘爪。

（29）测量倒挡制动器离合器组件间隙，间隙应该是 0.70～1.2 mm。如果间隙不在规定值内，更换离合器片。

（30）拆卸第二制动器活塞套。用装有胶带的拆盖工具，可以避免损坏壳体。

（31）拆卸后行星齿轮、第二制动鼓和输出轴总成（见图 3.71）。

（32）拆卸行星齿轮和制动鼓推力轴承和座圈总成。

（33）用密封垫刮刀或旋具，除去壳体上第二制动器毂密封垫。

（34）用量缸表或内径千分表测量变速器后衬套内径，如图 3.72 所示，最大允许直径为 38.18 mm，如果衬套内径大于规定值，更换变速器壳体，衬套是不能维修的。

操作三　清洗机械结构

（1）检查变速器有关零部件用清洗剂清洗变速器零部件，只能用压缩空气吹干，不要用纸巾或棉丝擦干。

（2）用压缩空气吹所有的供油孔和油道，确保清洁。检查变速器零部件的磨损和损坏。如果零部件损坏或磨损已超过单独解体检修所规定的技术规范极限，应更换零部件。更换所有的“O”型圈、密封垫和油封。这些零部件都是一次性的。如果卡环变形或损坏，也应更换。

在解体检修总成时，用 Jeep 或 MerconTm 自动变速器油或指定的凡士林，润滑变速器零部件。凡士林用在需预加润滑剂的推力轴承垫片和座圈上。此外，在装配时，它可以用来固定零件的位置。

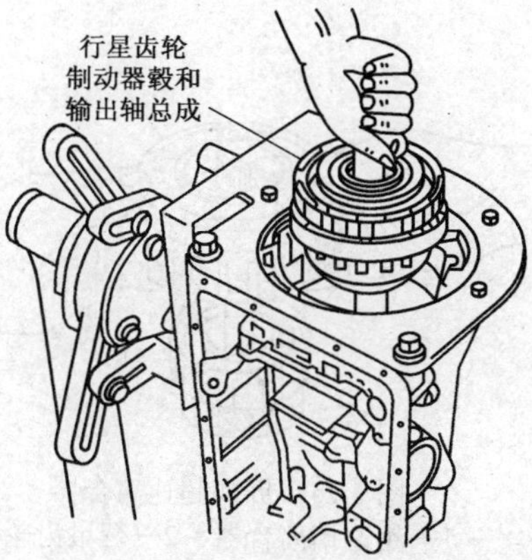

图 3.71　拆卸后行星齿轮、第二制动器和输出轴

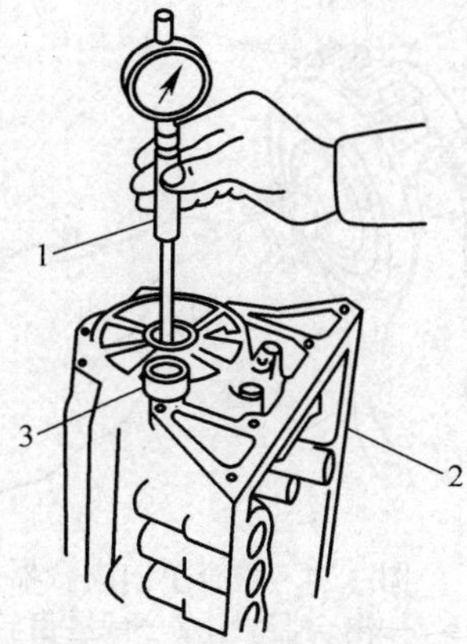

图 3.72　检查后套内孔直径
1—内径表　2—变速器壳体　3—后衬套

（3）在安装新更换的离合器和制动器零部件之前，应将其浸泡在变速器油中，至少 30 min。

操作四　自动变速器总成分解、检修与组装

步骤一　解体检修超速挡行星齿轮和离合器（零部件见图 3.73）

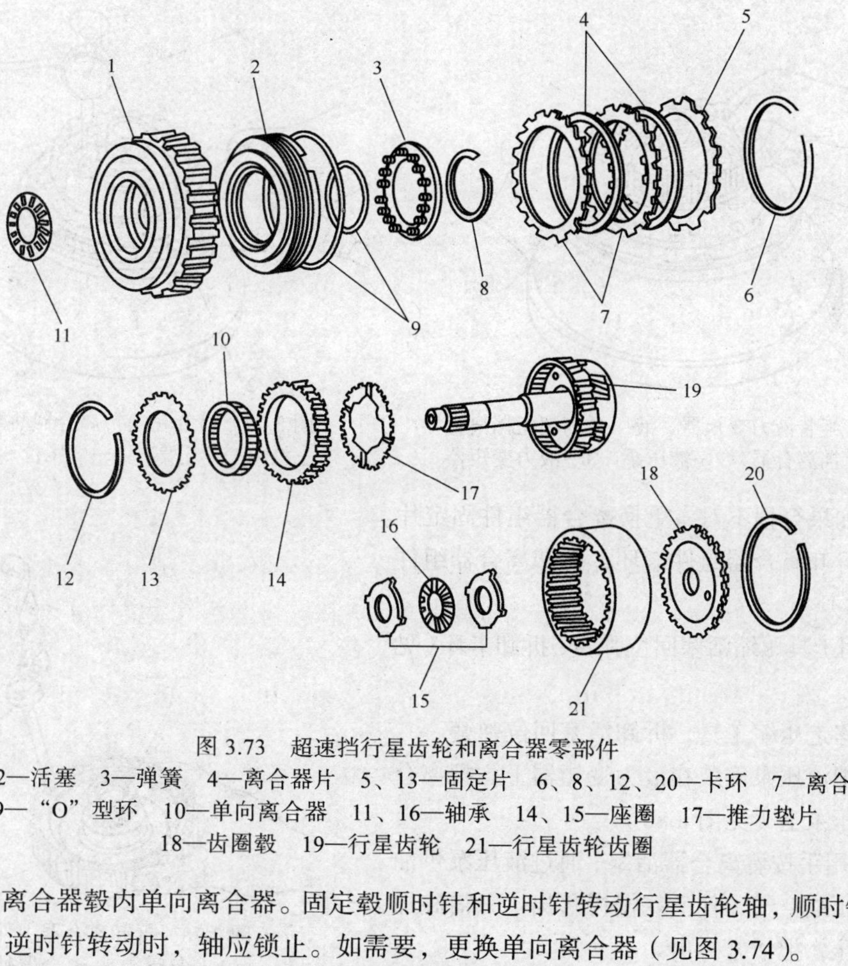

图 3.73　超速挡行星齿轮和离合器零部件
1—毂　2—活塞　3—弹簧　4—离合器片　5、13—固定片　6、8、12、20—卡环　7—离合器盘
9—“O”型环　10—单向离合器　11、16—轴承　14、15—座圈　17—推力垫片
18—齿圈毂　19—行星齿轮　21—行星齿轮齿圈

（1）检查离合器毂内单向离合器。固定毂顺时针和逆时针转动行星齿轮轴，顺时针转动时，应旋转自如；逆时针转动时，轴应锁止。如需要，更换单向离合器（见图 3.74）。

（2）从行星齿轮上，拆卸超速挡离合器（见图 3.75）。

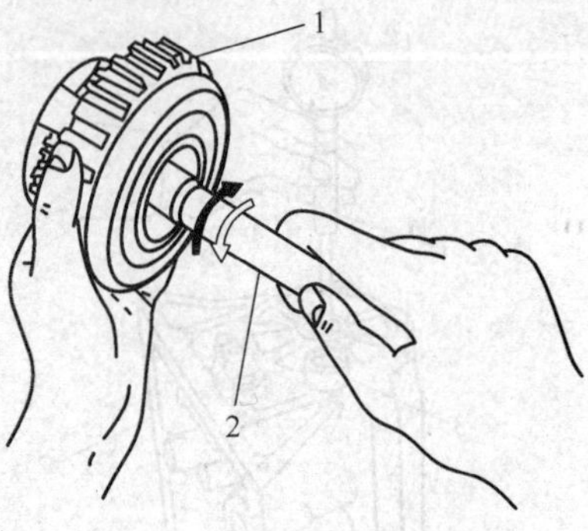

图 3.74 检查单向离合器
1—离合器毂 2—行星齿轮

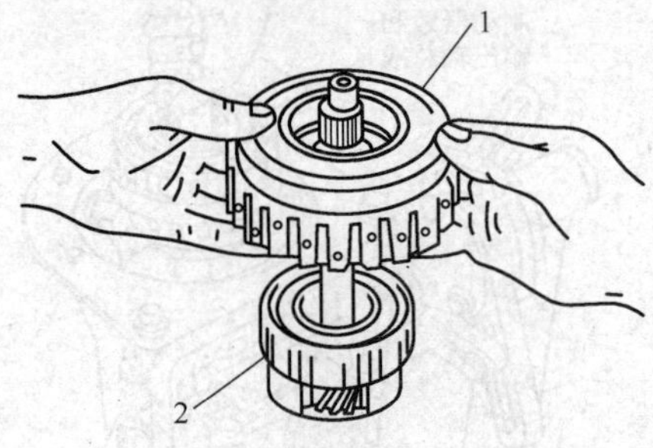

图 3.75 拆卸超速离合器
1—超速挡离合器 2—行星齿轮

（3）从离合器毂上，拆卸推力轴承和座圈总成。

（4）按下列所述，测量离合器活塞行程：把液压泵装在液力变矩器上，把离合器装在液压泵上（见图 3.76）。把千分表安装在离合器上，把千分表触头放置到离合器活塞上（见图 3.77）。通过液压泵上的离合器供油孔，施加压缩空气，观察活塞的行程，行程应该是 1.83～2～2.15 mm。

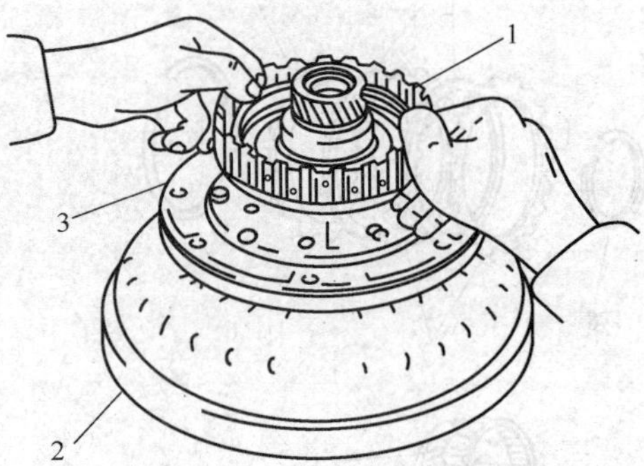

图 3.76 组装液力变矩器、液压泵和超速挡离合器
1—超速挡离合器 2—液压泵 3—液力变矩器

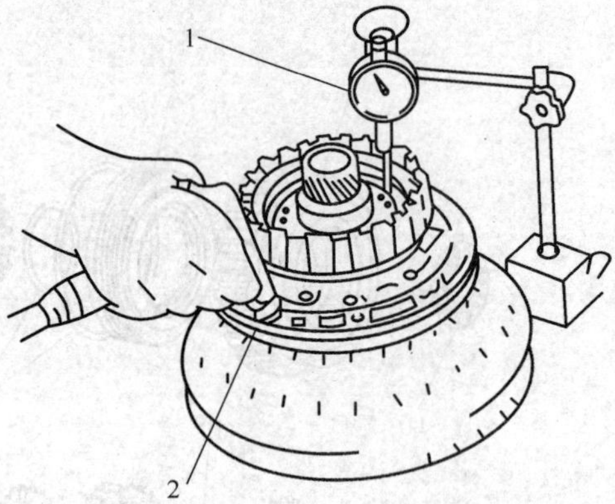

图 3.77 检查超速挡离合器活塞行程
1—千分表 2—气压枪

（5）如果行程不对，更换离合器组件固定片。

（6）拆卸离合器组件卡环，拆卸离合器组件（见图 3.78）。

（7）用工具压缩活塞回位弹簧，拆卸卡环（见图 3.79）。

（8）移走压缩工具，拆卸活塞回位弹簧。

（9）把液压泵安装在液力变矩器上，把离合器装在液压泵上（见图 3.80）。

（10）用手按着离合器活塞，通过液压泵供油孔，施加压缩空气，使活塞慢慢移出。只需施加适当的气压，把活塞拆出。

（11）从齿圈上拆卸轴承和座圈。

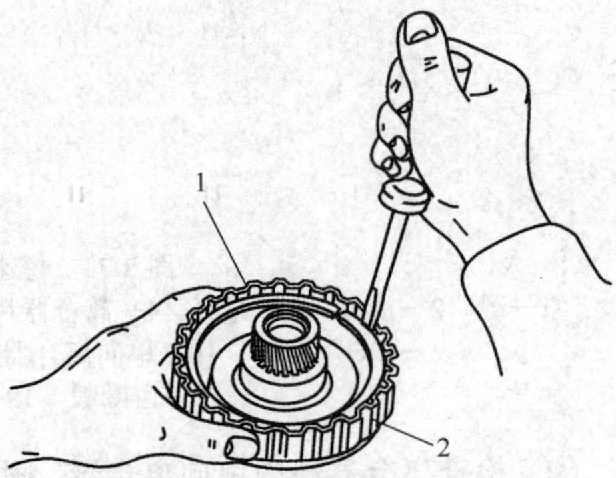

图 3.78 拆卸离合器主件卡环
1—卡环 2—离合器外毂

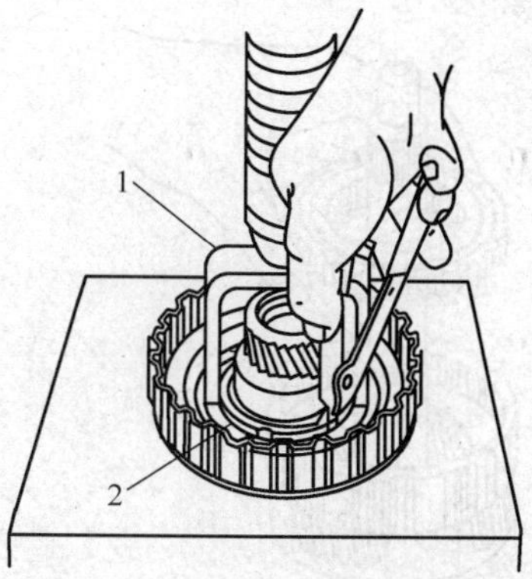

图 3.79　拆卸离合器活塞卡环
1—压缩弹簧工具　2—卡环

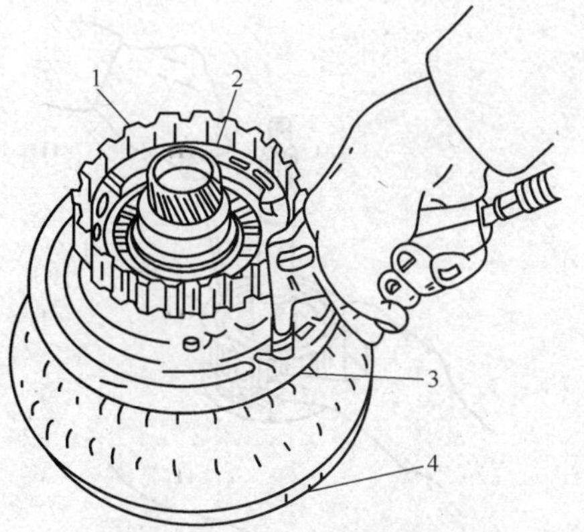

图 3.80　离合器活塞的拆卸方法
1—离合器外毂　2—活塞　3—液压泵　4—变矩器

（12）拆卸齿圈上的卡环，拆卸齿圈毂（见图 3.81）。

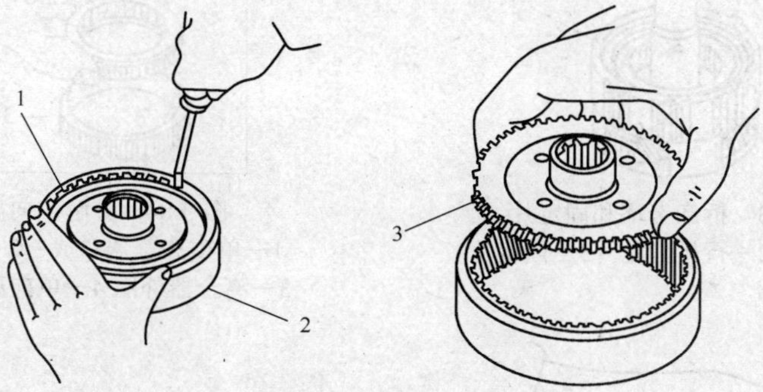

图 3.81　分解齿圈
1—卡环　2—齿圈　3—齿圈内毂

（13）拆卸行星齿轮座圈（见图 3.82）。

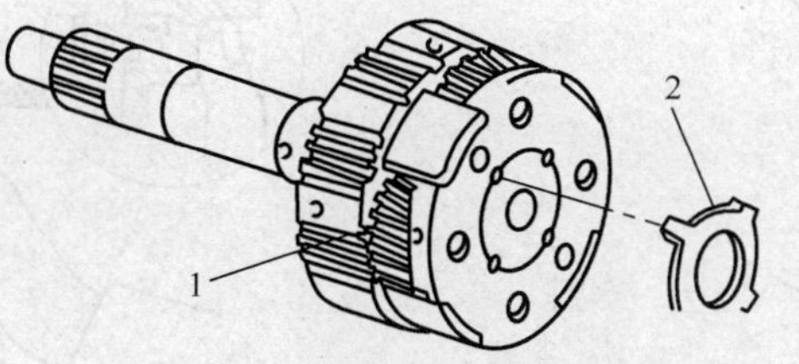

图 3.82　分解行星齿轮座圈
1—行星齿轮架　2—座圈

（14）拆卸卡环和固定片（见图 3.83）。

（15）拆卸单向离合器和外座圈总成，然后拆卸离合器上的座圈（见图 3.84）。

（16）拆卸推力垫片（见图 3.85）。

（17）测量离合器片厚度，最小允许厚度为 1.84 mm。

（18）用卡尺测量带有弹簧座的活塞回位弹簧的自由长度，长度应该是 16.8 mm。

（19）检查离合器活塞单向阀。震动活塞，观察球是否自由移动（见图 3.86），将低压力压缩空气对准球阀的进口，检查球阀密封，空气通过球阀时不能泄漏。

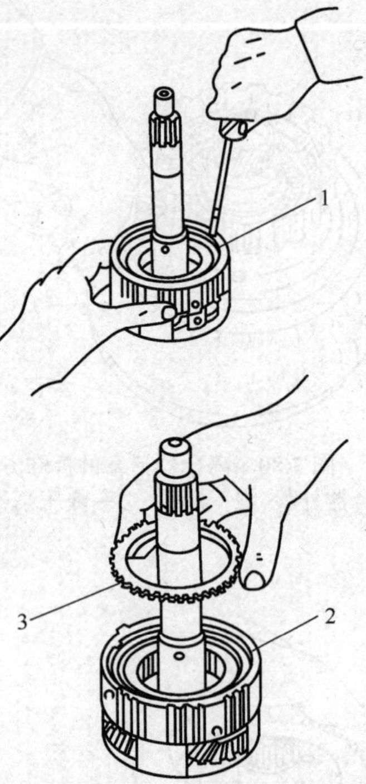

图 3.83　拆卸卡环和固定片
1—卡环　2—行星齿轮　3—固定片

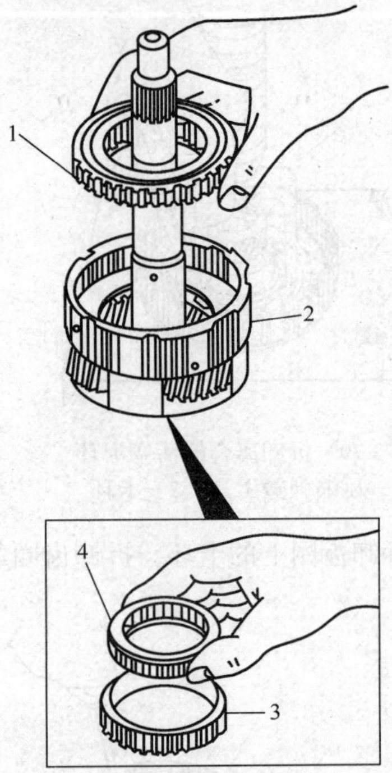

图 3.84　分解单向离合器
1—单项离合器总成　2—行星齿轮
3—离合器外圈 4—单向离合器内圈

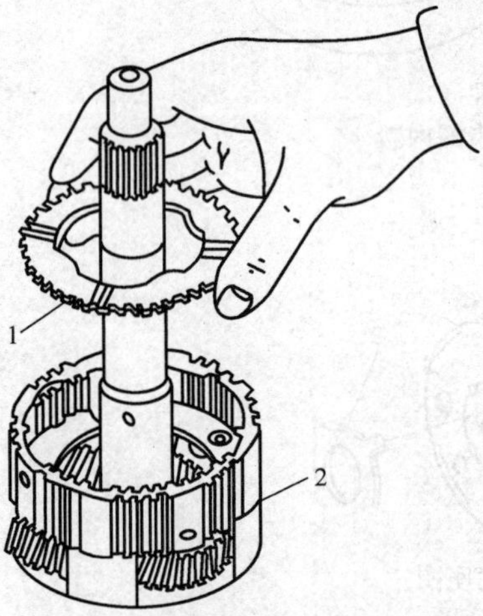

图 3.85　分解行星齿轮推力片
1—推力片　2—行星齿轮

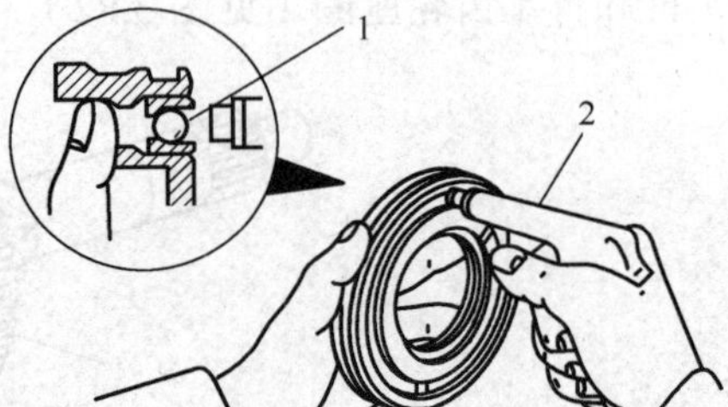

图 3.86　测试离合器活塞球阀密封状态
1—单向球阀　2—空气枪

（20）用量缸表或内径千分表，测量离合器毂衬套的内径，最大内径是 27.11 mm。如果衬套内径大于规定值，更换离合器毂（见图 3.87）。

（21）检查行星齿轮衬套内径，最大内径是 11.27 mm 如果衬套内径大于规定值，更换行星齿轮（见图 3.88）。

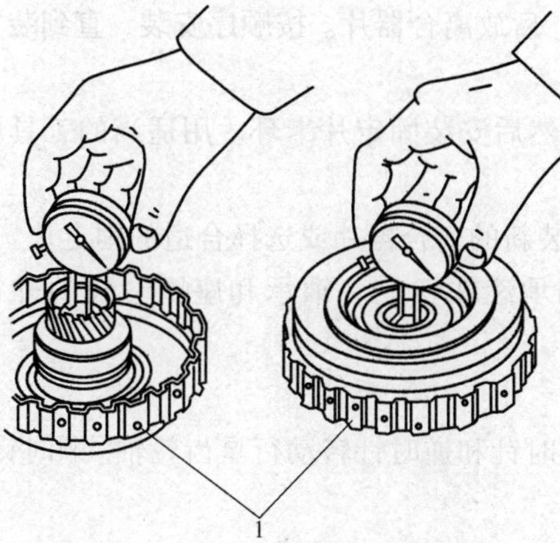

图 3.87　检查离合器衬套磨损

1—离合器外毂

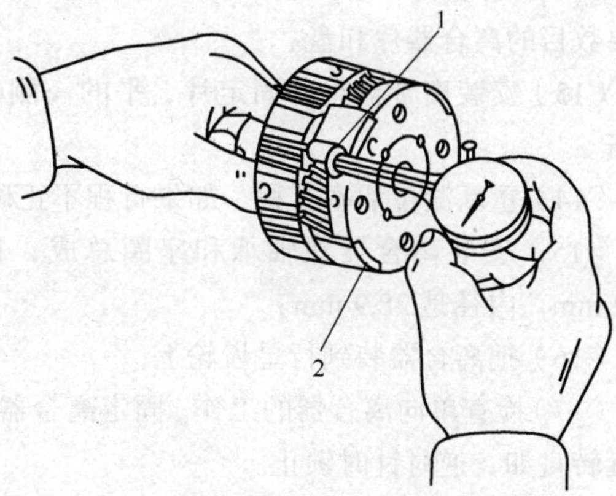

图 3.88　检查行星齿轮衬套

1—行星齿轮衬套　2—行星齿轮架

步骤二　组装超速挡行星齿轮和离合器

（1）将止推垫圈装入行星齿轮内，垫圈有槽一侧朝上。

（2）把单向离合器安装在离合器座圈内，离合器的凸缘一侧朝上（见图 3.89）。

（3）把单向离合器和外座圈安装到行星齿轮上，确保离合器的凸缘一侧朝上。

（4）把离合器组件固定片和卡环安装在行星齿轮上。

（5）往行星齿轮座圈上涂上凡士林，把座圈装到行星齿轮上，座圈外径是 41.8 mm，座圈内径是 27.1 mm。

（6）把毂装在行星齿轮齿圈上，安装卡环。

（7）把座圈和轴承涂上凡士林，安装在行星齿轮齿圈上。

（8）核对轴承/座圈尺寸。座圈外径是 47.8 mm，内径是 24.2 mm，轴承外径是 46.8 mm，内径是 26 mm。

（9）润滑新的“O”型圈，并安装在离合器活塞上，然后把活塞装在离合器毂上。

（10）把离合器活塞回位弹簧，安装在离合器活塞上。

（11）安装活塞卡环，用工具和压力机，压缩活塞回位弹簧（见图 3.90）。

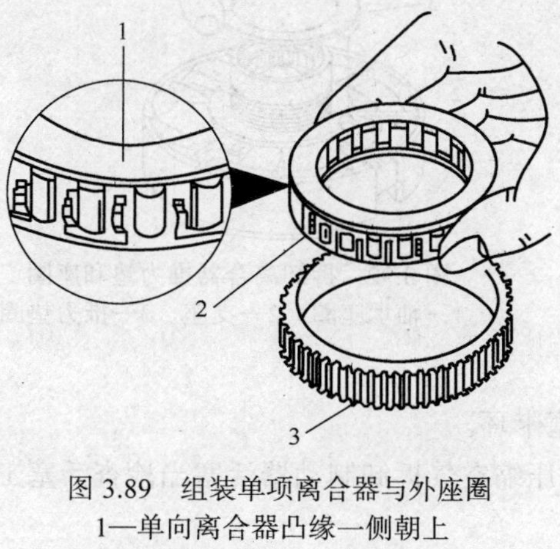

图 3.89　组装单项离合器与外座圈

1—单向离合器凸缘一侧朝上

2—单项离合器　3—离合器座圈

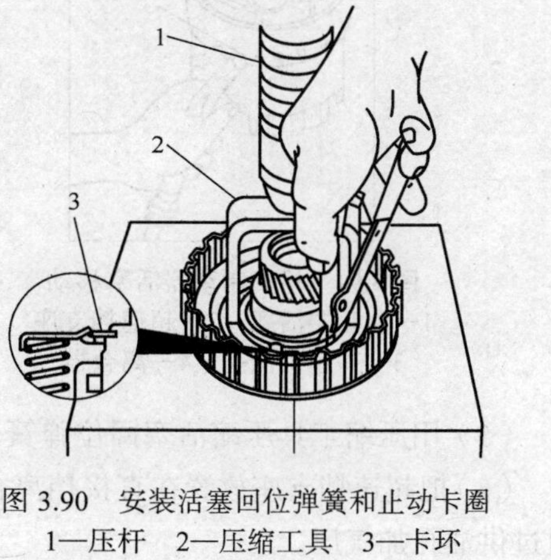

图 3.90　安装活塞回位弹簧和止动卡圈

1—压杆　2—压缩工具　3—卡环

（12）把离合器组件安装到毂上。先装离合器盘，后放离合器片。按顺序安装，直到装完所需要数目的离合器片和盘。

（13）安装离合器组件固定片，平的一侧朝下，然后安装固定片卡环。用适当的工具压缩弹簧。

（14）重新测量活塞行程。如果行程不正确，安装新的离合器片或选择合适的固定片。

（15）安装离合器毂轴承和座圈总成，保证轴承滚珠朝上。轴承和座圈总成的外径是 50.2 mm，内径是 28.9 mm。

（16）把离合器装到行星齿轮上。

（17）检查单向离合器的工作。固定离合器毂，顺时针和逆时针转动行星齿轮轴。顺时针时，轴旋转自如，逆时针时锁止。

操作五　检修 AW-4 型自动变速器超速挡支座

步骤一　解体 AW-4 型自动变速器超速挡支座

（1）检查制动器活塞工作，把支座放在离合器上。

（2）通过支座供油孔，施加压缩空气。观察制动器活塞移动，活塞应该移动自由，没有黏合或发卡。如果工作不正确，更换活塞和支座（见图 3.91）。

（3）拆卸推力轴承前座圈、推力轴承和后座圈。

（4）翻转超速挡支座，拆卸轴承座圈和离合器鼓推力垫圈（见图 3.92）。

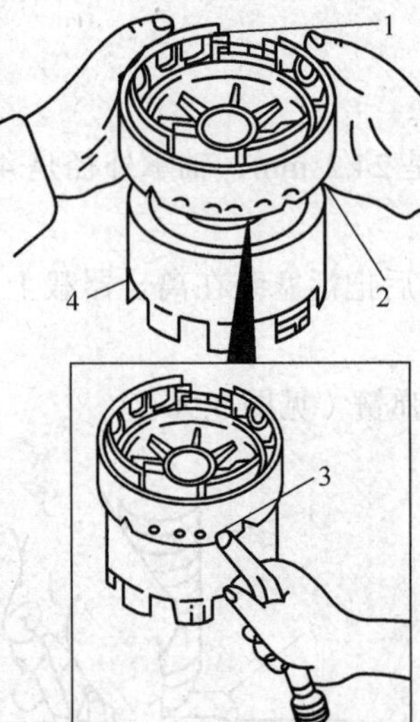

图 3.91　检查制动器活塞移动
1—制动器活塞　2—超速挡支座
3—支座供油孔　4—离合器

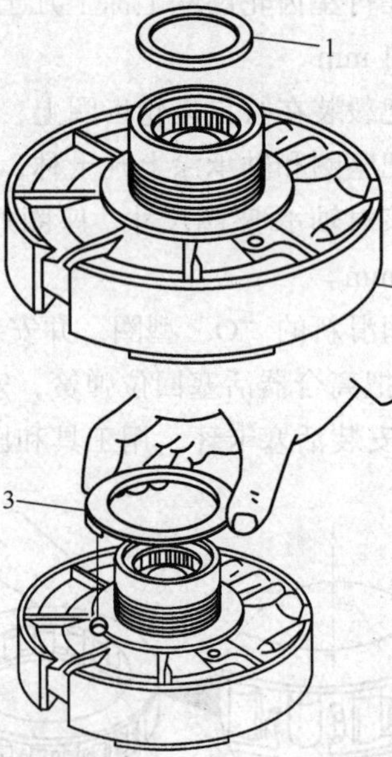

图 3.92　拆卸离合器推力垫和座圈
1—轴承座圈　2—支座　3—推力垫圈

（5）用压缩工具压缩活塞回位弹簧，拆卸活塞卡环。

（6）把超速挡支座放置在直接挡离合器上，用压缩空气拆卸制动器活塞当检查活塞工作时，通过供油孔加气压。

（7）拆卸并废弃超速挡支座“O”型圈。

（8）拆卸支座密封圈。

（9）测量带有弹簧座的活塞回位弹簧的自由长度，长度应该是 17.23 mm。

（10）清洗支座零部件，并用压缩空气吹干。

（11）检查超速挡支座和制动器活塞。无论支座或活塞磨损或损坏，应更换支座和活塞。

步骤二　装配超速挡支座

（1）润滑新的支座密封圈。安装前先压缩密封圈，并安装在支座上（见图 3.93）。

（2）把新的“O”型圈润滑并安装到制动器活塞上，然后小心地把活塞放置在支座上。

（3）在制动器活塞上安装回位弹簧。

（4）用弹簧压缩工具，压缩回位弹簧，并且安装活塞卡环。

（5）安装支座轴承座圈和离合器毂推力垫圈。

（6）安装推力轴承以及前和后轴承座圈。推力轴承滚珠应朝上。

（7）检查推力轴承/座圈尺寸：前座圈外径是 47.8 mm，内径是 30.7 mm；后座圈外径是 47.8 mm，内径是 34.3 mm；轴承外径是 47.7 mm，内径是 32.7 mm。

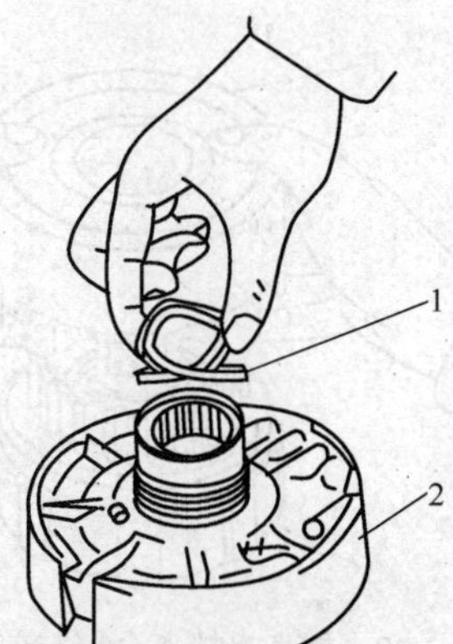

图 3.93　安装支座密封圈

1—压缩密封圈　2—超速挡支座

（8）复查制动器活塞的工作。活塞工作应平稳，没有黏合或发卡。

操作六　解体检修 AW-4 型自动变速器直接挡离合器（零部件见图 3.94）

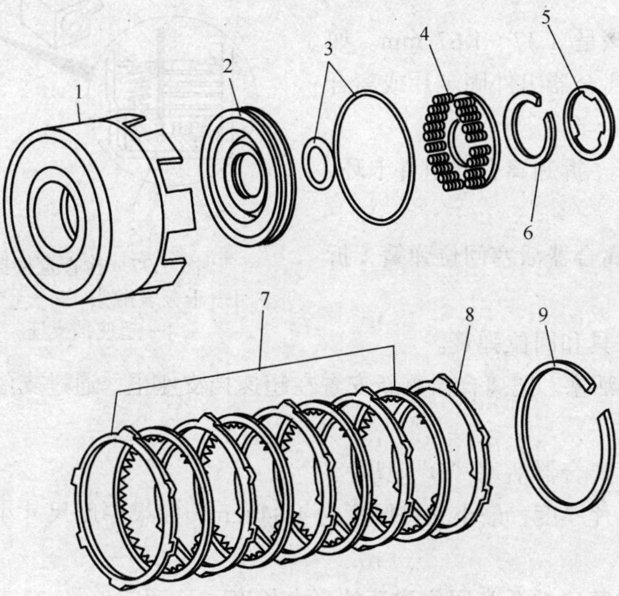

图 3.94　直接挡离合器零部件

1—离合器　2—活塞　3—“O”型环　4—回位弹簧　5—推力垫圈　6、9—卡环　7—组件　8—固定片

步骤一　分解与检测自动变速器直接挡离合器

（1）从前进挡离合器上拆卸直接挡离合器（见图 3.95）。

（2）拆卸离合器推力垫圈。

（3）按照下述的步骤，检查离合器活塞的行程。

（4）把直接挡离合器装在超速挡支座总成上（见图 3.96）。

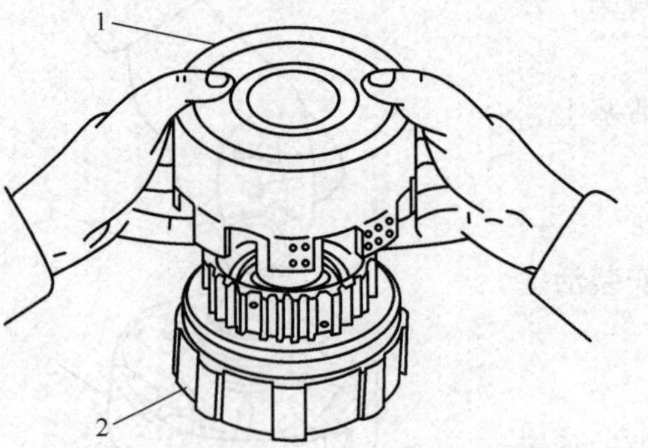

图 3.95 把直接挡离合器与前进挡离合器分开
1—直接挡离合器 2—前进挡离合器

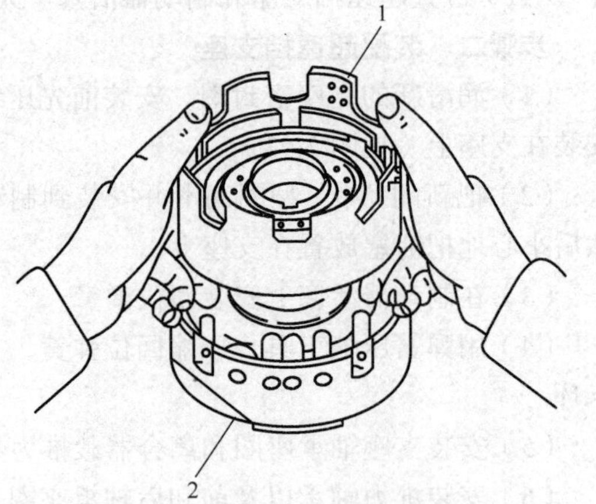

图 3.96 把直接挡离合器安装到超速挡离合器
1—直接挡离合器 2—超速挡离合器

（5）把千分表安装在离合器上，把千分表触头放到离合器活塞上（见图 3.97）。

（6）通过超速挡支座供油孔，施加 400～800 kPa 的气压，注意检查活塞的行程。至少检查两次。

（7）活塞行程应该是 1.37～1.67 mm。如果行程不正确应更换离合器组件固定片或离合器片。

（8）从离合器毂上，拆卸离合器组件卡环，固定片和离合元件。

（9）用工具压缩离合器活塞回位弹簧，拆卸离合器活塞卡环。

（10）移走压缩工具和回位弹簧。

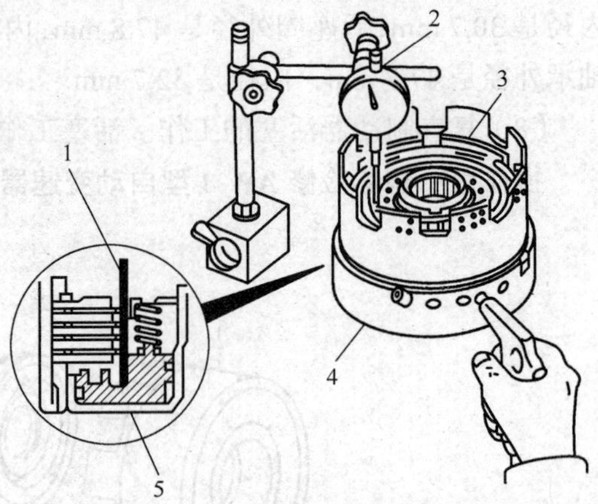

图 3.97 检查直接挡离合器活塞行程
1—千分表触头 2—千分表 3—离合器活塞
4—超速挡支座 5—离合器活塞

（11）拆卸离合器活塞。把离合器重新安置在超速挡支座上。通过支座活塞供油孔，施加压缩空气。

（12）拆卸并废弃离合器活塞“O”型圈。

（13）测量离合器片厚度，最小允许厚度为 1.84 mm。如果厚度尺寸小于最小厚度，更换离合器片。

（14）测量常有弹簧座的活塞回位弹簧的自由长度，长度应该是 21.32 mm。如果长度不在规定值内，更换回位弹簧。

（15）检查离合器活塞单向球阀。震动活塞，观察球是否自由移动。通过给球阀座进口施加低压力压缩空气，空气通过球阀时不应泄漏。

（16）测量离合器衬套内径，内径应该不超过 53.97 mm。如果衬套内径大于规定值，更换离合器毂。

步骤二　组装 AW-4 型自动变速器直接挡离合器

（1）把新更换的“O”型圈润滑并安装到离合器活塞上。

（2）把离合器活塞安装到毂上，在活塞上安装回位弹簧。

（3）用专用工具压缩活塞回位弹簧，并且安装卡环，保证卡环缺口与弹簧座圈凸舌相错开。

（4）安装离合器片和盘。先放盘后放片，直到装完离合器盘和离合器片。共需要 4 个离合器盘和离合器片（见图 3.98）。

（5）把离合器组件固定片安装到毂上（见图 3.99）。

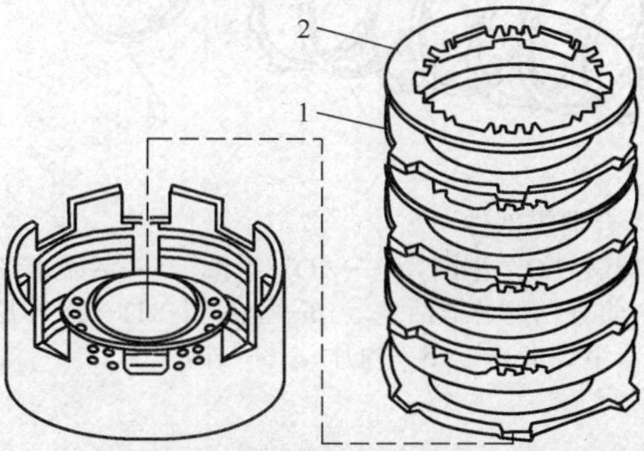

图 3.98　安装直接挡离合器片
1—离合器钢片　2—离合器摩擦片

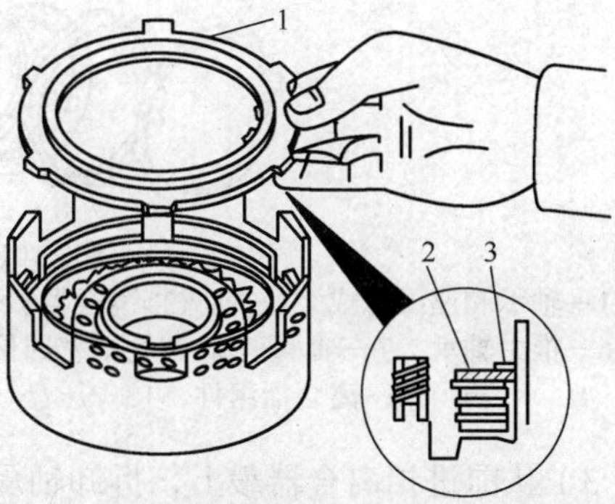

图 3.99　安装离合器组件压盘
1—离合器组件　2—压盘　3—卡环

（6）安装离合器组件卡环。

（7）检查卡环的位置。如需要，移动卡环直到卡环缺口与离合器毂任何凹槽相错开。

（8）第二次检查离合器活塞的行程。如果行程正常，继续组装；如果行程不正确，更换离合器片，或使用不同厚度的离合器组件固定片。

（9）用凡士林润滑离合器毂推力垫圈，把垫圈装在毂上。

（10）把直接挡离合器总成安装到前进挡离合器总成上，检查总成高度。高度应该是 70.3～71.5 mm（见图 3.100）。

（11）如果总成高度不对，则离合器没有安装好。

（12）如果离合器高度正常，把直接挡离合器从前进挡离合器上拆下继续进行前进挡离合器解体检修。

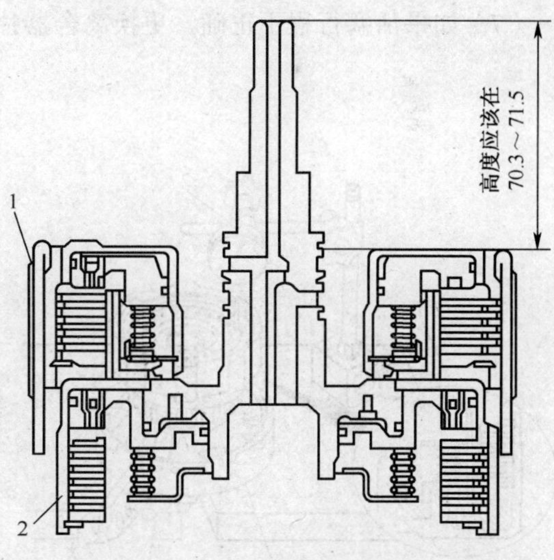

图 3.100　检查直接挡离合器总成高度
1—直接挡离合器　2—前进挡离合器

操作七　检修 AW-4 型自动变速器前进挡离合器（见图 3.101）

步骤一　解体与检测 AW-4 型自动变速器前进挡离合器

（1）按下述步骤，检查离合器活塞行程。

（2）把超速挡支座放在木块上，把前进挡离合器毂装到支座上。

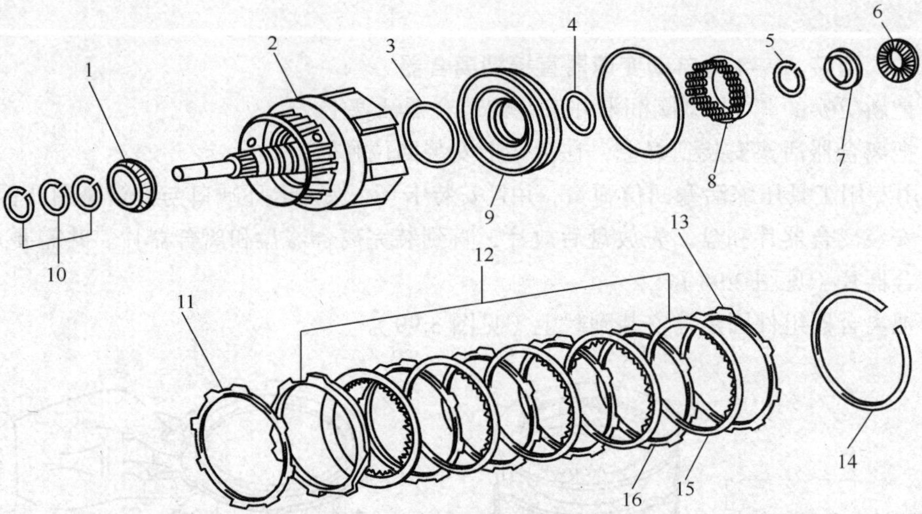

图 3.101 前进挡离合器零部件

1—轴承和座圈总成 2—前进挡离合器毂 3—离合器毂“O”型圈 4—“O”形圈 5—活塞卡环 6—推力轴承 7—轴承座圈 8—活塞回位弹簧 9—前进挡离合器活塞 10—密封圈 11—缓冲片 12—离合器组件 13—压盘 14—离合器组件卡环 15—内片 16—外片

（3）从前进挡离合器毂上，拆卸轴承和座圈。

（4）把千分表安置在离合器毂上，把千分表触头放到离合器活塞上（见图 3.102）。

（5）通过支座右侧的供油孔，加压缩空气，注意千分表上的活塞行程。

（6）活塞行程应该是 3.53～2～3.73 mm。

（7）如果活塞行程不正确，更换离合器片（见图 3.103）。

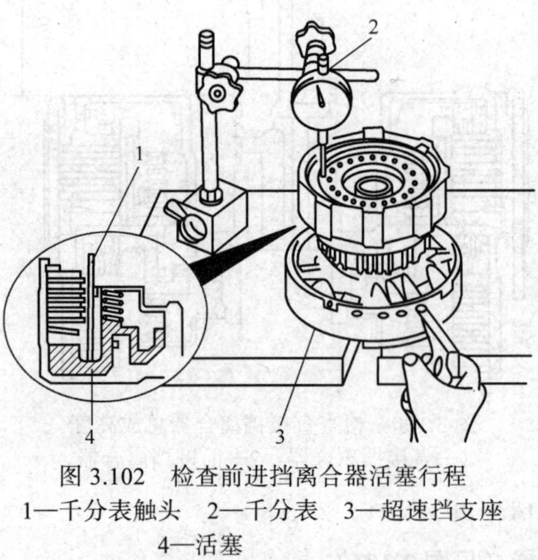

图 3.102 检查前进挡离合器活塞行程

1—千分表触头 2—千分表 3—超速挡支座 4—活塞

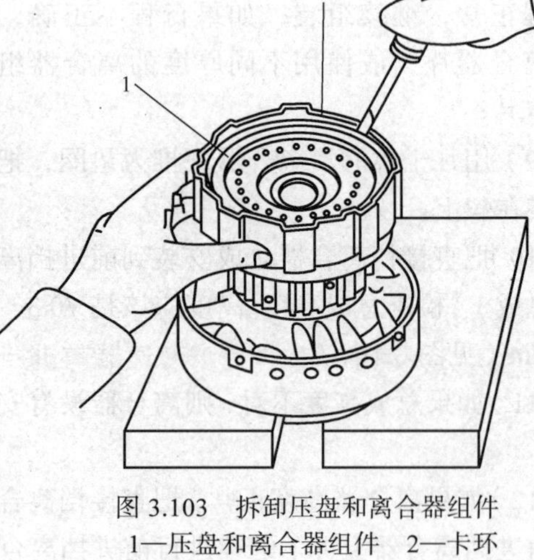

图 3.103 拆卸压盘和离合器组件

1—压盘和离合器组件 2—卡环

（8）拆卸离合器组件卡环，拆卸固定片和离合器组件。

（9）拆卸离合器组件缓冲片（见图 3.104）。

（10）用工具压缩离合器弹簧，拆卸活塞卡环。

（11）稳定弹簧压缩工具和活塞回位弹簧。

（12）重新把前进挡离合器毂安装到超速挡支座。

（13）通过支座上的供油孔加压缩空气，拆卸活塞。仅用足够压力的空气，使活塞从毂中轻轻移出（见图 3.105）。

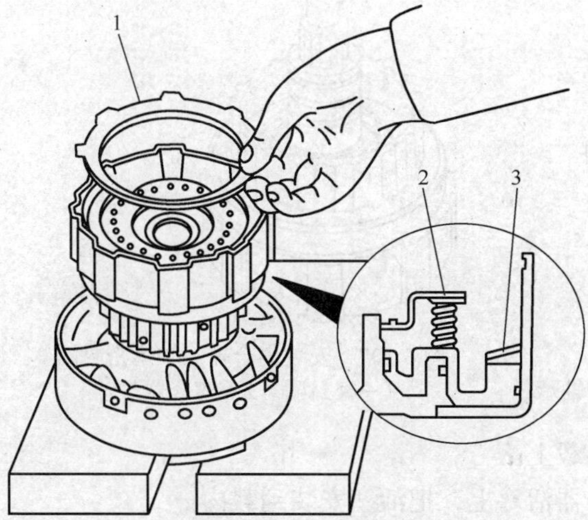

图 3.104　拆卸缓冲片
1、3—缓冲片　2—回位弹簧

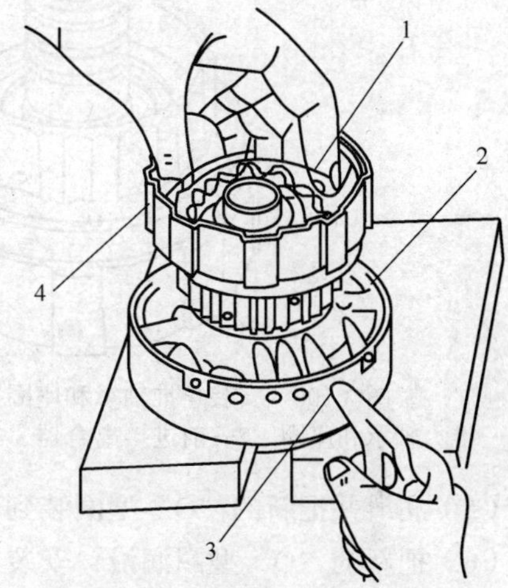

图 3.105　拆卸前进挡离合器活塞
1—离合器活塞　2—超速挡支座
3—供油孔　4—离合器毂

（14）拆卸并废弃离合器活塞“O”型圈。

（15）从离合器毂后毂上，拆卸离合器毂“O”型圈。

（16）拆卸离合器毂轴上的 3 个密封圈。

（17）拆卸推力轴承和座圈总成。

（18）测量离合器片厚度，最小允许厚度为 1.51 mm。

（19）测量带有弹簧座的活塞回位弹簧的自由长度，长度应该是 19.47 mm。如果长度不正确，更换弹簧和座圈。

（20）检查离合器活塞球阀，球应该在活塞内移动自如。通过给球阀座供油孔加低压力压缩空气，检查球阀。球应该落座可靠，不泄漏空气。

（21）测量离合器毂衬套的内径，最大允许值是 24.08 mm。如果衬套内径超过规定值，更换离合器毂。

步骤二　组装 AW-4 型自动变速器前进挡离合器

（1）用凡士林润滑轴承和座圈总成，并安装在离合器上座圈外侧朝下并朝向毂，轴承滚珠朝上（见图 3.106）。

（2）在新的离合器毂轴密封圈上涂上凡士林，在安装毂轴密封圈以前挤压每个密封圈，使端部重叠（见图 3.107）。这样挤压密封圈，可以使离合器安装容易。

（3）把密封圈安装到轴上。在安装时，使密封圈尽可能地紧挨着，避免它们分开。

（4）把离合器毂安置在超速挡支座上。

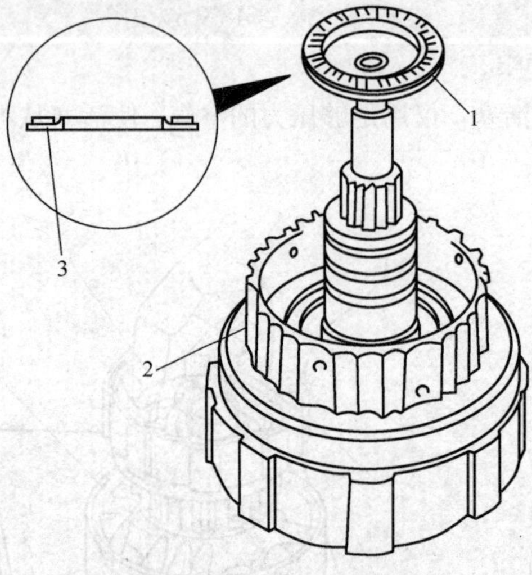

图 3.106　安装止推轴承和座圈
1—推力轴承和座圈　2—前进挡离合器　3—滚针轴承

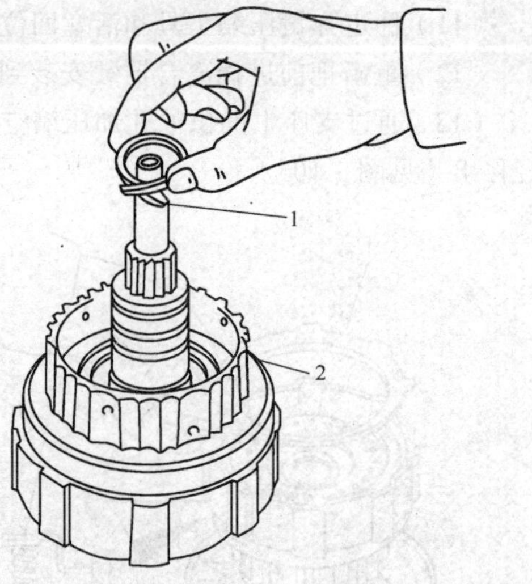

图 3.107　安装离合器毂轴承密封圈
1—密封圈　2—离合器毂轴

（5）润滑并把新的“O”型圈装到离合器毂上。

（6）把新的“O”型圈润滑，安装在离合器活塞上，把活塞安装到毂内。

（7）安装活塞回位弹簧。

（8）用工具和压力机压缩活塞回位弹簧，并安装活塞卡环保证卡环缺口与毂的任何凹槽张开。

（9）把缓冲片安装到毂上，凹面的一侧朝下。

（10）安装离合器片、盘和固定片。安装做有标记的盘，紧接着安装离合器片，直到装完所需数量的盘和片，共用 6 个离合器盘和离合器片（见图 3.108）。

（11）安装离合器组件卡环。

（12）用在解体程序开始所描述的同样方法，重新检查离合器活塞行程。如果行程不在规定值范围内，更换离合器片。

（13）用凡士林润滑座圈和轴承，把它们安装到离合器毂上，保证轴承滚珠朝上。座圈唇部在毂上的安装如图 3.109 所示。

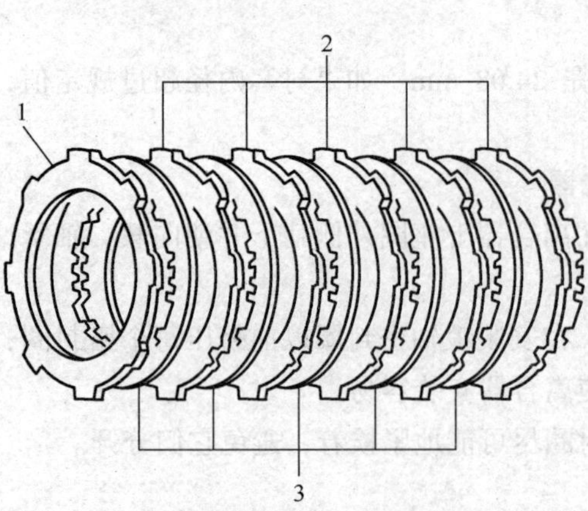

图 3.108　安装离合器组件
1—压盘　2—钢片　3—摩擦片

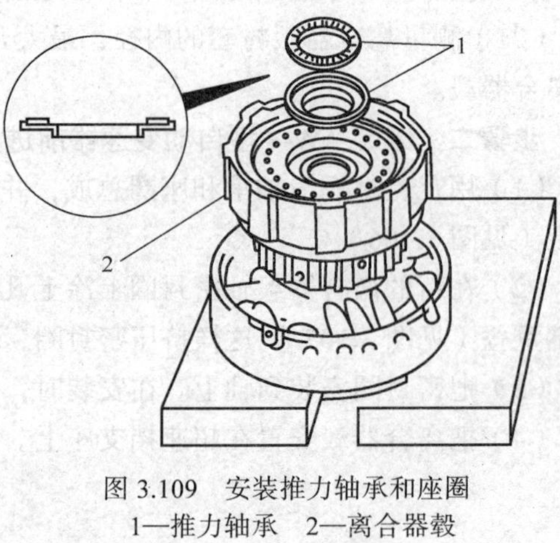

图 3.109　安装推力轴承和座圈
1—推力轴承　2—离合器毂

（14）检查轴套和座圈的尺寸：轴承外径是 46.7 mm；座圈外径是 48.9 mm；轴承和座圈内径是 26.0 mm。

（15）把前进挡离合器装在直接挡离合器上，检查总成高度（见图 3.110），高度应为 70.3～71.5 mm。

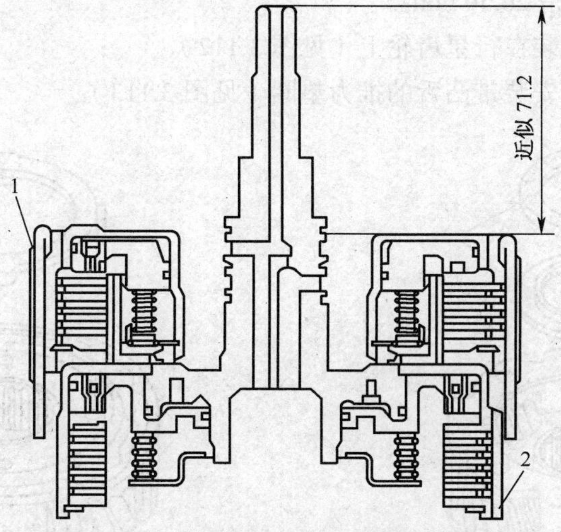

图 3.110　检查前进挡离合器总成高度

1—直接挡离合器　2—前进挡离合器

操作八　检修 AW-4 型自动变速器前行星齿轮

步骤一　解体与检测 AW-4 型自动变速器前行星齿轮（见图 3.111）

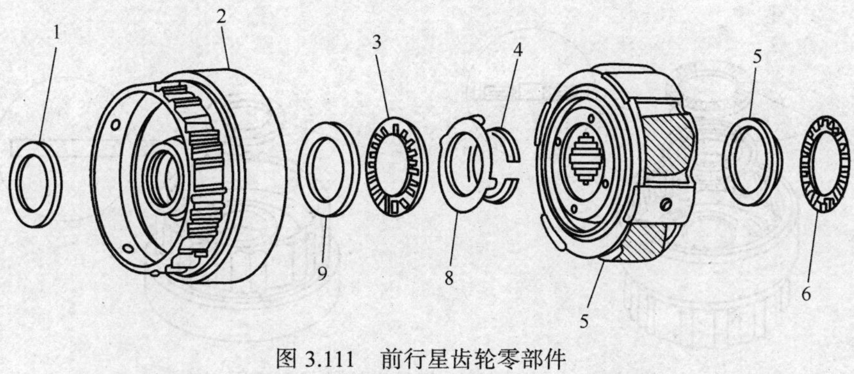

图 3.111　前行星齿轮零部件

1—前进挡座圈　2—齿圈　3—前轴承　4—卡环　5—后座圈　6—后轴承

7—前行星齿轮　8—推力座圈　9—前座圈

（1）拆卸行星齿轮齿圈。

（2）拆卸行星齿轮齿圈上的前轴承和两个座圈。

（3）拆卸行星齿轮有凸舌的止推座圈。

（4）拆卸行星齿轮与轴连接的卡环。拆卸行星齿轮。

（5）拆卸行星齿轮后轴承和座圈。

（6）测量齿圈衬套内径，最大允许直径是 24.08 mm。如果衬套内径大于规定值，更换齿圈。

步骤二　组装前行星齿轮

（1）用凡士林润滑行星齿轮和齿圈轴承及座圈。

（2）在安装以前，检查行星齿轮轴和座圈：后轴承外径是 47.7 mm，后座圈外径是 47.6 mm，内径是 33.7 mm；前座圈外径是 53.6 mm，内径是 30.5 mm，前轴承外径是 47.7 mm；前进挡座圈外径是 47.0 mm，内径是 26.50 mm。

（3）把后座圈和轴承装在行星齿轮上（见图 3.112）。

（4）翻转行星齿轮，安装带凸舌的推力垫圈（见图 3.113）。

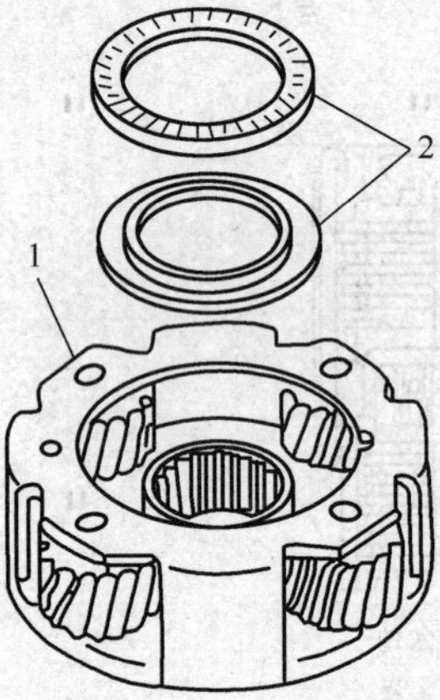

图 3.112　安装前行星齿轮后轴承和座圈
1—行星齿轮　2—后轴承和座圈

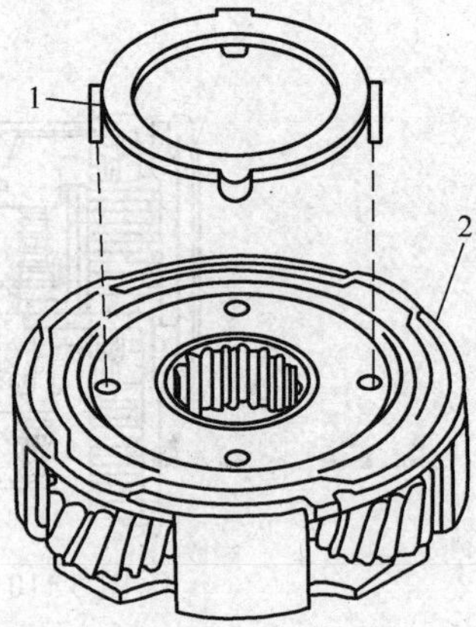

图 3.113　安装前行星齿轮推力轴承
1—座圈　2—行星齿轮

（5）把前座圈和轴承以及前进挡座圈放置到齿圈上（见图 3.114）。

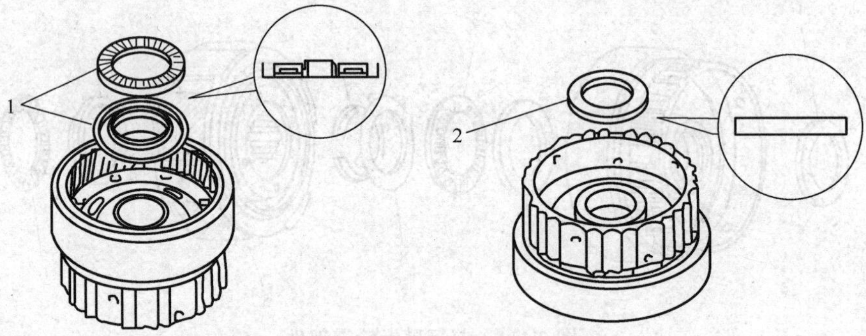

图 3.114　安装前行星齿轮轴承和座圈
1—前轴承和座圈　2—前进挡座圈

（6）把行星齿轮放置到一边，准备总装。

操作九　解体检修太阳轮和 1 号单向离合器（零部件见图 3.115）

（1）固定太阳轮，顺时针和逆时针转动第二制动器毂。顺时针时，毂应该转动自如；逆时针时，应锁止。如果它们不能正常工作，更换单向离合器和制动毂。

（2）从毂上拆卸单向离合器/第二制动器毂总成（见图 3.116）。

（3）从毂上拆卸推力垫圈（见图 3.117）。

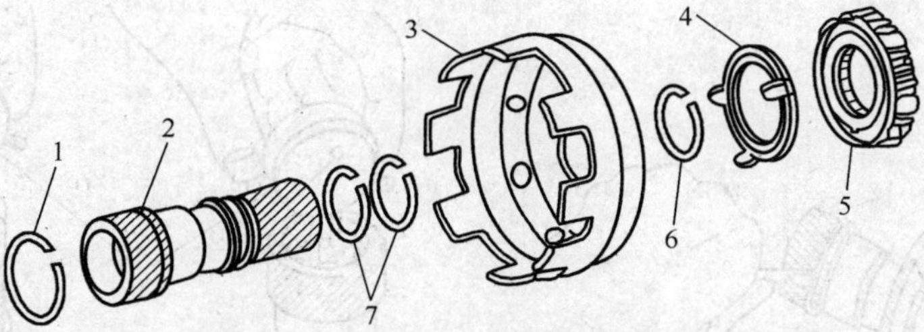

图 3.115　太阳轮和单向离合器零部件

1—卡环　2—太阳轮　3—太阳轮输入毂　4—推力垫圈　5—单向离合器和第二制毂总成
6—卡环　7—密封圈

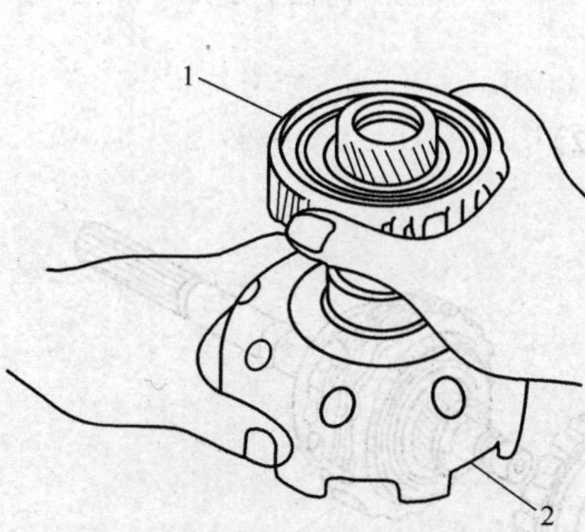

图 3.116　拆卸制动毂和离合器总成

1—离合器总成　2—制动毂

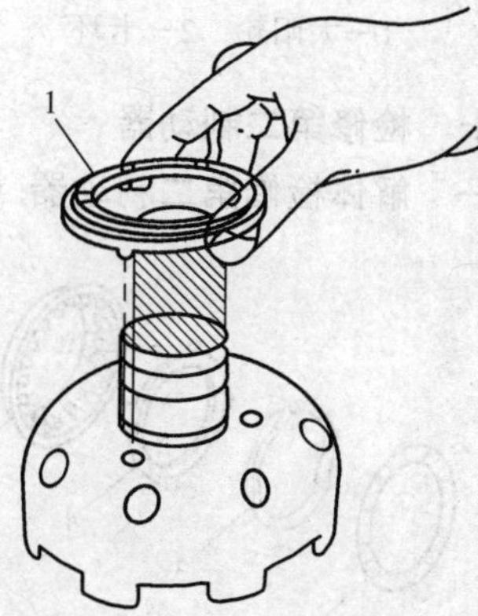

图 3.117　拆卸推力轴承垫圈

1—推力轴承垫圈

（4）从太阳轮上拆卸两个密封圈（见图 3.118）。

（5）把太阳轮放在木块上，然后拆卸太阳轮的第一道卡环，使太阳轮与毂分开（见图 3.119）。

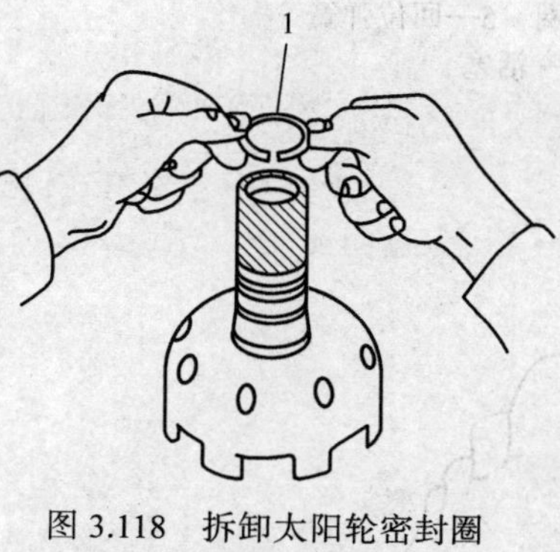

图 3.118　拆卸太阳轮密封圈

1—密封圈

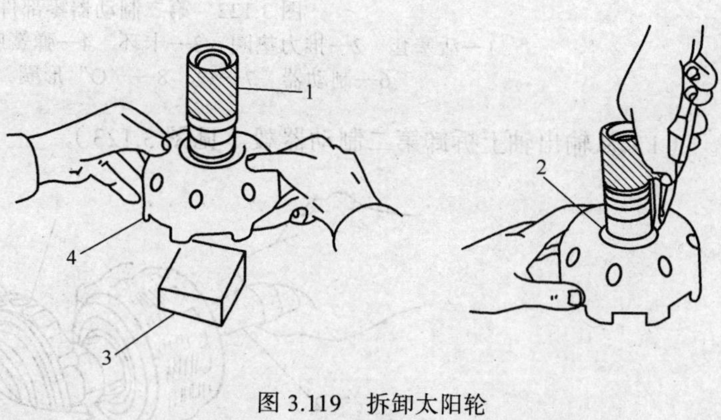

图 3.119　拆卸太阳轮

1—太阳轮　2—卡环　3—木块　4—输入毂

（6）拆卸太阳轮上第二道卡环（见图 3.120）。

（7）用量缸表或内径千分尺，测量太阳轮衬套内径（见图 3.121）。最大允许内径是 27.08 mm。如果衬套内径大于规定值，更换太阳轮。

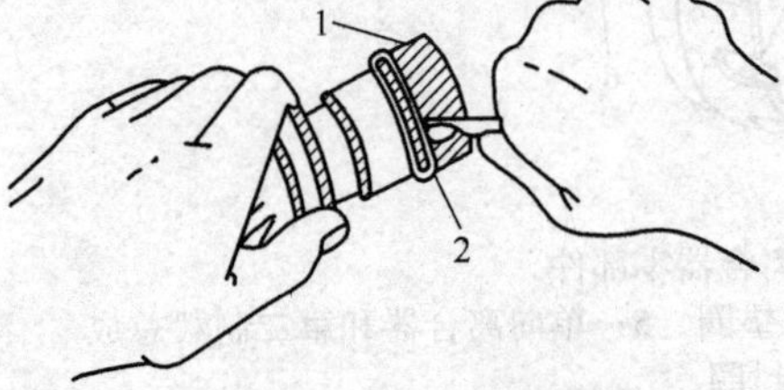

图 3.120　拆卸第二道卡环
1—太阳轮　2—卡环

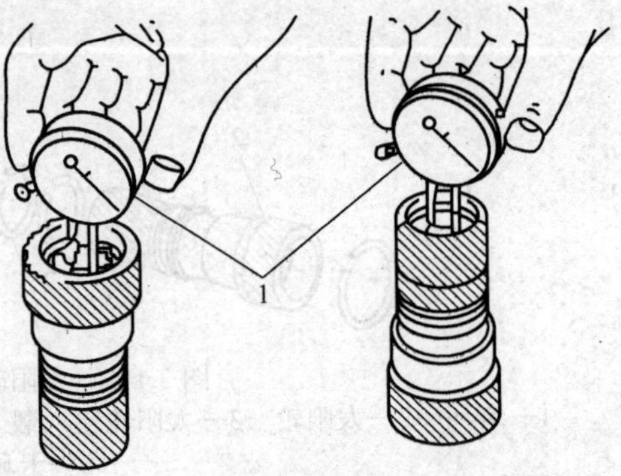

图 3.121　检查太阳轮衬套
1—内径千分表

操作十　检修第二制动器

步骤一　解体检修第二制动器（零部件见图 3.122）

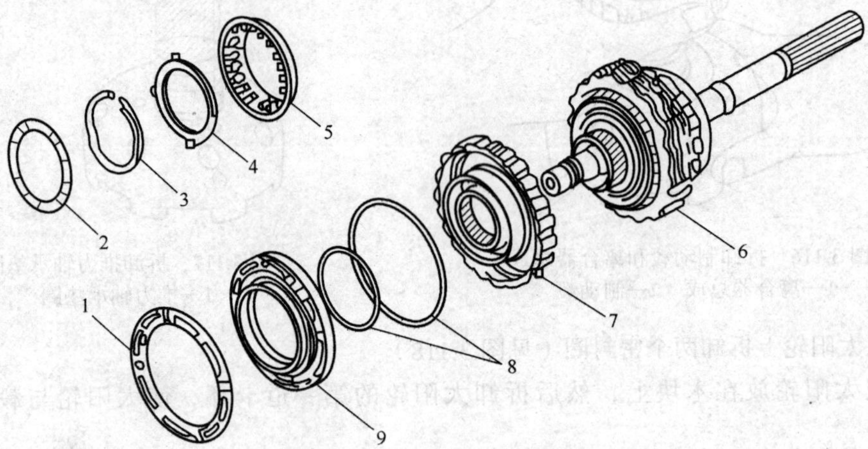

图 3.122　第二制动器零部件
1—活塞套　2—推力垫圈　3—卡环　4—弹簧座圈　5—回位弹簧
6—制动器　7—毂　8—“O”形圈　9—活塞

（1）从输出轴上拆卸第二制动器毂（见图 3.123）。

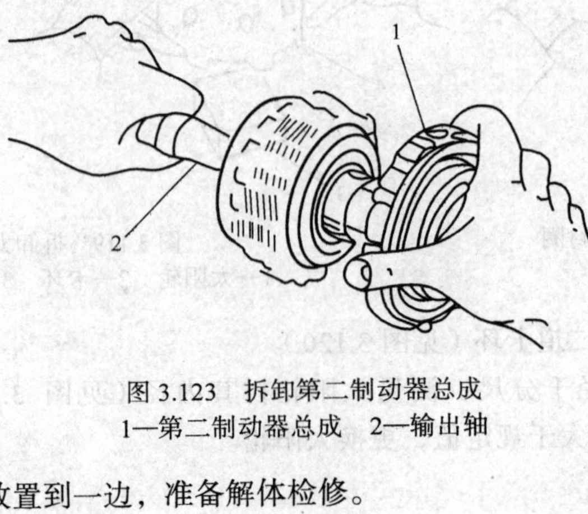

图 3.123　拆卸第二制动器总成
1—第二制动器总成　2—输出轴

（2）把输出轴总成放置到一边，准备解体检修。

（3）从第二制动器毂上拆卸推力垫圈（见图 3.124）。

（4）用压力机和工具，压缩活塞回位弹簧，然后拆卸活塞卡环（见图 3.125）。

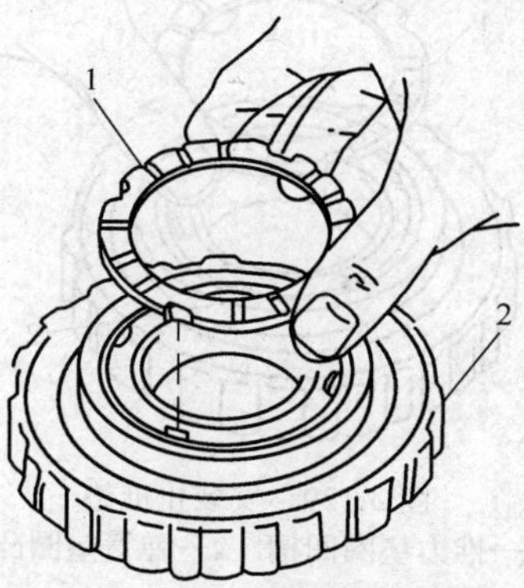

图 3.124　拆卸制动器毂推力垫圈
1—推力垫圈　2—第二制动器毂

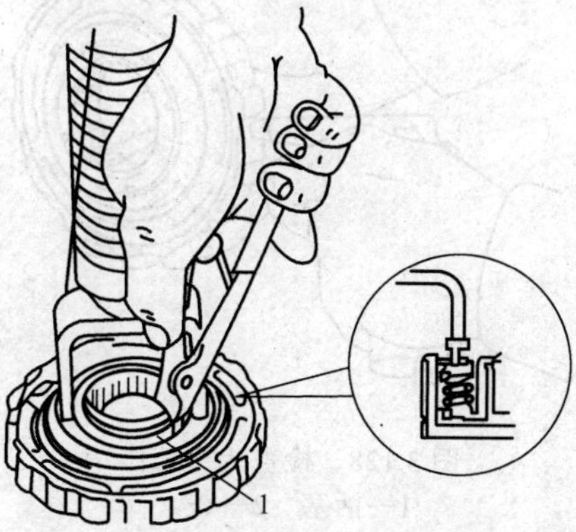

图 3.125　拆卸活塞卡环
1—活塞卡环

（5）利用压缩工具，拆卸弹簧座和回位弹簧。

（6）用压缩空气，从毂上拆卸第二制动器活塞和活塞套（见图 3.126）。

（7）拆卸并废弃制动器活塞“O”形圈。

（8）测量带有弹簧座的活塞回位弹簧的自由长度（见图 3.127）。长度近似于 16.05 mm。如果长度小于规定值，更换回位弹簧。

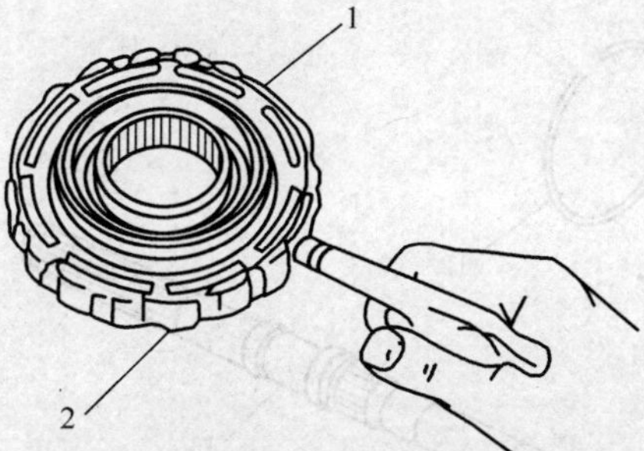

图 3.126　拆卸活塞和套
1—活塞和套　2—毂

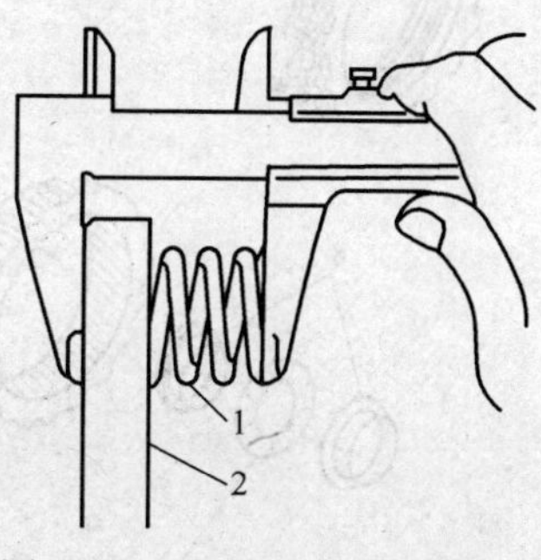

图 3.127　测量活塞回位弹簧
1—活塞回位弹簧　2—弹簧座

步骤二　组装第二制动器

（1）润滑新的“O”形圈，并将它安装在制动器活塞上，然后把制动器活塞装在毂上。

（2）在制动器活塞上，安装回位弹簧和弹簧座。

（3）用压力机和压缩工具压缩回位弹簧，安装活塞卡环，从压力机上取下制动器总成。

（4）用低压力压缩空气，检查制动器活塞工作（见图 3.128）。通过毂上的供油孔，施加气压力。当施加、撤离空气压力时，活塞应该移动平稳。

（5）把推力垫圈涂上凡士林，并安装到毂上，保证垫圈凹槽与弹簧座圈凸舌对正（见图 3.129）。

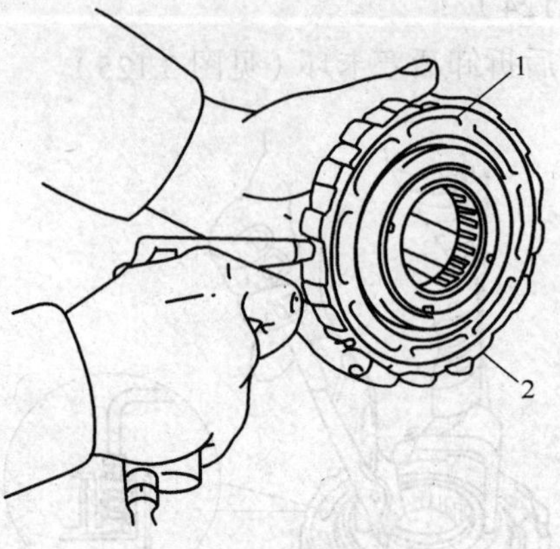

图 3.128　检查活塞工作
1—活塞　2—毂

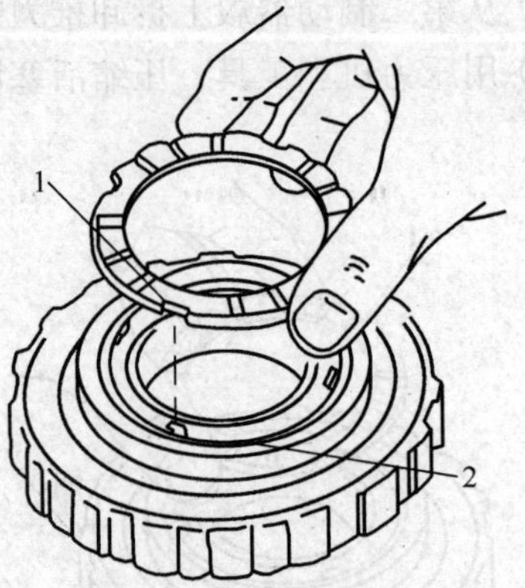

图 3.129　安装止推垫
1—推力垫圈凹槽　2—弹簧垫圈凸舌

操作十一　检修后行星齿轮、2 号单向离合器和输出轴（零部件见图 3.130）

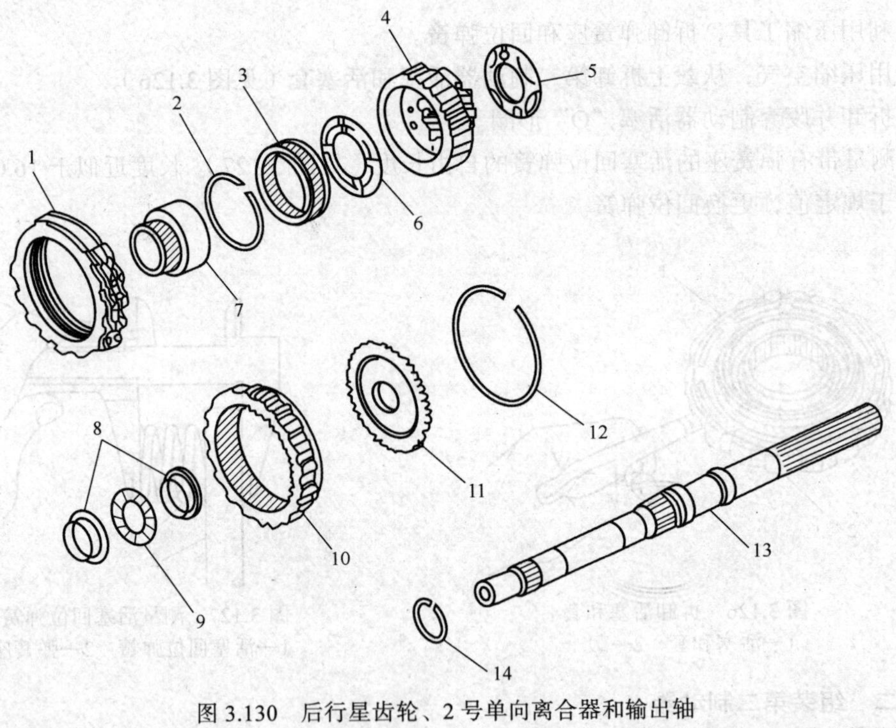

图 3.130　后行星齿轮、2 号单向离合器和输出轴
1—制动器片组件　2—卡环　3—单向离合器　4—行星架　5—后止推垫圈　6—前止推垫圈
7—单向离合器内座圈　8—座圈　9—止推轴承　10—后行星齿圈　11—齿圈毂　12—卡环

步骤一　分解检修行星齿轮、2 号单向离合器和输出轴

（1）从行星齿轮总成上拆卸输出轴（见图 3.131）。

（2）拆卸并废弃轴密封圈。

（3）从行星齿轮上，拆卸制动器组件（见图 3.132）。

（4）测量制动器组件每片的厚度，最小厚度是 1.51 mm。如果任何片的厚度小于规定值，更换所有的片。

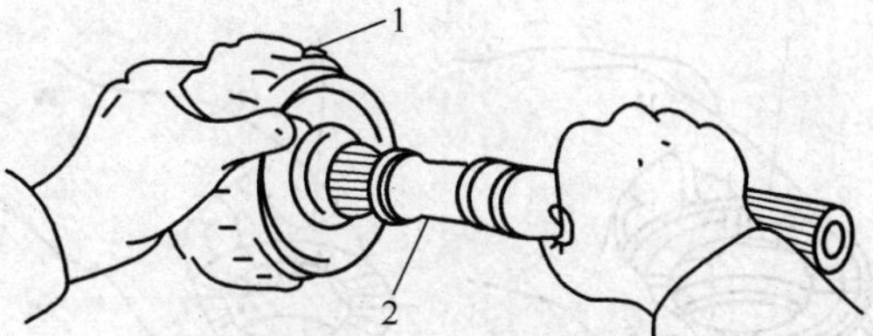

图 3.131 拆卸输出轴
1—行星齿轮总成 2—输出轴

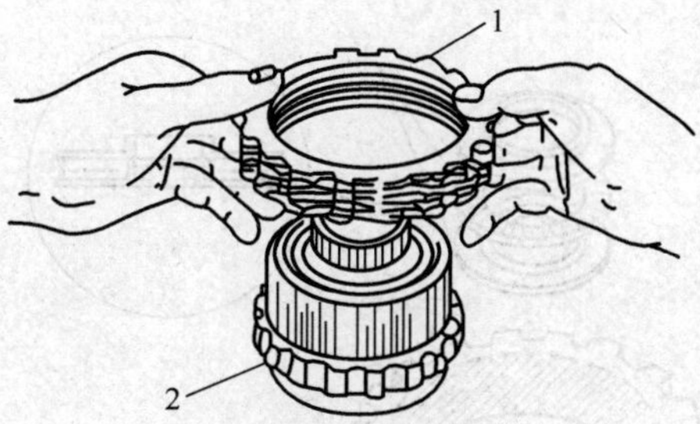

图 3.132 拆卸 1-倒挡离合器组件
1—组件 2—后行星齿轮

（5）从齿圈上拆卸行星齿轮。

（6）检查 2 号单向离合器，固定行星齿轮，向两个方向分别转动离合器内座圈。逆时针时座圈旋转自如；顺时针时座圈锁止。如需要，更换单向离合器。

（7）从行星齿轮上拆卸离合器内座圈。

（8）从行星齿轮上拆卸离合器卡环、2 号单向离合器。

（9）从行星齿轮上拆卸前后止推垫圈。

（10）从齿圈上拆卸推力轴承和垫圈。

（11）拆卸齿圈卡环、齿圈毂。

（12）检查和更换任何磨损或损坏的行星齿轮零部件。

步骤二 组装后行星齿轮、制动器组件、离合器和轴

（1）把毂和卡环安装在齿圈上（见图 3.133）。

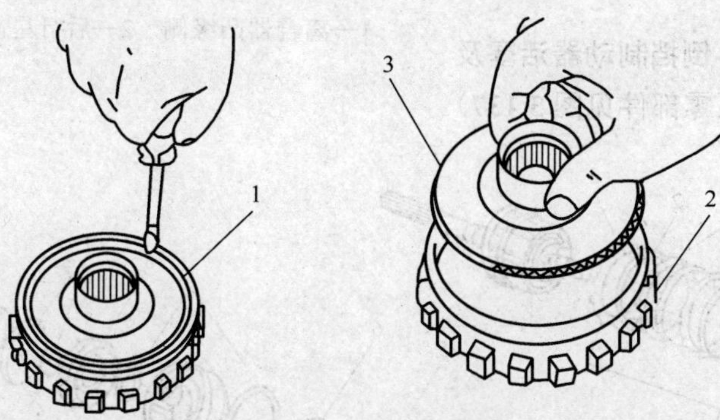

图 3.133 安装齿圈毂
1—卡环 2—齿圈 3—毂

（2）检查齿圈推力轴承和座圈尺寸。底部座圈外径是 44.8 mm，内径是 27.6 mm；轴承外径是 44.7 mm，内径是 30.1 mm；上部座圈外径是 44.8 mm，内径是 28.8 mm。

（3）用凡士林润滑齿圈推力轴承和座圈，并安装在齿圈上（见图 3.134）。

（4）用凡士林涂在行星齿轮推力垫圈上，并安装在行星齿轮上（见图 3.135）。

（5）把 2 号单向离合器安装在行星齿轮上，保证离合器凸缘侧朝上（见图 3.136）。

（6）安装离合器固定片夹环，再安装离合器内座圈。逆时针转动座圈以便容易安装。

（7）复查单向离合器工作。固定行星齿轮，向两个方向转动内座圈。座圈逆时针旋转自如，顺时针旋转锁止。

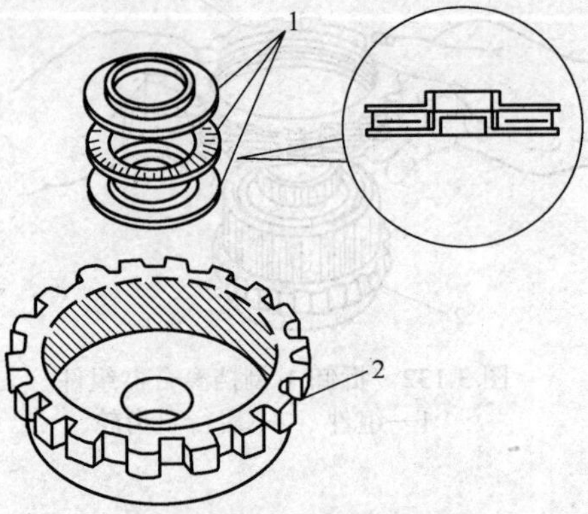

图 3.134　安装推力轴承和座圈
1—推力轴承和座圈　2—齿圈

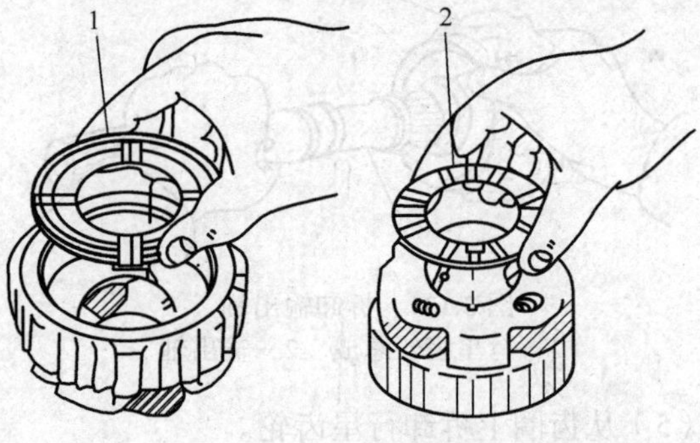

图 3.135　安装后行星齿轮推力垫圈
1—前推力垫圈　2—后推力垫圈

（8）把行星齿轮装到齿圈上。

（9）组装离合器片和离合器盘，顺序是先装片，后装盘。6 缸发动机用的变速器，使用 7 个离合器片和盘。

（10）把制动组件组装在行星齿轮上。

（11）在输出轴上安装新的密封圈，保证密封圈端部互相锁住。

（12）把组装的零部件放置到一边，准备总装时用。

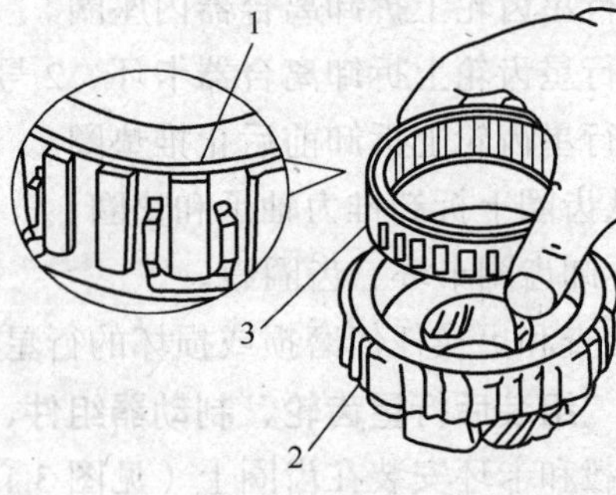

图 3.136　安装 2 号单项离合器
1—离合器凸缘侧　2—后行星齿轮　3—单向离合器

操作十二　检查 1-倒挡制动器活塞及怎样检查变速器壳体（零部件见图 3.137）

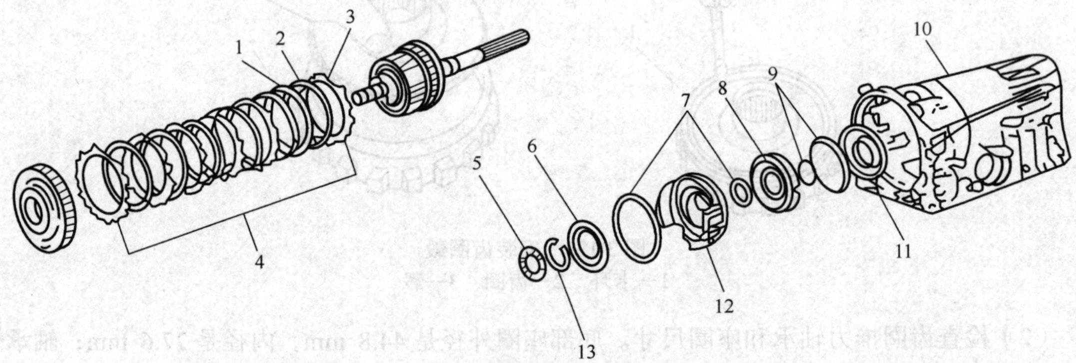

图 3.137　1-倒挡制动器活塞和变速器壳
1—压盘　2—摩擦片　3—钢片　4—制动片组件　5—轴承　6—弹簧　7、9—“O”形圈
8—反应器套　10—壳体　11、12—活塞　13—卡环

步骤一　解体检查 1-倒挡制动器活塞及怎样检查变速器壳体

（1）从变速器壳体上拆卸轴承和座圈总成（见图 3.138）。

（2）用压缩空气检查 1-倒挡制动器活塞工作。活塞应该移动平稳，没有粘合或发卡现象。如果活塞工作不正常，壳体或活塞可能需要更换。

（3）用工具压缩活塞回位弹簧。拆卸活塞卡环（见图 3.139）。

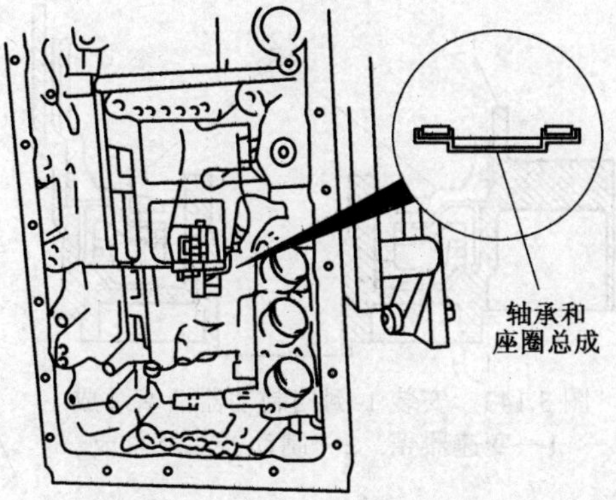

图 3.138　拆卸轴承和座圈总成

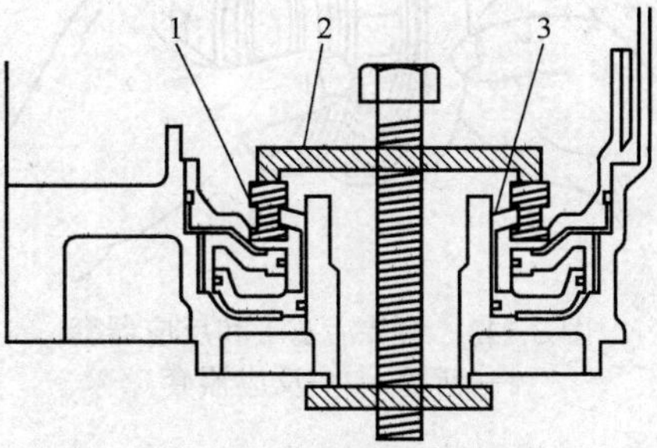

图 3.139　拆卸活塞卡环
1—回位弹簧　2—压缩工具　3—活塞卡环

（4）移走工具和活塞回位弹簧。

（5）用压缩空气拆卸 1-倒挡制动器的活塞 2，通过与检查活塞工作同一个变速器供油孔，施加气压。

（6）用套的拆卸工具拆卸反应器套（见图 3.140）。把工具的凸缘插入套下，向上提升工具，把反应器套从壳体中取出。

（7）用活塞拆卸器拆卸 1-倒挡制动器的活塞 1。把拆卸器放入活塞下部向上提升它，把活塞拉出壳体（见图 3.141）。

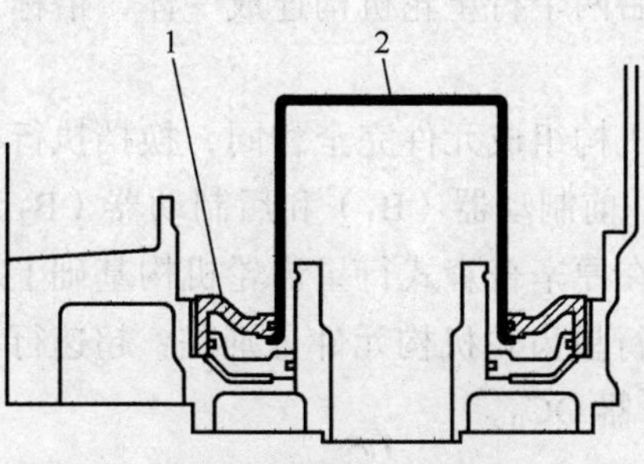

图 3.140　拆卸反应器套
1—反应器套　2—工具

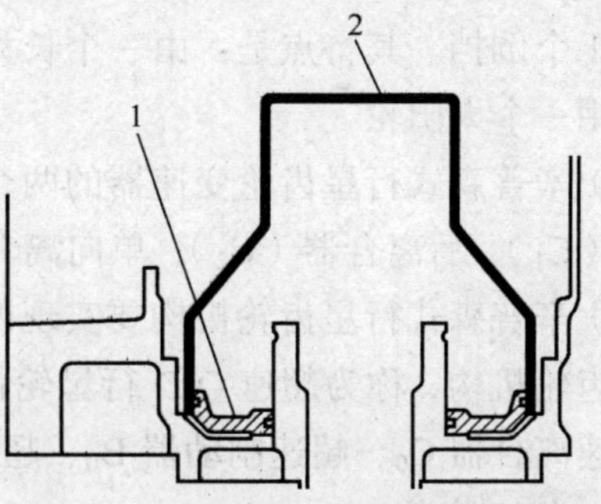

图 3.141　拆卸 1-倒挡制动器活塞
1—活塞　2—工具

（8）测量带有座的活塞回位弹簧的自由长度，长度应该是 18.382 mm。如果长度小于规定值，则更换弹簧。

（9）用清洗剂彻底清洗变速器壳体，并且用压缩空气吹干。用压缩空气通过供油通道吹净清洁剂残物，保证油道干净。检查壳体的磨损或损坏，如必要更换壳体。

步骤二　组装 1-倒挡制动器活塞

（1）润滑新的“O”形圈，并安装到 1-倒挡制动器活塞 1 和反应器套上（见图 3.142）。然后，把活塞装到反应套上。

（2）润滑“O”形圈，并安装到制动器活塞 2 上。

（3）把活塞 1 和反应器套安装在活塞 2 上（见图 3.142 和图 3.143）。

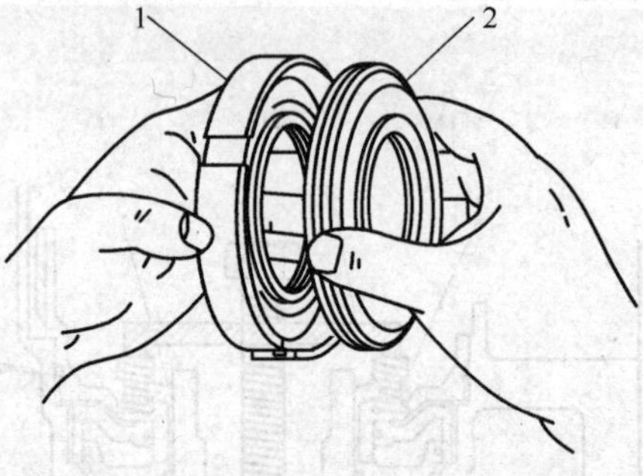

图 3.142　组装活塞 1 和反应器套
1—活塞　2—反应器套

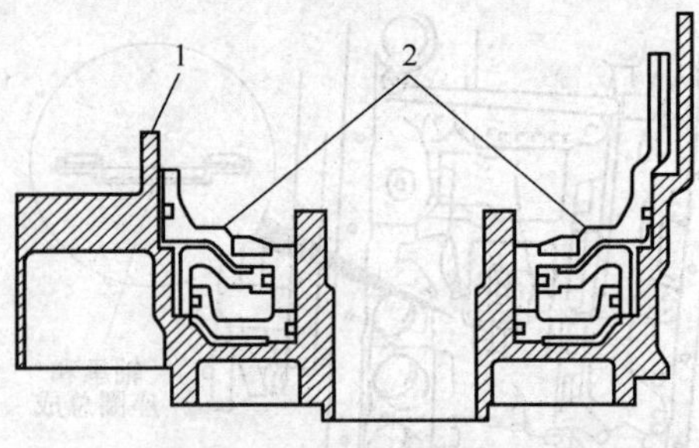

图 3.143　安装 1-倒挡制动器活塞总成
1—变速器壳　2—制动器活塞总成

（4）润滑，并把活塞总成装到壳体内（见图 3.143）。把活塞和壳体凹槽对齐，用手的压力把活塞总成压入壳体。

（5）把活塞回位弹簧装到活塞 2 上。

（6）用弹簧压紧工具压缩活塞回位弹簧，如图 3.139 所示，安装活塞卡环保证卡环缺口与回位弹簧座的凹槽错开。

（7）用压缩空气，按照解体程序的描述，检查活塞的工作。

（8）把轴承和座圈总成涂上凡士林，并安装到活塞总成上。轴承和座圈总成外径是 57.7 mm，内径是 39.2 mm。

课题小结

（1）辛普森行星齿轮机构由两个单行星齿轮机构组合而成，能够提供 3 个前进挡（3 速或 3 挡）和 1 个倒挡。其特点是：由一个长太阳轮将前后两个行星轮机构连成一体，俗称“前后行星排共用一个太阳轮”。

（2）辛普森式行星齿轮变速器的两个行星齿轮机构组成元件完全相同，换挡执行机构由前离合器（C_1）、后离合器（C_2）、单向离合器（OC）、前制动器（B_1）和后制动器（B_2）组成。

（3）辛普森式行星齿轮机构要实现四挡，需要在原辛普森式行星齿轮机构基础上增设一个单行星齿轮机构，称为超速 O/D 行星轮机构。超速行星齿轮机构元件分别是：超速行星齿轮机构、超速离合器 C_0、超速制动器 B_0、超速单向离合器 OC_0。

作业测评

（1）辛普森式行星齿轮变速器结构特点是什么？

（2）叙述辛普森式行星齿轮变速器各挡位动力传递路线。

（3）简述分解与检修辛普森式行星齿轮变速器工作要点。

课题三　分解检修拉维纳行星齿轮传动机构

拉威娜（Ravigneaux）式行星齿轮变速器是与辛普森式齐名并用于各国汽车的自动变速器

上。该变速机构的结构特点是：由左右两组行星轮组成，左侧为单行星齿轮组，右侧为双行星齿轮组。两个行星排共用一个行星架和一个齿圈。行星齿轮结构如图 3.144 所示。

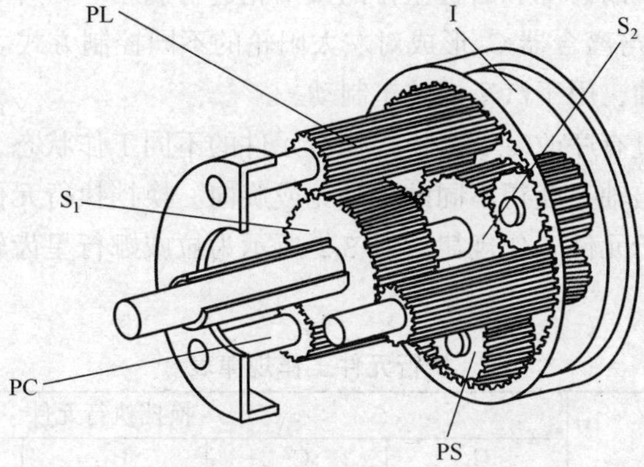

图 3.144　拉维纳行星齿轮结构

S_1、S_2—太阳轮　I—行星齿圈　PC—行星架　PL—长行星齿轮　PS—短行星齿轮

基础知识

一、拉威娜式行星齿轮变速机构的结构

拉威娜式行星齿轮变速机构为复合行星齿轮变速机构。该结构由左右两组行星排组成。左侧行星排是一个单行星结构，由大太阳轮 S_1、长行星轮 PL、行星架 PC 和一个齿圈 I 组成。右侧行星排是一个双行星结构，由小太阳轮 S_2、短行星轮 PS、长行星轮 PL、行星架 PC 和齿圈 I 组成。其中，太阳轮 S_1、S_2 为动力输入件，齿圈 I 为动力输出件。长行星轮 S_1 与齿圈 I 为左右行星轮排共用件。

这种行星齿轮机构具有结构紧凑、尺寸小、传动比变化范围大、灵活多变等特点。通过不同的元件控制方式可以组成具有 3 个前进挡或 4 个前进挡的行星齿轮变速器。

图 3.145 为一种较为简单的拉威娜式三速变速器行星齿轮结构简图。该结构的特点为：左侧是一个由双行星齿轮构成的行星排，或称为前行星排；右侧是由单行星齿轮构成的行星排，

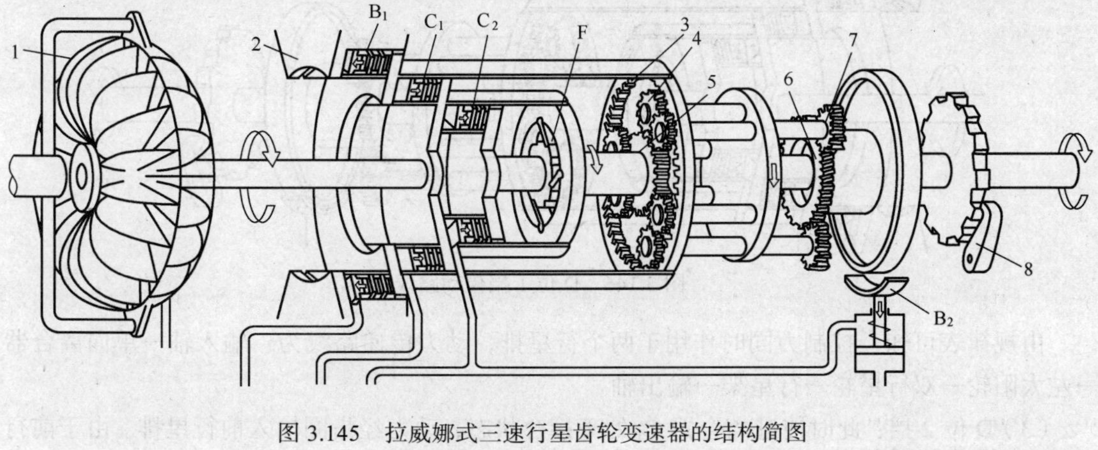

图 3.145　拉威娜式三速行星齿轮变速器的结构简图

1—液力变矩器　2—变速器壳体　3—齿圈　4—前行星轮　5—前太阳轮　6—后太阳轮　7—后行星轮
8—驻车棘爪　B_1—前制动器　B_2—后制动器　C_1—前离合器　C_2—后离合器　F—单向离合器

或称为后行星排。两个行星排的行星轮装在同一个行星架上。行星架是变速器的输出轴。发动机动力通过液力变矩器，然后经离合器 C_1 或 C_2 分别传递至前行星排的齿圈或太阳轮。制动器 B_1 和 B_2 分别对前行星排的齿圈和后行星排的太阳轮进行制动。另外，在左侧太阳轮与输入轴间设置有单向离合器 F，与离合器 C_2 形成对左太阳轮的不同控制方式。输出轴上设有一组棘轮、棘爪，可用来锁止输出轴，用于汽车的驻车制动。

汽车在运行中，通过有序改变 5 个换挡执行元件的不同工作状态，使行星齿轮以不同的传动路线传递动力，在输出轴上获得不同的传动比或旋向。换挡执行元件有序改变工作状态被称之为自动变速器换挡执行元件工作规律。表 3.2 所示为拉威娜行星齿轮变速器换挡执行元件工作规律。

表 3.2　　执行元件工作规律表

选择	挡位	换挡执行元件				
		C_1	C_2	B_1	B_2	F
D	1 挡				○	○
	2 挡	○			○	
	3 挡	○	○			
R	倒挡		○	○		

二、拉威娜式行星齿轮变速器的换挡原理与传动路线

（1）N 位（空挡）：各执行元件均不工作，前后行星排所有元件均不受约束，变速机构无法传递动力。

（2）D 位 1 挡：根据换挡执行元件工作规律表可知，制动器 B_2 工作将右侧太阳轮制动。即使离合器 C_2 不工作，发动机动力仍可直接作用于单向离合器 F。此旋向使单向离合器 F 处于锁止状态，内外结构形成刚性连接，从而左侧太阳轮被驱动。由于离合器 C_1 也不工作，左侧行星齿圈不受控制而形成自由转动，如图 3.146 所示。太阳轮驱动后行星轮 7 绕后太阳轮滚动，带动行星架转动，输出动力。

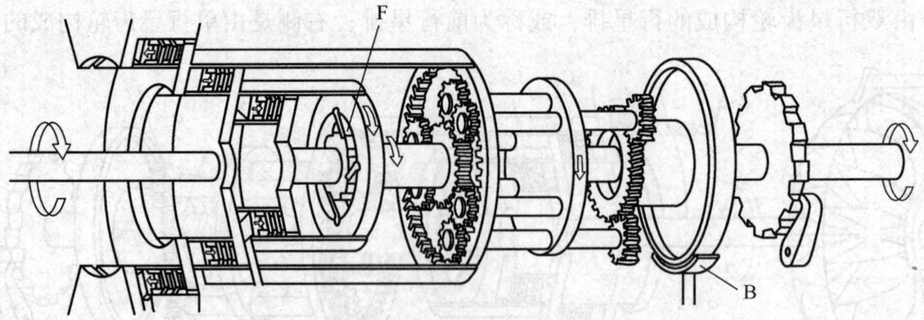

图 3.146　D 位 1 挡传动路线

由规律表可知：控制力同时作用于两个行星排，动力传递路线为：输入轴→单向离合器 F→左太阳轮→双行星轮→行星架→输出轴。

（3）D 位 2 挡：此时前进离合器 C_1 处于接合状态，动力经齿圈输入前行星排。由于前行星排太阳轮的状态不能确定，故齿圈驱动行星轮在由制动器 B_2 锁止的右侧太阳轮上滚动，行星轮带动行星架输出动力，如图 3.147 所示。

动力传递路线为：输入轴→离合器 C_1→齿圈→长行星轮→行星架→输出轴。

（4）D 位 3 挡（直接挡）：根据换挡执行元件工作规律表可知，离合器 C_1 和离合器 C_2 均处于接合状态。动力同时经左排行星齿轮的齿圈和太阳轮输入，由于转速相同，行星轮无自转，齿圈和太阳轮共同驱动行星架转动，形成输出，如图 3.148 所示。

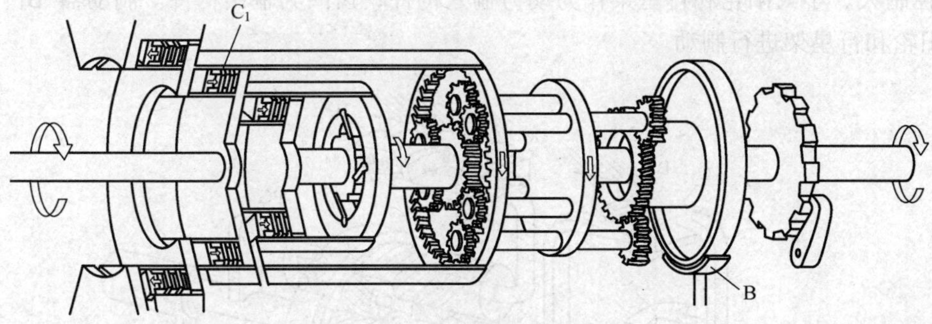

图 3.147 D 位 2 挡传动路线

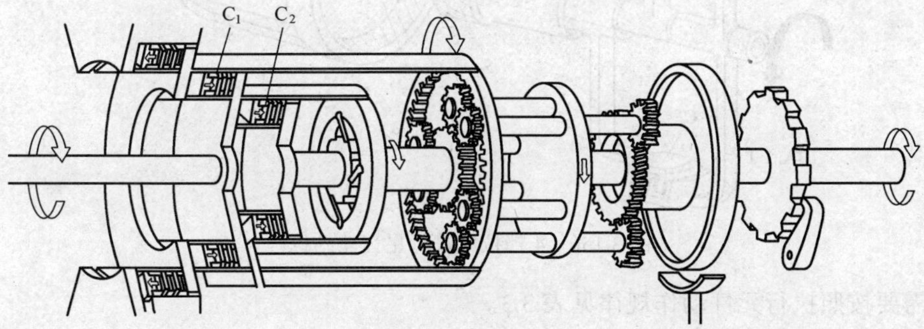

图 3.148 D 位 3 挡传动路线

动力传递路线为：输入轴→离合器 C_1 和 C_2→双行星轮→行星架→输出轴。

（5）R 位（倒挡）：离合器 C_2 处于接合状态，使动力直接传递至左侧太阳轮。制动器 B_1 处于锁止状态，将左侧齿圈制动。两个控制同时作用于并带左侧行星轮排，动力由行星架实现输出，如图 3.149 所示。

动力传递路线为：输入轴→离合器 C_2→左太阳轮→行星轮→行星架→输出轴。

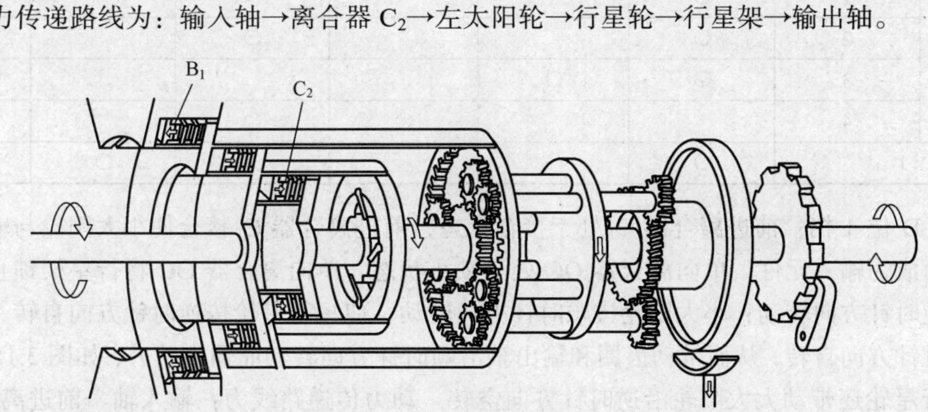

图 3.149 R 位传动路线

（6）驻车挡：当选挡操作杆位于 P 位时，棘爪嵌入棘轮齿内，输出轴被锁止。由于各离合器、制动器都不工作，行星齿轮机构自由转动，而无动力传递。

三、4 挡拉威娜行星齿轮自动变速器传动路线

现在的经济型轿车一般自动变速器都在 3 挡基础上增加一个超速挡，以提高汽车经济性。图 3.150 所示拉维纳四挡结构为大众 01M 自动变速器采用的结构形式。结构中离合器 C_1、C_2、C_3 分别控制大、小太阳轮和行星架作为动力输入构件，齿圈为输出构件。制动器 B_1、B_2 用来对大太阳轮和行星架进行制动。

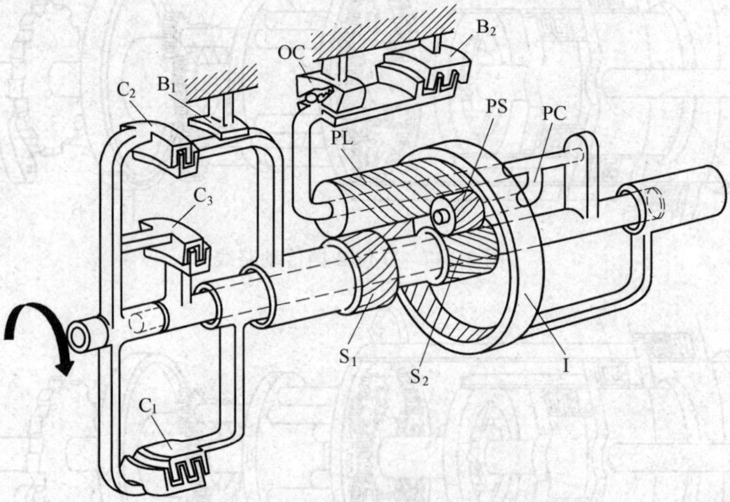

图 3.150　4 挡拉威娜行星齿轮结构

换挡需要按照执行元件动作规律见表 3.3。

表 3.3　换挡执行元件动作规律表

选挡与挡位		C_1	C_2	C_3	B_1	B_2	OC
P							
R			○			○	
N							
D_4	1	○					○
	2	○			○		
	3	○	○				
	4			○	○		
1		○				○	

（1）D 位 1 挡：前进离合器 C_1 处于接合状态，前进离合器 C_1 接合使小太阳轮与输入轴连成一体而成为输入元件。单向离合器 OC 处于锁止状态，单向离合器 OC 将行星架锁止，使其无法沿逆时针方向转动；小太阳轮按顺时针方向转动，使短行星轮按逆时针方向自转，长行星轮沿顺时针方向自转，从而带动齿圈和输出轴沿顺时针方向转动而输出动力，如图 3.151 所示。此时长行星轮还带动大太阳轮沿逆时针方向空转。动力传递路线为：输入轴→前进离合器 C_1→小太阳轮→短行星轮→长行星轮→齿圈→输出轴。

（2）D 位 2 挡：由换挡元件工作规律表可知，二挡时直接挡离合器 C_1 将动力经小太阳轮 S_2 输入行星轮系；制动器 B_1 将大太阳轮 S_1 制动。其动力传递路线为：离合器 C_1-小太阳轮 S_2-

短行星齿轮 PS-长行星齿轮 PL 围绕固定的大太阳轮 S_1 转动并驱动齿圈 I 输出动力，如图 3.152 所示。

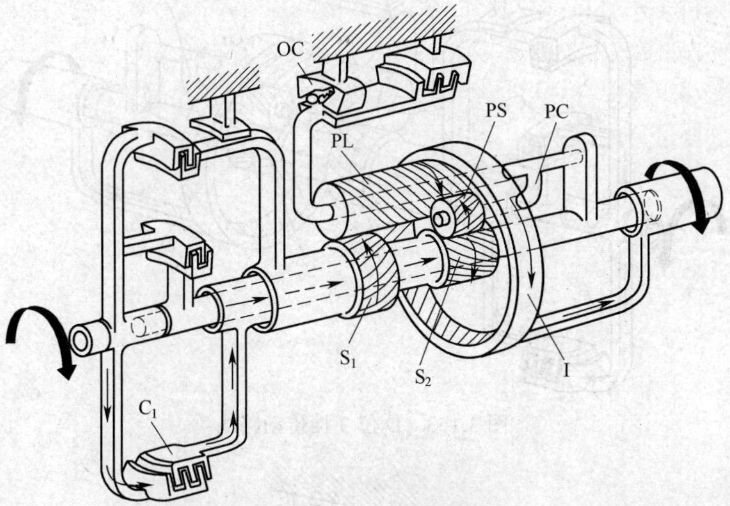

图 3.151　D 位 1 挡传动路线

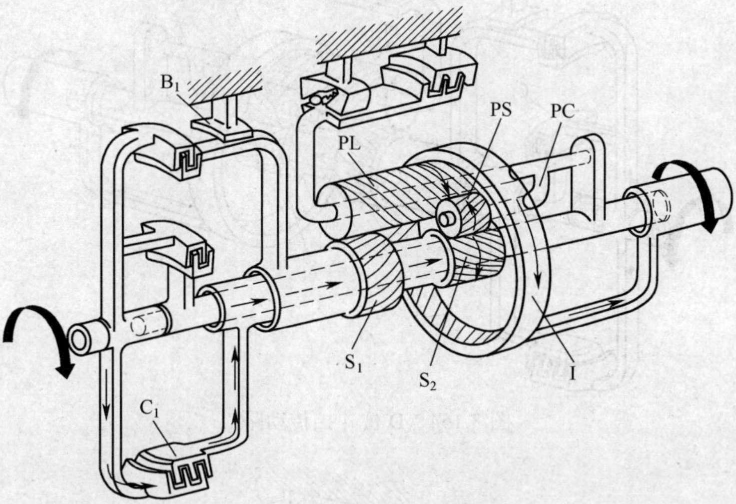

图 3.152　D 位 2 挡传递路线

（3）D 位 3 挡：由换挡规律表可知，离合器 C_1、C_3 动作，将发动机动力传动至右太阳轮和行星架，使行星轮系的两个元件的转速相同，所以齿圈 I 以同样转速对外输出动力。传动路线和齿轮旋转方向如图 3.153 所示。

（4）D 位 4 挡：由换挡规律表可知，此时离合器 C_3 接合驱动行星架转动，制动器 B_1 将左侧太阳轮制动，长行星轮在行星架作用下围绕该太阳轮滚动，同时驱动齿圈转动输出动力。传动路线和齿轮旋向如图 3.154 所示。

（5）倒挡：由换挡规律表可知，倒挡时 C2 接合传动、B2 动作对行星架制动。动力经倒挡离合器 C2、长行星齿轮、齿圈 I 对输出轴输出。传动路线和齿轮旋向如图 3.155 所示。

（6）低速 1 挡与 D 位 1 挡的区别：由换挡规律表可知，同为前进 1 速，低速 1 挡时制动器 B2 动作，取代了 D 位 1 挡单向离合器 OC 的动作。

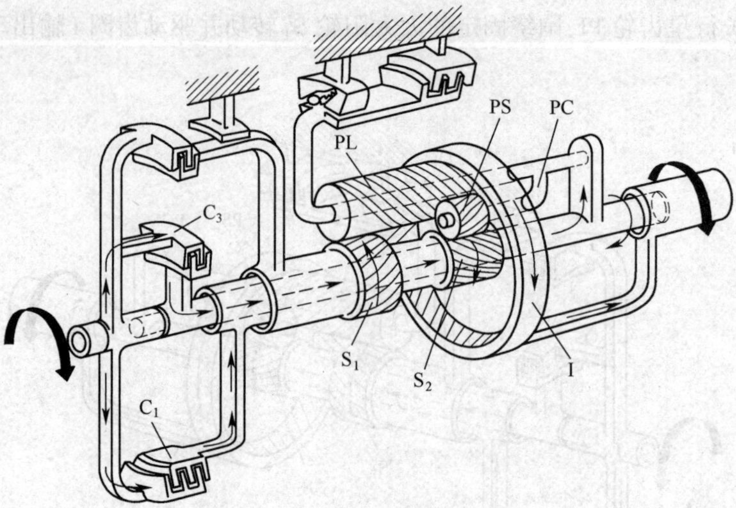

图 3.153　D 位 3 挡传动路线

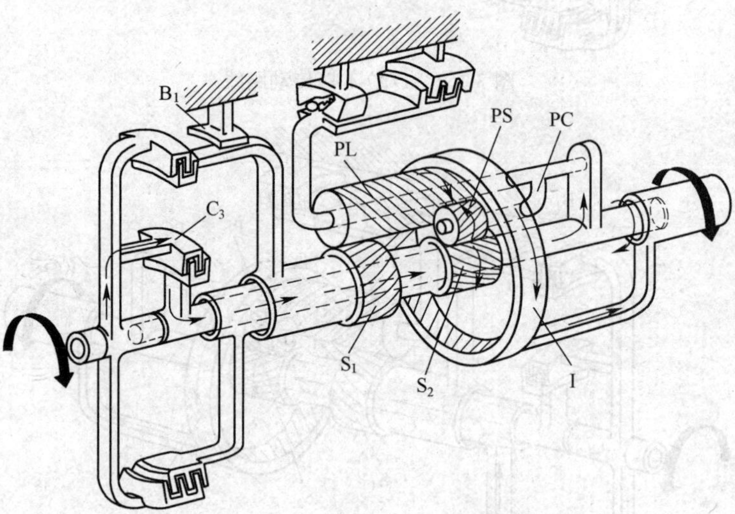

图 3.154　D 位 4 挡传动路线

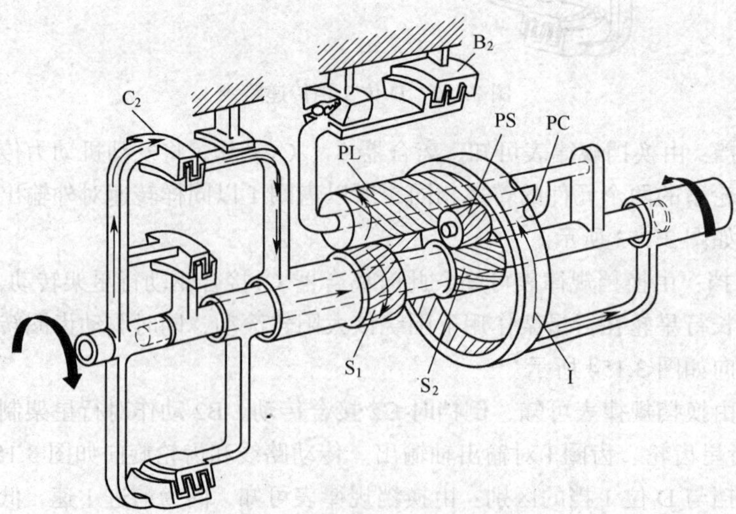

图 3.155　倒挡传动路线

低速1挡的功用是在该挡位运行时能够获得发动机制动，以实现对汽车辅助制动。由于制动器 B_2 替代了单向离合器OC对行星架的制动作用，当汽车高速行驶发动机为怠速时，变速器输出轴在汽车滑行惯性作用下高速转动，齿圈驱动行星轮转动。行星架欲随之转动，但受到制动器限制不能转动，所以反驱动力通过右太阳轮和离合器 C_1 传递到发动机，借助发动机怠速时做功产生对汽车的制动作用。

课题实施 分解检修拉维纳行星齿轮传动机构

操作一 拆卸自动变速器液压泵

（1）将变速器安装到变速器支撑架上，排放自动变速器油后，密封自动变速器油冷却器出口。

（2）拆下变矩器。

（3）用螺栓1和2将变速器固定到装配架上（见图3.156）。

（4）拆下带密封垫的变速器壳体端盖。

（5）拆下油底壳，拆下自动变速器油滤网，拆下带传输线的阀体。

（6）拔下制动器 B_1 的密封塞，如图3.157箭头所示。

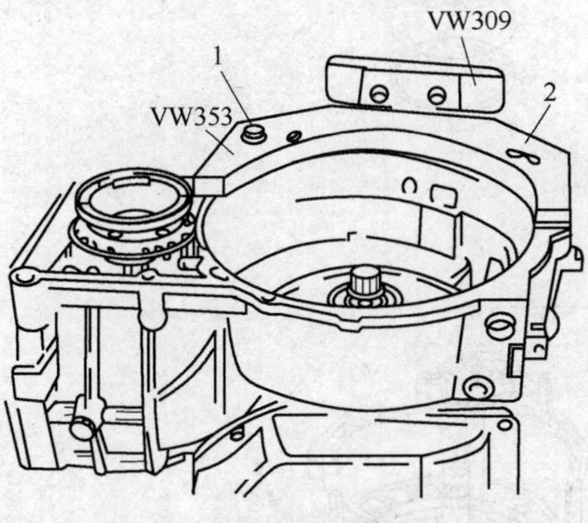

图3.156 固定自动变速器
1、2—螺栓

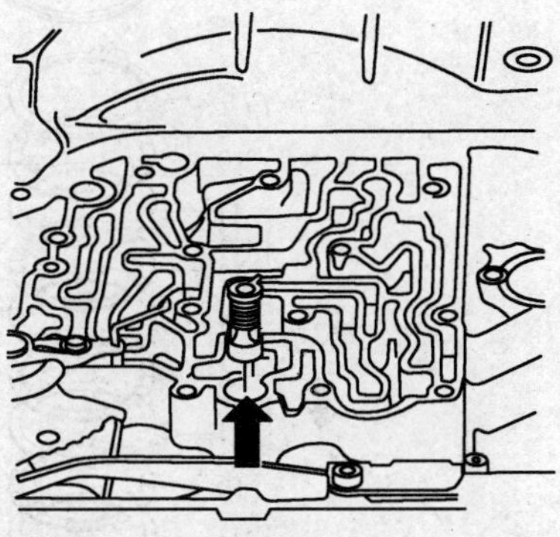

图3.157 拔下制动器 B_1 的密封塞

（7）拆下ATF液压泵螺栓，如图3.158中所示箭头。

（8）将螺栓A（M8）均匀拧入自动变速器液压泵螺栓孔内（见图3.159）。把自动变速器液压泵从变速器壳体中拉出。

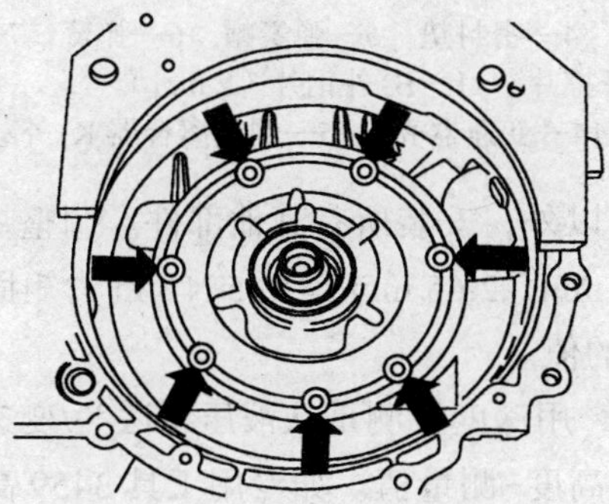

图3.158 拆下ATF液压泵螺栓

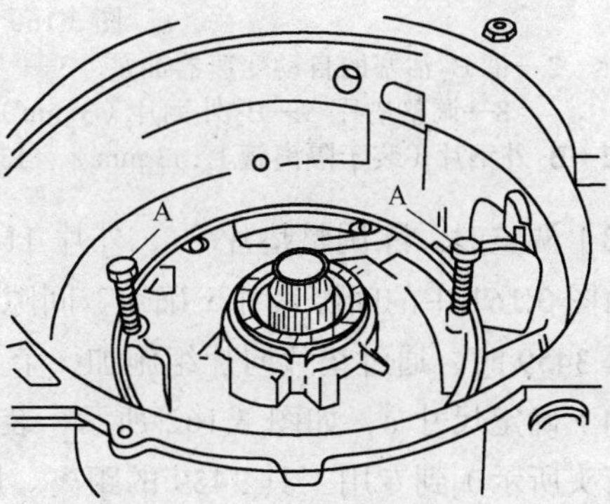

图3.159 利用两条螺栓将液压泵拉出

（9）拆下自动变速器油冷却器的管子上滤网。

操作二　分解并测量制动器 B_2（见图 3.160）

步骤一　分解制动器 B_2

（1）将自动变速器液压泵从变速器壳体中拉出时，也将带制动器 B_2 活塞向上拉出。

（2）取下密封圈 3 和密封垫 4。

（3）从变速器壳体 14 与离合器 B_2 外毂上逐一取下制动器 B_2 的内外离合器片、波纹弹簧片和隔离管，如图 3.161 所示。

步骤二　检查与测量制动器 B_2

（1）检查制动器 B_2 摩擦片的磨损情况，如磨损严重，需更换摩擦片。

（2）重新安装制动器 B_2 前要检测位置尺寸，以保证正确的安装间隙。制动器 B_2 的调整如图 3.160 所示。

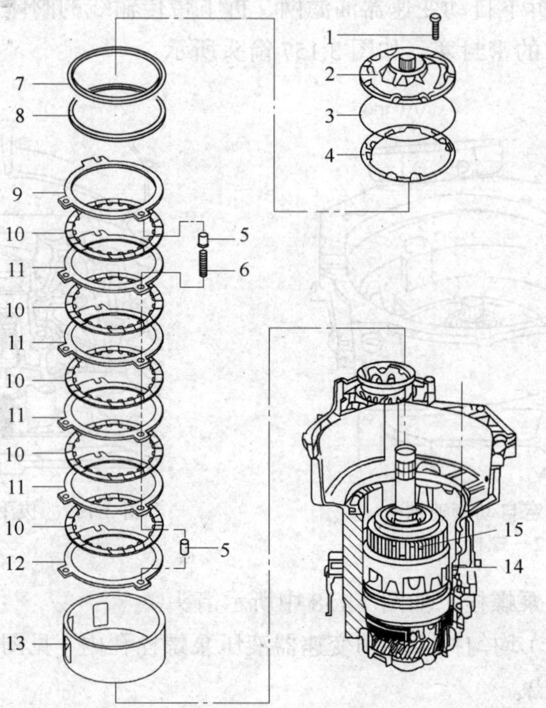

图 3.160　制动器 B_2 的分解

1—螺栓　2—带 B_2 活塞的自动变速器油泵　3—“O”型密封圈　4—密封垫　5—弹簧帽　6—弹簧　7—垫圈　8—调整垫片　9—B_2 外钢片（3 mm）　10—B_2 内摩擦片　11—B_2 外钢片（2 mm）　12—B_2 外钢片（装于隔离管上，3 mm）　13—B_2 隔离管　14—变速器壳　15—倒挡离合器 K_2 外毂

（3）调整时，除调整垫片 8 、外片 11 和弹簧帽 5 以外，安装所有其他部件。调整垫片的厚度由图 3.161 中的间隙尺寸 x 确定，间隙 $x=a-b-2.65$ mm。2.65 mm 是用 5 N · m 力矩固定专用工具 3459 时，通过垫片向片组施加一个力 F 来获得的值。

（4）确定尺寸 a，如图 3.162 所示，装上离合器后，用深度尺测量从液压泵法兰/变速器壳体（箭头所示）到专用工具 3459 的距离。尺寸 a=3459 高度−测量值。如专用工具 3459 高度为 60.0 mm，测量值为 32.7 mm，则 a=27.3 mm。

（5）确定尺寸 b，如图 3.163 所示，将活塞压到 ATF 液压泵中直至不动，把新密封纸垫安装在 ATF 液压泵上，将导板 B 放到导轮支座上（箭头所示），并用深度尺 A 测量到液压泵法兰纸垫的距离。尺寸 b=测量值−导板厚度。若测量值为 39.8 mm，导板厚度为 19.5 mm，则 b=20.3 mm。

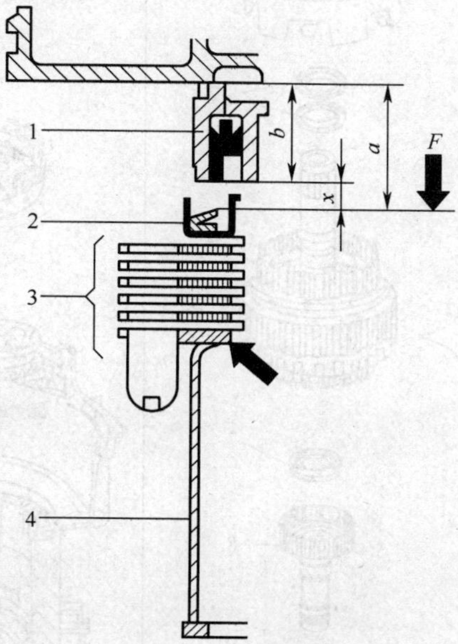

图 3.161　确定 B_2 调整垫片厚度

1—ATF 油泵　2—垫片　3—B_2 离合器片组（没装最后外片）　4—隔离套

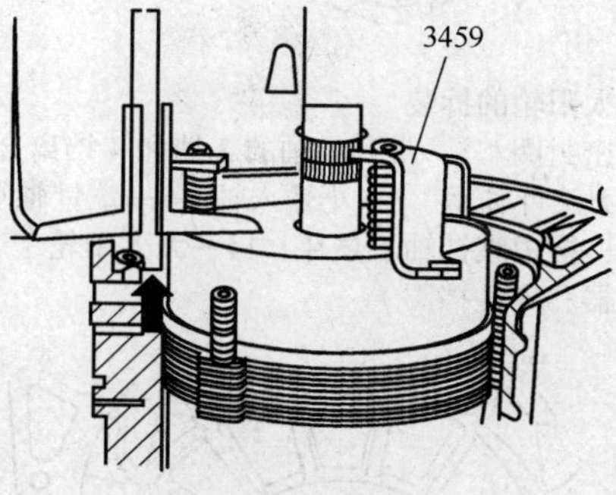

图 3.162　确定 a 值

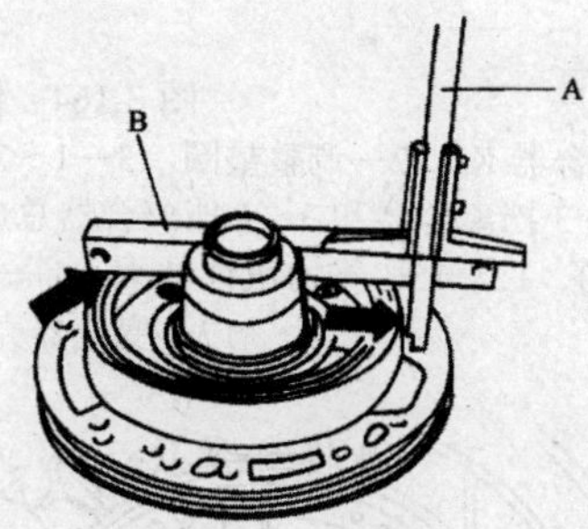

图 3.163　确定 b 值

A—深度尺　B—测量板

（6）由 $x=a-b-2.65$ mm 来确定 x 值。查表确定调整垫片厚度，并从备件目录确定备件号。如上例 $x=a-b-2.65=27.3-20.3-2.65=4.35$ mm，可选择两个 1.0 mm 厚的调整垫片。

操作三　离合器和行星齿轮系的分解与测量

步骤一　离合器和行星齿轮系的分解

离合器和行星齿轮系的分解顺序如图 3.164 所示。

（1）拆卸制动器 B_2 后，将离合器 K_1 和 K_3 向上整体拉出。离合器 K_1 和 K_3 压在一起，如果其中一个离合器需要分解或更换时，离合器 K_1 必须从 K_3 上压出。

（2）将旋具插入大太阳轮孔内，进行固定，如图 3.165 所示。松开小输入轴螺栓，如图 3.166 中箭头所示，拆下小输入轴螺栓垫圈和调整垫片，行星支架推力滚针轴承留在变速器/主动齿轮内，拔下小输入轴。

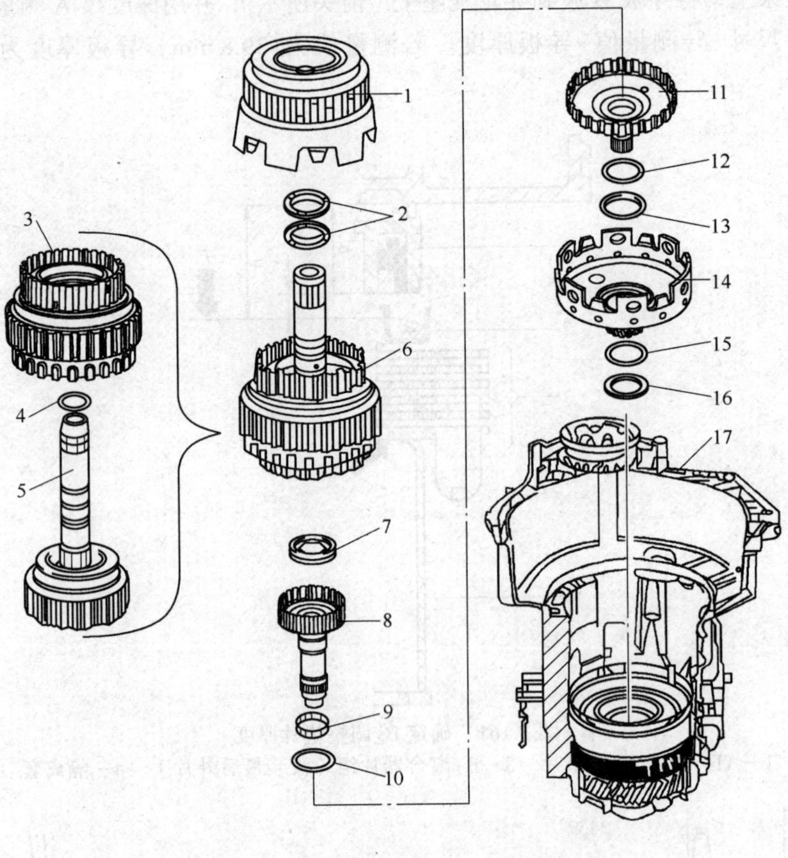

图 3.164　倒挡离合器 K_2 到大太阳轮的拆装

1—倒挡离合器 K_2　2—调整垫圈　3—1～3 挡离合器 K_1　4—密封圈　5—带涡轮轴的 3 挡和 4 挡离合器 K_3　6—1～3 挡离合器和 3～4 挡离合器总成　7—带垫片的推力滚针轴承　8—小输入轴　9—滚针轴承　10、12、15—推力滚针轴承　11—大输入轴　13、16—推力滚针轴承垫片　14—大太阳轮　17—变速器壳体（带有单向离合器和弹性挡圈）

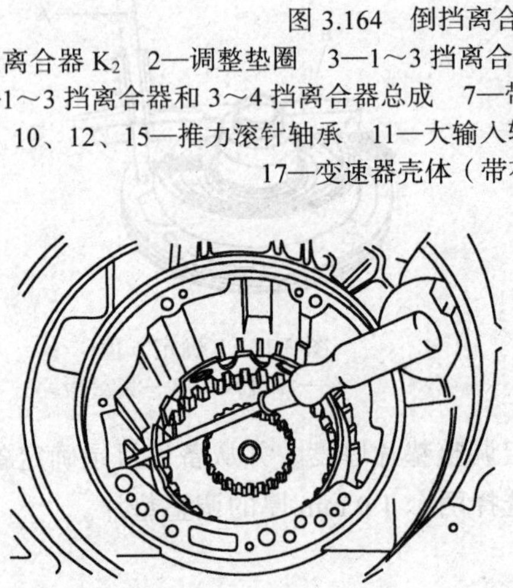

图 3.165　固定大太阳轮

图 3.166　松开小输入轴螺栓

（3）拔出大输入轴和大太阳轮。

（4）拆卸单向离合器前，先拆下变速器转速传感器 G38，拆下隔离管弹性挡圈和单向离合器弹性挡圈。然后用钳子夹在单向离合器的定位楔上，把单向离合器从变速器壳体上拔出。

（5）拔下带碟形弹簧的行星齿轮支架，拆下倒挡制动器 B_1 的摩擦片。

步骤二 分解离合器 K_1、K_2 和 K_3

（1）分解和组装 1～3 挡离合器 K_1。离合器 K_1 的分解如图 3.167 所示，其拆装要点如下。

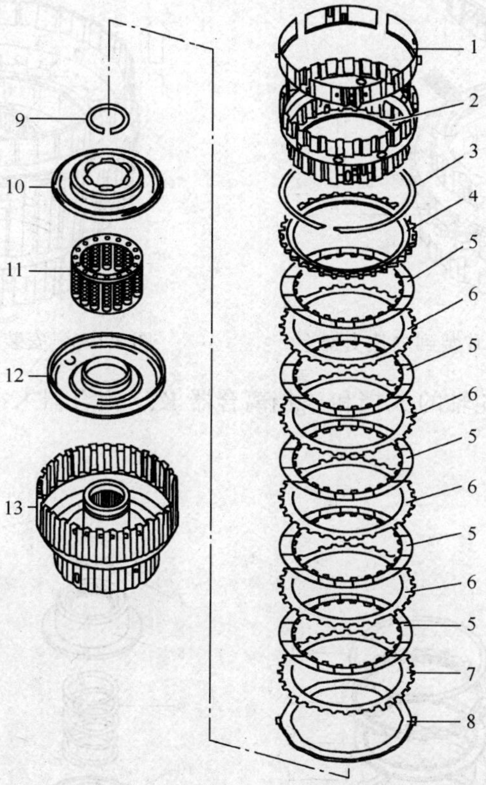

图 3.167 离合器 K_1 的分解

1—支撑环 2—内片支架 3、9—弹性挡圈 4—压盘 5—内片 6—1.5mm 厚外片 7—2.0mm 厚外片 8—波型弹簧片 10—活塞盖 11—弹簧圈 12—活塞 13—离合器壳体

① 拆装弹簧挡圈（见图 3.168），向下压带弹簧挡圈的活塞盖，直到弹性挡圈（箭头所示）进入槽内。

② 将压盘和离合器片装到内片支架上（见图 3.169），安装压盘 a，光滑面朝向内片，阶梯面朝向内片支架，再安装上 3 个内片 b 和两个外片 c，而后逐个地夹住支撑环（箭头所示）。

③ 将波形弹簧垫圈和内、外片装入离合器壳中。先装上波形弹簧垫圈，再装上 2 mm 厚外片，然后装上其余内、外片。

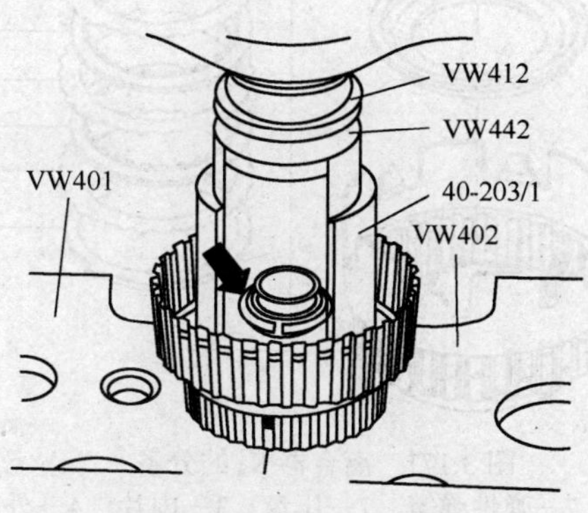

图 3.168 弹簧挡圈的拆卸

④ 安装内片支架和弹性挡圈，如图 3.170 所示，安装弹性挡圈时须稍微抬起内片支架。

（2）分解和组装倒挡离合器 K_2。离合器 K_2 分解如图 3.171 所示，其拆装要点如下。

① 拆装弹性挡圈。用专用工具 3267 向下压弹簧支撑板，直到可以拆装弹性挡圈，拆装时不要损坏离合器壳的球阀。

② 检查弹簧支撑板和弹性挡圈的安装位置。弹性挡圈必须再离合器壳体槽内，弹簧支撑板

必须位于轮毂中间。

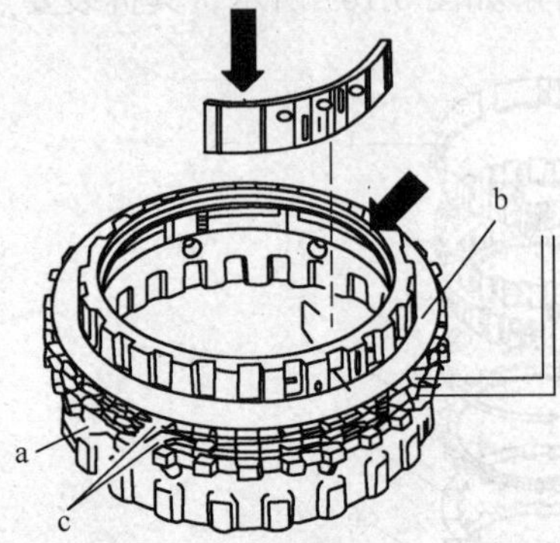

图 3.169　将压盘和离合器片装到内片支架上

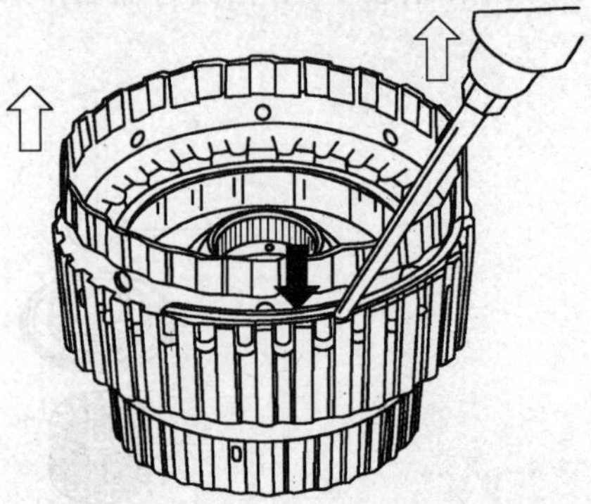

图 3.170　安装内片支架和弹簧挡圈

（3）分解和组装带涡轮轴的 3 挡和 4 挡离合器 K_3。离合器 K_3 的分解如图 3.172 所示，其拆装要点如下。

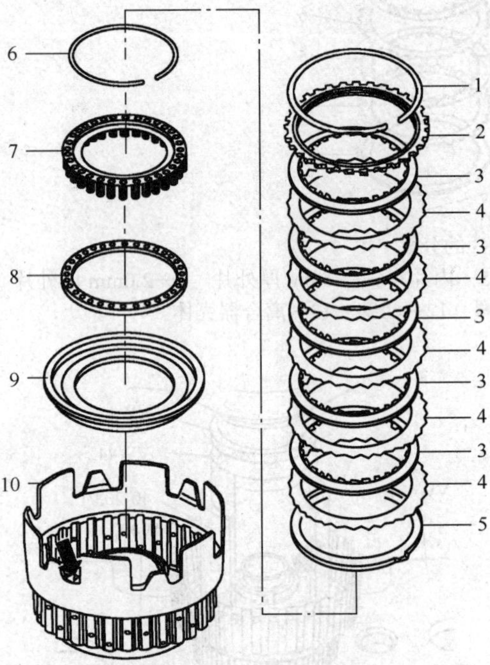

图 3.171　离合器 K_2 的分解

1、7—弹性弹簧　2—压盘　3—内片　4—外片

5—波纹弹簧垫圈　6—弹簧支承板

8—弹簧支承环　9—活塞　10—离合器壳

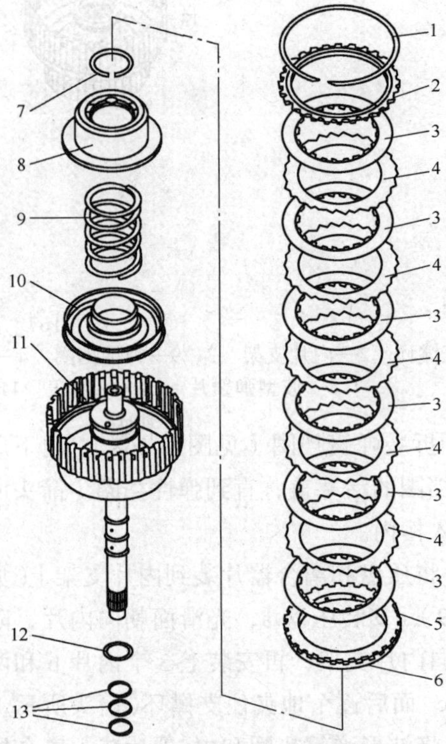

图 3.172　离合器 K_3 的分解

1、7—弹性挡圈　2—压盘　3—内片　4—外片

5—压片　6—波纹垫圈　8—活塞盖　9—弹簧

10—活塞　11—离合器外毂　12—密封圈　13—密封环

① 拆装弹性挡圈（见图 3.173），小心向下压活塞盖（箭头所示），直到可以装上弹性挡圈。

② 检查活塞环位置。离合器壳体的涡轮轴上装有活塞环，应使活塞环接口相互挂住。

③ 安装和挂上活塞环（见图 3.174），将活塞环装入槽内，压缩活塞环，按箭头方向使接口挂上，勿从单面将活塞环从槽中取出。

④ 安装“O”形环，将“O”形环装入涡轮轴槽中。

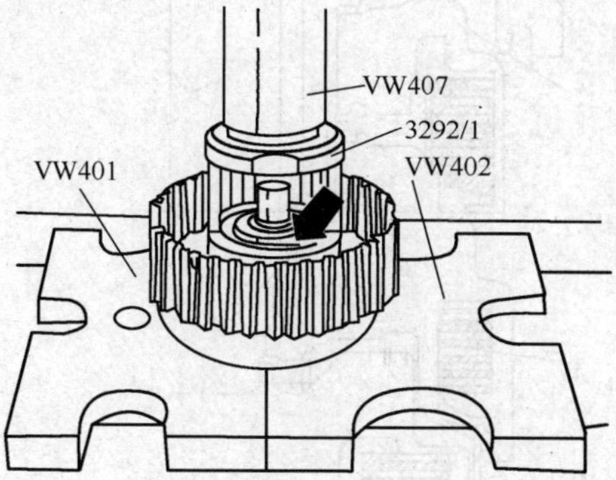

图 3.173 拆装弹性挡圈

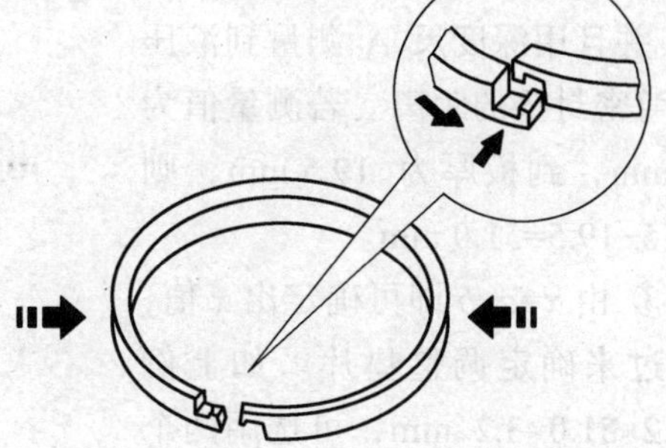

图 3.174 安装和挂上活塞环

步骤三 离合器 K_1 和 K_2 之间间隙的调整

（1）离合器 K_1 和 K_2 之间间隙的调整（见图 3.175）。

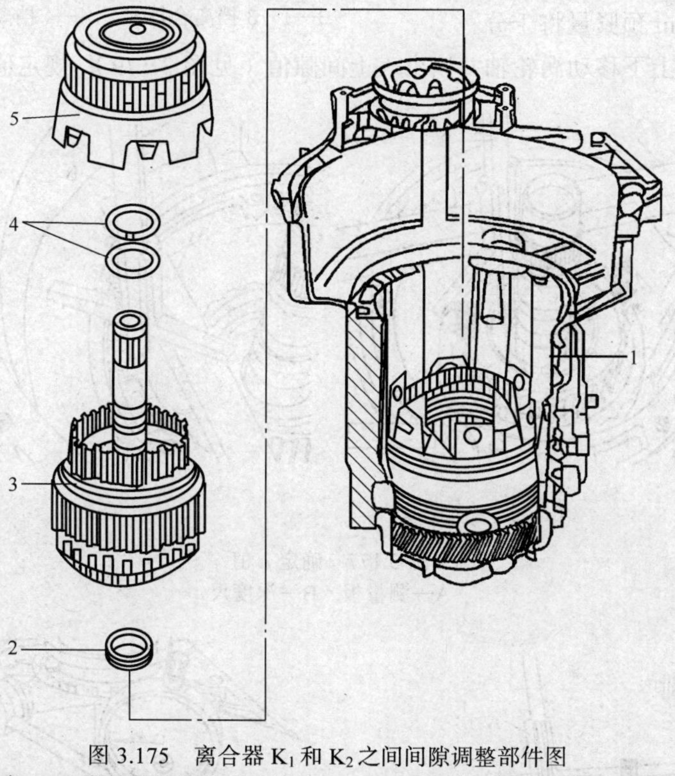

图 3.175 离合器 K_1 和 K_2 之间间隙调整部件图

1—变速器壳 2—带垫圈的推力滚针轴承 3—1/3 挡离合器 K_4 和 4 挡离合器 K_3 总成

4—调整垫片 5—倒挡离合器 K_2

（2）确定调整垫片 A 的厚度（见图 3.176）。调整垫片的厚度由间隙尺寸 x 确定，间隙 $x=a-b$。

① 确定 a 值（见图 3.177）。将导板 A 放在变速器壳体上，按箭头方向将离合器 K_1 和 K_3 一起压下，并用深度尺 B 测量到 K_1 距离，记作测量值 1，如图 3.177（a）所示。再用深度尺测量变速器壳体到液压泵法兰的距离，记作测量值 2，如图 3.177（b）所示。两测量值之差即为 a 值。例如：测量值 1 为 88.5 mm，测量值 2 为 34.3 mm，则 a=88.5−34.3=54.3 mm。

② 确定 b 值（见图 3.178），将新纸密封垫放到 ATF 液压泵上，将到板 B 装到导轮支架上（箭头所示），并且用深度尺 A 测量到液压泵法兰密封垫的距离。若测量值为 70.5 mm，到板厚为 19.5 mm，则 b=70.5−19.5=51.0 mm。

③ 由 $x=a-b$ 即可确定出 x 值，再通过来确定调整垫片。如上例 x=54.2−51.0=3.2 mm，可选用两个 1.2 mm 厚的垫片。

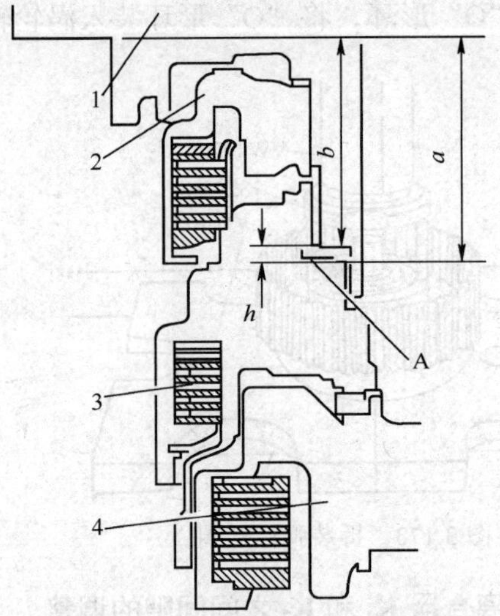

图 3.176 确定调整垫片 A 的厚度
A—调整垫片 1—AT 油泵 2—倒挡离合器 K_2
3—1～3 挡离合器 K_4 4—4 挡离合器 K_5

（3）检测离合器间隙。装上自动变速器液压泵后方可测量离合器间隙，将千分表支架固定到变速器壳体上，并以 1 mm 预紧量将千分表对在涡轮轴上，上下移动涡轮轴并读出表上间隙值（见图 3.179），规定值为 0.5～1.2 mm。

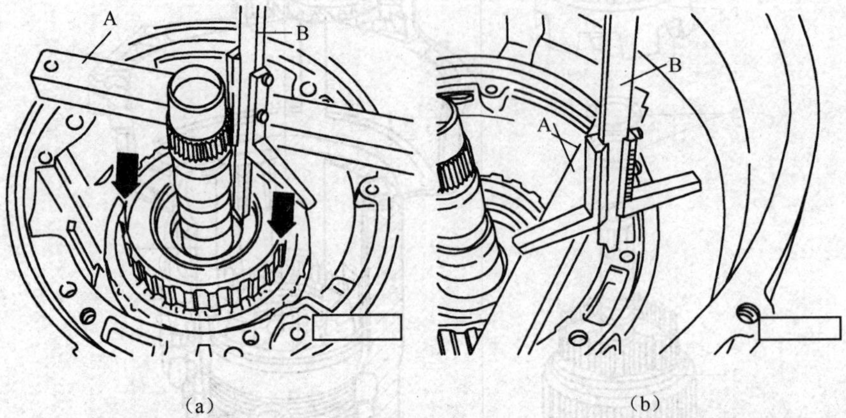

图 3.177 确定 a 值
A—测量板 B—深度尺

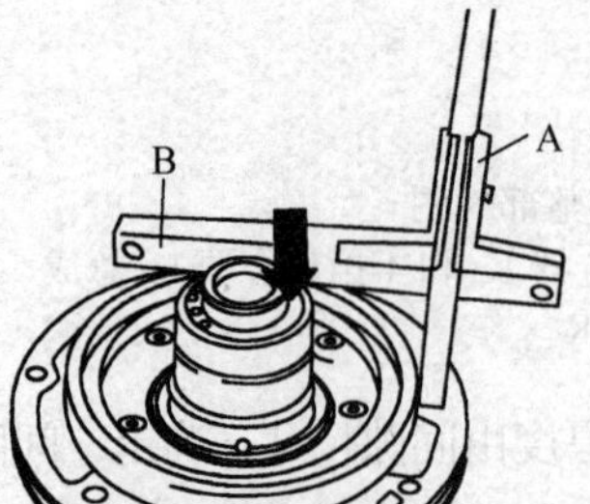

图 3.178 确定 b 值
A—测量板 B—深度尺

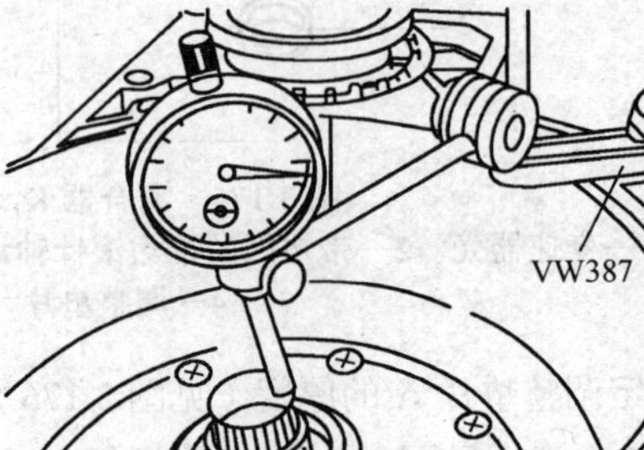

图 3.179 测量离合器间隙

步骤四　制动器 B_1 的分解与调整

带 B_1 活塞的单向离合器的分解如图 3.180 所示，其分解要点如下。

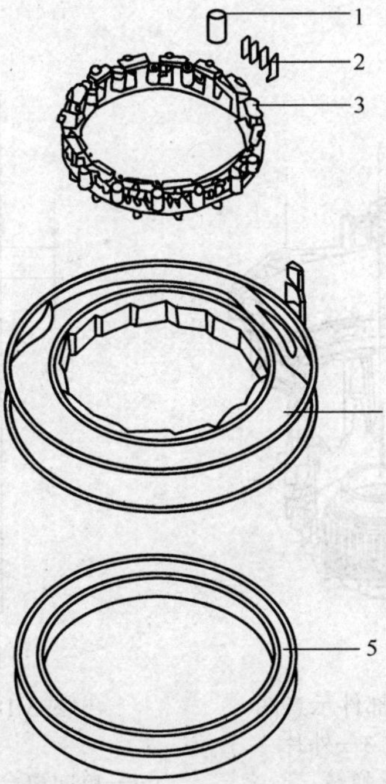

图 3.180　带 B_1 活塞的单向离合器的拆装

1—滚柱　2—弹簧　3—保持架　4—外环　5—活塞

（1）安装滚柱和弹簧时，应使弹簧牢固装入保持架内。

（2）安装带弹簧和滚柱的保持架时，大凸缘朝向上面，如图 3.181 所示。

（3）固定保持架时，按图 3.182 箭头方向旋转保持架，以使其固定。

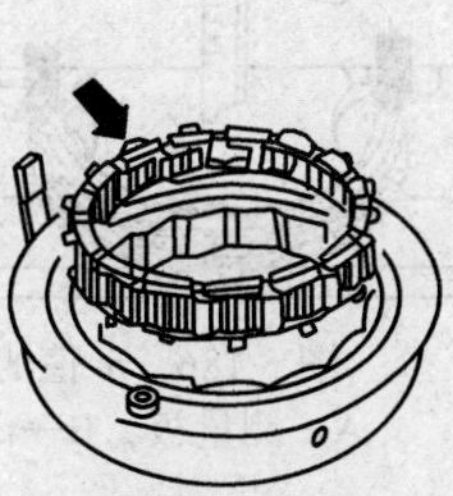

图 3.181　安装弹簧和滚柱的保持架

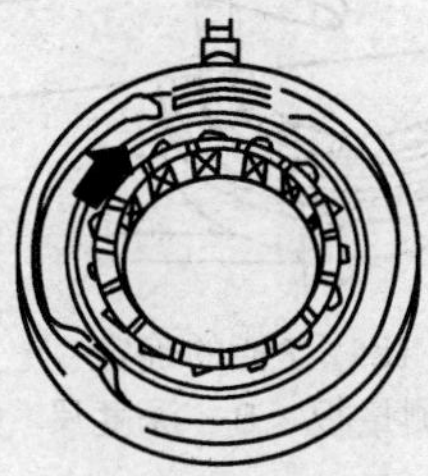

图 3.182　固定保持架

（4）确定调整垫片 A 的厚度。

倒挡制动器 B_1 的调整部件如图 3.183 所示。

调整垫片 A 的厚度由图 3.184 中的间隙尺寸 x 确定，确定方法如下。

① 确定 I 值（见图 3.185）。按箭头方向将活塞压到挡块处，将导板 A 放到单向离合器外环上，用深度尺 B 测量活塞内板。例如：测量值为 51.8 mm，导板厚为 48.2 mm，则 $I = 51.8-48.2=3.6$ mm。

② 确定 m 值（见图 3.186）。将导板 A 放到压片上，按箭头方向压缩带压片的片组，并用深度尺 B 测量片组厚度。例如：测量值为 73.5 mm，导板厚为 48.2 mm，则 $m=73.5-48.2=25.3$ mm。

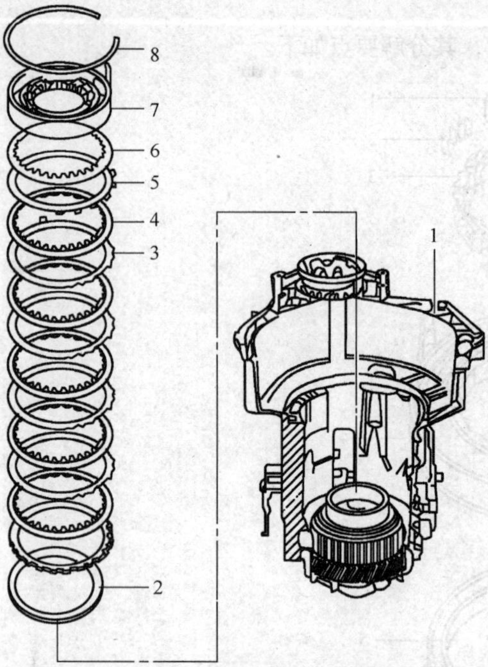

图 3.183　倒挡离合器 B_1 的调整部件示意图
1—变速器壳体　2—调整垫片　3—外片
4—内片　5—压片　6—碟形弹簧
7—单向离合器（带有 B_1 活塞）　8—弹性挡圈

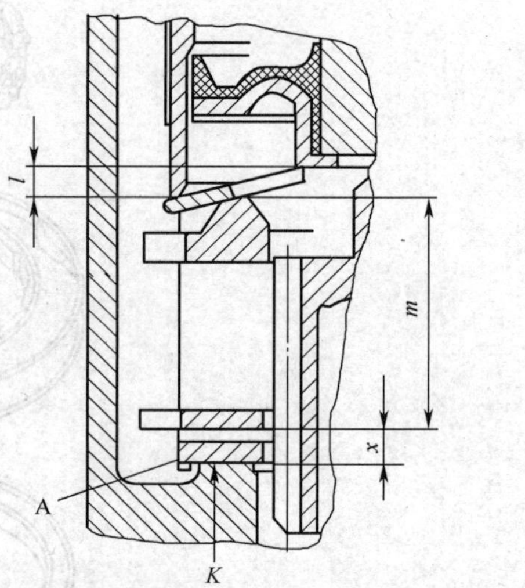

图 3.184　确定 B_1 调整垫片 A 的厚度
A—调整垫片 *x*—间隙尺寸
l—单向离合器活塞位置　*m*—带压片的片组高度
K—恒定值（26.9 mm）

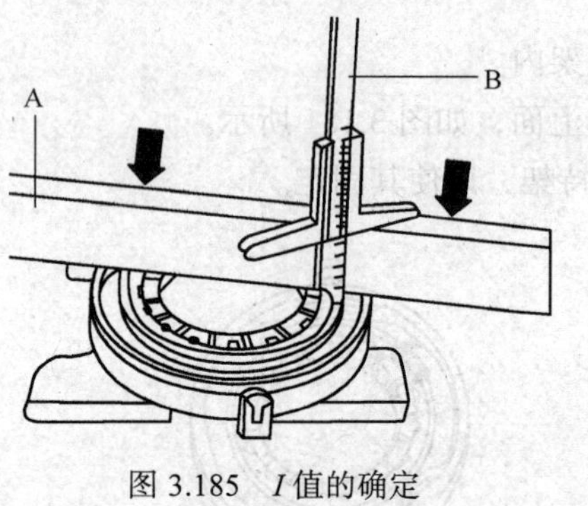

图 3.185　*I* 值的确定
A—测量板　B—深度尺

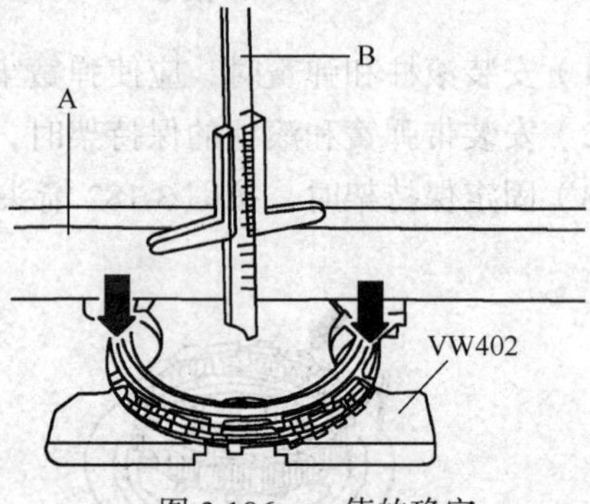

图 3.186　*m* 值的确定
A—测量板　B—深度尺

③ 根据 $x=k+0.5I-m$ 确定 *x* 值，按表选择调整垫片片厚，按备件目录查找零件号。例如，上例 $x=26.9+0.5\times3.6-25.3=3.4$ mm，应选两个 1.0 mm 厚的调整垫片。

（5）检测倒挡制动器 B_1。将单向离合器的部件都装上，并用弹性挡圈固定，用塞尺测量制动片之间间隙，规定值为 1.25～1.55 mm。

步骤五　行星齿轮系的调整

（1）调整垫片 A 的位置。调整行星支架时，将所有部件装到变速器壳体上。

（2）将旋具插入大太阳轮孔内，起固定作用，以便松开和紧固小输入轴螺栓。

（3）确定调整垫片厚度。如图 3.187 所示，装入带垫圈 18 的小输入轴螺栓 19，但不装调整垫片 17，拧紧力矩 30 N · m。安装千分表到 VW382/7 上，并以 1 mm 预紧量将千分表装到螺栓头中间，将千分表置“0”，向上移动小输入轴并读出测量值（见图 3.188）。根据附录确定调整垫片厚度并按备件目录查找零件号。例如，测量值为 2.0 mm，应选择 1.7 mm 厚的垫片。

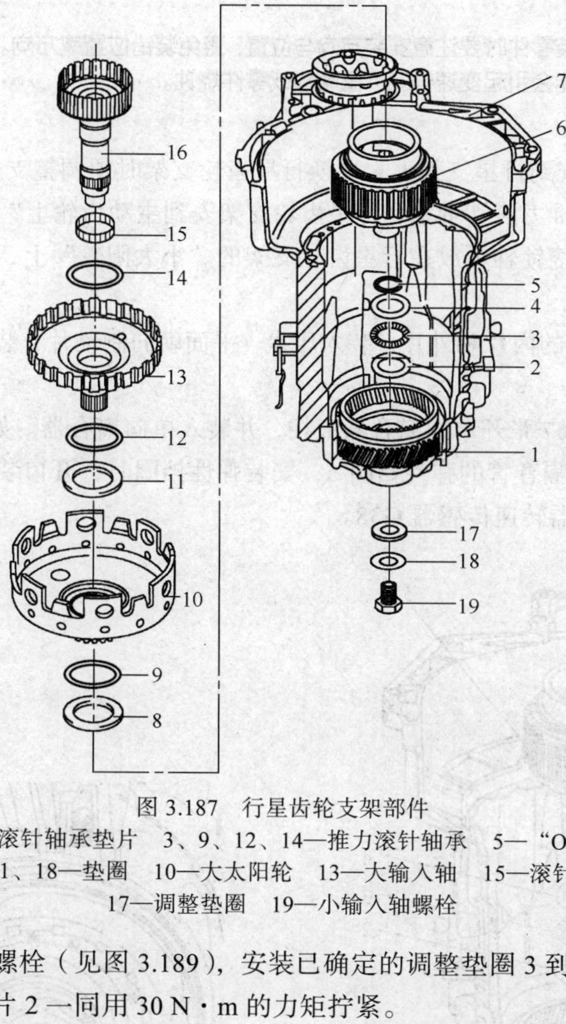

图 3.187　行星齿轮支架部件

1—主动齿轮　2、4—推力滚针轴承垫片　3、9、12、14—推力滚针轴承　5—“O”形环　6—行星齿轮支架　7—变速器壳体　8、11、18—垫圈　10—大太阳轮　13—大输入轴　15—滚针轴承　16—小输入轴　17—调整垫圈　19—小输入轴螺栓

（4）拆下小输入轴螺栓（见图 3.189），安装已确定的调整垫圈 3 到小输入轴（箭头所示），将小输入轴螺栓 1 连垫片 2 一同用 30 N · m 的力矩拧紧。

图 3.188　调整垫片厚度

图 3.189　装入调整垫片

1—小输入轴螺栓　2—垫片　3—调整垫片

（5）测量行星齿轮支架（见图 3.188），用千分表测量间隙值，上下移动小输入轴并从表上

读出间隙值，标准值为 0.23～0.37 mm。

操作四　变速器的安装

自动变速器的安装应按分解的逆顺序进行。

> **提示**　安装零件时要注意安装方向与位置，避免装错位置或方向。一旦装错位置或方向，运行后可能会引起变速器的严重磨损或零件烧蚀。

（1）将“O”形环安到行星支架上，更换行星齿轮支架时须调整支架。

（2）将带有垫片的推力滚针轴承和行星齿轮支架安到主动齿轮上，如图 3.190 所示。

（3）将垫片和推力滚针轴承放在行星齿轮支架的“小太阳轮”上，使在小太阳轮上垫圈和推力滚针轴承中心对齐。

（4）装入制动器 B_1 的内片和外片，装入压盘，平面朝向制动片，装入碟形弹簧，凸起面朝向单向离合器。

（5）用专用工具 3267 张开单向离合器滚柱，并装入单向离合器。如图 3.191 所示，安装单向离合器弹性挡圈 b 和隔音管的弹性挡圈 a，安装弹性挡圈时，开口装到单向离合器定位楔上（箭头所示），安装变速器转速传感器 G38。

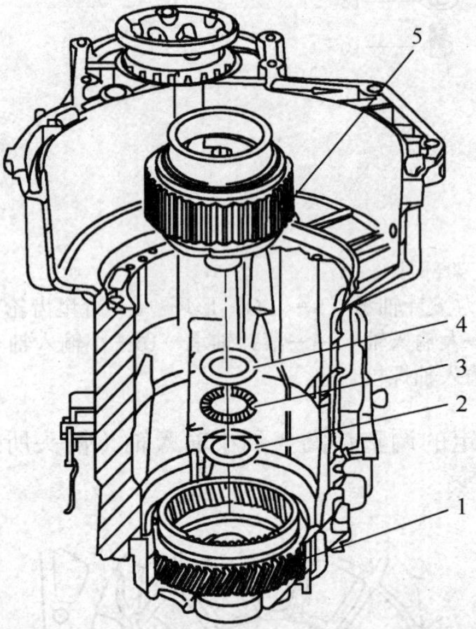

图 3.190　装入推力滚针轴承和行星齿轮支架

1—安装在变速器壳体上的主动齿轮

2、4—推力滚针轴承垫片　3—推力滚针轴承

5—装油密封环的行星齿轮支架

图 3.191　安装单向离合器

（6）将大太阳轮到小输入轴部件装入变速器壳体。

（7）安装带有垫圈和调整垫片的小输入轴螺栓，拧紧力矩 30 N · m。

（8）将带垫圈的推力滚针轴承装到 3 挡和 4 挡离合器 K_3 上，确保活塞环正确安装在 K_3 上，确保活塞环钩在一起。

（9）装入 1 挡和 3 挡离合器 K_1 及 3 挡和 4 挡离合器 K_3。

（10）将调整垫片装入 K_1。更换 K_1、K_2 或自动变速器液压泵后，须重新测量调整垫片厚度，调整离合器 K_1 和 K_2 之间间隙，可装入 1 个或 2 个调整垫片。

（11）装入倒挡离合器 K_2。

（12）装入制动器 B_2 片组的隔离管，应使隔离管上槽进入单向离合器楔内。

（13）安装 B_2 制动片。先装上一个 3 mm 厚外片，将 3 个弹簧座装入外片，插入压力弹簧，除了最后一个外片外，装上所有片子，将 3 个弹簧座装到压力弹簧上，然后装入最后一个 3 mm 厚外片，最后安装调整垫片。

（14）安装自动变速器液压泵密封垫，将“O”形环安到自动变速器液压泵上。

（15）安装自动变速器液压泵。均匀交叉拧紧螺栓，勿损坏“O”形密封环，拧紧力矩为 8 N·m，然后再拧转 90°。

（16）测量离合器间隙。

（17）安装带“O”形环的密封柱塞。

（18）安装带传输线的阀体。

（19）安装油底壳。

（20）安装带密封垫和隔套的端盖，拧紧力矩 8 N·m。

（21）拧入 ATF 溢油管 1 和带新密封垫的螺塞 2（见图 3.192）。

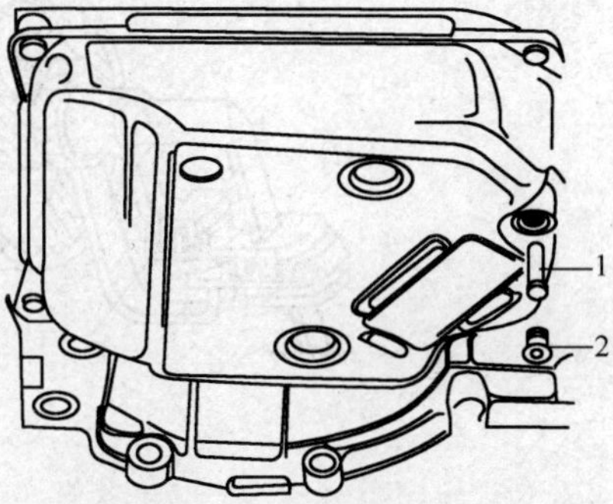

图 3.192　拧入 ATF 溢油管和螺塞
1—溢油管　2—带新密封垫的螺塞

课题小结

（1）拉维纳变速机构的结构特点是：由左右两组行星轮组成，左侧为单行星齿轮组，右侧为双行星齿轮组。两个行星排共用一个行星架和一个齿圈。

（2）汽车在运行中，通过有序改变 5 个换挡执行元件的不同工作状态，使行星齿轮以不同的传动路线传递动力，在输出轴上获得不同的传动比或旋向。

（3）拉维纳 4 挡结构中，离合器 C_1、C_2、C_3 分别控制大、小太阳轮和行星架作为动力输入构件，齿圈为输出构件。制动器 B_1、B_2 用来对大太阳轮和行星架进行制动。

作业测评

（1）拉维纳行星齿轮变速器结构特点是什么?

（2）根据工作规律表叙述拉维纳行星齿轮变速器动力传递路线。

（3）简述分解检测拉维纳行星齿轮变速器工作要点。

课题四　CR-CR 行星齿轮结构

1. CR-CR 行星齿轮结构特点

CR-CR 行星齿轮结构是以机构特点命名的行星齿轮结构，也是被普遍应用的四挡自动变速机械传动机构。它同样由两个单行星齿轮排组成，结构特点是：左行星架与右齿圈为同一刚性构件（carrier and ring gear），左齿圈与右行星架为同一刚性构件（carrier and ring gear），取英文单词的字头简写为 CR-CR 结构。该行星齿轮结构的两个太阳轮独立驱动，行星架为传动输出端。结构示意与结构简图如图 3.193 所示。由于两个行星排的轮系可以独立设计传动比，所以具有传动效率高，构件转速较低和可获得大传动比的特点。

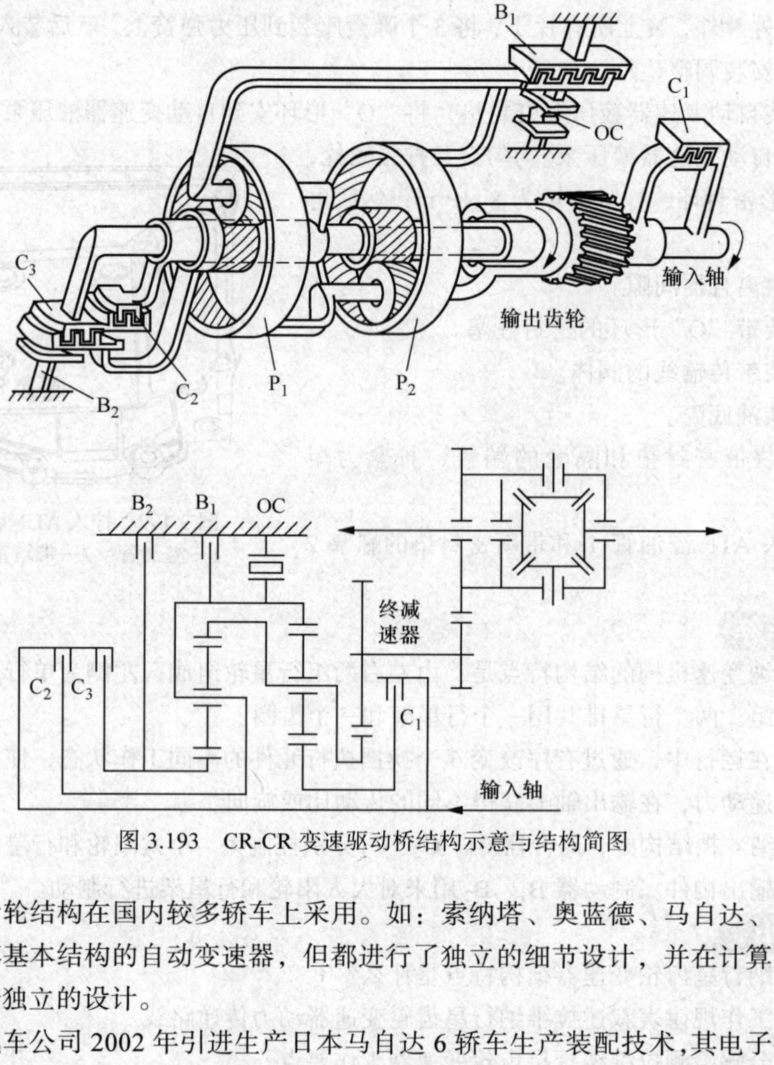

图 3.193　CR-CR 变速驱动桥结构示意与结构简图

这种行星齿轮结构在国内较多轿车上采用。如：索纳塔、奥蓝德、马自达、富康等，这些轿车都有采用其基本结构的自动变速器，但都进行了独立的细节设计，并在计算机控制和液压系统上采取完全独立的设计。

我国一汽汽车公司 2002 年引进生产日本马自达 6 轿车生产装配技术，其电子控制液力传动的自动变速器 FN4A-EL 的机械机构即是在此基础结构上改进而成。主要是减少零部件数量，以降低重量和减小结构尺寸，提高了可靠性，降低了噪声。该变速器采用电子控制的线性压力控制电磁阀进行压力调节，利用占空比信号控制换挡电磁阀的动作过程，使用离心平衡式离合器部件，都极大改善了换挡性能和品质。

马自达 6 的自动变速器除保留传统的选档杆操作外，还增加了手动换挡操作的选择，驾驶员可根据个人喜好选择换挡行驶。

马自达 6 的自动变速器换挡规律见表 3.4。

表 3.4　　换挡执行元件动作规律表

选挡	挡位	传动比	C_1	C_2	C_3	B_2		B_1	OC
						制动	释放		
P									
R	倒挡	2.648			○			○	
N									
D	1 挡	2.816	○						○
	2 挡	1.497	○			○			
	3 挡	1.000	○	○		○	○		
	4 挡	0.725		○		○			
M	1 挡	2.816	○					○	○
	2 挡	1.497	○			○			
	3 挡	1.000	○	○		○	○		
	4 挡	0.725		○		○			

2. M_6 自动变速器各挡传动路线分析

（1）D_1 挡：

前进挡离合器 C_1 和单向离合器 OC 作用，发动机动力经由液力变矩器，通过 C_1 传到右排行星轮 P_2 的太阳轮，单向离合器 OC 将右行星齿圈固定，动力由右行星架传到终减速齿轮输出。参与挡位元件和传递路线如图 3.194 所示。

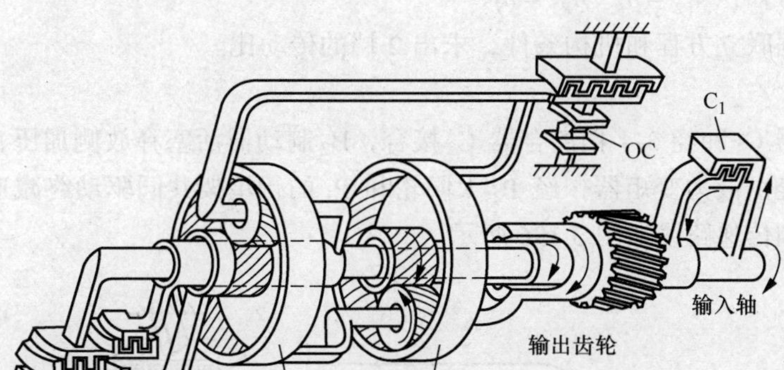

图 3.194　CR-CR 行星齿轮变速器 1 挡换动作元件与传动路线

此时，单向离合器 OC 只对齿圈单方向转动起固定作用。由于太阳轮的动力有使行星架向此方向转动趋势，单向离合器阻止了齿圈的旋转，构成行星齿轮传动的条件，动力才能够从行星架输出。一旦变速器输出轴转速高于驱动转速（进入汽车滑行状态），形成行星架驱动。齿圈欲反方向转动，在此转向上单向离合器没有制动作用，故而不满足行星轮系传动条件，所以反向驱动中断传递，形成空挡滑行。

（2）D2 挡：

前进档离合器 C1 和 2-4 挡制动器 B2 起作用，发动机动力经由液力变矩器，通过 C1 传到右行星轮排 P2 太阳轮，同时制动器 B2 动作后对 P1 的太阳轮制动，此时动力由行星排 P2 的太阳轮传到行星架输出动力。参与挡位元件和传递路线如图 3.195 所示。

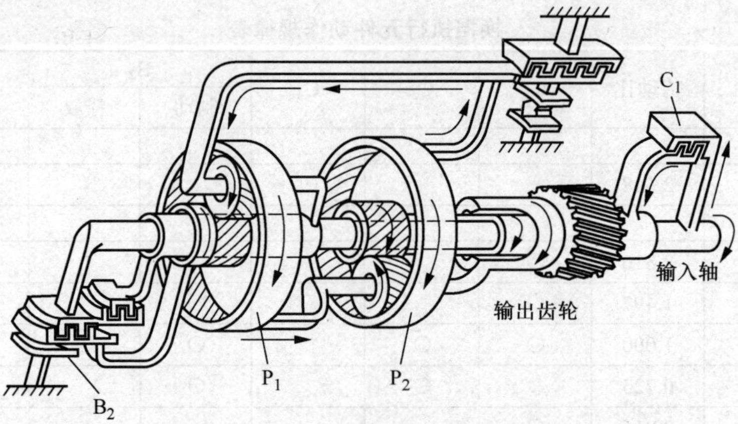

图 3.195　CR-CR 行星齿轮变速器 2 挡换挡动作元件与传动路线

与此同时，P_2 的齿圈也被驱动旋转，由于 P_2 齿圈与 P_1 行星架为一体，形成对行星排 P_1 的驱动，而制动器 B_2 制动了 P_1 的太阳轮，其结构满足了 P_1 的驱动条件，形成由齿圈输出动力。P_1 齿圈又与 P_2 行星架为一体，故而对终减速齿轮输出。

在 2 挡传动中，换挡元件分别作用与左、右两个行星齿轮组，可以通过联立运动方程求解传动比。

$$n_{L1}+\alpha n_{L2}-(1+\alpha)n_{L3}=0$$
$$n_{R1}+\alpha n_{R2}-(1+\alpha)n_{R3}=0$$

由机构条件可知：$n_{L2}=n_{R3}, n_{R2}=n_{L3}$

读者可以根据联立方程和机构条件，求出 2 挡的传动比。

（3）D_3 挡：

前进挡离合器 C_1 和经 3-4 档离合器 C_2 接合，B_2 制动器活塞释放侧加压，使其失去制动作用。发动机动力经由液力变矩器，经 P_2 太阳轮和 P_1 的行星架共同驱动终减速齿轮输出动力。参与本挡位元件和传递路线如图 3.196 所示。

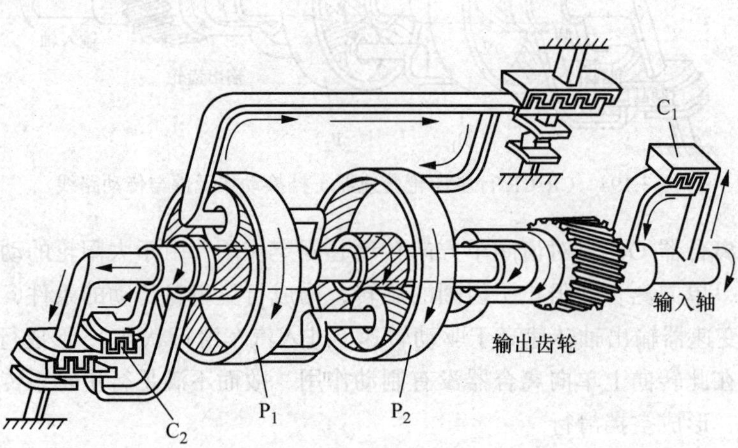

图 3.196　CR-CR 行星齿轮变速器 3 挡换挡动作元件与传动路线

图 3.197 为制动带 B_2 制动伺服液压缸结构。其工作原理是：进行制动时，液压油经制动油路 6 进入活塞左侧，活塞右移并形成制动压紧力。当变速器换入 3 挡时，制动油路保持油压，

由释放油路提供油压进入活塞右侧；由于活塞右侧回位弹簧与油压产生的合力大于活塞左侧液压作用力，促使活塞左移释放制动带。

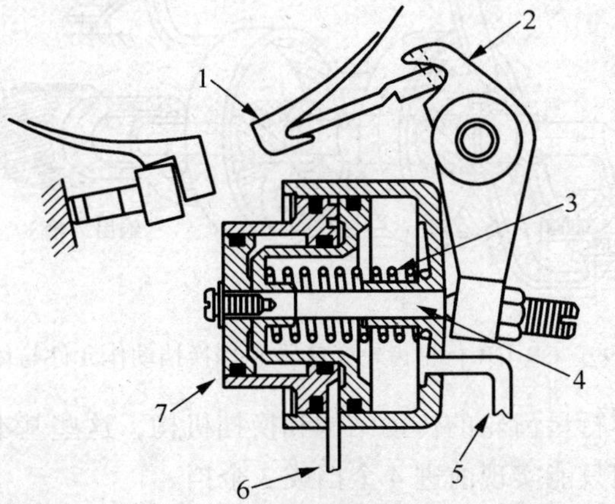

图 3.197　制动带液压伺服缸工作原理图

1—制动带　2—驱动杠杆　3—回位弹簧　4—活塞推杆　5—释放油路　6—制动油路　7—端盖

（4）D_4 挡：

前进挡离合器 C_1 泄压释放，3～4 挡离合器 C_2 保持接合，B_2 制动器释放油路泄压使制动器恢复制动作用。发动机动力经由液力变矩器，通过 C_2 传到行星排 P_1 的行星架上，制动器 B2 将太阳轮制动，满足行星齿轮传动条件，动力经 P_1 齿圈和 P_2 行星架对终减速齿轮输出。参与本挡位元件和传递路线如图 3.198 所示。

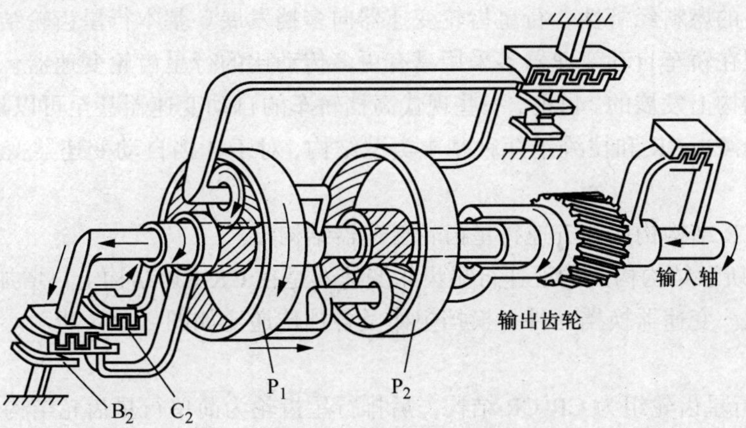

图 3.198　CR-CR 行星齿轮变速器 4 挡换挡动作元件与传动路线

马自达 M_6 自动变速器特别设定手动换挡模式，取消了原自动变速器的 S 和 L 选位。只是在 M_1 挡时，由制动器 B_1 和单向离合器 OC 共同对 P_2 齿圈进行制动，使齿圈在两个方向都不能旋转，以便长下坡时，通过此挡能够利用发动机制动。

（5）R 挡位：

选择倒挡时，离合器 C_3 与制动器 B_1 动作。发动机动力经由液力变矩器、离合器 C_3 传递至 P_1 太阳轮，由于制动器 B_1 将 P_1 行星架制动，所以太阳轮驱动行星轮，在齿圈上形成反向旋转，并从终减速器齿轮输出动力。倒挡的传动路线如图 3.199 所示。

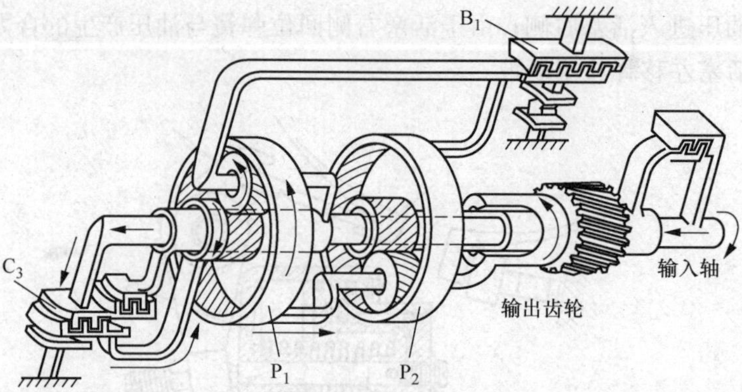

图 3.199　CR-CR 行星齿轮变速器 R 挡换挡动作元件与传动路线

以上分析了几种基本行星齿轮的传动结构和换挡机构，这些基本机构的特点都是采用双排行星齿轮，结构紧凑，但只能实现前进 4 个挡或 3 个挡。

*课题五　由基本行星齿轮组演变的多速自动变速器机构（选学）

为追求良好的燃料经济性，行星齿轮变速器向多挡发展。基本行星齿轮结构不能满足多档要求。为此，现在轿车自动变速器多采用具有更多传动比的行星齿轮变速器，但其基本结构是在这三个基本结构上发展的。目前，一些现代高档轿车的自动变速器甚至可以具有九个变速比。

本课题结合 CR-CR 和拉维纳两种基本类型结构，对于 4 挡自动变速器变速原理进行简要介绍。

1. 由 CR-CR 结构构成的五速行星齿轮变速器结构

如图 3.200 所示结构构成的五速行星齿轮变速器是在 CR-CR 结构上再增加一个行星排，以获得五个传动比。变速器换挡元件、换挡规律及各挡传递比如图 3.200 所示。由结构简图可以看出：

① 前两排行星齿轮组为 CR-CR 结构，后排行星齿轮为简单行星齿轮结构；

② 行星齿轮组 P_3 的太阳轮和齿圈为该行星组的动力输入端，行星架为变速器动力输出端；

③ 该变速传动结构，为获得合适的传动比，可以通过调整各排行星齿轮的太阳轮直径，使每个行星排的结构参数 α 不同，所以可获得更为灵活的传动比。

由换挡执行元件动作规律表可以看到：

在 1 挡时，换挡动作元件有离合器 C_1 和单向离合器 OC，且同时作用于最右面的行星齿轮 P_3，如图 3.200 所示。离合器 C_1 将发动机动力传递给太阳轮 S_3；单向离合器 OC 则将右行星组 P_3 的齿圈制动，满足行星齿轮工作条件，故只用右行星组即可实现一挡传动。

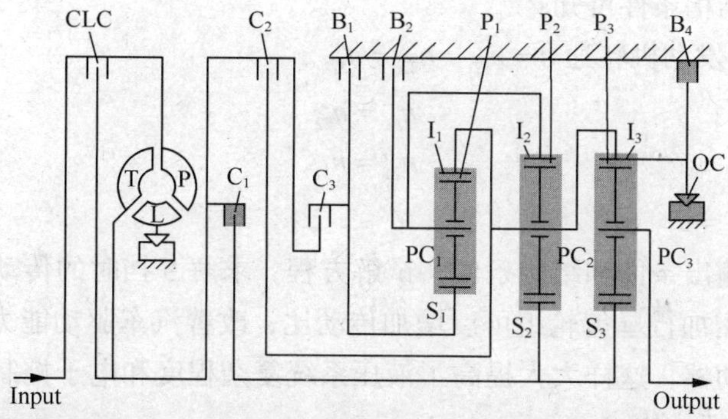

Gears	Shifting elements in action[1]									
	C1	C2	C3	B1	B2	B3	OC	CLC	i_G	i_S[4]
Neutral						●			—	
1st gear	●					●[2]	●		3.57	
2nd gear	●				●			●[3]	2.20	
3rd gear	●			●				●[3]	1.51	4.46
4th gear	●	●						●[3]	1.00	
5th gear		●		●				●[3]	0.80	
R gear			●			●			−4.10	

图 3.200　CR-CR 5 挡自动变速器传动结构简图和换挡规律表

PC—行星架　I—齿圈　S—太阳轮　CLC—液力变矩器锁止离合器　P—行星排

OC—单向离合器　C—离合器　B—制动器

在 5 挡时，同时动作的换挡元件为离合器 C_2 和制动器 B_1，如图 3.201 所示。由变速器机构可以看出，左侧行星齿圈 I_1、中间行星架 PC_2 和右行星齿圈 I_3 为一个刚性结构，同为发动机转速输入构件。因动力传递同时与三个行星轮组相关，要知道传动比的大小，需要通过三个行星齿轮组的运动方程联立求解。

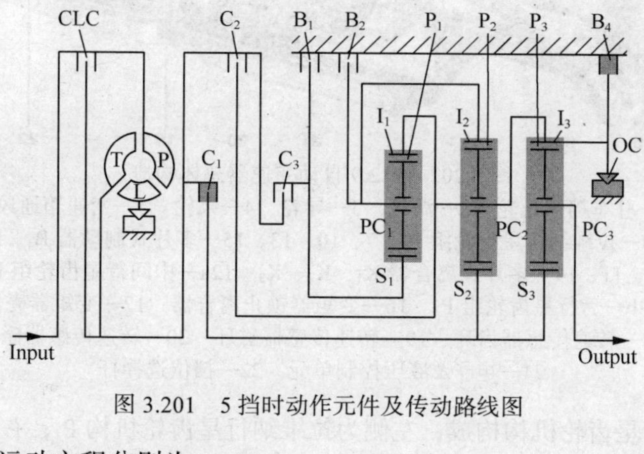

图 3.201　5 挡时动作元件及传动路线图

三个行星齿轮组运动方程分别为：

$$n_{11}+\alpha_1 n_{12}-(\alpha_1+1)n_{13}=0$$

$$n_{21}+\alpha_2 n_{22}-(\alpha_2+1)n_{23}=0$$

$$n_{31}+\alpha_3 n_{32}-(\alpha_3+1)n_{33}=0$$

根据行星齿轮组结构条件可知：

离合器 C2 结合，发动机转速 $n = n_{12} = n_{23} = n_{32}$

$$n_{13} = n_{22}$$

$$n_{21} = n_{31}$$

因 B_1 制动，$\therefore n_{11} = 0$

读者可根据输入输出条件和结构条件，试解方程，求解 5 挡时的传动比。

由结构图可知，增加行星齿轮组可以增加传动比，改善汽车驱动能力，但由于对行星齿轮控制需要离合器和制动器，这样大大提高了液压系统复杂程度和电子控制系统的难度。

2. 七挡自动变速器结构

图 3.202 所示是 Mercedes-Benz722.9 自动变速器总体结构图，图 3.203 是其主要构件的简化结构图。该自动变速器有 7 个前进挡和 2 个传动比不同的倒挡，具有质量轻、燃油经济性好和增加驾驶乐趣的优点。采用两个倒挡，是为了使驾驶者可以根据自己喜好在标准模式与舒适模式间进行选择。

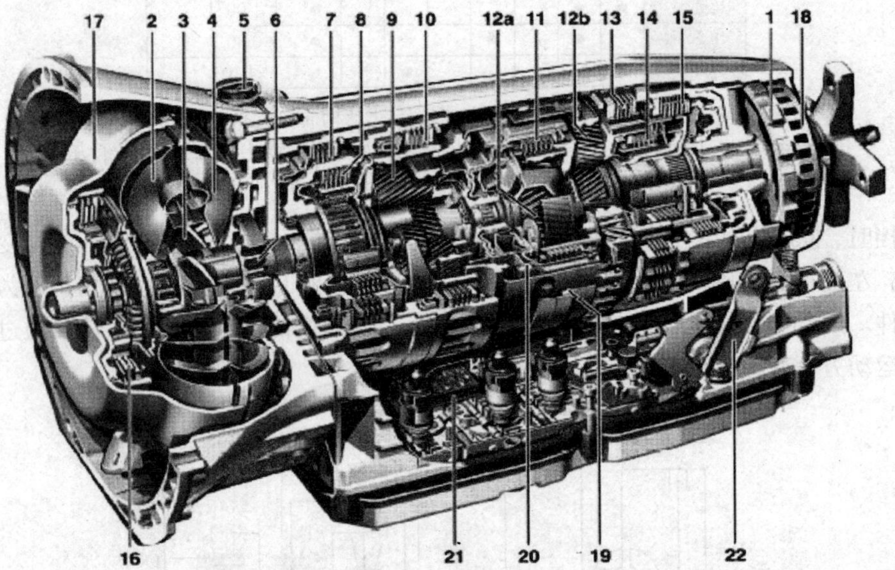

图 3.202　722.9 自动变速器总体构造

1—驻车挡锁止轮　2—涡轮　3—导轮　4—泵轮　5—变速箱通风孔
6—油泵　9—拉维纳行星齿轮组 P_1　7、10、13、15—多片式制动器 B_1、B_R、B_3、B_2
8、11、14—多片式离合器 K_1、K_2、K_3　12a—中间行星齿轮组 P_2
12b—后行星齿轮组 P_3　16—变矩器锁止离合器　17—变矩器壳体
18—转速传感器齿环　19—转速传感器磁环　20—转速传感器磁环
21—电子&液压控制单元　22—挡位选择杆

它由两组复合行星齿轮机构构成，左侧为拉维纳行星齿轮机构 P_1；右侧由 2 个独立的简单行星齿轮机构 P_2 和 P_3 构成。

行星齿轮机构 P_1 是一个改进的拉维纳行星齿轮机构（见图 3.204），其变化是将其中的一个太阳轮换为内齿圈，由变速器的输入轴直接驱动，构成该机构的动力输入端，而行星架是动力输出端。

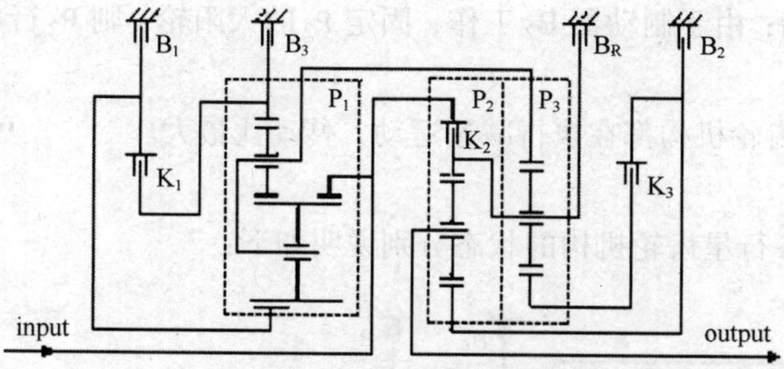

图 3.203　七挡自动变速器结构组成简图
P_1—拉维纳行星齿轮组　P_2—中间行星齿轮组
P_3—右行星齿轮组　K—离合器　B—制动器

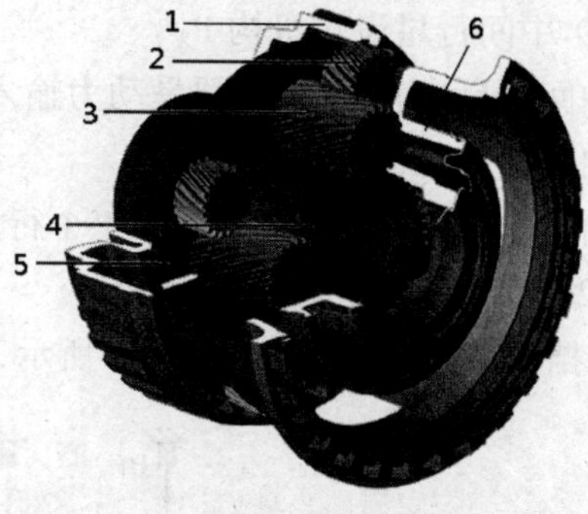

图 3.204　改进的拉维纳行星齿轮机构
1—大齿圈　2—短行星齿轮　3—长行星齿轮
4—太阳轮　5—行星架　6—小齿圈

该变速器内部有 7 组换挡执行元件，其中包括 3 组离合器和 4 组制动器。各挡位传动比及不同挡位时各执行元件的状态见表 3.5。

表 3.5　722.9 自动变速器的基本参数表

挡位	传动比	B_1	B_2	B_3	B_R	K_1	K_2	K_3
1	4.337		○	○				○
2	2.859	○	○					○
3	1.921		○			○		○
4	1.368		○			○	○	
5	1.000					○	○	○
6	0.820	○					○	○
7	0.728			○			○	○
R_1	−3.416			○	○			○
R_2	−2.231	○			○			○
N				○				○

（1）一挡动力传递路线。

一挡动力传递路线如图 3.205 所示，各行星齿轮机构的状态分别说明如下：

① 左侧行星齿轮机构 P_1

1 挡时，制动器 B_3 工作，固定 P_1 的大齿圈，则行星架为同向减速输出。

② 右行星齿轮机构 P_3

P_1 的行星架与行星齿轮机构 P_3 的齿圈相连，是 P_3 的动力输入端；制动器 B_2 和离合器 K_3 工作，固定 P_2 和 P_3 的太阳轮，则 P_3 的行星架同向减速旋转，将动力传递给中间行星机构 P_2 的齿圈。

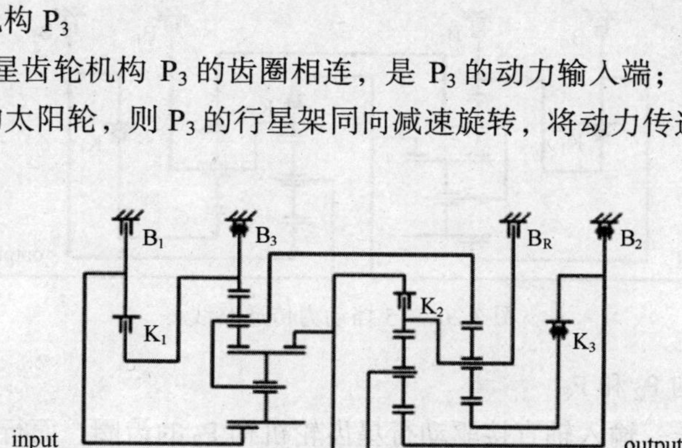

图 3.205　1 挡动力传递路线

③ 中间行星齿轮机构 P_2

中间行星齿轮 P_2 的齿圈是动力输入端；由于制动器 B_2 工作，固定 P_2 的太阳轮，则 P_2 行星架同向减速旋转，是动力输出端。

由以上分析可知，1 挡时，三个行星齿轮机构都在执行减速运动，传动比最大。

（2）3 挡动力传递路线。

3 挡动力传递路线如图 3.206 所示，各行星齿轮机构的状态分别说明如下：

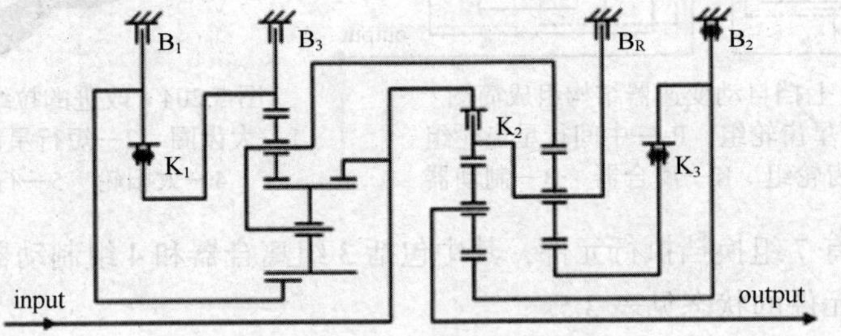

图 3.206　3 挡动力传递路线

① 前行星齿轮机构 P_1

3 挡时，离合器 K_1 工作，将行星齿轮机构 P_1 的太阳轮和大齿圈连接为一体，则整个前行星齿轮机构以一个整体旋转，其传动比是 1，动力由行星架同向等速输出至后行星齿轮机构 P_3 的齿圈。

② 右行星齿轮机构 P_2 和 P_3

此时，由于离合器 K_3 和制动器 B_2 保持 1 挡时的工作状态，后面两个行星齿轮组的两个太阳轮转速仍然为零，行星齿轮 P_2、P_3 机构保持 1 挡的传动比。

由以上分析可知，3 挡时，左行星齿轮机构输出转速为发动机输入转速，右行星齿轮机构 P_3 和 P_2 的状态为减速运动。

（3）5 挡动力传递路线。

5 挡动力传递路线如图 3.207 所示，各行星齿轮机构的状态分别说明如下：

① 左行星齿轮机构 P_1

5 挡时，离合器 K_1 工作，左排行星齿轮机构 P_1 的工作状态与 3 挡时相同，其传动比是 1，动力由行星架输出至右排行星齿轮机构齿圈。

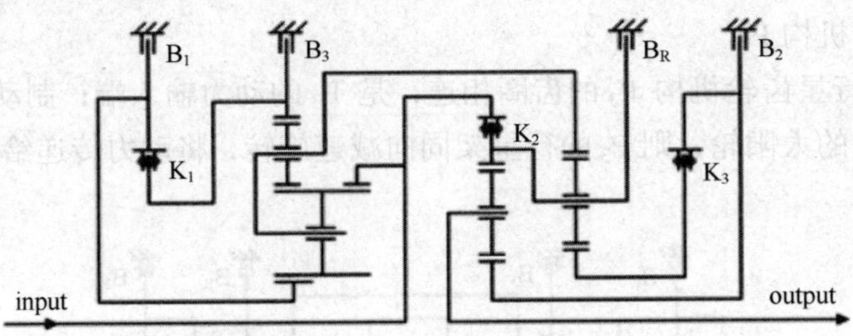

图 3.207　5 挡动力传递路线

② 右行星齿轮机构 P_2 和 P_3

由于离合器 K_2 工作，输入轴直接驱动行星齿轮机构 P_2 的齿圈；而行星齿轮机构 P_3 的齿圈由 P_1 驱动，构成右行星齿轮的两个输入端；同时离合器 K_3 工作，将 P_2 和 P_3 的太阳轮刚性结合且转速相同。此时，右行星齿轮机构的传动比也为 1。

由以上分析可知，5 挡时，三个行星齿轮机构均为直接传动，总的传动比为 1，即 5 挡是直接挡。

（4）7 挡动力传递路线。

7 挡动力传递路线如图 3.208 所示，现将各行星齿轮机构的状态分别说明如下：

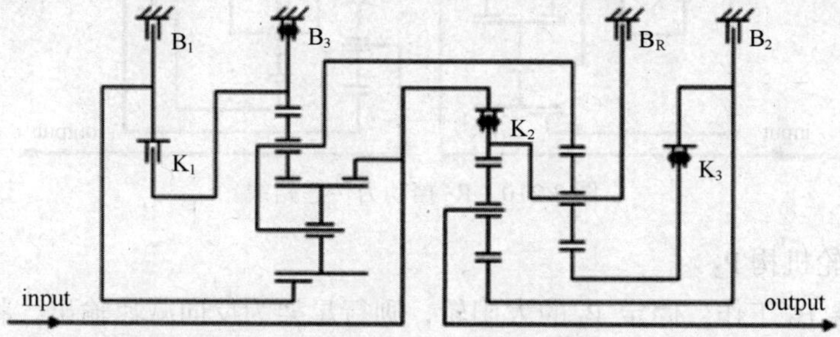

图 3.208　7 挡动力传递路线

① 左行星齿轮机构 P_1

此时左行星齿轮组 P_1 的工作条件与 1 挡时相同，则行星架为同向减速输出。

② 右行星齿轮机构 P_2 和 P_3

由于 K_2 工作，一路动力驱动 P_2 的齿圈，另一路动力经左行星齿轮机构 P_1 减速后驱动 P_3 的齿圈，则右行星齿轮机构输入两个不同转速。K_3 的工作将 P_2 和 P_3 的太阳轮刚性结合且转速相同。利用运动方程联立求解，可获得高于 6 挡的升速运动。

5. R_1 挡动力传递路线

R_1 挡动力传递路线如图 3.209 所示，现将各行星齿轮机构的状态分别说明如下：

① 左行星齿轮机构 P_1

与 1 挡时相同，则行星架为同向减速输出，将动力传递给右行星齿轮机构 P_3 的齿圈。

② 右行星齿轮机构

右行星齿轮机构 P_3 的齿圈顺时针减速旋转；制动器 B_R 工作，固定 P_3 的行星架和 P_2 的齿圈，则 P_3 的太阳轮反向减速旋转。离合器 K_3 工作使 P_3 太阳轮和 P_2 太阳轮刚性联接，P_2 的太阳轮也共同减速旋转，则 P_2 行星架相对于中间太阳轮是同向减速旋转，相对于输入轴做反向减速旋转运动。

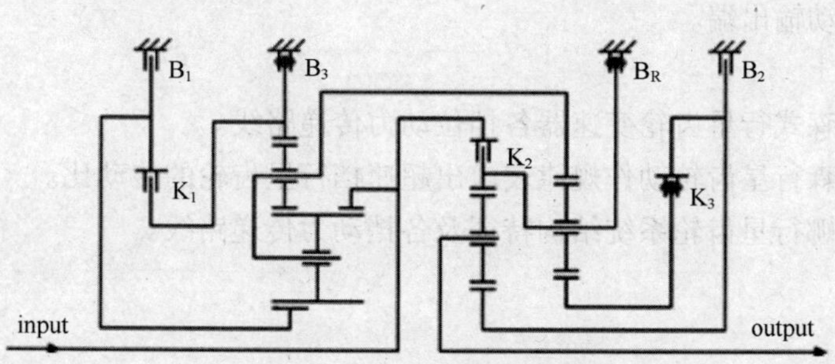

图 3.209　R1 挡动力传递路线

由以上分析可知，R_1 挡时，左行星齿轮机构和右行星齿轮机构均为减速运动，总的传动比是经三级减速后的反向运动。

6. R_2挡动力传递路线

R_2挡动力传递路线如图3.210所示，现将各行星齿轮机构的状态分别说明如下：

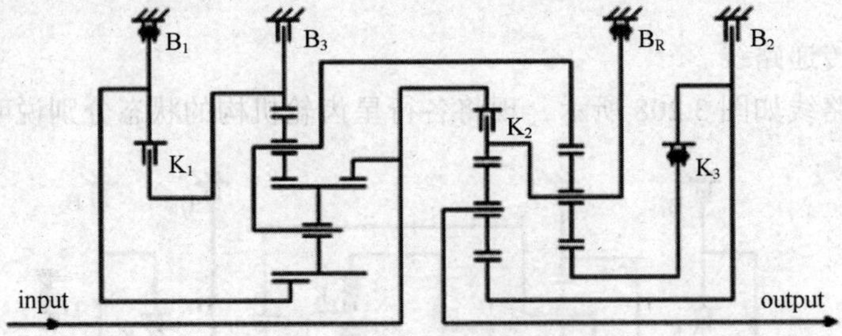

图3.210 R_2挡动力传递路线

① 左行星齿轮机构P_3

此时，制动器B_1工作，固定P_1的太阳轮，则行星架为反向减速输出，将动力传递给后行星齿轮机构的齿圈。由运动方程分析可知，R_2挡时行星架输出转速要比R_1挡时高，其传动比相对R_1挡时小。

② 右行星齿轮机构P_2和P_3

此时的右行星齿轮机构P_2和P_3各部件的状态和传动比与R_1挡时相同，故前后行星齿轮机构的传动比相乘，可获得总传动比要比R_1挡小的倒挡。

【思考与练习】

1. 填空

（1）目前常用的自动变速器的行星齿轮变速器有______、______和______。

（2）行星齿轮式变速器具有______、______，______；操纵容易，各齿轮处于常啮合状态，不存在______、传动比______等突出优点。

（3）辛普森式行星齿轮变速器特点是：由一个长太阳轮将______连成一体，______与______共同作为输出轴。

（4）拉威娜式行星齿轮变速器为______变速机构，______为动力输入件，______为动力输出件。______与______为左右行星轮排共用件。

（5）CR-CR行星齿轮装置结构特点是：______与______为刚性构件，______独立驱动，______为传动输出端。

2. 简答题

（1）叙述辛普森式行星齿轮变速器各挡位动力传递路线。

（2）根据辛普森行星齿轮动作规律表求出超速挡行星齿轮的传动比。

（3）叙述拉维娜行星齿轮系统结构特征及各挡动力传递路线。

模块四

自动变速器液压控制系统

学习目标

知识目标

- ◎ 了解液控自动变速器液压系统基本结构和工作原理。
- ◎ 能正确描述液控自动变速器液压系统的组成和基本工作原理。
- ◎ 能正确描述压力调节阀的基本工作原理和应用。
- ◎ 能正确描述了解液压控制系统自动换挡控制机构的结构与原理。
- ◎ 能正确描述了解改善换挡品质元件的结构与原理。
- ◎ 能简单叙述自动变速器的组成和工作原理。

能力目标

- ◎ 能够正确分解、检查和组装液压泵。
- ◎ 会进行液压阀体的拆装、清洗。
- ◎ 掌握液压活塞和密封圈的更换的基本方法。
- ◎ 会进行自动变速器典型油路分析。
- ◎ 会正确组装不同液压阀。

自动变速器的动力传递特点是：自动变速器通过与发动机曲轴连接的液力变矩器接受发动机动力，通过机械传动机构和换挡执行机构根据汽车工况需要实现速比的变换，将适当的转矩传递至汽车驱动轮。其中的换挡执行机构由离合器、制动器、单向离合器等组成。众多换挡执行机构需要按照一定的规律先后或同时动作，才能实现传动比的自动转换，这些都涉及执行元件的动作协调性、顺序性，并要求满足其接合和断开时的性能特点。为实现这众多功能，采用了复杂的液压系统对机械元件控制。了解自动变速器工作原理，掌握液压系统控制原理是学习自动变速器重要内容之一。

课题一 认识自动变速器液压控制系统

基础知识

液控自动变速器的控制系统根据发动机的负荷、车速以及其他行驶条件，通过离合器、制动器等液压执行元件的工作来实现自动换挡。液压控制系统的主要作用是建立起适当的主油路油压，并经各种液压控制阀将液体压力传递给相应的离合器或制动器等执行元件，当液体压力作用在离合器或制动器上时，它们可以将发动机动力传递给行星齿轮元件或实现对元件的制动，以获得相应的传动比。由液压控制系统按照一定的规律控制不同液压执行元件的动作，即可实现自动改变传动比功能。

自动变速器液压控制系统由液压泵、主油路压力调节器阀、节气门阀、调速器阀、手控阀、换挡阀及其他一系列辅助阀和控制油路组成，工作介质是自动变速器油。在汽车自动变速器中，有3个最基本也最重要的液体压力即主油路压力、节气门阀压力和调速器阀压力，基于它们之间的相互配合，实现自动变速器的升挡和降挡控制。自动变速器基本换挡控制液压油路如图4.1所示。

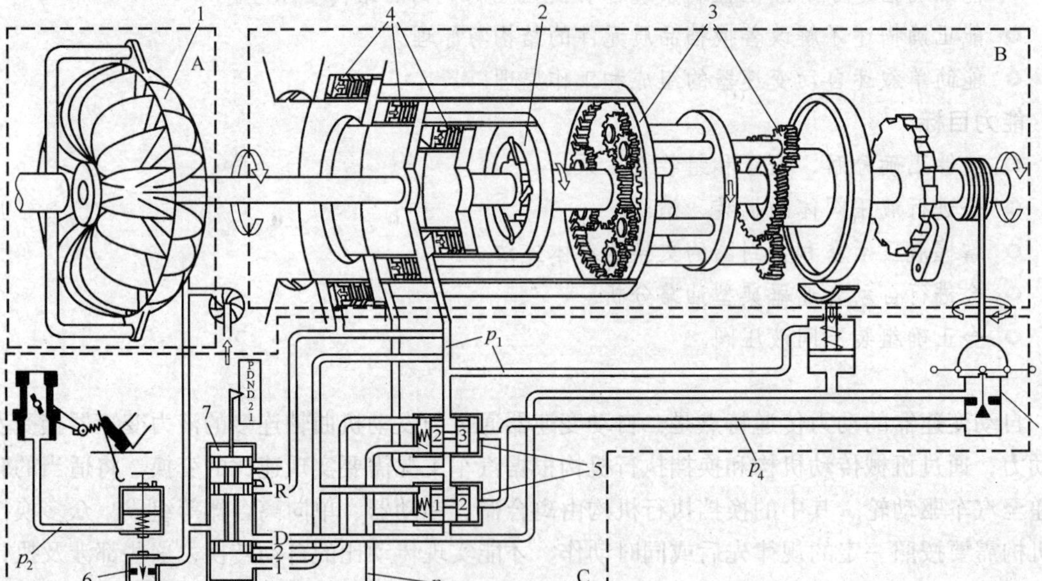

图4.1 自动变速器基本换挡控制液压油路图

1—液动变矩器 2—单向离合器 3—行星齿轮组 4—离合器 5—液压换挡阀 6—真空洞压阀 7—手动选挡阀 8—车速调压阀 p_1—换挡油压 p_2—进气真空压力 p_3—负荷油压 p_4—车速油压 A—液力传动部分 B—机械传动部分 C—液压换挡控制部分

自动变速器的液压控制系统是实现换挡自动化和提高换挡品质的关键环节。无论在变速器实现自动变速之初，还是在现今的计算机控制系统中，液压系统因其单一的传动介质、简单的传动结构和多路传动或控制的特点，发挥了非常重要作用，而无法被其他控制形式完全取代。现在液压系统更是成为机械系统与计算机控制系统建立联系的重要中间环节。掌握液压系统的工作原理，是理解自动变速器的关键。

一、液压系统的组成

如图 4.2 所示，液压传动是以液压油为工作介质，通过动力元件（液压泵），将发动机的机械能转换为油液的压力能；通过管路、控制元件，借助执行元件（液压缸），将油液的压力转换为机械能驱动负载，实现直线或回转运动。液压传动与液力传动的区别在于液压传动是以帕斯卡定律为基础、主要依靠液压能传递动力，液体的流动速度比较低。自动变速器液压系统通常由以下 4 部分组成。

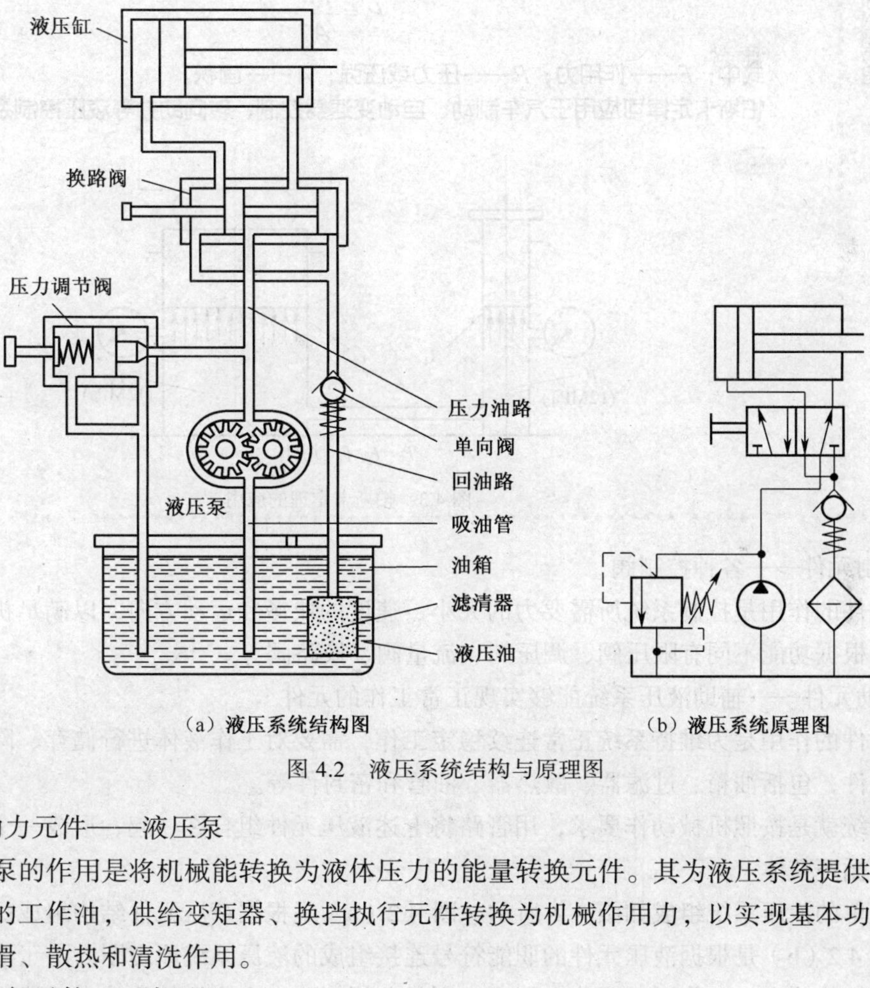

图 4.2　液压系统结构与原理图

1. 动力元件——液压泵

液压泵的作用是将机械能转换为液体压力的能量转换元件。其为液压系统提供具有一定压力和流量的工作油，供给变矩器、换挡执行元件转换为机械作用力，以实现基本功能，并对机件提供润滑、散热和清洗作用。

2. 执行元件——液压缸

液压缸的作用是将液体的压力能转换为机械能的能量转换元件，在压力油的推动下输出力和速度，以驱动工作部件。

知识链接

帕斯卡定律

帕斯卡定律是液力学中的一个基本定律，是由 17 世纪的法国科学家布莱斯 · 帕斯卡（Blaise Pascal）经实验发现的，它是理解液压传动和自动变速器液压系统工作原理的基础知识。

知识链接

帕斯卡定律：加在密闭液体上的压强，能够大小不变地被液体向各个方向传递，这一液体传递压强的规律叫做帕斯卡定律。

帕斯卡定律说明了密闭受压液体的两个重要现象。

（1）作用在液体上的力大小不变地向各个方向传递；在如图 4.3 所示的密闭容器内，当施加作用力“F”于活塞上，密闭容器内即产生“液压”——物理中称压强，工程中称压力，其物理量用“P_e”表示，单位为 Pa。这个压力“P_e”可以被管路传递到任何地方而不改变。即封闭的容器内的压力处处相等。

（2）在容器内各处的压强大小相等。

液压 P_e 表示在单位面积作用的力，如图 4.3 所示。

$$P_e = \frac{F}{A}$$

式中：F——作用力；P_e——压力或压强；A——面积。

帕斯卡定律可应用于汽车制动、自动变速器控制、转向助力等液压控制系统。

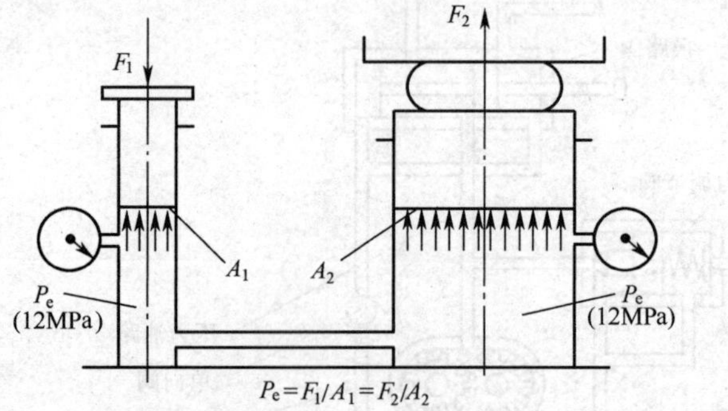

图 4.3　帕斯卡定理的应用

3. 控制元件——各种控制阀

控制元件的作用是控制系统所需要力的大小、速度的快慢和运动方向，以满足机械装置的工作要求。根据功能不同有限压阀、调压阀、流量阀、换路阀等。

4. 辅助元件——辅助液压系统能够实现正常工作的元件

辅助元件的作用是为维持系统正常连续稳定工作，需要对工作液体进行储存、降温、清洁等功能的元件，包括油箱、过滤器、散热器、油管和密封件等。

液压系统就是按照机械动作要求，用管路将上述液压元件组合在一起，形成一个完成工作要求的液压循环整体。

一个简单的液压系统组成如图 4.2 所示。图 4.2（a）是根据液压元件结构组成的液压系统结构图，图 4.2（b）是根据液压元件的职能符号连接组成的液压系统原理图。由于液压系统结构图的元件结构清晰，工作原理明确，便于识别与分析油路，在汽车维修技术手册中得到广泛引用。液压系统原理图是用油路将液压元件的职能符号进行连接，只反映原理而不反映元件结构，但画法简洁，主要应用于介绍工程原理与系统油路的连接。

二、自动变速器液压系统的主要功用

目前，大多数自动变速器的自动控制是靠液压控制系统来完成的。尽管计算机控制装置被用于自动变速器控制，但液压传动仍在弱电与机械动力间起到改变力的大小、方向，调节传动品质的重要作用，是计算机控制与机械传动间的桥梁。鉴于液压系统在自动变速器中的重要作用，本章主要以液压控制自动变速器的液压系统为主展开介绍。

液压控制自动变速器指完全利用液压元件和液压原理来完成自动换挡控制，换挡的主要参数——节气门开度（负荷）和车速信号（速度）是以机械方式传入液压控制系统，并转化为相应的液压控制信号，液压系统主要根据这两个液压控制信号对行星齿轮的液压换挡执行元件进行控制，实现自动换挡。液压系统在自动变速器中的作用关系，如图 4.4 所示。

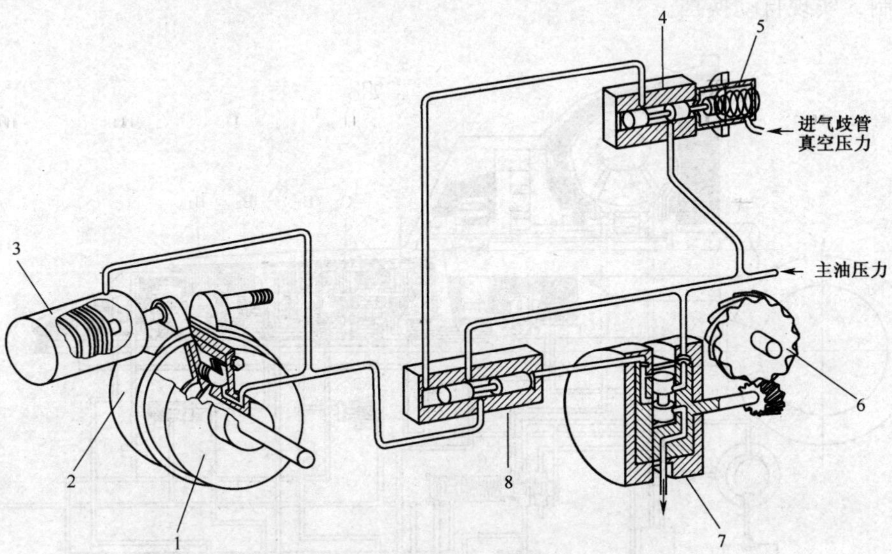

图 4.4　三速自动变速器液压控制系统油路

1—离合器总成　2—制动带　3—制动带伺服阀　4—负荷阀　5—真空元件
6—变速器输出轴　7—速度调压阀　8—换挡阀

虽然液压控制系统的组成部件比较多，但按部件功能来分主要有主油路（液压泵、主调压阀、次调压阀）、控制油路（节气门阀、速控阀、手动阀）、换挡时刻控制（换挡阀）、换挡品质控制（节流阀、缓冲阀、正时阀、蓄压器等）、润滑冷却油路（散热器、冷却器）、执行元件（离合器、制动器）和锁止控制（锁止信号阀、中继阀等）7 个部分组成。图 4.5 所示为一条完整的三速自动变速器液压控制系统油路。

课题实施　认识液控自动变速器

（1）观察解剖件的各部分位置关系，明确液控自动变速器的组成和功用。

（2）按照自动变速器的拆装要求，解体变速器，让学生进一步观察变速器内部结构。

（3）利用发动机自动变速器实验台，观察发动机运转时自动变速器液压压力变化。

① 发动机起动后的压力。

② 将选挡杆移入 N 挡时的压力。

③ 将选挡杆移入 D 挡时的压力。

④ 将选挡杆移入 R 挡时的压力。

（4）结合变速器多媒体教学课件，利用三维动画图或者爆炸图进一步解释液控自动变速器的组成和功用。

课题小结

（1）液控自动变速器的控制系统根据发动机的负荷、车速以及其他行驶条件，通过离合器、制动器等液压执行元件的工作来实现自动换挡。

（2）自动变速器液压控制系统由液压泵、主油路压力调节器阀、节气门阀、调速器阀、手控阀、换挡阀及其他一系列辅助阀和控制油路组成，工作介质是自动变速器油。

（3）液压控制自动变速器指完全利用液压元件和液压原理来完成自动换挡控制，换挡的主要参数——节气门开度（负荷）和车速信号（速度）是以机械方式传入液压控制系统，并转化为相应的液压控制信号，液压系统主要根据这两个液压控制信号对行星齿轮的液压换挡执行元件进行控制，实现自动换挡。

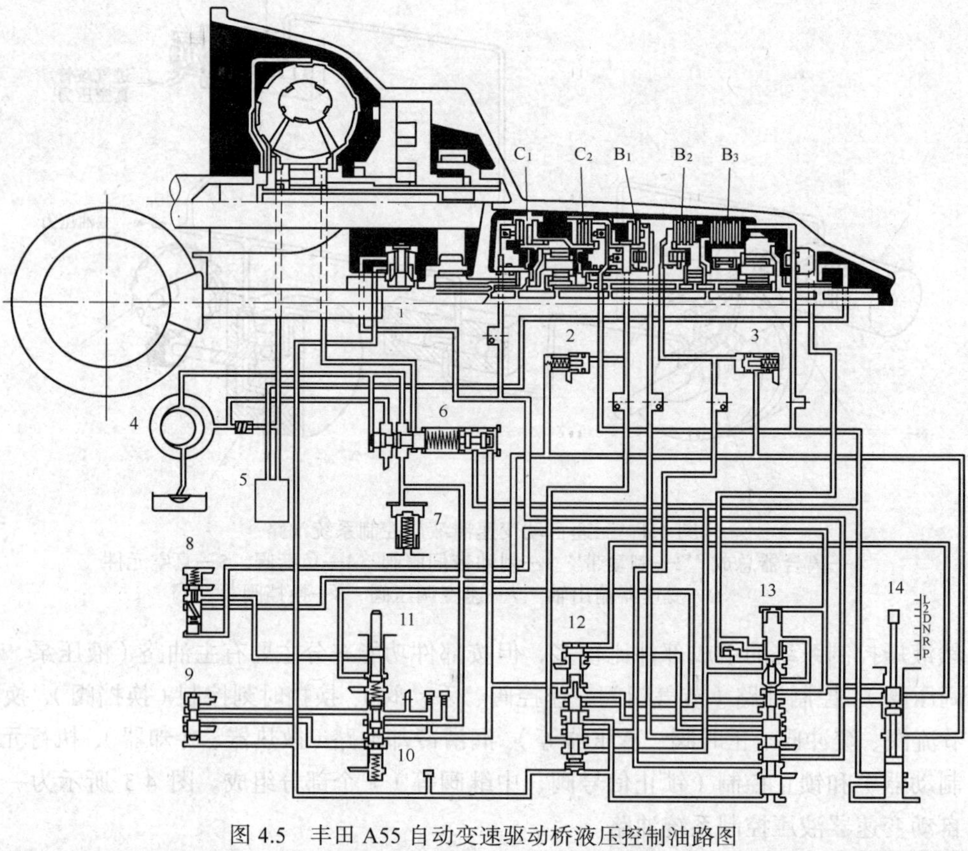

图 4.5　丰田 A55 自动变速驱动桥液压控制油路图

C_1—前离合器　C_2—后离合器　B_1—制动器　B_2—制动器　B_3—制动器　1—速度阀　2、3—蓄能器　4—液压泵　5—散热器　6—压力调节器　7—排气阀　8—调压锁止阀　9—断流阀　10—节气门阀　11—强制换挡阀　12—2～3 挡换挡阀　13—1～2 挡换挡阀　14—手动阀

作业测评

（1）简述自动变速器液压控制系统的组成及作用。

（2）液压控制自动变速器是怎样实现换挡的?

课题二　检修自动变速器液压泵

液力自动变速器根据汽车的行驶速度和发动机负荷的变化，自动变换挡位。其换挡控制方式是通过机械方式将车速和节气门开度转换成控制油压，并将该油压加到换挡阀的两端，以控制换挡阀的位置，改变换挡执行元件（离合器和制动器）的油路。具有一定压力的液压油进入相应的执行元件，使离合器结合或分离，制动器制动或释放，改变行星齿轮机构的动力传递路线，通过变速器的升挡或降挡，从而实现自动变速。由此可以看出，自动变速器液压系统正常工作的首要条件是要保证系统压力和流量。而液压系统的液压油是由动力源所提供的。因此，学习并认识液压系统动力源是学习自动变速器的重要工作之一。

液压泵是自动变速器最重要的总成之一，它通常安装在变矩器的后方，由变矩器壳后端的轴套驱动。在发动机运转时，不论汽车是否行驶，液压泵都在运转，为自动变速器中的变矩器、换挡执行机构、自动换挡控制系统提供一定压力、足够流量、合适温度的液压油。油压的调节由调压阀来实现。

基础知识

一、动力源的基本组成及作用

自动变速器的动力源主要由液压泵、油箱、滤清器、调压阀及管道所组成，如图 4.6 所示。具体来讲它们的作用有以下几方面。

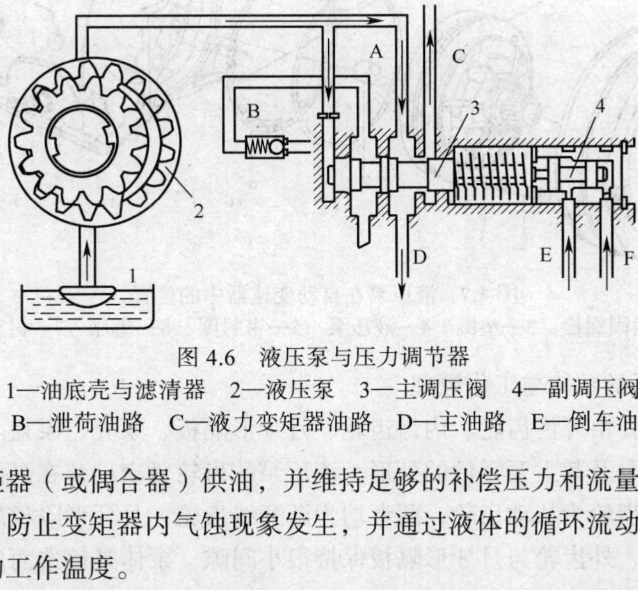

图 4.6　液压泵与压力调节器

1—油底壳与滤清器　2—液压泵　3—主调压阀　4—副调压阀

A—液压泵油路　B—泄荷油路　C—液力变矩器油路　D—主油路　E—倒车油压　F—负荷油压

（1）为液力变矩器（或偶合器）供油，并维持足够的补偿压力和流量，以保证液力元件完成传递动力的功能，防止变矩器内气蚀现象发生，并通过液体的循环流动及时将变矩器的热量带走，以保持正常的工作温度。

（2）在一部分工程车辆和重型运输车辆中，还需向液力减速器提供足够流量及温度适宜的油液，以便能适时地吸收车辆的动能，得到满意的制动效果。

（3）向控制系统供油并维持主油路的工作油压，保证各控制机构顺利工作。

（4）保证换挡离合器等的供油，以满足换挡等的操作需要。

（5）为整个变速器各运动零件如齿轮、轴承、止推垫片、离合器摩擦片等提供润滑用油，并保证正常的润滑油温度。

（6）通过油液的循环散热冷却，使整个自动变速器的热量得以散掉，保持在合理的温度范围内工作。

二、液压泵的结构与工作原理

液压泵与液压执行元件都是液压系统的能量转换装置。液压泵是将机械能转换为液压能，实现能量的传递。液压缸是将液压能转换为机械能，改变作用力和实现机械运动。

1. 液压泵

液压系统中，液压泵的功用是将发动机的机械能转换成油液的压力能，为液压系统提供具有一定压力和流量的液体，它是液压系统的动力元件。

如图 4.7 所示，液压泵由发动机驱动，一般位于液力变矩器和行星齿轮系统之间，是由液力变矩器直接驱动液压泵的连接形式。自动变速器中由液压泵提供执行装置需要的油压并推动变速器内油的循环。液压泵是由变矩器轮毂驱动的，因此，只要发动机工作，液压泵就开始泵油。常用的液压泵都是容积式的，其工作原理是利用泵内容积的变化进行吸油、压油。汽车自动变速器使用较多的液压泵类型一般有 3 种：齿轮式、摆线齿轮式和叶片式。

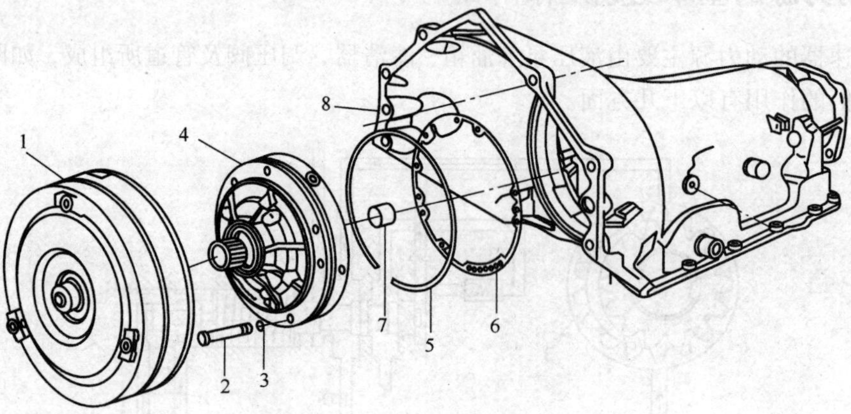

图 4.7　液压泵在自动变速器中的位置

1—变矩器　2—紧固螺栓　3—垫圈　4—液压泵　5—密封圈　6—垫片　7—衬套　8—变速器壳

2. 内啮合齿轮泵的结构与工作原理

内啮合齿轮泵主要由外齿齿轮、内齿齿轮、月牙形隔板、泵壳、泵盖等组成，图 4.8 所示为典型的内啮合齿轮泵及其主要零件的外形。液压泵的齿轮紧密地装在泵体的内腔里，外齿齿轮为主动齿轮，内齿齿轮为从动齿轮，两者均为渐开线齿轮；月牙形隔板的作用是将外齿齿轮和内齿齿轮隔开。内、外齿轮与月牙形隔板保持很小间隙。泵体是铸造而成的，经过精加工，泵体内有很多油道，有进油口和出油口，有的还有阀门或电磁阀。泵盖也是一个经精加工的铸件，也有很多油道。泵盖和泵体用螺栓连接在一起。

内啮合齿轮泵的工作原理如图 4.9 所示。由于内、外齿轮单边啮合，齿轮中出现的非啮合空间被月牙形隔板分隔成两个部分。当外齿轮被变矩器驱动旋转时，齿轮的轮齿由啮合到分离的那一部分，其容积由小变大，形成真空吸力，可以将油盘的油吸入齿轮间，称为吸油腔。

轮齿在通过月牙形隔板时，齿间充满的油液随着转动被输送到月牙形隔板的另一端。

当齿轮转过月牙形隔板，内、外齿轮逐渐由分离进入啮合，其齿间容积由大变小，对油液形成挤压，迫使油液排出。这部分空间被称为排油腔。由于内、外齿轮的齿顶和月牙形隔板的配合很紧密，在吸油腔和排油腔形成密封，可有效防止被挤压的油液回流到吸油腔。

当发动机运转时，变矩器壳体后端的轴套带动小齿轮和内齿轮一起按图中标的方向运转，此时在吸油腔内，由于内、外齿轮不断退出啮合，容积不断增加，以致形成局部真空，将油盘中的液压油从进油口吸入，且随着齿轮旋转，齿间的液压油被带到排油腔。在排油腔，由于内、外齿轮不断进入啮合，容积不断减少，将液压油从出油口排出。油液就这样源源不断地输往液压系统。

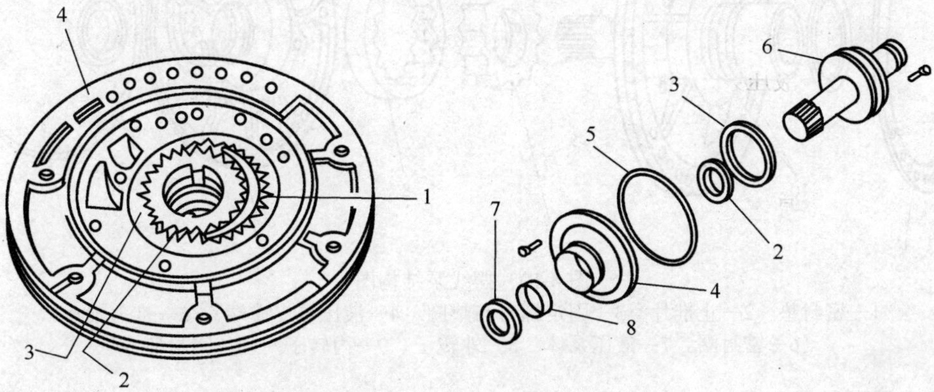

图 4.8 内啮合齿轮泵

1—月牙形隔板 2—驱动齿轮（外齿轮） 3—被动齿轮（内齿轮）
4—泵体 5—密封环 6—固定支承 7—油封 8—轴承

液压泵的理论泵油量等于液压泵的排量与液压泵转速的乘积。内啮合齿轮泵的排量取决于外齿齿轮的齿数、模数及齿宽。液压泵的实际泵油量会小于理论泵油量，因为液压泵的各密封间隙处有一定的泄漏。其泄漏量与间隙的大小和输出压力有关。间隙越大、压力越高，泄漏量就越大。内啮合齿轮泵是自动变速器中应用最为广泛的一种液压泵，它具有结构紧凑、尺寸小、重量轻、自吸能力强、流量波动小、噪声低等特点。

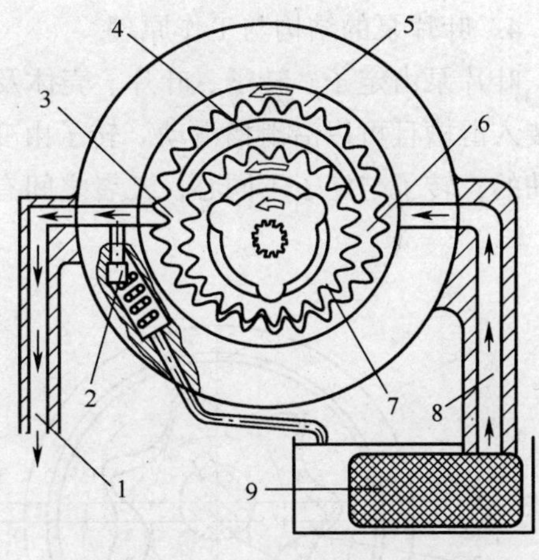

图 4.9 内啮合齿轮泵工作原理

1—出油道 2—泄荷阀 3—排油腔
4—月牙形隔板 5—内齿轮 6—吸油腔
7—外齿轮 8—进油道 9—滤清器

3. 摆线转子泵的结构与工作原理

摆线转子泵由一对内啮合的转子、泵体和液压泵支撑端盖等组成，结构如图 4.10 所示。内转子为外齿轮，外转子为内齿轮，其齿廓曲线是外摆线。如图 4.11 所示，内、外转子的旋转中心不同，两者之间有偏心距 e。一般外转子齿数比内转子多一个齿。内转子的齿数越多，出油脉动就越小。发动机运转时，内转子为主动件，带动液压泵外转子以相同的方向旋转。内转子的齿廓和外转子的齿廓是一对共轭曲线，它能保证在液压泵运转时，不论内外转子转到什么位置，各齿均处于啮合状态，即内转子每个齿的齿廓曲线上总有一点和外转子的齿廓曲线相接触，从而在内转子、外转子之间形成与内转子齿数相同个数的工作腔，如图 4.11 所示。这些工作腔的容积随着转子的旋转而不断变化，当转子朝顺时针方向旋转时，内转子、外转子中心线的左侧的各个工作腔的容积由大变小，将液压油从出油口排出。

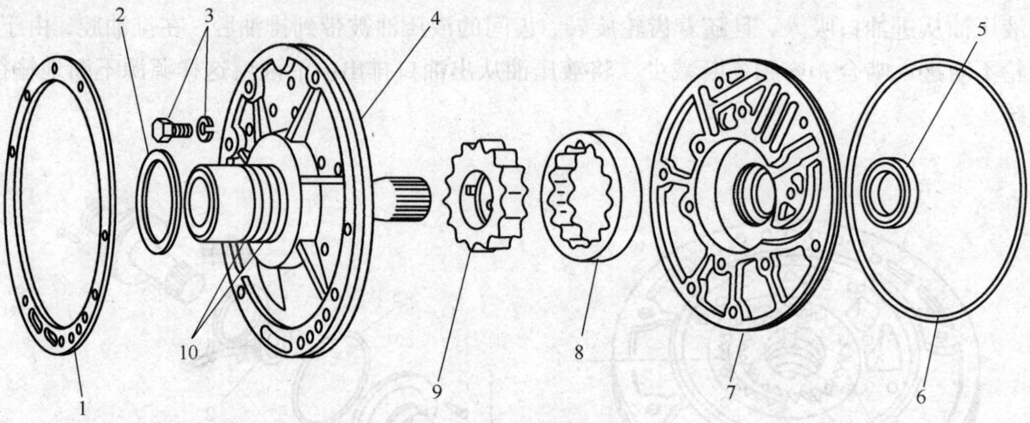

图 4.10　摆线泵结构图

1—密封垫　2—止推片　3—固定螺钉与垫圈　4—液压泵支撑端盖　5—推力轴承
6—密封圈　7—液压泵体　8—外转子　9—内转子　10—密封环

摆线转子泵的排量取决于内转子的齿数、齿形、齿宽以及内外转子的偏心距。齿数越多，齿形、齿宽及偏心距越大，排量就越大。摆线转子泵是一种特殊齿形的内啮合齿轮泵，它具有结构简单、尺寸紧凑、噪声小、运转平稳、高速性能良好等优点；但它流量脉动大，加工精度要求较高。

4. 叶片泵的结构与工作原理

叶片泵由定子、转子、叶片、壳体及泵盖等组成，如图 4.12 所示。转子上有若干滑槽，叶片装入滑槽且可以沿滑槽滑动。转子由变矩器壳体后端的轴驱动，绕其中心旋转；定子是固定不动的，转子与定子不同心，二者之间有一定的偏心距。

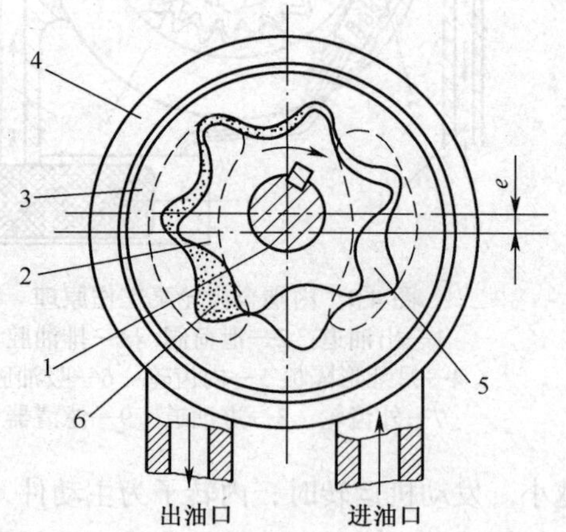

图 4.11　摆线转子泵工作原理

1—驱动轴　2—内转子　3—外转子　4—泵壳
5—进油腔　6—出油腔　e—偏心距

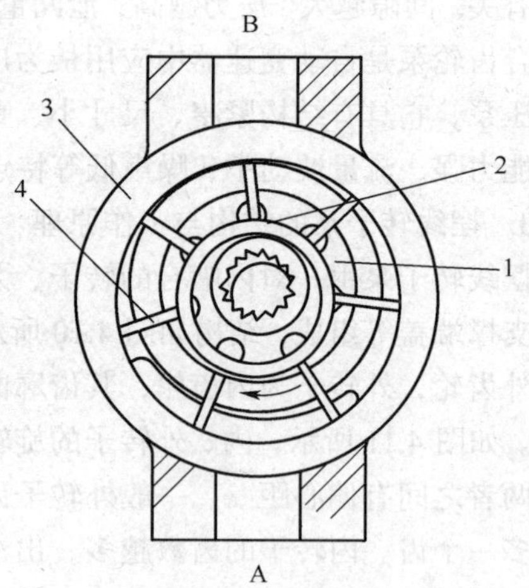

图 4.12　叶片泵

1—转子　2—定位环　3—定子
4—叶片　A—进油口　B—出油口

当转子旋转时，叶片在离心力或叶片底部的液压油压力的作用下向外张开，紧靠在定子内表面上。随着转子的转动，叶片在转子滑槽内作往复运动。当部分叶片滑出滑槽，在每两个相邻叶片之间便形成密封的工作腔。工作腔容积的大小由叶片在滑槽内的位置决定。

叶片泵吸油与压油的工作过程：当转子以顺时针方向旋转，进油侧叶片间工作腔容积逐渐增大产生低压，吸入油液；出油侧叶片工作腔容积逐渐减小，将液压油从出油口压出。

叶片泵的排量取决于转子直径、转子宽度及转子与定子的偏心距。转子直径、转子宽度及转子与定子的偏心距越大，叶片泵的排量就越大。叶片泵具有运转平稳、噪声小、泵油油量均匀、容积效率高等优点，但它结构复杂，对液压油的污染比较敏感。

5. 变量泵的结构与工作原理

上述 3 种液压泵的排量都是固定不变的，所以也称为定量泵。为保证自动变速器的正常工作，液压泵的排量应足够大，以便在发动机怠速运转的低速工况下也能为自动变速器各部分提供足够大流量和压力的液压油。定量泵的泵油量是随转速的增大而正比例增加的。当发动机在中高速运转时，液压泵的泵油量将大大超过自动变速器的实际需要，此时液压泵泵出的大部分液压油将通过油压调节阀返回油底壳。由于液压泵泵油量越大，其运转阻力也越大，因此这种定量泵在高转速时，过多的泵油量使阻力增大，从而增加了发动机的负荷和油耗，造成了一定的动力损失。

为了减少液压泵在高速运转时由于泵油量过多而引起的动力损失，有的汽车自动变速器的叶片泵被设计成排量可变的型式（称为变量泵或可变排量式叶片泵）。变量泵零件组成如图 4.13 所示。

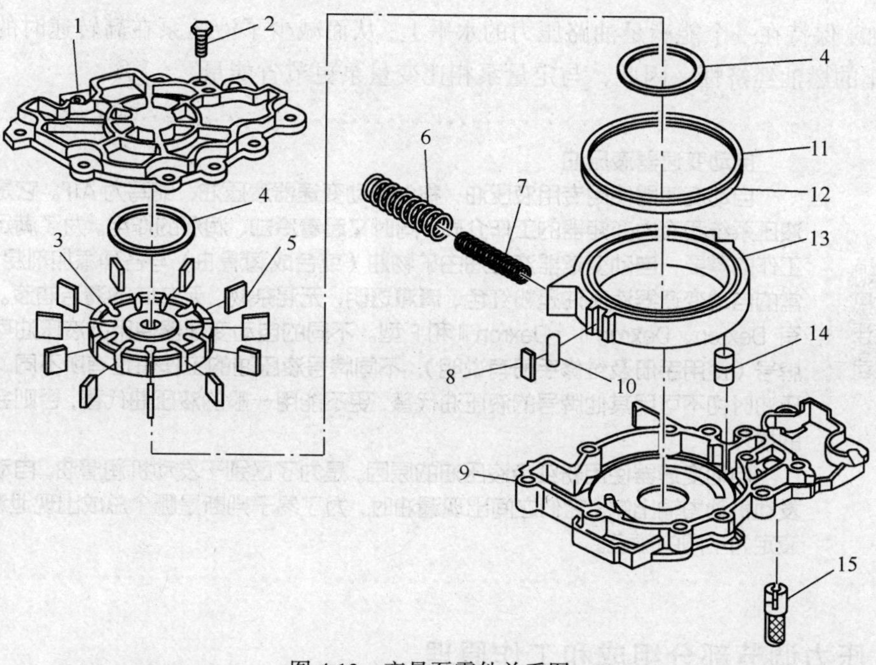

图 4.13　变量泵零件关系图

1—端盖　2—紧固螺栓　3—转子　4—叶片支撑环　5—叶片　6—外弹簧　7—内弹簧　8—泵体油封　9—泵壳　10—密封支撑件　11—油封环　12—“O”形圈　13—摆动泵体　14—销轴　15—滤网

如图 4.14 所示，这种变量泵具有一个可以摆动的泵体 2 组装在泵壳内，泵体可以绕销轴 8 作一定的摆动，以改变泵体 2 与转子 3 的偏心距，从而改变液压泵的排量。变量泵叶片由叶片支撑环 4 用来保持叶片与摆动泵体同心圆的关系，当泵体 2 摆动时，叶片支撑环平移，保持叶

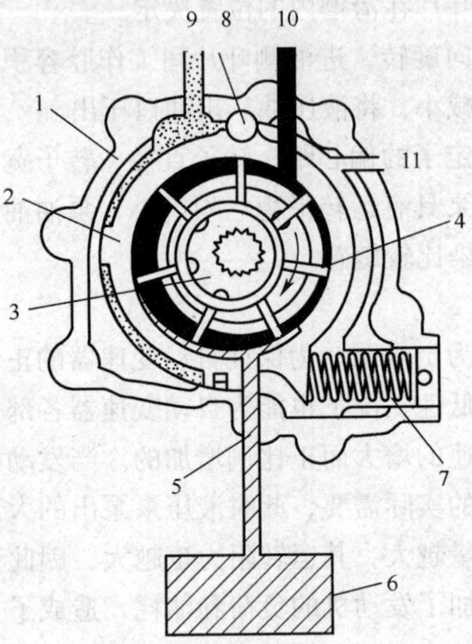

图 4.14　变量泵

1—泵壳　2—摆动泵体　3—转子　4—叶片
5—进油口　6—滤网　7—回位弹簧
8—销轴　9—反馈油路
10—出油口　11—排油口

片与泵体的密闭接触。

在液压泵运转时，摆动泵体的位置由摆动泵体 2 侧面控制腔内来自压力调节阀的反馈油压控制。当液压泵转速较低，系统需要油液流量较大时，来自油压调节阀反馈油路的压力略低，摆动泵体 2 在回位弹簧的作用下绕销轴向顺时针方向摆动一个角度，加大了摆动泵体 2 与转子的偏心距，液压泵的排量随之增大。当液压泵高速运转，而系统所需油量较小时，反馈油压随之上升，摆动泵体 2 在反馈油压的推动下绕销轴朝逆时针方向摆动，摆动泵体 2 与转子的偏心距减小，液压泵的排量也随之减小，从而降低了液压泵的泵油量，直到出油压力降至原来的数值。

由此可知：定量泵的泵油量和发动机的转速成正比，并随发动机转速的增加而不断增加；变量泵的泵油量取决于摆动泵体的偏心距，而不是发动机的转速，可以根据系统压力和流量需求自动进行调节。变量泵的泵油量在发动机转速超过某一数值后就不再增加，保持在一个能满足油路压力的水平上，从而减少了液压泵在高转速时的运转阻力，提高了汽车的燃油经济性。因此，与定量泵相比变量泵更节省能量。

知识链接

自动变速器液压油

自动变速器使用专用液压油，称为自动变速器液压油，缩写为 ATF。它是自动变速器液压系统和液力变矩器的工作介质，同时又起着冷却、润滑的作用。为了满足自动变速器工作的需要，自动变速器液压油由矿物油（或合成润滑油）与各种添加剂混合制成。正常的自动变速器液压油是粉红色、清澈透明、无混杂物、无杂味的清洁油液。常用的牌号有 Dexron、Dexron Ⅱ、Dexron Ⅲ和 F 型。不同的自动变速器使用的液压油可能是不同的牌号（使用手册及维修手册有说明），不同牌号液压油的工作特性有所不同，因此更换液压油时切不可用其他牌号的液压油代替，更不能用一般的液压油代替，否则会造成变速器的损坏。

自动变速器使用粉红色液压油的原因，是为了区别于发动机润滑油。自动变速器装在发动机动力输出端，它们之间出现漏油时，为了易于判断是哪个总成出现泄漏，将两种油液定为不同的颜色。

三、压力调节部分组成和工作原理

自动变速器的供油系统中，必须设置油压调节装置。油压调节装置的作用是：维持系统油液必须的工作压力，并当液压泵泵油量大于系统用油量时，将多余油液排出。

自动变速器的液压泵是由发动机直接驱动的，液压泵的理论泵油量和发动机的转速成正比。为了保证自动变速器的正常工作，要求液压泵在发动机任何转速下能满足自动变速器各部分的用油需要，既要防止油压过低使离合器、制动器打滑，影响变速器的动力传递，又要防止液压泵的泵油量超过自动变速器各部分所需要的油量，导致油压过高，增加发动机的负荷，并造成换挡冲击。因此，要求供油系统提供给各部分的油压和流量应是可以调节的。自动变速器供油系统的油压调节装置是由主调压阀（又称一次调节阀）、次调压阀（又称二次调节阀）、单向阀和安全阀等组成。主调压阀用于调节来自液压泵的油压，把调节后的主油压送到各执行元件、换挡阀处。主调压阀调节的油压又称系统油压，系统中其他不同的压力都是在主油压力下进行再调节。次调压阀用于调节变矩器锁止油压和润滑油压。图 4.15 所示为一种油压调节阀油路组成结构图。

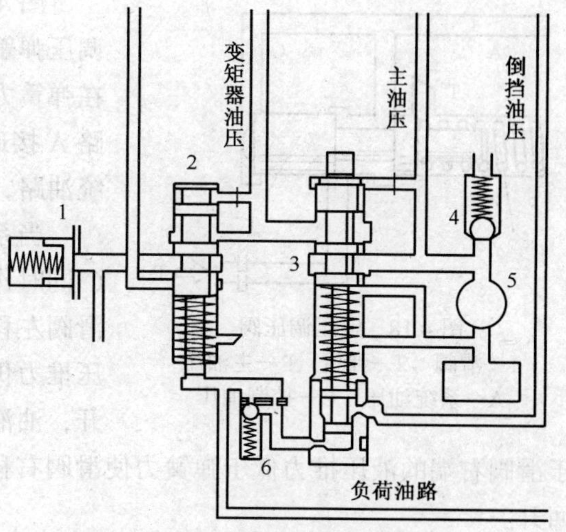

图 4.15　油压调节装置

1—单向阀　2—次调节阀　3—主调压阀　4—安全阀　5—液压泵　6—单向阀

1. 调压阀

调压阀是液压系统中用来对系统压力进行调节的装置。根据工作要求的不同分为调压阀、单向阀、安全阀和旁通阀等。根据阀的结构不同分为球阀、滑阀、电磁阀等。

单向阀的作用是在液压油作用下保持油路单向导通，而反方向使油路截止。图 4.16 所示为一种单向阀应用的结构和功能符号。该结构中的液压油只能够从油路 1 或 3 流向油路 2。当油路 1 的油压高时，压力油将球阀推至油路 3 并关闭该油路。当油路 3 为高压，球阀又被推至油路 1 并将其关闭。

单向阀的另一种应用是安全阀。安全阀实际上是一个调压阀，由弹簧和钢球组成，图 4.17 所示为球形调压阀结构和功能符号。其作用是保持油路中所需的压力。当油路中压力大于弹簧作用力时球阀被推开，部分油液流出致使油路压力下降，此时在弹簧作用下，球阀关闭以保持油压。在图 4.15 油路中的安全阀 4 并连在液压泵的出油口上，以限制液压泵压力。当液压泵压力过高时，推开球阀，油经球阀和油道流回油盘。

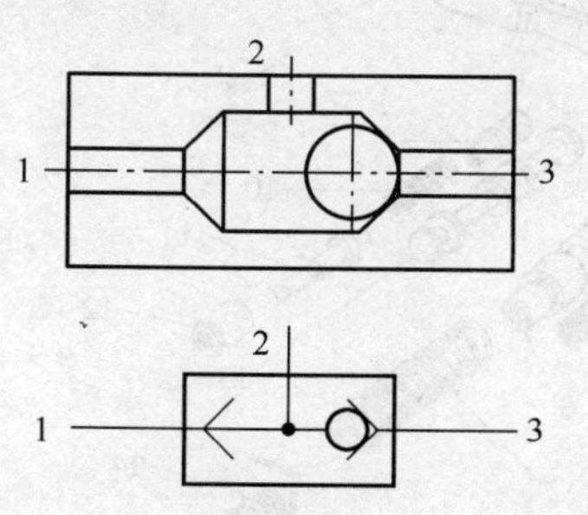

图 4.16　单向球阀结构与功能符号

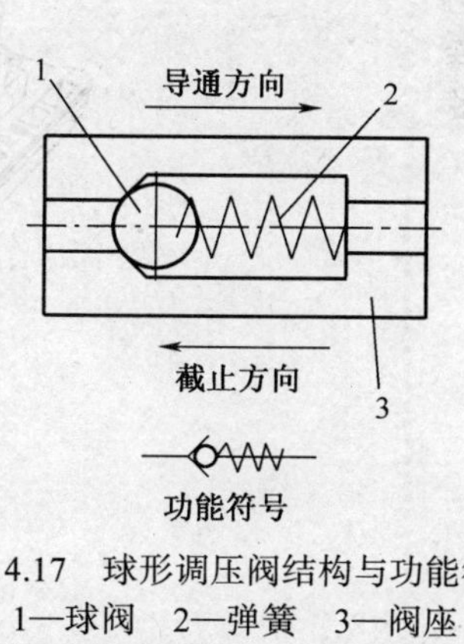

图 4.17　球形调压阀结构与功能符号

1—球阀　2—弹簧　3—阀座

旁通阀是液压油冷却装置的保护器，与冷却装置并联。当流到冷却装置的液压油温度过高、压力过大时，阀体打开，起旁通作用，以免高温、高压的液压油损坏冷却装置。如图 4.15 油路中的单向阀 6 具有旁通阀功能。

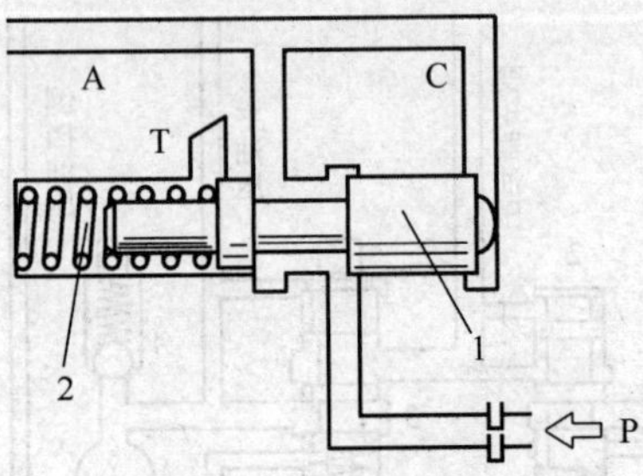

图 4.18　定压调压阀
1—滑阀　2—弹簧　P—主油压
A—系统油压　C—控制油压

图 4.18 所示为滑阀结构定压调压阀，由阀座、滑阀和调压弹簧构成。其调压过程如下：当系统油路压力低时，在弹簧力作用下滑阀位于右端，阀槽将主油路 P 与系统油路 A 接通，阀肩关闭泄油口 T，液压泵不断将油液泵至系统油路，系统油压随之升高。

当系统油路压力上升到一定时，这一压力经控制油路 C 同时作用于滑阀右端，并形成液压推力克服弹簧力推动滑阀左移，进油口由大变小，直至关闭。若油液形成的液压推力仍大于弹簧力，滑阀会继续移动，则泄油口逐渐打开，油液经泄油口排出，系统油路压力下降。此时，作用于滑阀右端的液压推力低于弹簧力使滑阀右移，又将泄油口关闭，进油口打开，系统油路压力回升。

这一调节过程持续进行，滑阀不断往复移动，维持了系统的压力不变，从而实现压力的调节。由于只有一个弹簧与系统压力平衡，系统压力只维持一个状态，又称为单级调节。

知识链接

滑阀的结构与工作原理

滑阀又称为柱塞阀。滑阀由圆柱体阀芯、沉孔型阀座构成，根据滑阀功能要求不同，有使用弹簧与不用弹簧之分。图 4.19 所示为自动变速器组合阀体与不同控制滑阀。自动变速器上常将若干不同功能的滑阀组装在整体基座上，称为阀体。

滑阀的阀芯为圆柱形，由阀肩与沉槽构成。其阀肩外径尺寸与阀座孔尺寸精确配合，用以接通或阻断阀座上的油路。如图 4.19 所示，滑阀上切有环形沉槽，当滑阀被装入阀座中时，环形沉槽使阀座间的油路接通。而阀肩的密闭作用则将其他油路阻断或分开。阀芯在阀座内可轴向移动，移动条件受其滑阀两侧作用力控制。控制力可以是机械力、弹簧力或液压力，也可以是人力。

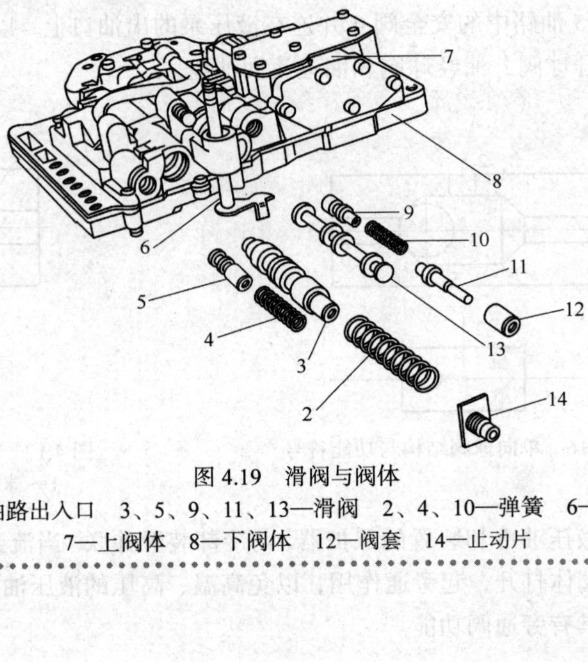

图 4.19　滑阀与阀体
1—油路出入口　3、5、9、11、13—滑阀　2、4、10—弹簧　6—拨轴
7—上阀体　8—下阀体　12—阀套　14—止动片

知识链接

由图 4.20 滑阀结构可知，滑阀左、右分别作用弹簧力 F 与控制油压 Pc。油压 Pc 作用在滑阀左侧面积上形成液压推力 Pc×A，当 Pc×A＞F 时，则滑阀向右移动。此时，阀肩将泄油道 T 关闭，主油压 P 经阀槽进入对应的油路。

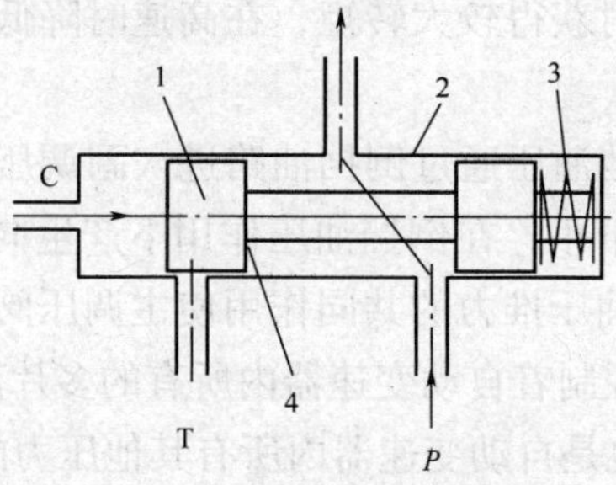

图 4.20 滑阀结构与工作原理

1—阀肩 2—阀座 3—弹簧 4—沉槽 P—主油压 C—控制油路 T—泄油道

当控制油压 Pc 下降，弹簧力 F＜Pc×A 时，则滑阀向左移动。则滑阀阀肩将主油路 P 关闭，将泄油路 T 接通，系统形成低压。

2. 主调压阀

主调压阀又称一次调压阀，它的作用是根据汽车行驶速度和发动机节气门开度的变化，自动调节流向各液压系统的油压，保证各系统液压的稳定，使各信号阀工作平稳。图 4.21 所示为主调压阀的结构图，由主调压滑阀、副调压滑阀、阀体和弹簧等主要元件组成。主调压阀为多级调压结构，分别为基本调压、负荷调压和倒车调压。

（1）基本调压过程。

来自液压泵的压力油液达到调压阀，并作用到滑阀的上端，产生向下推力，此时节气门和手动阀倒挡油路的两个反馈油压为零，主调压滑阀克服弹簧力向下移动。主调压滑阀先将至第二调节阀油路打开，当压力仍然上升，则主调压滑阀将泄油口开启,部分油液排出并使管道压力下降。

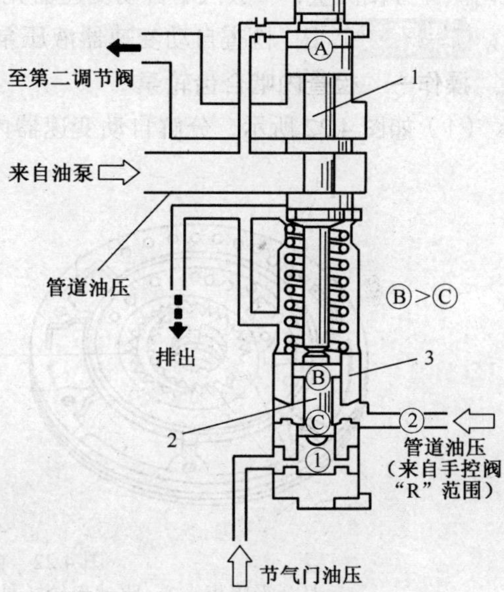

图 4.21 主调压阀结构

1—主调压滑阀 2—副调压滑阀 3—阀套

管道压力下降,弹簧力推动主调压滑阀上移，将泄油口关闭，管道压力又升高。滑阀持续往复运动，压力保持在弹簧弹性力范围内。

（2）负荷调压过程。

当发动机负荷较小，输出功率较小时，节气门油压也较低，作用在副调压滑阀下端的油液压力也很低，油压所产生的作用力对主调压滑阀没有太大影响，调压阀工作在基本调压状态。当发动机负荷增加时，节气门油压升高，作用到副调压阀下端，推动其上移。弹簧预紧力和节气门油压作用力同时作用在主调压滑阀上，迫使其上移关闭泄油口。若要泄油口再次开启，管道内压力必须达到足以产生推动主调压滑阀向下运动的力，在新作用力条件下实现新的平衡，从而迫使液压系统的压力提高。此时可使油液压力保持在相对稳定的范围（通常为 0.5～1MPa）内。

由于节气门油压的变化特性是随发动机负荷增加而压力升高，所以管道油压也随发动机负荷变化。例如，当汽车在起步、加速等大负荷工况时，系统油压高，作用于液压离合器的压力大，则传递的转矩增加。这样的调节可以使离合器在不改变结构尺寸情况下能满足高速挡、低速挡工作要求，在低速时获得较大转矩，在高速时降低能量消耗。

（3）倒车调压过程。

当选择倒挡时，倒挡油压通过倒挡油路进入副调压阀2中间部位，如图4.21所示。副调压阀的两个阀肩直径上大下小，在倒挡油压作用下产生向上推力，滑阀向上移动。与负荷调压过程类似，弹簧力与倒挡油压推力的共同作用使主调压阀压力提高。

主油路压力的大小控制着自动变速器内所有的多片离合器、制动器能否可靠地接合工作和传递驱动扭矩。同时，它也是自动变速器内所有其他压力的基础。所以，主油路压力也就成了汽车自动变速器内最基本、最重要，而且也最关键的压力。如果主油路压力调节阀工作异常，就无法实现给定的控制主油路压力任务。例如，一旦压力调节阀中滑动柱塞运动卡滞，就可能使主油路压力过高，引发换挡冲击、部件损坏等问题。而由于油液脏污和使用过久等原因使柱塞配合表面过度磨损造成间隙，则泄漏过大会使主油路压力过低，引起离合器、制动器等打滑，严重时甚至会造成车辆无法运行。所以，如果发现上述问题，应及时测量主油路压力，看其是否在正常范围之内。为方便测量，一般汽车自动变速器壳体上，都设有专门的主油路压力测量孔。

课题实施 检查自动变速器液压泵

操作一 检查内啮合齿轮泵

（1）如图4.22所示，分解自动变速器内啮合齿轮泵。

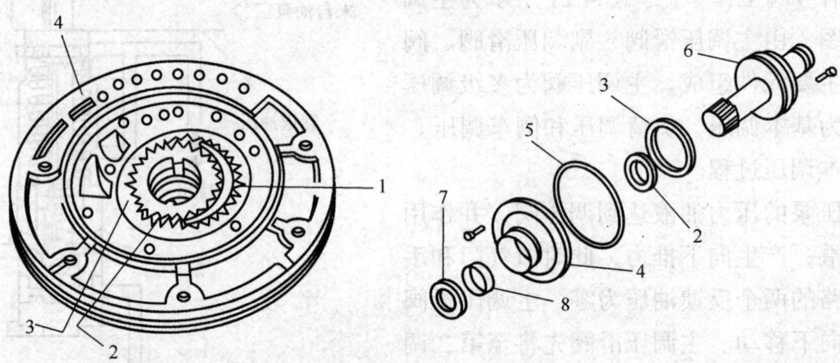

图4.22 内啮合齿轮泵分解图

1—月牙形隔板 2—驱动齿轮（外齿轮） 3—被动齿轮（内齿轮） 4—泵体
5—密封环 6—固定支承 7—油封 8—轴承

（2）观察内啮合齿轮泵的外观，是否有损坏、裂纹、擦痕、漏油等，并记录零件名称。

（3）测量内齿轮与壳体间隙，如图4.23（a）所示。

（4）测量齿轮端隙，如图4.23（b）所示。

（5）测量齿顶与月牙板间隙，如图4.23（c）所示。

（6）测量壳体衬套内径，如图4.23（d）所示。

（7）测量转子轴套前、后端直径，如图4.23（e）所示。

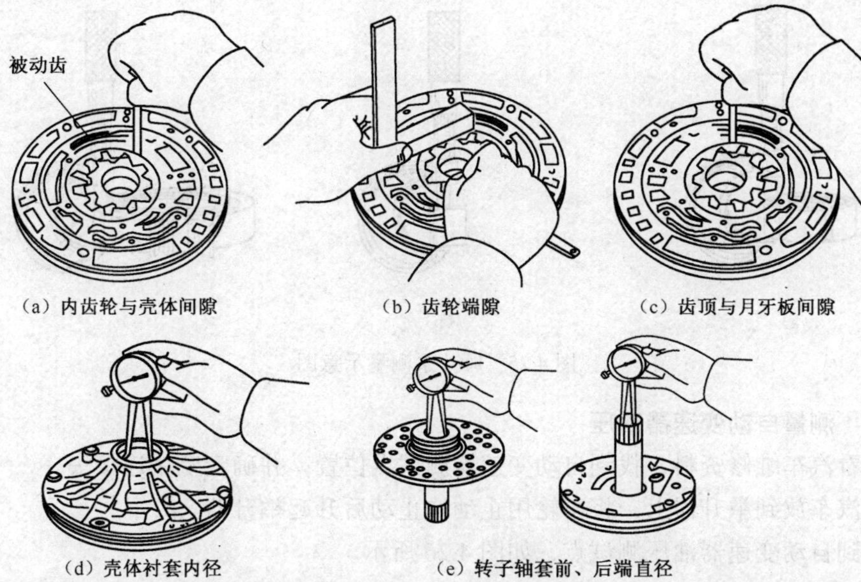

图 4.23　内啮合齿轮泵测量示意图

操作二　检查自动变速器叶片泵

（1）按照拆卸要求，拆开自动变速器变量叶片泵，参看图 4.24。

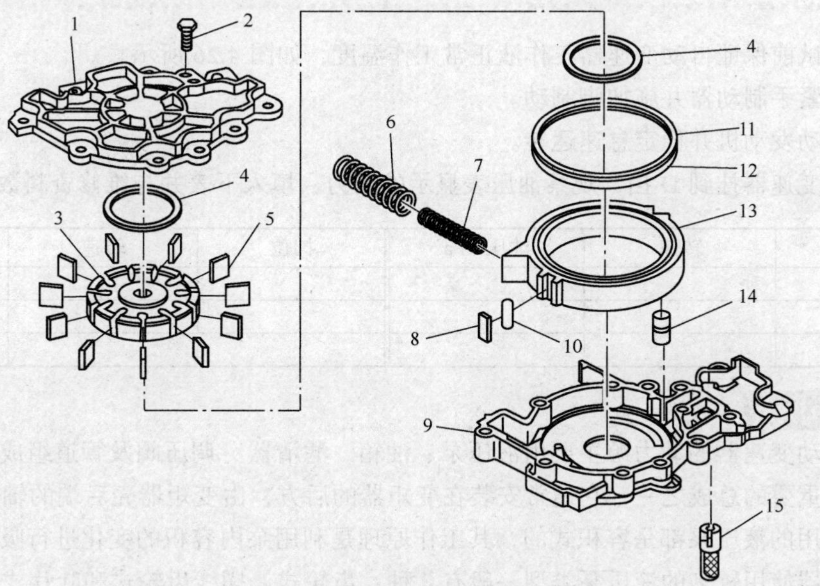

图 4.24　变量泵零件关系图

1—端盖　2—紧固螺栓　3—转子　4—叶片支撑环　5—叶片　6—外弹簧　7—内弹簧　8—泵件油封　9—泵壳　10—密封支撑件　11—油封环　12—O 形圈　13—摆动泵体　14—销轴　15—滤网

（2）观察叶片泵的外观，是否有损坏、裂纹、擦痕、漏油等，并记录零件名称。

（3）用千分尺检测磨损情况，如图 4.25（a）所示。

（4）用千分尺测量叶片的厚度，如图 4.25（b）所示。

（5）用千分尺测量摆动泵体磨损情况，如图 4.25（c）所示。

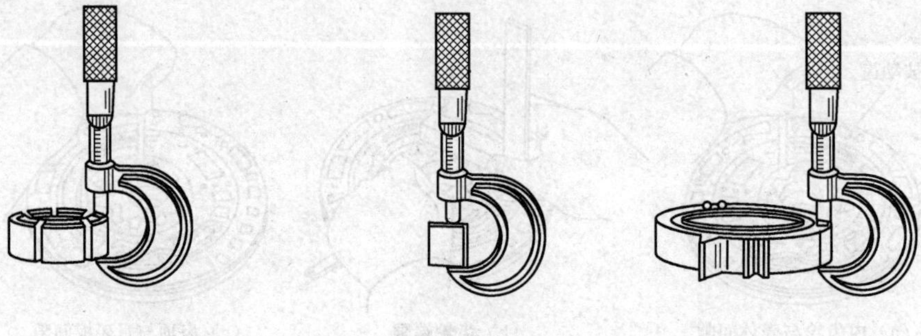

（a）　　（b）　　（c）

图 4.25　叶片泵测量示意图

操作三　测量自动变速器油压

（1）查看汽车维修资料，找到自动变速器测试点位置，并确定专用连接头。

（2）将汽车放到举升器上，将车轮用止动块止动后升起举升器。

（3）找到自动变速器油压测试点，如图 4.26 所示。

（4）将油堵拧下，接上测压油管和测压表。

提示　用容器置于工作点下面，以减少油流到地面，并将泄漏的油清理干净。

（5）测试前保证自动变速器工作液正常工作温度，如图 4.26 所示。

（6）拉紧手制动器并施加脚制动。

（7）启动发动机并稳定怠速运转。

（8）将变速器挂到 D 挡，观察油压表显示的压力，填入下表并与维修资料数据对照。

挡位	转速	油压 kPa	挡位	转速	油压 kPa

课题小结

（1）自动变速器的动力源主要由液压泵、油箱、滤清器、调压阀及管道组成。液压泵是自动变速器最重要的总成之一，它通常安装在变矩器的后方，由变矩器壳后端的轴套驱动。

（2）常用的液压泵都是容积式的，其工作原理是利用泵内容积的变化进行吸油、压油。汽车自动变速器使用较多的液压泵类型一般有 3 种：齿轮式、摆线齿轮式和叶片式。

（3）液压泵的排量都是固定不变的，所以也称为定量泵。变量泵具有一个可以摆动的泵体组装在泵壳内，泵体可以绕销轴作一定的摆动，以改变泵体与转子的偏心距，从而改变液压泵的排量。

（4）油压调节装置的作用是：维持系统油液必须的工作压力，并当液压泵泵油量大于系统用油量时，将多余油液排出。

（5）自动变速器供油系统的油压调节装置是由主调压阀（又称一次调节阀）、次调压阀（又称二次调节阀）、单向阀和安全阀等组成。主调压阀用于调节来自液压泵的油压，把调节后的主油压送到各执行元件、换挡阀处。

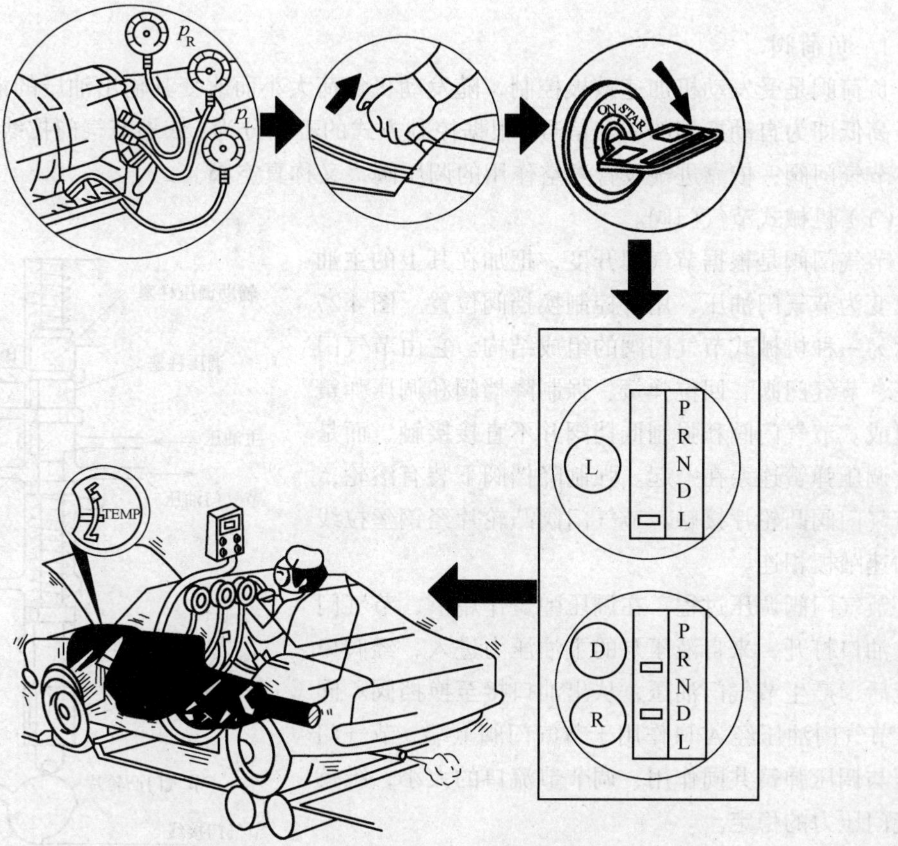

图 4.26　自动变速器油压测量示意图

作业测评

（1）自动变速器液压泵的作用是什么？常用的液压泵有哪些型式的？

（2）为什么要进行油压调节？液压系统油压过高、过低会对执行元件产生哪些影响？

（3）叙述定量泵和变量泵特点与区别。

课题三　自动变速器液压阀体的分解与检查

基础知识

一个换挡阀只能实现一个、二个油路的切换。若要实现多挡油路切换，需要通过几个换挡阀的逻辑组合，以控制不同的液压执行元件。由换挡阀和其他控制阀组成，用于控制液压执行元件的油路称为液压换挡油路。

一、换挡控制油压元件结构与工作原理

1. 负荷阀

负荷阀是受发动机加速踏板控制，随发动机负荷大小而改变其输出油压的液压阀，输出的油压高低即为自动换挡的一个信号。根据控制方式的不同分为：依靠节气门拉线作用的调压阀，又称节气门阀；依靠进气歧管真空作用的调压阀，又称真空阀。

（1）机械式节气门阀。

节气门阀是根据节气门开度，把加在其上的主油压改变为节气门油压，用于控制换挡阀位置。图 4.27 所示为一种机械式节气门阀的组成结构。它由节气门阀座、节气门阀、回位弹簧、强制降档阀和调压弹簧等组成。节气门阀和强制低挡阀并不直接接触，而是通过调压弹簧连系在一起。强制降挡阀下装有滚轮，与节气门阀凸轮片接触。节气门阀凸轮片经钢丝拉线与加速踏板相连。

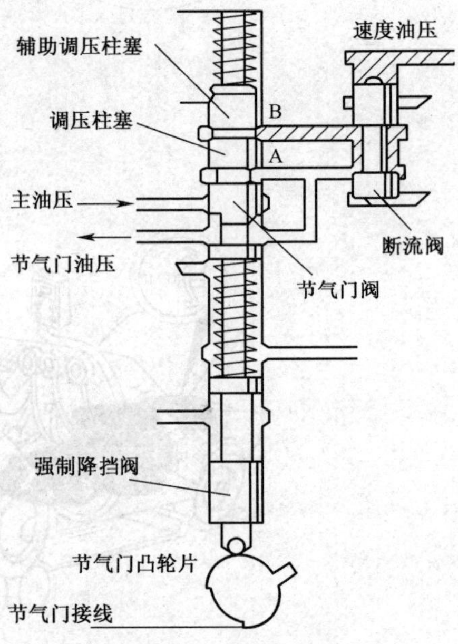

图 4.27　节气门阀结构

节气门阀调压过程：在调压弹簧作用下，节气门阀进油口打开，来自液压泵的主油压力进入，经阀口节流后，产生节气门油压，从出油口接至换挡阀。同时，节气门油压经 A 口作用于节气门阀上端，节气门油压与调压弹簧共同作用，调节节流口的大小，维持节气门压力的稳定。

当踩下加速踏板时，节气门拉线迫使节气门阀凸轮顺时针转动，将强制低挡阀上推，压缩调压弹簧。调压弹簧则推动节气门阀上移，使节流口开大，从节气门阀输出的油压增高。节气门油压和调压弹簧在新条件下实现压力调节。

加速踏板越往下踩，节气门阀凸轮转动角度也越大，强制降挡柱塞上移越多，调压弹簧被压缩弹性力增加，节气门阀被迫上移，节流口开大，使得节气门阀输出的油压力增高。从而使发动机节气门的开度大小（即发动机负荷大小）与自动变速器节气门阀输出的油压有了正比例对应关系。

汽车加速、迅速踏下加速踏板时，凸轮片会急剧推动强制降挡阀上移，过渡位移使强制降挡油路接通，额外增加的油压作用在换挡阀上，以备迅速及时降挡，提升汽车驱动力。

（2）真空式负荷阀。

真空式负荷阀是根据进气管内压力变化进行压力调节的装置，由真空膜盒和压力调节器组成，其结构如图 4.28 所示。

压力调节阀的右侧有将进气管压力变化转换为直线运动的真空膜盒。膜盒内被膜片分隔为真空气室和空气室。真空气室通过软管与发动机节气门后的进气管相通，与膜片相连的推杆则在膜片弹簧力的作用下将滑阀推向左侧。膜片作用在推杆上的力既与膜片的弹簧力大小有关，也与真空气室的真空度，即发动机节气门后进气管的真空度有关。当节气门开度较小时，进气管真空度较大，真空膜片对滑阀的推力减小。当节气门开度较大时，进气管真空度较小，真空

膜片对滑阀的推力增加。

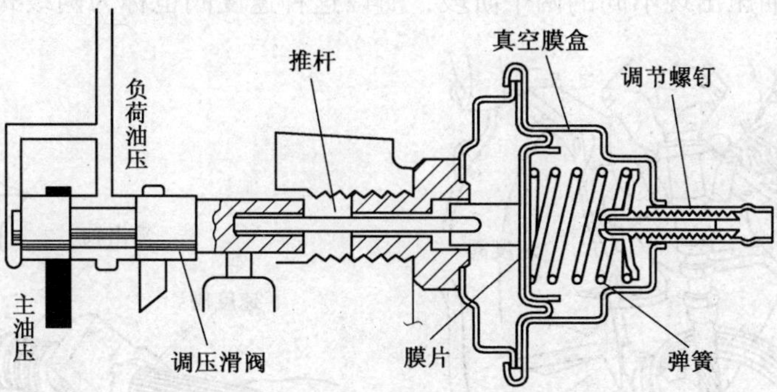

图 4.28　真空式负荷调压阀

真空调压阀工作过程如下。

当发动机怠速工况节气门关闭时，进气管内真空度大，膜片在真空吸力作用下克服弹簧力驱动滑阀右移，关闭主油路进油口，打开泄油口。此时，输出压力为零。

当节气门稍微开启，进气真空压力下降，膜片在弹簧作用下推动滑阀左移，开启部分主油口，并将泄油口关闭，主油压经出油口进入换挡控制油路。同时，输出的油压经压力反馈油路进入滑阀的左端，形成与弹簧力相反的作用力。当作用力大于此时的“弹簧力”，滑阀会关闭进油口 A，阻止压力继续上升。若输出压力仍高于“弹簧力”，滑阀会继续右移，打开泄油口 C，适当减少输出压力。滑阀两侧力的平衡过程维持出油口的压力不会高于弹簧力和真空力合力，形成即刻稳定压力。

当节气门进一步开启，进气真空压力也会随之进一步下降，滑阀上反馈压力所形成的作用力与即时的“弹簧力”形成新的平衡，滑阀发生一系列平衡动作，输出油压随之升高，直到形成稳定输出压力。

当节气门全开时，输出油压达到调节的最大值。

由分析可知：真空负荷阀所产生的控制油压也是随发动机节气门的开度大小，即发动机负荷大小而变化的。

2. 速度调压阀

速度调压阀又被称作离心调速器或速控阀。其作用是为自动变速器换挡阀提供一个随车速高低而变化的控制油压。机械式速度调压阀的结构种类很多，其基本原理是利用旋转时的重块所产生的离心力随转速变化的特性控制调压阀，并转换为与车速相关的控制油压。

速度调压阀按在变速器上安装位置分为直接驱动型和间接驱动型速度调压阀。直接驱动型速度调压阀直接安装在变速器输出轴上，结构紧凑、工作可靠，位置如图 4.29（b）所示。间接驱动型速度调压阀变速器输出轴附近的箱体上，如图 4.29（a）所示。速度调压阀通过齿轮传动由变速器输出轴驱动。其特点是拆装方便。

（1）直接驱动复合式双级速度阀。

近代汽车液压控制自动变速器中普遍应用复合式双级速度阀，图 4.30 所示为其中一种结构。这种速度调压阀体安装在变速器输出轴上，由离心块和滑阀组成两个大小不同的重锤，滑阀与离心块通过阀轴和弹簧连接。滑阀为台阶结构，用来控制主油压与速度油压通道的节流尺寸。当离心力和液压力相互作用时可使滑阀的位置变化而实现速度压力的调节。在低速范围内，离心块与滑阀同时受到离心力作用；在高速范围内，只有滑阀的离心力继续作用。因此，速度调压阀的输出信号油压出现不同的两个阶段，所以这种速度阀也称为两级式速度阀。

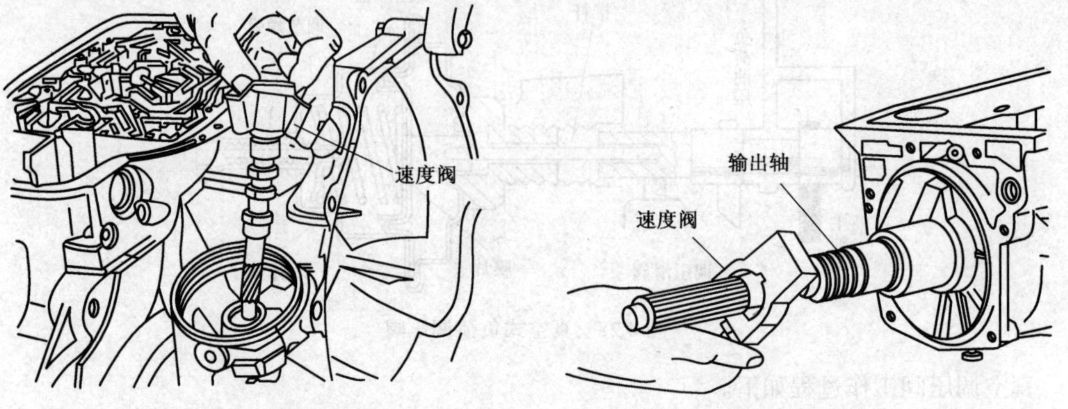

（a）间接驱动型速度阀　　（b）直接驱动型速度阀

图 4.29　速度阀在变速器上安装位置

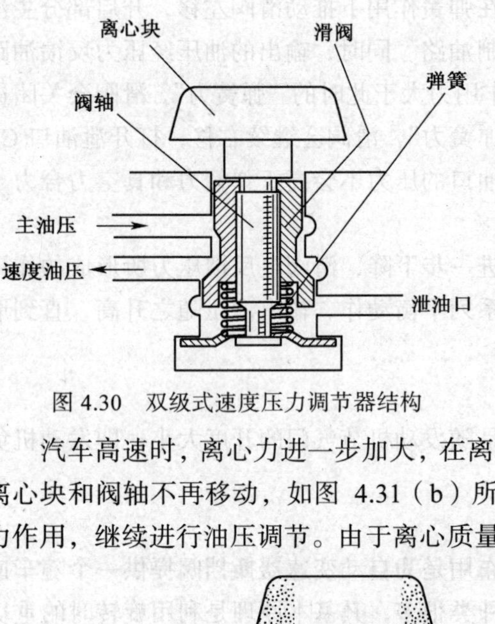

图 4.30　双级式速度压力调节器结构

汽车低速时，在离心力作用下，重块通过弹簧牵动滑阀一起上移，打开主油路节流口，主油压力经阀槽进入速度油压通道，如图 4.31（a）所示。由于滑阀阀肩直径上小下大，存在面积差，油压在滑阀上形成向下的推力，一旦推力大于离心块和滑阀共同形成的离心力，滑阀下移将节流口关闭，则抑制速度压力的升高。若速度压力过高，则滑阀继续下移至泄油口开启，压力下降，滑阀又会恢复上移，关闭泄油口。滑阀上下移动使速控油压在离心力和油压作用下稳定在一定值，并随离心力的增加而增大。

汽车高速时，离心力进一步加大，在离心块离心力作用下，阀轴下端的止动板抵在阀体上，离心块和阀轴不再移动，如图 4.31（b）所示。此时，只有滑阀仍在油压推动下与自身的离心力作用，继续进行油压调节。由于离心质量减小，速度油压转为缓慢上升。

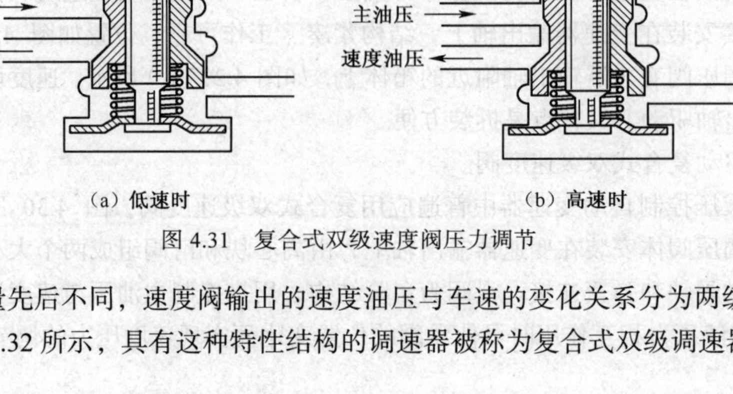

（a）低速时　　（b）高速时

图 4.31　复合式双级速度阀压力调节

由于离心质量先后不同，速度阀输出的速度油压与车速的变化关系分为两级，输出速度油压特定曲线如图 4.32 所示，具有这种特性结构的调速器被称为复合式双级调速器。

（2）间接驱动型速度阀。

当汽车为发动机前置、前驱动时，速度阀被布置在变速器箱体上，由变速器输出轴上的齿轮间接驱动。这种间接驱动型速度阀仍为复合式双级压力调节，其结构如图 4.33 所示。它由速度阀滑阀 3、初级重块 6、次级重块与杠杆 5、阀体 2 及保持架 8、弹簧 4、从动齿轮等件组成。阀体上有进油口 A、出油口 B 和泄油口 C。滑阀上的径向油孔和轴向油孔构成速度油压反馈通道。

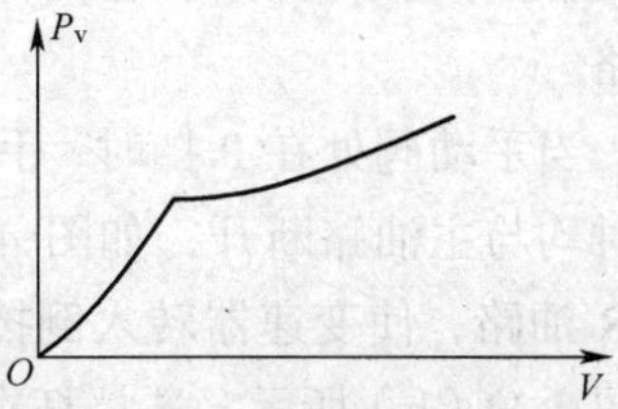

图 4.32　双速速度阀调压特性曲线

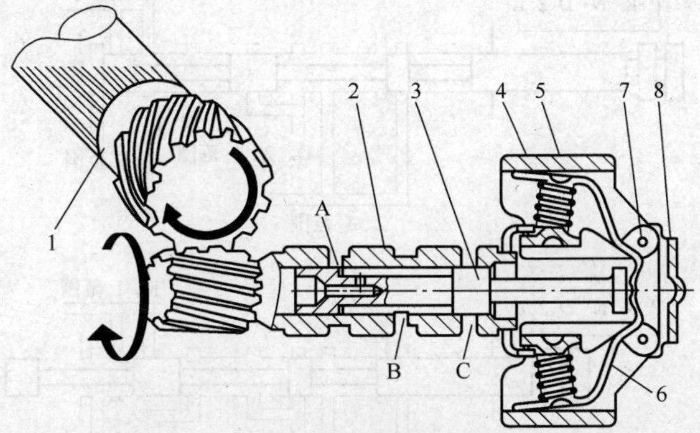

图 4.33　间接驱动复合式双级速度阀

1—驱动轴齿轮　2—阀体　3—滑阀　4—弹簧　5—次级重块与杠杆　6—初级重块
7—杠杆支点　8—保持架　A—进油口　B—出油口　C—泄油口

当来自主油压的压力油由进油口 A 进入后，经滑阀从 B 口流出，同时油压经滑阀上的反馈通道作用于滑阀左端，产生将滑阀向右的推力。油压产生的推力与滑阀上的离心力相互作用，调节输出油压。

变速器输出转速低时，初、次级重块组件受离心力作用绕支点转动，滑阀在离心杠杆作用下左移，将进油口 A 开启，主油压经出油口 B 流出。反馈的速度油压推动滑阀克服离心力向右运动，致使进油口 A 开度减小，当达到泄油口 C 时，输出油压随之降低。通过油压与离心力的平衡，使速度油压维持在较低的状态。

变速器输出轴转速提高时，初级重块达到一定位置不再运动，次级重块和弹簧继续在离心力作用下推动滑阀左移，进油口 A 开度增大，滑阀上出现新的作用力平衡，速度阀输出油压就越高，从而使得速度阀输出油压能随着输出轴转速（即车速）的增大而增高。

3. 手动选挡阀

手动选挡阀又称手动阀或选挡阀，它的功用是将对汽车行进方向或对自动变换挡要求的信息传递给液压系统，使液压系统在选定的范围内实现自动控制。手动阀是个液压多路换向阀，位于液压控制系统油路中，经机械传动机构和自动变速器的选挡操纵手柄相连，由驾驶员手工操作。手动阀的位置与操作手柄位置对应。操纵选挡手柄，能够切换控制油路，按照人的意志改变工作油压的流向，以实现对汽车运行方式选择要求。

自动变速器手动选挡阀的结构和工作原理如图 4.34 所示。手动阀的滑阀由若干个阀肩和阀槽组成，阀肩可以封闭阀体上的油路，阀槽则可将槽宽范围内的油路相互接通。通过连接杆受选挡杆操纵，滑阀能够左右移动。手动阀的进油口是来自主油压力调节阀的管路压力，出油口接到各换挡执行油路。选挡杆拨动滑阀移动时，可分别接通或关断主油压油路与阀体中的换挡油路。

当手动阀处在 P 挡时，手动阀右侧阀槽将主油路于倒挡 R 和低挡 L 油路接通，而其他油路此时均与主油路断开，如图 4.34（a）所示。选挡杆处在 R 挡时，手动阀右移而又接通一条倒挡 R 油路，使变速器转入倒挡工作状态。选挡杆在 D 挡时，手动阀将主油路与 D 挡油路接通，如图 4.34（b）所示。选挡杆在 L 挡时，手动阀继续右移，同时将主油路、L 挡的油路接通而实现只有一个挡的运行。

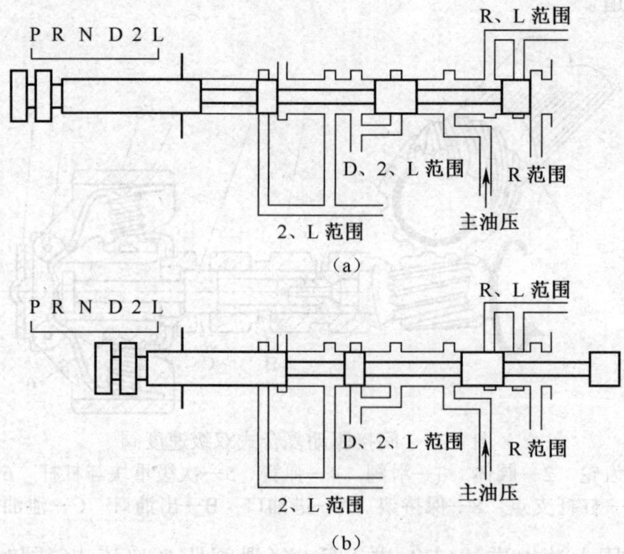

图 4.34　手动选挡阀结构

4. 换挡阀

换挡阀的作用是对应速度阀和负荷阀调节的油压改变滑阀的位置，实现换挡主油路的切换，将主油压力经换挡阀送至不同的换挡执行元件。自动变速器中机械速比的自动变换主要由换挡阀及换挡油路完成。换挡阀是由液压控制的两位油路换向阀，用以切换油路流向或改变油路内的压力，它根据发动机负荷（节气门开度）或汽车速度的变化，自动控制换挡阀的位置状态，以控制液压执行元件的动作，使自动变速器处于最适合汽车行驶状态的挡位上。自动变速器液压控制根据传动比多少需要若干个换挡阀组成自动换挡控制油路。

换挡阀结构和工作原理如图 4.35 所示，换挡阀的右端作用来自速度阀的速度油压 P_1，左端作用着来自节气门阀的负荷油压 P_2 和换挡阀弹簧的弹力。换挡阀的位置取决于两端控制压力的大小。当右端的速度油压低于左端的负荷油压与弹簧弹力之和时，换挡阀保持在右端，如图 4.35（a）所示；当右端的速度油压高于左端的负荷油压与弹簧弹力之和时，换挡控制阀移至左端，如图 4.35（b）所示。换挡阀左、右移动时，接通或关闭主油路，从而让主油路压力油进入不同的换挡执行元件，使之处于工作状态，以实现不同的挡位。当换挡阀移至左端时，自动变速器升高一个挡位；反之，换挡阀由左端移至右端时，自动变速器降低一个挡位。

图 4.36 所示一种实用型换档阀结构，滑阀有两个稳定工作位置，可实现两个油路切换。滑阀的下端作用随汽车速度变化的油压 P_4。滑阀上端作用弹簧力与负荷油压 P_2。当汽车速度油压 P_4 随车速上升时，推动滑阀上移，接通 1 和 3 油路，换入高速挡。当负荷油压 P_2 随发动机负荷

增加时，会强制滑阀下移，换入低速挡。可实现推迟换入高速档或强制降挡。

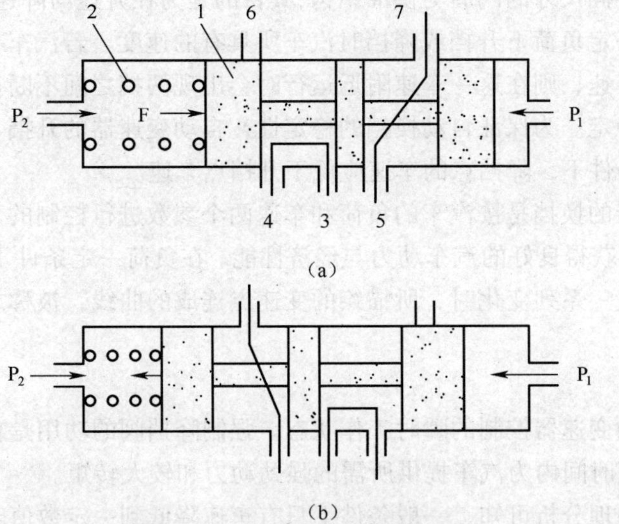

图 4.35 换挡阀结构与工作原理

1—换挡阀芯 2—弹簧 3—主油路 4、5—换挡油路 6、7—泄油口

P_1—速度油压 P_2—负荷油压

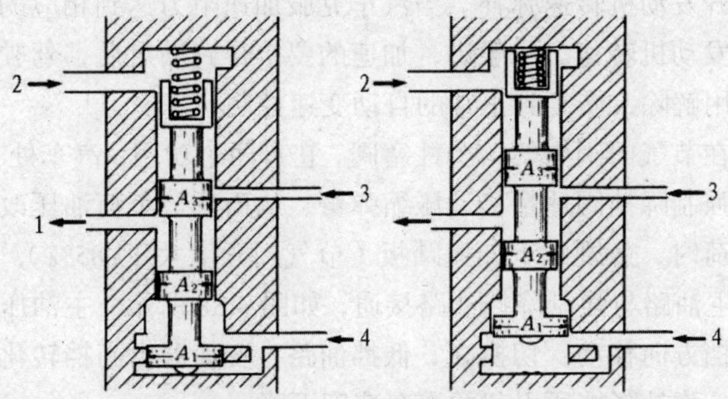

图 4.36 实用换档阀结构

1—执行元件油路 2—负荷油压 3—主油路 4—速度油压

由滑阀结构可以看出：设 $A_2 = A_3 < A_1$

由滑阀受力平衡条件可知：

滑阀升挡时需要满足条件：$P_4A_2 \geqslant F_t + P_2A_3$，即汽车实现升挡时速度油压应为：

$$P_4 > \frac{F_t + P_2A_2}{A_2} \tag{4-1}$$

而当滑阀降挡时需要满足条件：$P_4A_1 \leqslant F_t + P_2A_3$，即速度油压应为：

$$P_4 > \frac{F_t + P_2A_2}{A_1} \tag{4-2}$$

速度压力随汽车速度变化。不等式（4-1）、式（4-2）表明了实现升挡和降挡时的速度压力 P_4 的大小并不相同。不等式中，设负荷压力不变、忽略弹簧变形的弹性增量。则可知：升挡时压力大于降挡时压力，即同一个换挡阀控制的升挡时车速高于降挡时的车速。

换挡滑阀采用不同尺寸的阀肩与供油结构,其目的是为在升速与降速时获得不同的换挡点。换挡点是指汽车在一定负荷下升挡或降挡时汽车所具有的速度。若汽车在负荷不变条件下，其升挡与降挡为同一车速，则在这一车速附近运行时会出现两挡之间不断往复动作的现象，致使此时的驱动能力不稳定。为保证自动换挡的稳定性，自动变速器的升挡与降挡时的换挡车速不同。即在同一负荷条件下，降挡点的车速应低于升挡点车速。

液压自动变速器的换挡是按汽车的负荷和车速两个参数进行控制的。只有按设计要求进行自动换挡，才能保证获得良好的汽车动力与经济性能。在负荷一定条件下，可确定升、降挡点。当根据汽车负荷发生一系列变化时，所描绘的变速点连成的曲线，被称之为换挡规律曲线。如图 4.37 所示。

5. 强制降挡阀

强制降挡是自动变速器控制的瞬时工作状态。强制降挡阀的功用是在汽车急加速时能够迅速提高传动比，在短时间内为汽车提供所需的强劲动力和较大转矩。

由换挡阀工作原理分析可知，一般条件下只有车速降低到一定数值时，换挡阀才能由高挡换入低挡。这种换挡条件不能满足汽车在加速时大转矩提速的要求。为此，在换挡控制中设计有强制降挡阀，以在需要加速时及时换入低挡，提高汽车的驱动转矩。对于降挡后可能引起的车速下降，则通过提升发动机转速弥补。当汽车克服加速阻力达到相应的车速后，换挡阀自动换入高速挡，并降低发动机转速。一般讲，加速的要求得到满足后，驾驶人员会逐渐放松加速踏板，强制降挡的功用解除，恢复到正常的自动变速控制状态。

强制低挡阀是装在节气门阀内的一个柱塞阀。它有两个功用：汽车处在小、中负荷状态时，在节气门凸轮作用下强制降挡阀适量移动压缩弹簧，从而调节负荷油压改变换挡阀变速点。当需要汽车加速或大负荷时，急剧踩下加速踏板（节气门开度大于 85%），节气门凸轮迫使强制降挡阀剧烈移动，将主油路与强制降挡油路接通，如图 4.38 所示。主油压力直接作用在换挡阀上，强制换挡阀向低挡方向移动，切换高、低挡油路，变速器由高挡转化为低挡。与此同时，发动机转速迅速上升，弥补降挡所引起的汽车速度下降。

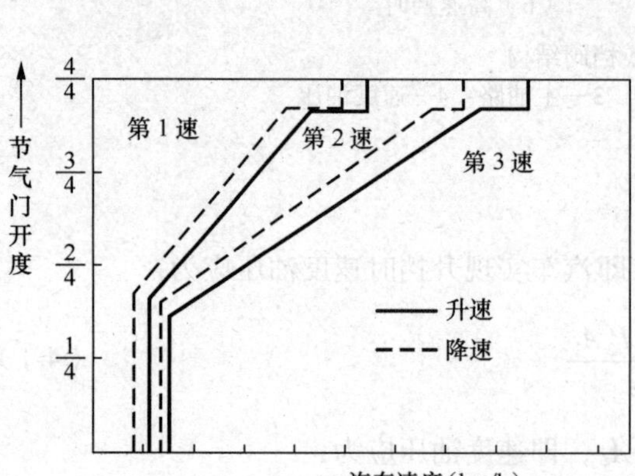

图 4.37　自动变速器换挡规律曲线

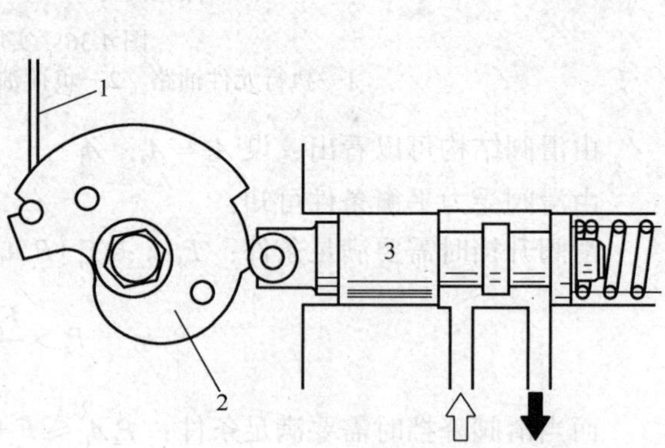

图 4.38　机械式强制低挡阀

1—节气门拉线　2—节气门阀凸轮　3—强制低挡阀

有些自动变速器采用电磁式强制低挡阀，如图 4.39 所示，它由电磁阀、强制降挡开关等组成。强制降挡开关安装在节气门踏板上，当油门踏板快踩到底时，强制降挡开关闭合，电磁阀通电，滑阀在电磁力的作用下移动，打开油路。压力油经滑阀通至换挡阀的节气门阀油压作用端，使换挡阀滑阀向降挡方向移动，自动变速器在低一挡的位置上工作。

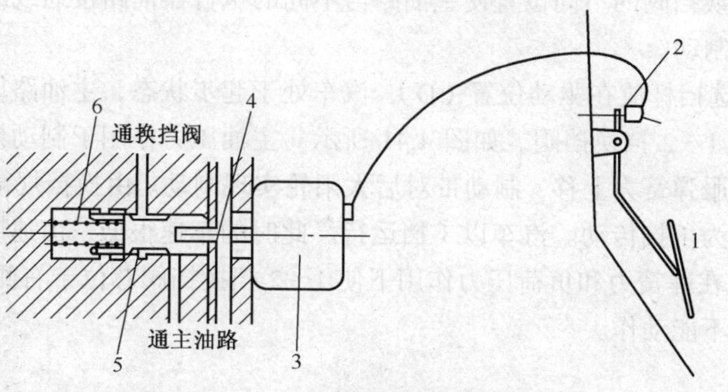

图 4.39　电磁式强制低挡阀

1—加速踏板　2—强制降挡开关　3—强制降挡电磁阀　4—阀杆　5—滑阀　6—弹簧

二、3 挡自动变速器液压系统换挡原理

图 4.40 所示为 3 挡自动变速器液压系统油路简图。液压控制自动变速器是根据汽车速度与发动机负荷的变化调节变速器的传动比。在图 4.40 所示的液压控制系统中，发动机负荷油压，由节气门阀调节；车速油压由输出轴驱动的速度阀调节。这两个油压被用来控制换挡阀的变速点。

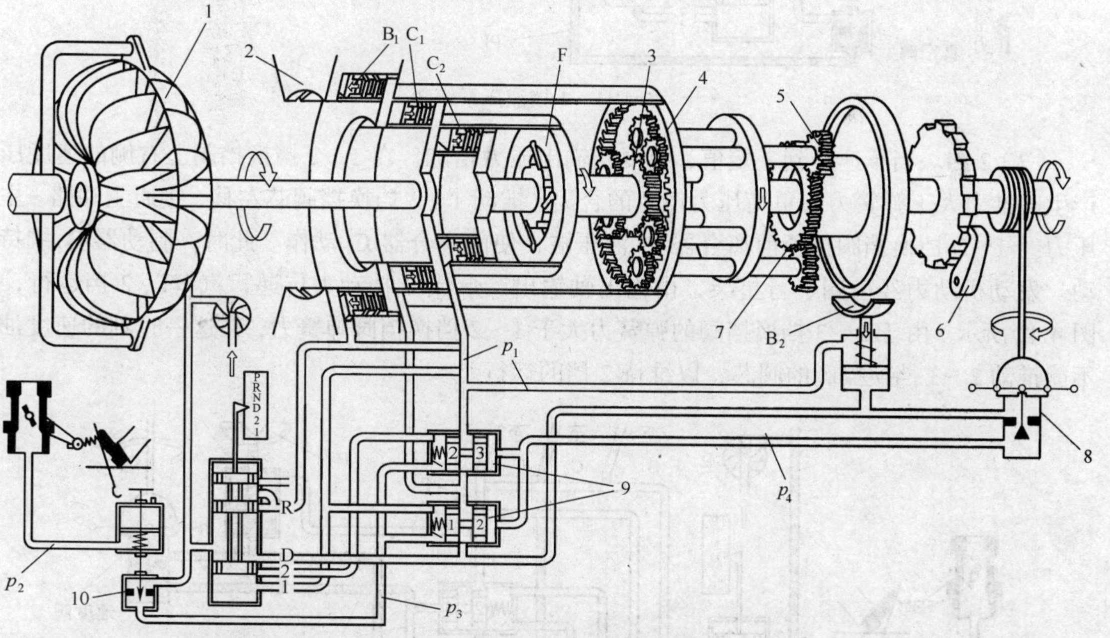

图 4.40　自动变速器液压系统图

1—变矩器　2—变速器壳体　3—前排太阳轮　4—齿圈　5—行星轮　6—驻车棘爪　7—后排太阳轮　8—速度阀　9—换挡阀　10—真空阀　B_1—前制动器　C_1—前离合器　C_2—后离合器　F—单向离合器　B_2—后制动器　p_1—主油压　p_2—进气歧管真空度　p_3—负荷油压　p_4—速度油压

由图 4.40 可见，从液压泵输出的油液可达手动选挡阀和真空阀。当手动选挡阀选择前进挡 D 时，来自液压泵的油液经手动选挡阀，可达换挡阀、制动器伺服阀和速度阀。进入真空阀和

速度阀的主油压为控制压力的调节提供了基本油压（真空阀和速度阀的压力调节原理可参看模块三的课题三）。经调节的控制油压分别作用于换挡阀的一侧。一组换挡阀分别控制到不同液压执行元件的油路，换挡阀的不同位置使主油路与不同的执行器油路接通或断开，以实现对行星齿轮元件的传动或制动。

（1）1 挡。当选挡杆放在驱动位置（D），汽车处于起步状态，主油路压力由手动选挡阀达到制动器伺服阀和 1～2 挡换挡阀，如图 4.41 所示。主油压力作用于制动器伺服阀的下侧，产生的推力使活塞克服弹簧力上移，制动带对后太阳轮实现制动。由换挡规律表可知，制动器 B_2 与单向离合器工作为 1 挡传动。汽车以 1 挡运行。此时的车速很低，由速度阀输出的控制压力低，1～2 挡换挡阀在弹簧力和负荷压力作用下使 1～2 挡换挡阀芯位于右侧，阀肩阻断油通路，使其他的执行元件不能动作。

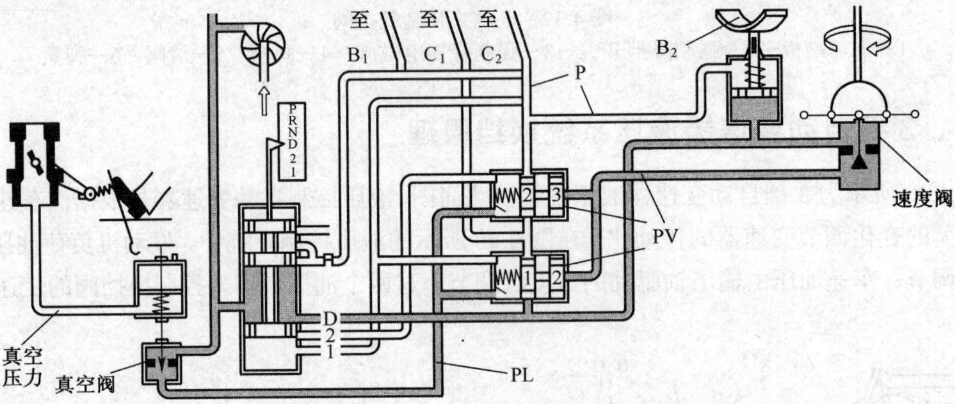

图 4.41　1 挡液压系统图

（2）2 挡。当车速达到一定值，速度阀输出压力增加。在 1～2 挡换挡阀上右侧的速度压力产生的推力大于弹簧力与负荷压力产生的合力，推动 1～2 挡换挡阀芯左移，接通主油路。主油压力经 1～2 挡换挡阀传至前离合器 C_1 液压缸，使前离合器 C_1 动作。此时，制动器 B_2 维持制动。发动机动力经齿圈、行星架，由输出轴输出，形成 2 挡动力传递，汽车以 2 挡运行，如图 4.42 所示。由于 2～3 挡换挡阀的弹簧力大于 1～2 挡换挡阀弹簧力，在这一时刻的速度油压不能推动 2～3 挡换挡阀的阀芯，以维持 2 挡的运行。

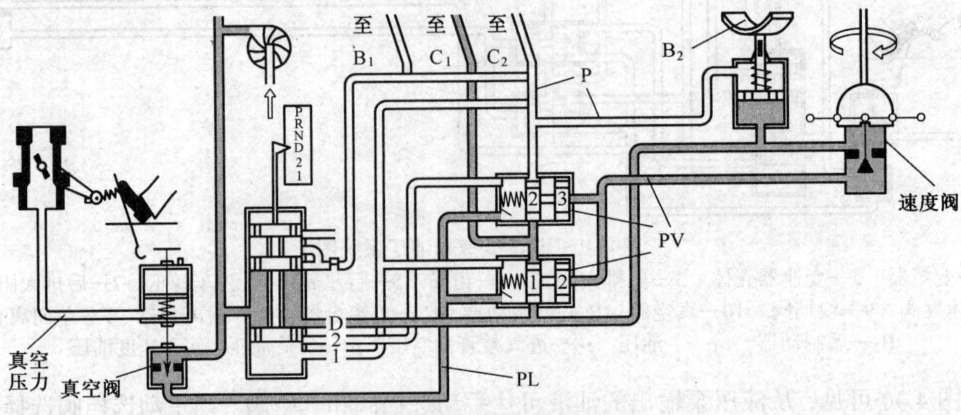

图 4.42　2 挡液压系统图

（3）3 挡。当汽车运行速度进一步提高到某一设定值，2～3 挡换挡阀上的速度压力大于负荷压力与弹簧力，2～3 挡阀芯被推向左侧，主油路被接通，主油路压力传至后离合器 C_2。同时，这一压力也进入制动器 B_2 的上端，由于主油压力产生的向下推力与回位弹簧力的合力大于向上的推力，使活塞向下移动，制动器释放。离合器 C_2 仍然维持接合。发动机动力经离合器 C_1 和离合器 C_2，分别作用于太阳轮和齿圈，由行星架输出。在此状态下，汽车以 3 挡运行，如图 4.43 所示。

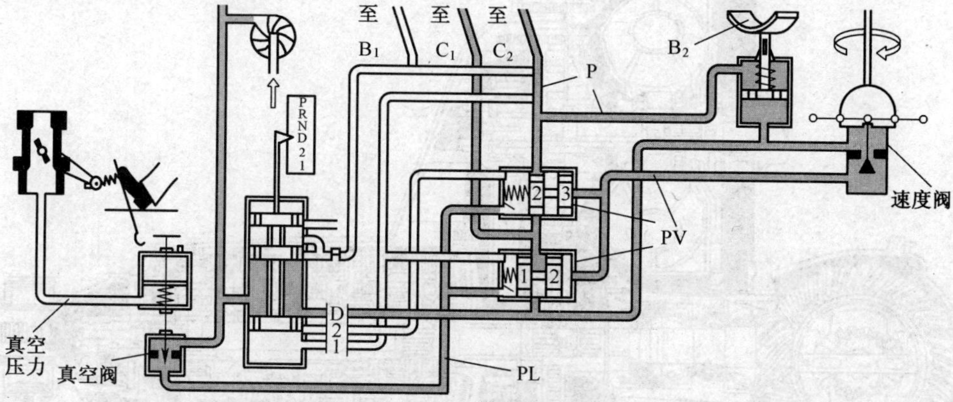

图 4.43　3 挡液压系统图

（4）倒挡。当手动选挡阀被推至倒挡位置，主油压力经倒挡油路进至前制动器 B_1 和离合器 C_2，同时，油压进入制动器 B_2 上方，使该制动器可靠释放。在此状态下，汽车以倒挡运行。倒挡时速度压力对换挡阀不起控制作用，负荷压力与弹簧力将换挡阀推向左侧，如图 4.44 所示。

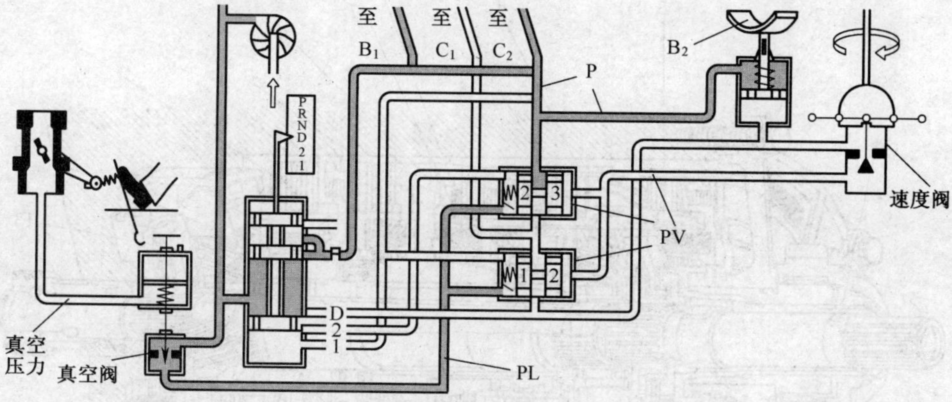

图 4.44　倒挡液压系统图

三、3 挡自动变速器液压控制油路实例

实际自动变速器液压控制系统要比前面介绍的简单液压控制油路复杂，因液压系统要控制更多的执行元件动作并解决更多的问题，所以油路中增加了控制阀或辅助控制阀，如挡位的自锁控制、压力控制、动作顺序控制、时间控制等。但复杂的液压系统仍然遵循液压自动变速器的基本控制思想与液压原理，学习液压系统油路要从液压基本控制着手。下面选择丰田 A55 3 挡自动变速器的液压系统进行分析，以便对自动变速器液压控制有较全面的理解。

1. 结构分析

如图 4.45 所示为丰田 A55 3 挡自动变速驱动桥。发动机动力通过链轮与链条输入到变速器机械部分。图 4.46 所示为该变速器的机械部分结构，丰田 A55 采用辛普森行星齿轮变速机构。液压执行元件换挡工作规律见表 4.1。

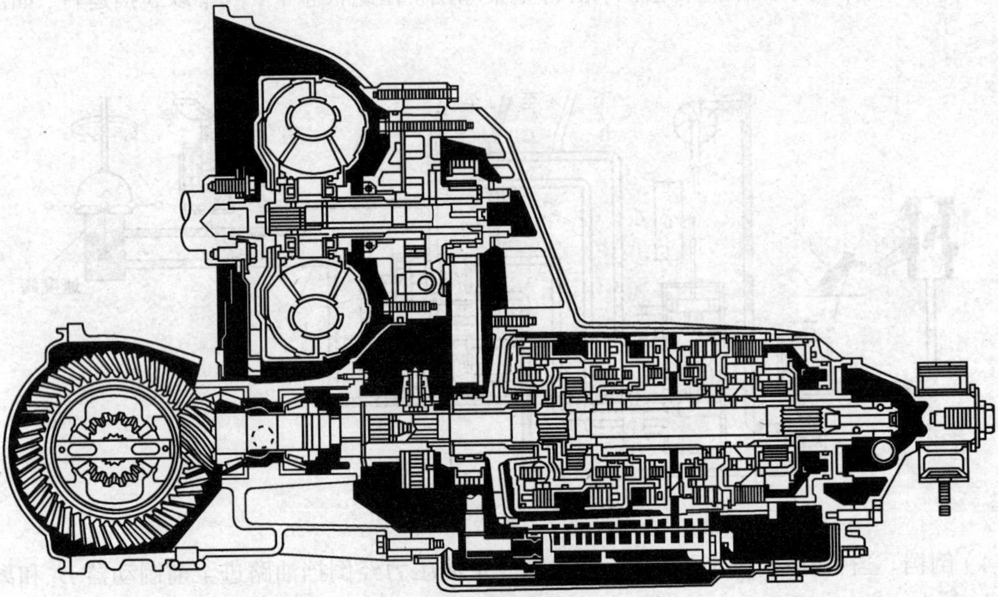

图 4.45 丰田 A55 自动变速驱动桥

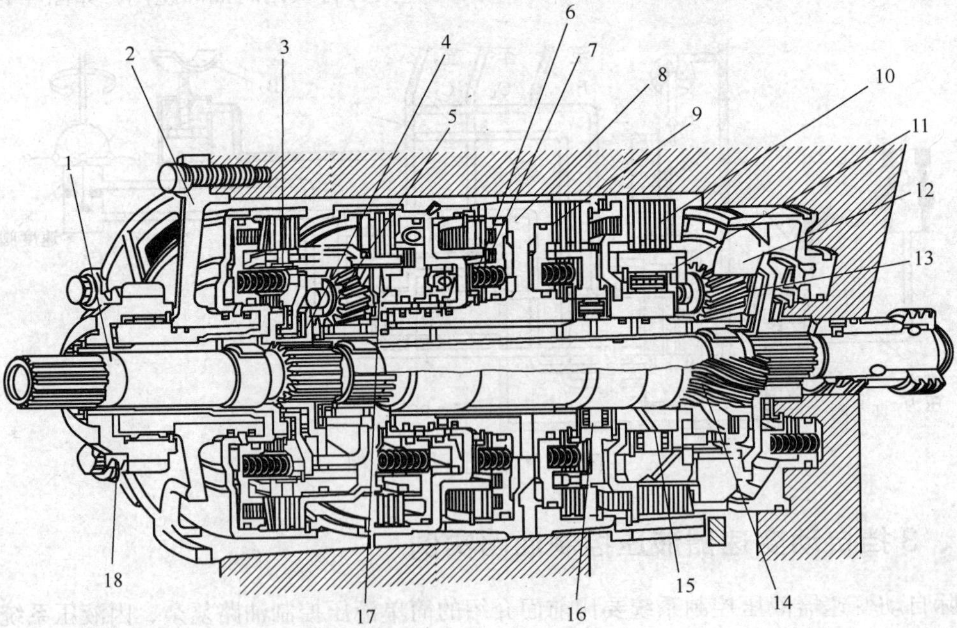

图 4.46 A55 机械结构

1—输出轴 2—前支撑板 3—前离合器 C_1 外鼓 4—前离合器 G_1 内鼓 5—前行星轮架 6—前行星轮齿圈 7—前行星轮 8—后离合器 C_2 外鼓 9—制动器 B_1 10—中间支撑板 11—制动器 B_2 12—制动器 B_3 13—后行星轮架 14—后行星轮齿圈 15—后行星轮 16—太阳轮 17—第二单向离合器 18—第一单向离合器

表 4.1　　液压执行元件工作规律表

选挡杆位置		C_1	C_2		B_1	B_2	B_3		F_1	F_2	发动机制动	传动比
			外	内			外	内				
R	倒挡		○	○			○	○			○	2.307
D	1 挡	○								◎		2.737
	2 挡	○				○			◎			1.565
	3 挡	○	○			○			○	○	○	1.038
2	2 挡	○			○	○			◎	○	○	1.565
1	1 挡	○					○			◎	○	2.737

注：F_1、F_2标○时仅空转，当标◎时则起单向离合作用。

液压执行元件中，后离合器 C_2 和制动器 B_3 使用内、外两个液压缸。使用双液压缸有下面两个作用。

① 双液压缸同时作用时，可以增加传递驱动力矩，主要应用于低速挡和倒挡，可传递较大力矩。

② 利用双液压缸先后动作，可以实现逐渐加载，通过摩擦滑移吸收离合器接合时的冲击。

液压控制系统的组成和油路如图 4.47 所示。由于是实际控制液压系统，液压控制阀与油路相对复杂些，各种控制阀的结构也相对复杂。但仔细分析，油路主要工作原理并没有变化。所以，分析一个复杂油路，应先分析基本油路，再对其他内容进行分析或认识。

所谓基本液压油路，指液压系统中的液压泵、压力调节油路、换挡油路、主要控制油路等实现换挡的基本油路。在油路图中首先找到上述元件的位置，再观察相互连接的油路，建立整体联系。图 4.47 所示的液压系统中的主要控制元件有下面几个。

（1）压力调节阀 6。对系统的压力根据车速高低、负荷大小进行调节；同时减小液压泵的泵油动力损失；还有，当发动机停止运转时，阻止变矩器中的油液流出。

（2）速度阀 1。装在变速器输出轴上，得到与输出转速成比例关系的控制油压。

（3）节气门阀 10。对应发动机负荷变化即节气门开度大小获得控制油压；并在加速执行强制降挡时，控制强制降挡所需的油压。

（4）手动阀 14。用以对前进、倒车及低速挡位油路进行切换。

（5）1～2 挡、2～3 挡换挡阀。在速度与负荷油压作用下实现主油路与执行油路的切换，执行换挡动作。

（6）蓄能器 2、3。并接于执行元件油路中，油路升压时吸收一定能量，缓合执行元件接合时的冲击。

（7）排气阀 7。用于发动机起动时排出油路中残存的空气。由于汽车长期停放或其他原因致使油路内进入空气，液压泵运转初始，空气可以从排气阀的小孔排出，油压升高后阀芯压缩弹簧关闭排气孔。

（8）断流阀 9。根据车速和负荷压力的关系，在必要时用以降低节气门油压，可减少液压泵的压力损失。

（9）调压锁止阀 8。强制降挡时对作用于 1～2 挡换挡阀、2～3 挡换挡阀的压力进行调节。

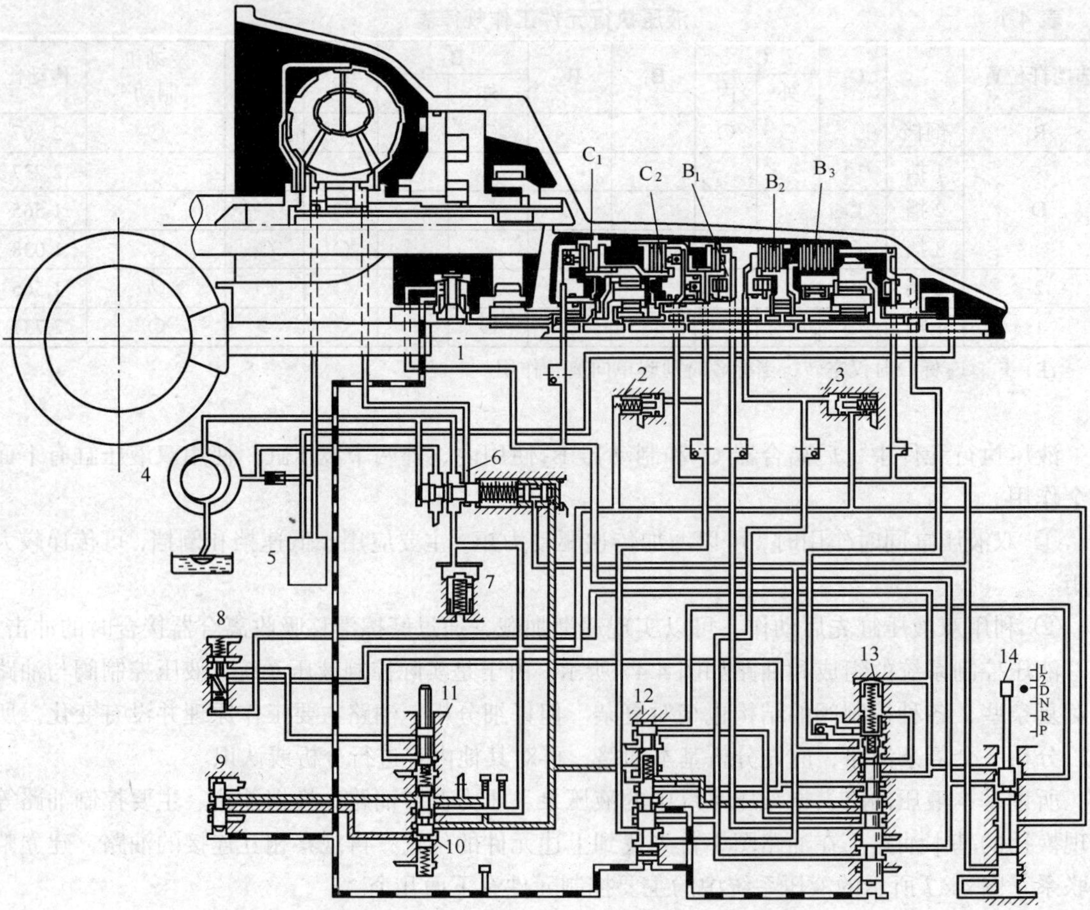

图 4.47　丰田 A55 自动变速驱动桥液压控制油路图

C_1—前离合器　C_2—后离合器　B_1—制动器　B_2—制动器　B_3—制动器　1—速度阀　2、3—蓄能器　4—液压泵　5—散热器　6—压力调节阀　7—排气阀　8—调压锁止阀　9—断流阀　10—节气门阀　11—强制换挡阀　12—2～3 挡换挡阀　13—1～2 挡换挡阀　14—手动阀

图 4.48 所示为各种控制阀在阀体的安装及结构图。

2. 换挡油路分析

图 4.49 所示是 1 挡时的液压油路。当手动选挡阀推至 D 位，选挡阀阀芯将主调节油压油路与换挡油路接通。主油压力分别传至以下各件。

（1）1～2 挡换挡阀。由于 1～2 挡换挡阀芯处于 1 挡位，油路不能与其他油路接通。

（2）速度阀。用以根据车速变化调节控制压力，前进挡时此油路一直保持主油压力。

（3）前离合器 C_1。由执行元件工作规律表可知，此离合器在前进挡中始终处于接合工作状态，所以当选定 D 挡位时，至离合器 C_1 的油路一直保持主油压力。

由油路图中可看到，主油压力还同时作用于蓄能器释放端，功用是使蓄能器释放动作迅速、可靠。

图 4.50 所示是 2 挡时的液压油路。汽车 1 挡车速升高时，速度阀控制油压随之升高，作用在 1～2 挡换挡阀下端克服弹簧力，阀芯上移。来自选挡阀主油路与制动带 B_2 油路接通，制动带 B_2 与 B_2 蓄能器动作，同时前离合器仍然工作，行星齿轮机构实现 2 挡动力传动。此时 2～3 挡换挡阀仍位于下端。

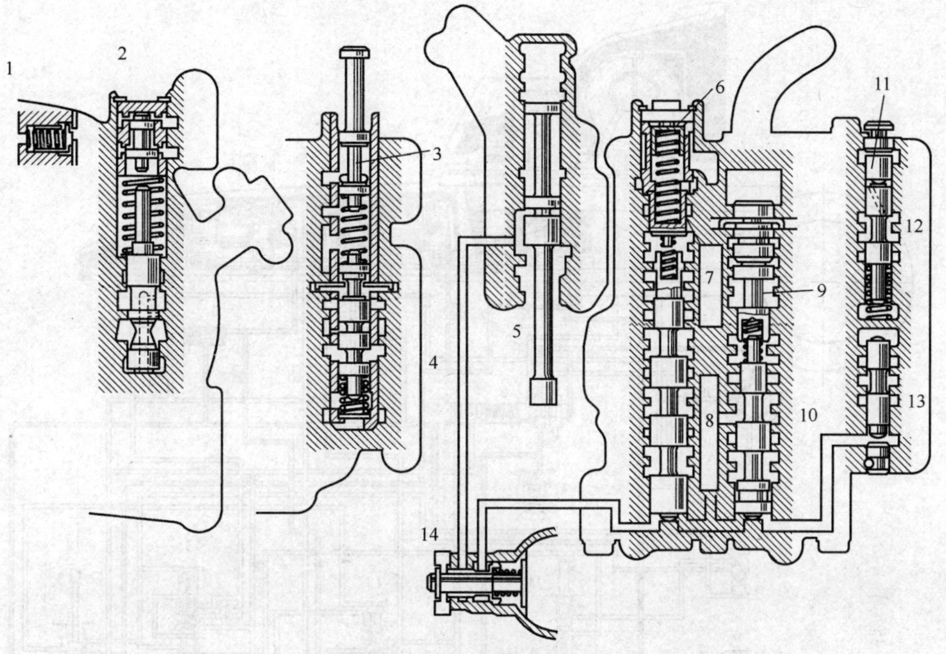

图 4.48　阀体与液压控制阀

1—排气阀　2—压力调节阀　3—强制降挡阀　4—节气门阀　5—手动选挡阀　6—滑行换挡控制阀　7—滑行换挡阀　8—1～2 挡换挡阀　9—中间滑行换挡阀　10—2～3 挡换挡阀　11—调压锁止阀　12—锁止调压阀　13—断流阀　14—速度阀

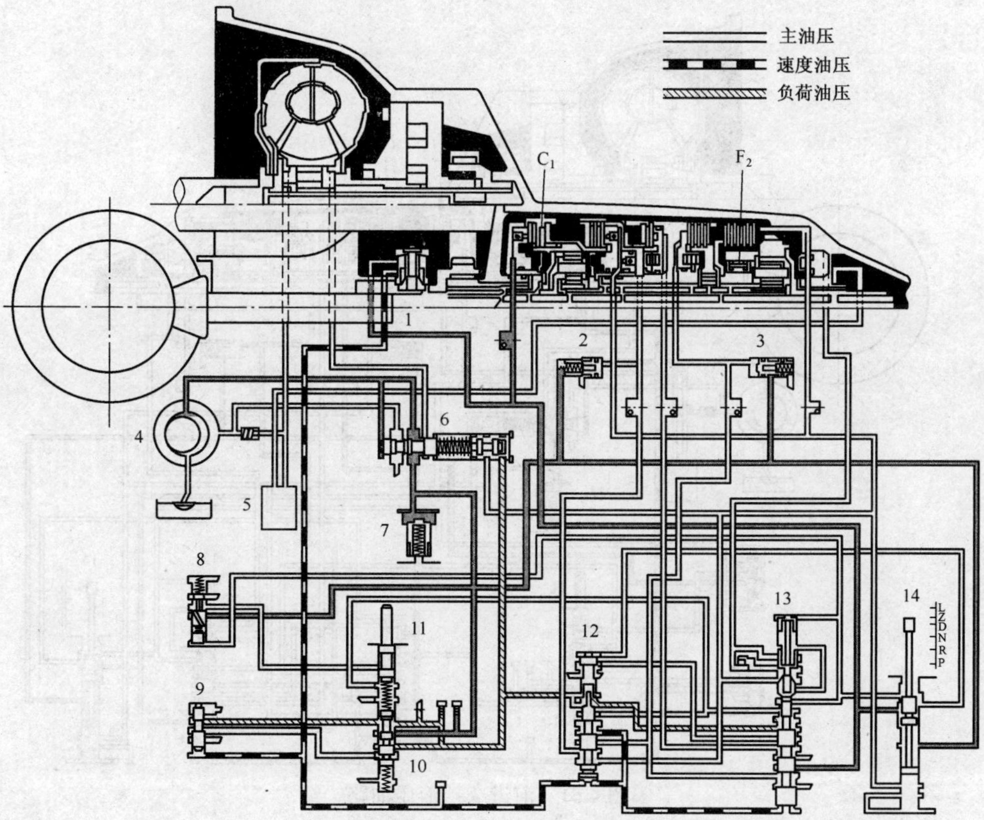

图 4.49　前进 1 挡液压油路

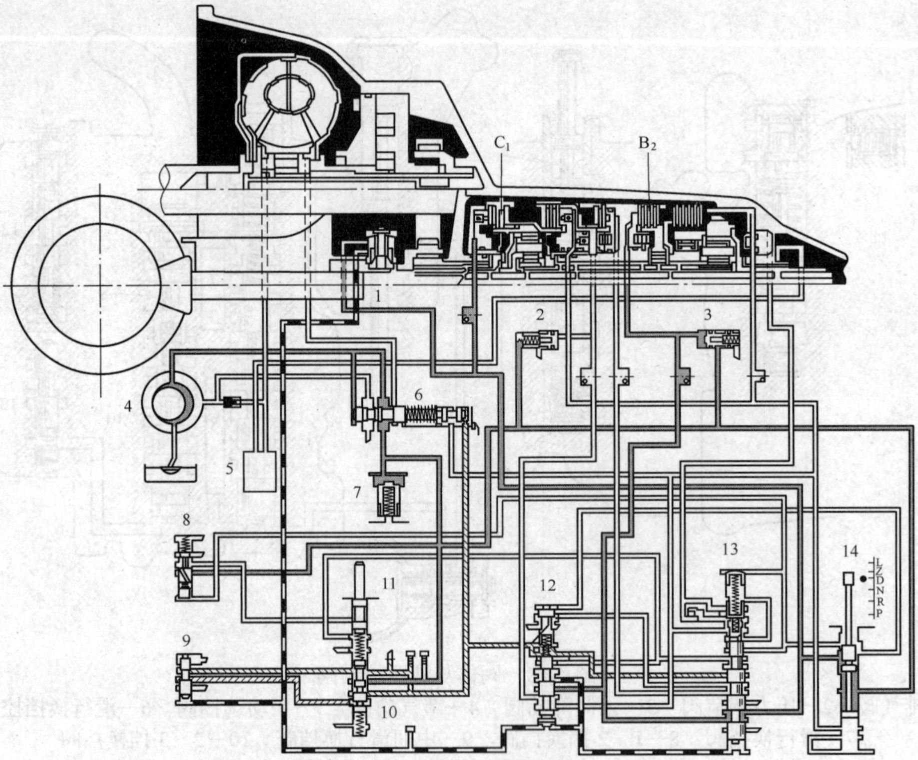

图 4.50　前进 2 挡液压油路

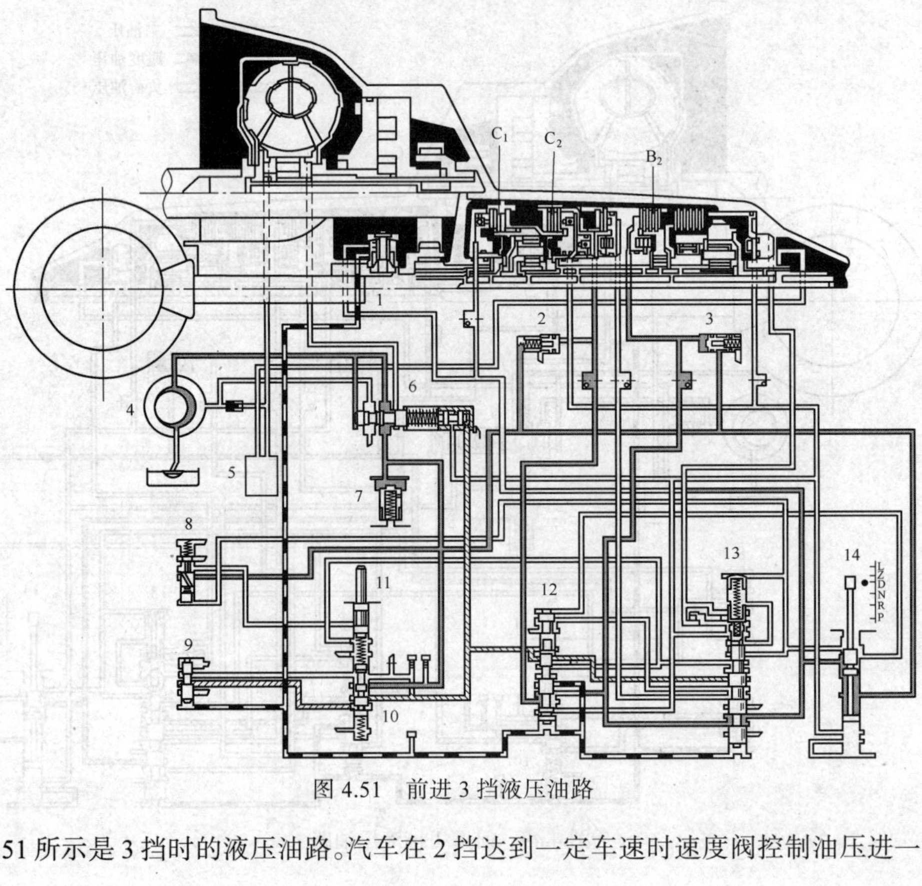

图 4.51　前进 3 挡液压油路

图 4.51 所示是 3 挡时的液压油路。汽车在 2 挡达到一定车速时速度阀控制油压进一步升高，

速度油压作用在 2～3 挡换挡阀下端克服弹簧与节气门油压合力，2～3 挡换挡阀上移，将主油路与后离合器 C_2 内液压缸油路接通，后离合器 C_2 与 C_2 蓄能器动作，实现 3 挡动力传动。此时速度油压高，使 1～2 挡、2～3 挡换挡阀均保持在上端位置。

图 4.52 所示是 3 挡时强制降为 2 挡的油路。当汽车需要加速时，加速踏板会被急速踩下。强制降挡阀 11 快速向下移动，来自调压锁止阀 8 的油压通过强制降挡阀至 2～3 挡换挡阀芯 12 的上侧，强制降挡油压、弹簧力和节气门油压大于速度油压，2～3 挡换挡阀芯被迫下移，切断至后离合器 C_2 油路，变速器由 3 挡降至 2 挡。

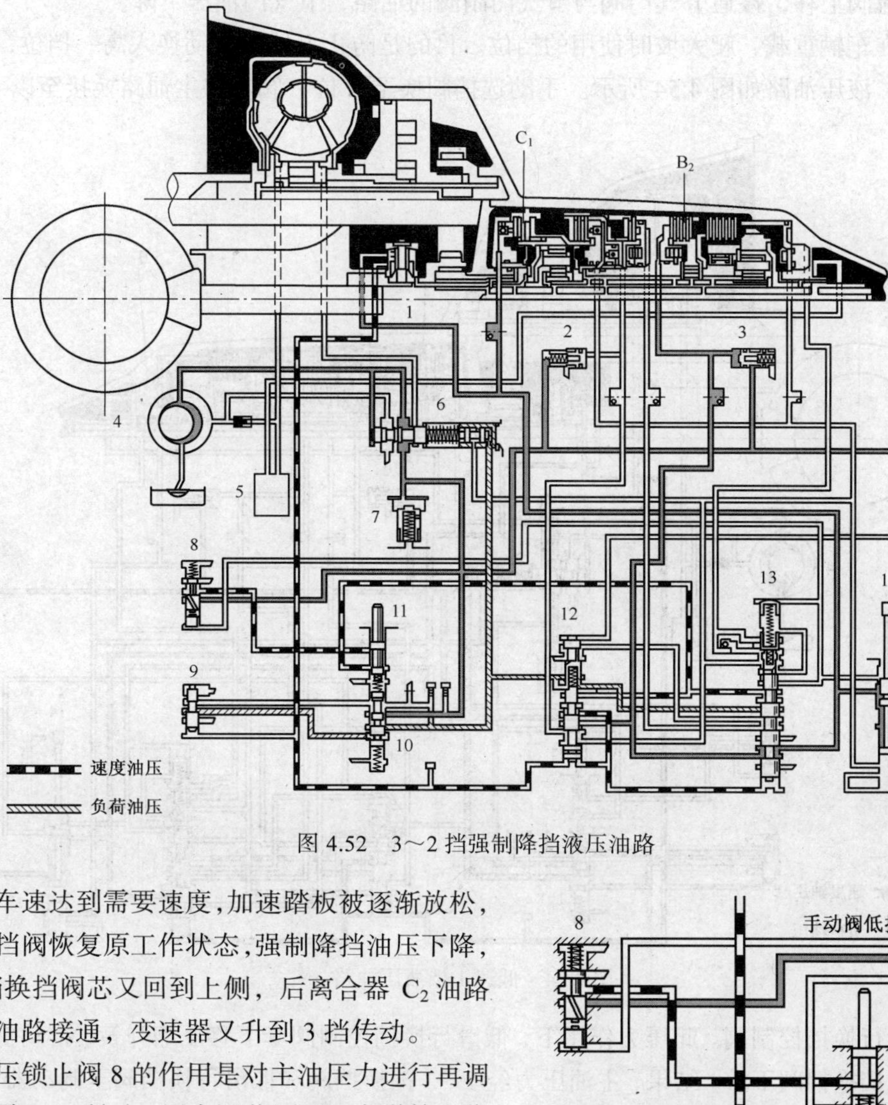

图 4.52　3～2 挡强制降挡液压油路

当车速达到需要速度，加速踏板被逐渐放松，强制降挡阀恢复原工作状态，强制降挡油压下降，2～3 挡换挡阀芯又回到上侧，后离合器 C_2 油路又与主油路接通，变速器又升到 3 挡传动。

调压锁止阀 8 的作用是对主油压力进行再调节，如图 4.53 所示。压力调节原理：在弹簧力作用下，阀芯位于下侧位置，通过阀槽与强制降挡油路接通。进入阀槽的主油压力一方面流至强制降挡阀，另一方面经阀芯内的节流孔作用于阀芯的下端，当作用力大于弹簧力，阀芯向上移动可将泄油口开启，形成泄压，阀芯又回至原位。泄

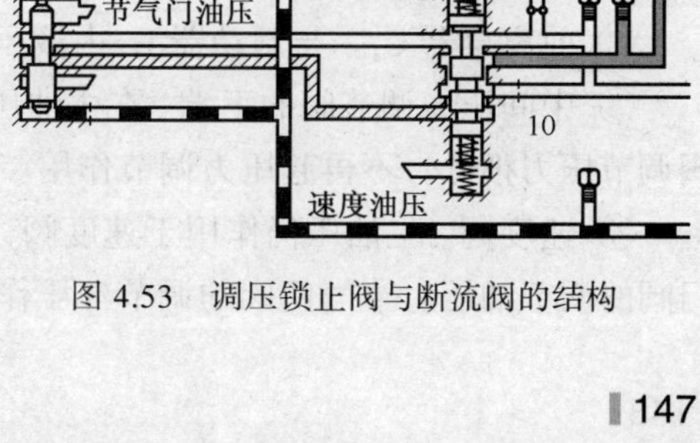

图 4.53　调压锁止阀与断流阀的结构

油口开启与关闭之间对强制降挡压力进行调节。

调压锁止阀 8 的另一个作用是：当选择低挡行驶时，即使在急加速状态，也不会产生强制降挡。如图 4.53 所示，当选择低速挡，来自手动阀低挡油路油压将下侧的柱塞向上推，调压锁止阀 8 丧失压力调节功能，使强制降挡油路的压力下降为零，而不再起作用。

断流阀用来控制节气门油压。由图 4.53 可见，来自节气门调节的油压经断流阀作用于节气门副阀下端，使节气门阀向上移，将主油压通路打开，而使调节油压上升。断流阀的位置变化由速度油压确定。低挡行车时，速度压力低，断流阀下移，节气门油压低。高挡行车时，速度压力高，断流阀上移，接通节气门阀与节气门副阀的油路，节气门油压下降。

L 挡是在车辆重载，爬大坡时使用的挡位。目的是防止上坡中自动换入高一挡位，降低汽车的驱动力。液压油路如图 4.54 所示。手动选挡阀换至 L 位，阀芯将主油路换接至以下各件。

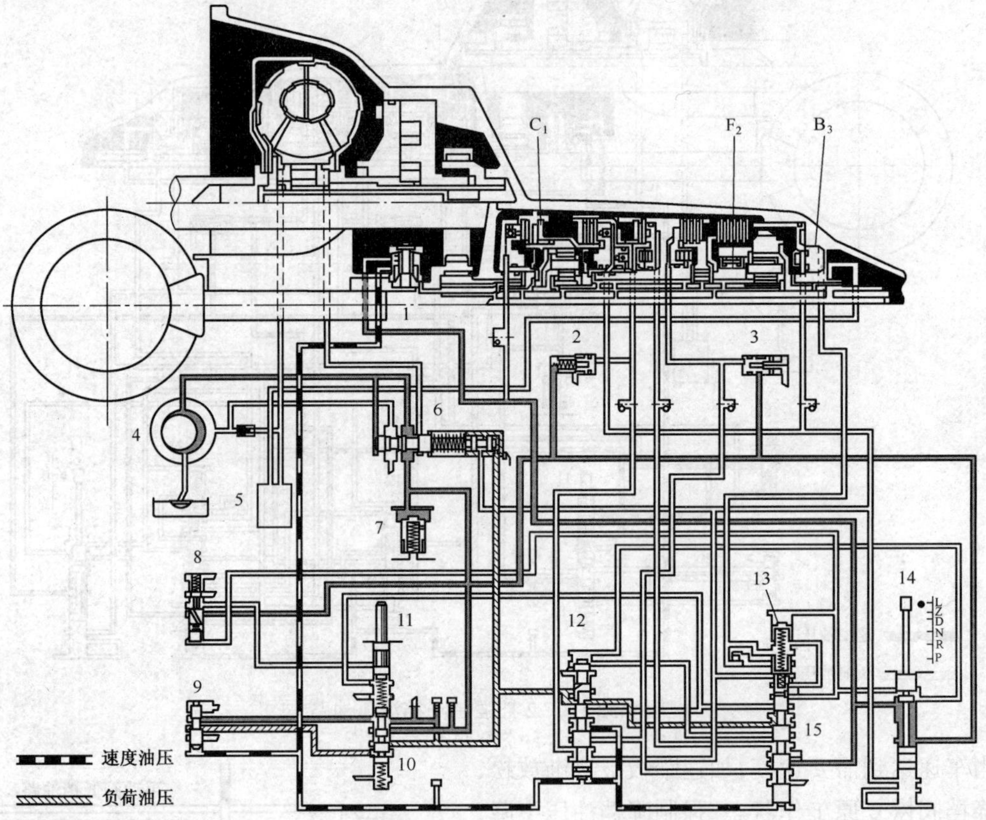

图 4.54　低速 1 挡液压油路

① 低滑行换挡控制阀。此压力作用下，低滑行换挡控制阀套下移压缩弹簧，推动低滑行换挡阀和 1～2 挡换挡阀下移。结果，主油压力经 1～2 挡换挡阀和低滑行换挡阀至制动器 B_3 内液压缸，使其动作。

② 前离合器 C_1。与制动器 B_3 内液压缸 1 挡传动。

③ 中间压力调节阀的下端。在主油压力作用下中间压力调节阀切断调节油路，则强制降挡阀调节压力很低，不再起压力调节作用。

④ 速度阀。主油压仍作用于速度阀，根据车速调节的压力作用于断流阀下端，可提高节气门阀的调节油压。节气门阀的调节油压作用于主油压力调节阀时，将系统的整体压力提高，提

高了低速时执行元件传递转矩的能力。

图 4.55 所示是汽车倒车时的液压油路。汽车倒车行驶，需要将手动选挡阀 14 推到 R 位置。主油路油压通过阀芯的油路分别接至以下各件。

① 后离合器 C_2 内、外液压缸。内液压缸油路中蓄能器与节流孔的存在，使后离合器 C_2 内、外液压缸实现先后动作，可以缓合动力接合时的冲击。

② 制动器 B_3 内、外液压缸。来自手动选挡阀 14 的主油压力直接进入制动器外液压缸；另一路主油压力经 1～2 挡换挡的低滑行阀再进入制动器内液压缸。

③ 主油压力调节器。主油压力作用在压力调节器上，与节气门压力共同提高了系统油压，增加了执行元件的传递转矩的能力。

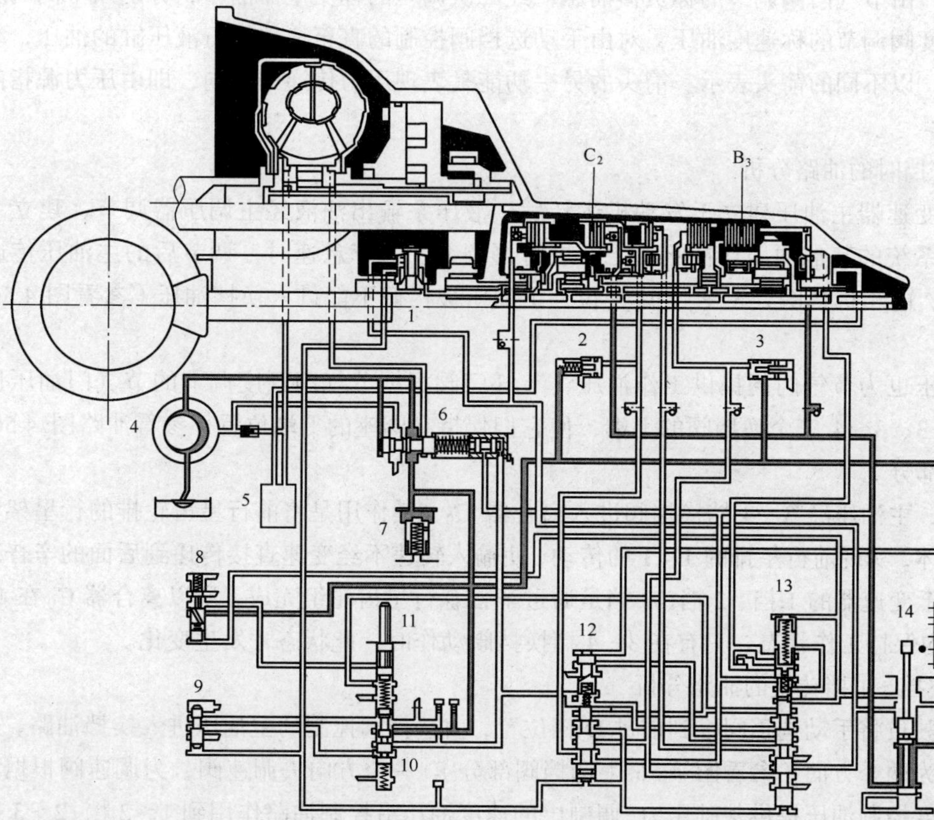

图 4.55　倒挡液压油路

速度阀不再有油压，所以各换挡阀可靠地保持在下端位置，以保证后离合器 C_2 和制动器 B_3 的油路接通。

读者可根据以上分析，自己分析手动阀在 P 位和 N 位时的油路状况，以帮助认识液压油路。

四、4 挡自动变速器液压控制油路分析

自动变速器控制由复杂的液压系统组成，遵循液压自动变速器的基本控制思想与液压原理，学习液压系统油路要在明确选定控制档位后，从液压元件基本功能着手，将控制元件通过油路与执行元件联接，期间特别要注意油液油压的运动方向，从而理解该档位的控制油路和控制原理。理解液压控制原理对自动变速器故障分析与维修能够提供十分有益的帮助。理解液压控制

原理、了解液压油路的工作仍然是学习自动变速器控制的重要任务。

本课题以丰田 30-72L 型自动变速器液压控制的四速行星齿轮变速器为素材，通过油路分析，综合学习液压控制过程，理解换挡过程并了解换档品质的解决方案。

丰田 30-72L 型自动变速器的行星齿轮传动结构为辛普森式结构加以一个单排行星齿轮构成。辛普森结构可以实现三个前进挡，由单排行星齿轮实现直接传动和超速传动比，由两个传动比乘积，可以组合为具有超速挡的四速自动变速器（四速辛普森行星齿轮传动结构内容参看模块三的课题二部分）。该变速器的自动换挡控制为双参数控制，即根据汽车速度和发动机负荷进行自动换挡选择。自动液压系统油路图如图 4.56 所示。

为了方便分析换挡油路，对油路的功能进行了设定。分为：由液压泵和压力调节的油压称为主油压，由节气门阀调节的称负荷油压，经二次调压的称变矩器油压，分别以不同的颜色表示。由速度阀调节的称速度油压，对由手动选档阀控制的直至换挡执行液压缸的油压，统称为动作油压，以不同的箭头表示。箭头的另一功能是表现压力传递的方向，即由压力源指向液压执行元件。

1. 空挡时的油路分析

自动变速器主油压建立于发动机运转后，液压泵输出油液经主调压器调节，建立系统基础油压，系统的其他油压均在此油压下进行再调节。汽车怠速时，调节后的主油压传递至手动选挡阀，由于选挡阀处于 P 位或 N 位，主油压被拦截不能进入换挡油压（参看图 4.56 选挡阀部分）。

主油压也为节气门阀提供工作油压，节气门阀根据节气门开度调节的节气门油压作用到 1～2、2～3、3～4 三个换挡阀的上端，使它们保持在阀座的下端位置（参看油路图 4.56 节气门调压阀部分）。

同时，主油压经 3～4 挡换挡阀进入离合器 C_0，其作用是将前行星齿轮排的行星架和太阳轮锁为一体，实现前行星排的 1∶1 的传动，使输入转速不经变速直接传递到后面的辛普森行星轮组。由于变速器的 1 挡、2 挡、3 挡是通过辛普森行星齿轮组完成，所以离合器 C_0 在 1 挡、2 挡、3 挡均保持工作状态。只有在 3～4 挡换挡阀动作时，此状态才发生变化。

2. 空挡～1 挡转换的油路分析

当驾驶员将手动选挡阀推到前进 D 档位置，由选挡阀控制的主油压进入换挡油路，进入后的油路分为两个方向（参看图 4.56 中选挡阀部分）。一个方向去调速阀，为调速阀根据汽车速度调制速度控制油压提供基础压力。调制出的速度油压沿控制油路作用到 1～2 挡、2～3 挡、3～4 挡换档阀的下端，为控制自动换挡做准备（参看图 4.56 调速阀部分）。

主油压的另一方向是沿换挡油路经节流孔进入蓄能器和离合器 C_1。单孔节流作用使离合器 C_1 建压过程减缓，通过节流孔的油压能量在蓄能器先被弹簧吸收，随后压力缓慢升高，使作用在离合器液压缸的压力不致上升过快，可有效抑制离合器接合时产生冲击（参看图 4.56 离合器 C_1 油路部分）。

动作油压还从另一条支路到达 1～2 挡换挡阀。此时汽车的速度不高，产生的速度油压较低，不足以克服负荷油压和弹簧的作用力，故而保持在下端位置不动。动作油压至此被截断，处于换挡准备状态（参看图 4.56 中 1～2 挡换挡阀部分）。

由此，离合器 C_1 与单向离合器 OC_2 共同作用，实现 1 挡动力传动过程。

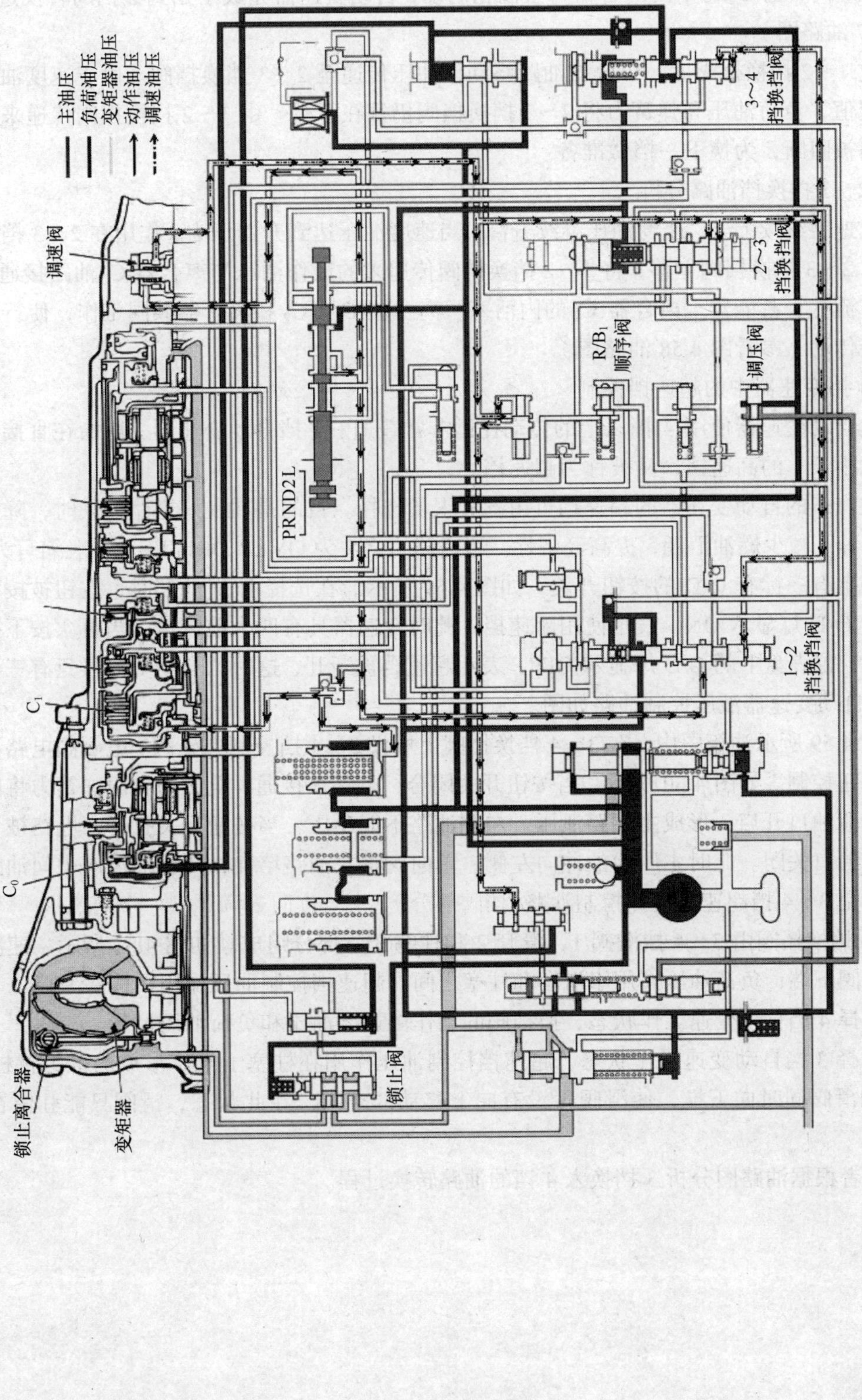

图 4.56 丰田 30-72L 自动变速器液压换挡 1 挡油路图

3. 1～2 挡换挡油路分析

随着汽车起步加速，汽车速度升高，调速阀调节的速度油压随之升高。当作用在 1～2 挡换挡阀下端的作用力大于负荷油压与弹簧作用力的合力时，1～2 挡换挡阀上移。其结果，将动作油路与制动器 B_2 油路接通，油路中的节流孔、蓄能器的作用与前述相同。形成离合器 C_1 驱动行星齿圈，离合器 B_2 与单向离合器将太阳轮制动，自动变速器完成 1 挡到 2 挡的转换过程（参看图 4.57 油路图）。

通过 1～2 挡换挡阀后，一分支油路将动作油压传递至 2～3 挡换挡阀。由于速度油压没有达到固定值，负荷油压和弹簧力将 2～3 挡换挡阀仍推在下端。由 1～2 挡换挡阀传递来的动作油压通路被阻断，为换下一挡做准备。

4. 2～3 挡换挡油路分析

汽车速度继续上升，速度油压继续升高，当速度油压达到升挡压力，作用在 2～3 挡换挡下端，推动 2～3 挡换挡阀上移，将 1～2 挡换挡阀传递来的动作油压与离合器 C_2 油路接通，动作油压经节流孔、蓄能器至离合器 C_2 的内活塞。离合器 C_1、C_2 和离合器共同工作，使行星齿轮实现直接传动（参看图 4.58 油路图）。

5. 4 挡变速器中的超速挡控制

现代自动变速器使用 4 挡以上的传动比已非常普遍。4 挡自动变速器一般指在直接挡后增加传动比小于 1 的高速挡，又被称为超速挡。

多数汽车的自动变速器的超速挡可由驾驶人员选择。目的是在良好道路行驶时，降低发动机最高转速，减少燃油消耗，提高经济性。超速挡的英文为 OVER DRIVER，一般缩写为 O/D。在选挡杆上有一标有 O/D 的按钮开关，如图 4.59 所示。在选择前进 D 挡时，按钮被按下，仪表盘上的 O/D 灯显示 ON，表示使用超速挡，此时变速器具有四个前进挡。当再次按下按钮，按钮弹起，仪表盘上的 O/D 灯显示 OFF，表示超速挡被断开，这时的自动变速器只有三个前进挡。4 挡自动变速器液压控制油路如图。

如图 4.59 所示油箱图中，在 3～4 挡换挡阀上增设 3～4 挡控制电磁阀。电磁阀电路由选挡杆上的按钮控制。如图 4.60 所示，当按钮开关闭合，电路被接通，电磁力克服弹簧力将阀芯提起。由于泄油口开启，形成主油路泄压。左侧油路不能建压。当按钮开关打开，电路被切断，弹簧将泄油口关闭。此时主压力油冲向左侧，单向阀将左油路堵住，压力油流向中间油路。这条油路即是 3～4 挡超速挡选择控制油路。

3～4 挡换挡阀由 3～4 挡滑阀 1、滑套 2 和柱塞 3 三部分组成。如图 4.61 所示，速度油压作用在滑阀下端；负荷油压作用于滑套和柱塞之间；超速挡控制油压作用在柱塞上端。

当选择 4 挡自动变速工作状态，换挡阀的动作由速度油压和负荷油压控制。

在选择 3 挡自动变速工作状态，超速挡控制油压作用在柱塞上端，形成的推力将柱塞 3、滑套 2 和滑阀同时向下推，使滑阀 1 没有向上移动的空间。在此状态，滑阀只能驻留在 3 挡位置。

请读者根据油路图分析 3 挡换入 4 挡的油路转换过程。

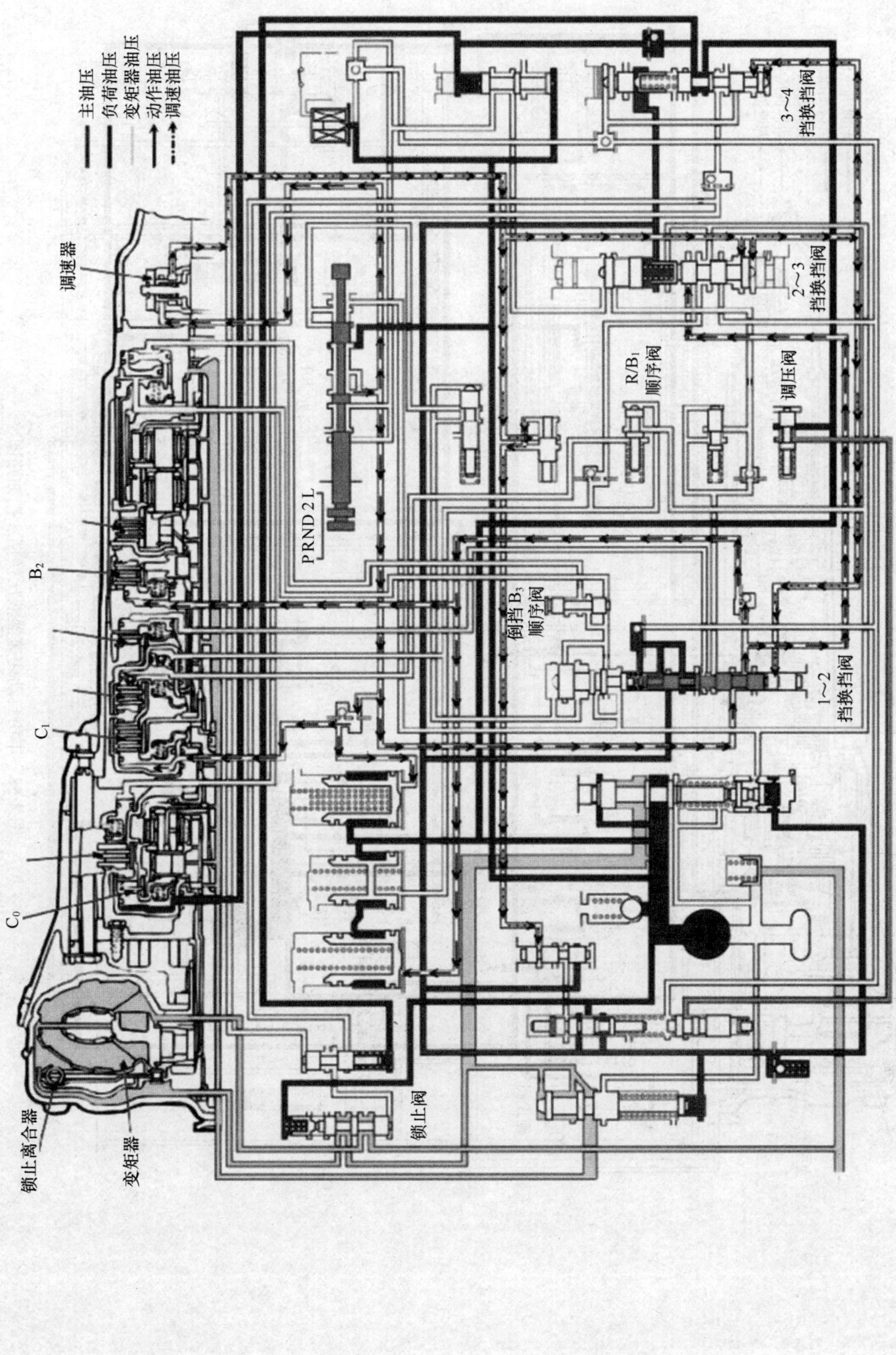

图 4.57　丰田自动变速器液压换挡 2 挡油路图

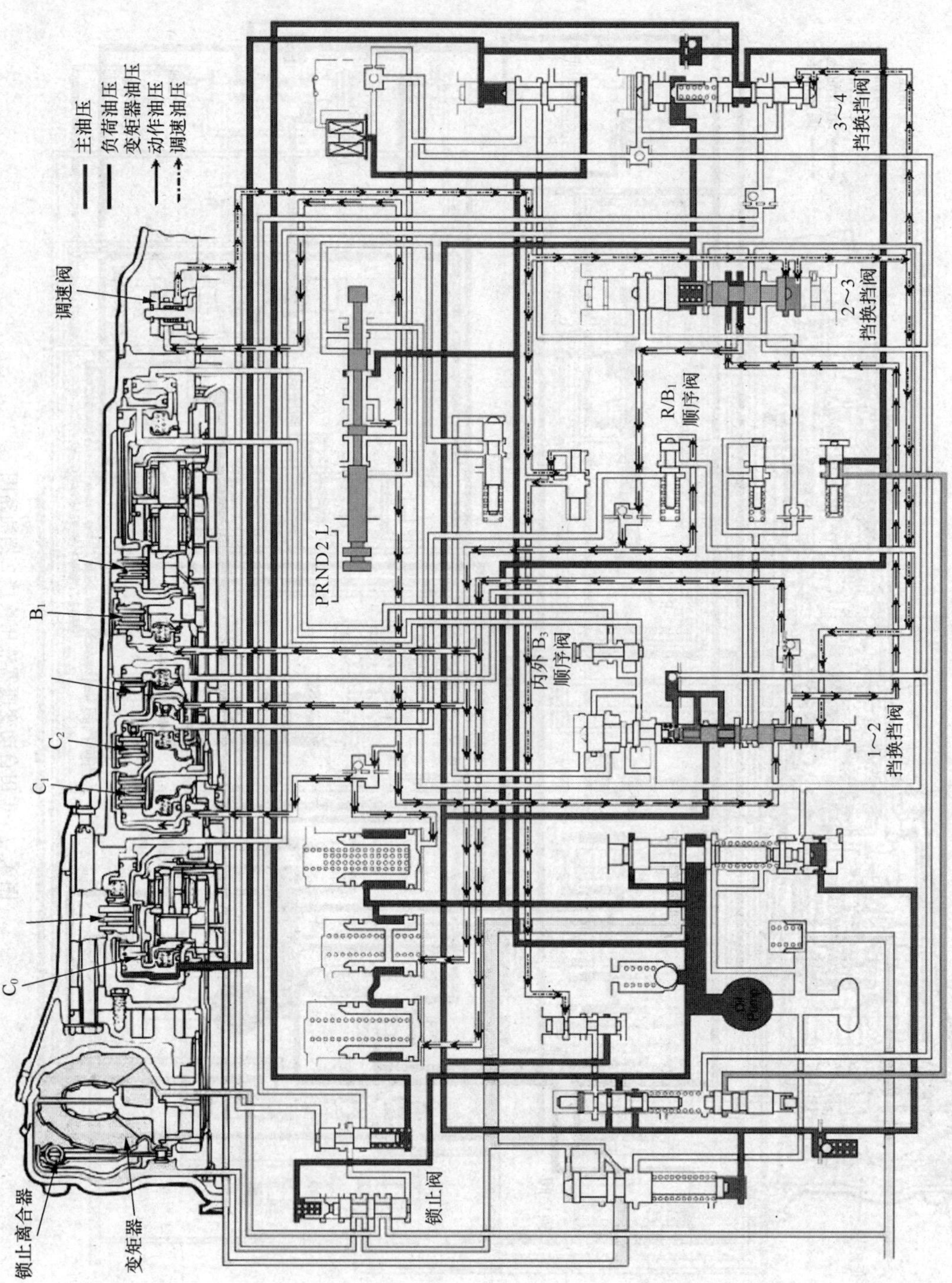

图 4.58　丰田自动变速器液压换挡 3 挡油路图

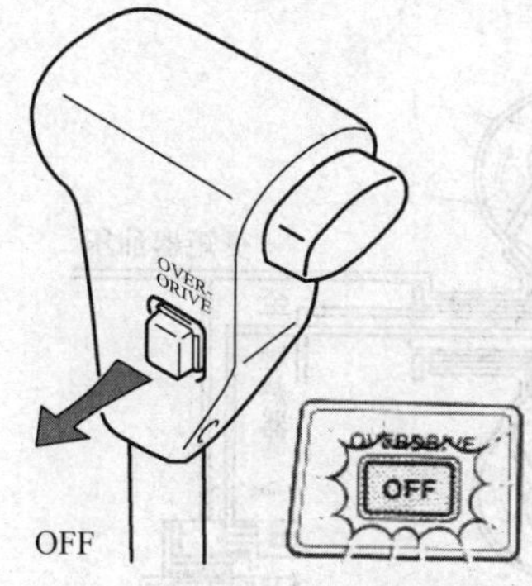

图 4.59　选挡杆 O/D 按扭开关

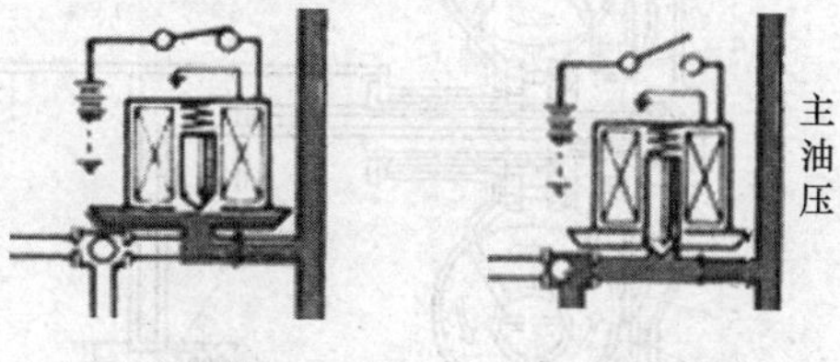

（a）通电　　（b）断电

图 4.60　3～4 挡控制电磁阀

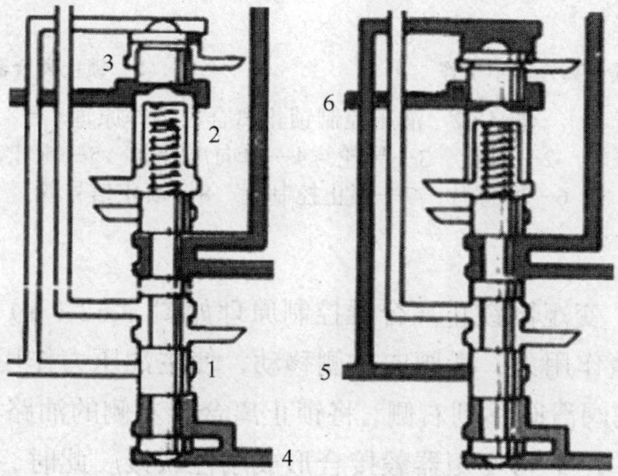

图 4.61　3～4 挡换档阀

1—3～4 挡滑阀　2—滑套　3—柱塞　4—速度油压　5—超速挡控制油压　6—负荷油压

五、液压控制锁止离合器工作原理

液力变矩器锁止离合器的功用是，当泵轮与涡轮的转速差小于某一数值时，将锁止离合器压紧在变矩器壳上，通过摩擦作用传递力矩，并将泵轮与涡轮“接合”为一体，消除液体传动所不可避免的能量消耗。在液力变矩器变矩时，必须保持锁止离合器断开，充分利用液力增矩和无级变速的作用，提升汽车的驱动转矩。所以锁止离合器必须根据汽车工况实施接合或断开的动作。在液压控制自动变速器上，锁止离合器的接合只能在该自动变速器的最高挡实现，这需要满足两个条件，并通过油路控制自动实施锁止离合器的动作。这两个条件是车速油压和最高挡油压。

液力变矩器锁止离合器的动作由锁止控制阀、锁止信号阀进行控制。锁止控制阀、锁止信号阀的动作受到速度阀油压和最高挡的油路油压控制。图 4.62 所示是锁止离合器工作原理。

1. 锁止离合器不工作

在高挡较低车速时，变矩器锁止离合器控制原理如图 4.62 所示，速度阀控制压力小于锁止信号阀滑阀的弹簧作用力，滑阀向右侧移动，切断来自 2～3 挡换挡阀的油压，锁止控制阀右侧的控制油压下降，锁止控制阀滑阀在弹簧力作用下移到右侧，使变矩器调节油压同时作用于锁止离合器左右两侧，使两侧压力相等，锁止离合器处于分离状态。此时，发动机动力经变矩器传至变速器输入轴。

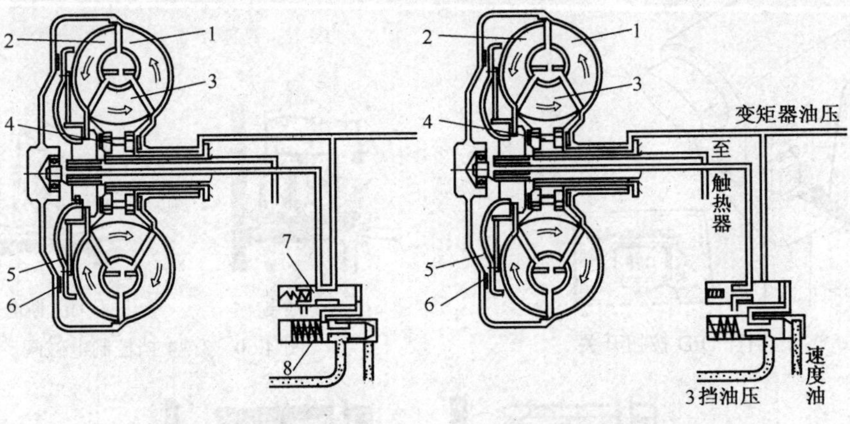

（a）锁止离合器不工作　　（b）锁止离合器工作

图 4.62　液压控制锁止离合器工作原理

1—泵轮　2—涡轮　3—导轮　4—单向离合器　5—锁止离合器
6—摩擦片　7—锁止控制阀　8—锁止信号阀

2. 锁止离合器接合

在3挡较高车速时，变矩器锁止离合器控制原理如图 4.62（b）所示，速度阀控制压力大于锁止信号阀滑阀的弹簧作用力，滑阀向左侧移动，使主油压力作用于锁止控制阀右侧，克服锁止离合器弹簧力，控制阀滑阀移到右侧，将锁止离合器左侧的油路与泄油口接通，压力下降，锁止离合器在右侧压力作用下与变矩器毂接合形成刚性联接。此时，发动机动力不经变矩器而直接传至变速器输入轴。

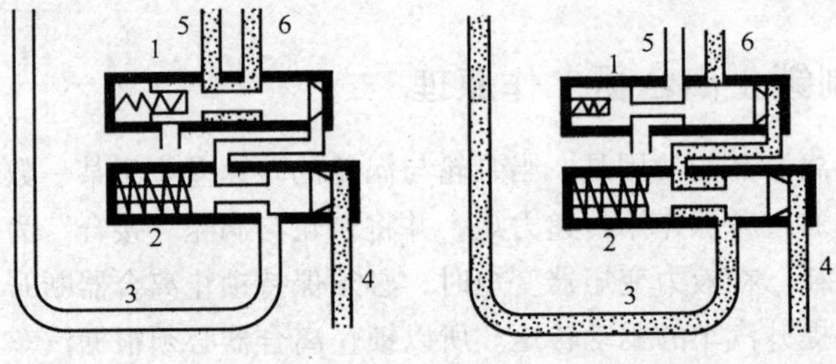

（a）　　（b）

图 4.63　锁止离合器控制阀油路

1—锁止控制阀　2—锁止信号阀　3—3挡离合器油路　4—速度调节油路
5—锁止离合器控制油路　6—变矩器油路

图 4.63 所示为锁止离合器控制阀油路，锁止控制阀的动作压力来自于最高挡换挡油路，所以在其他低速挡位，即使速度阀超过规定车速油压使锁止信号阀动作，锁止控制阀也不会动作，锁止离合器两侧压力相等而保持断开状态。

六、换挡品质及控制（选学）

换挡品质是指换挡过程的平顺性，即换挡过程能平稳而无冲击地进行。换挡品质控制是指自动换挡液压控制系统中设计有效的利用节流、调压和延时等措施，在液压换挡执行元件动作的过渡阶段消除或减缓换挡冲击，以改善换挡品质。

根据行星齿轮换挡传动分析和换挡油路分析可知，升降挡时需要不同的离合器、制动器接合或分离。两个不同挡位的换挡元件的分离与接合过程和过渡时间称为换挡重叠，如图 4.64 所示。如果这个时间不合适，两组元件会产生运动干涉，不可避免伴随着转矩扰动，产生相应的换挡冲击。可能引起冲击的原因来自以下 3 个方面。

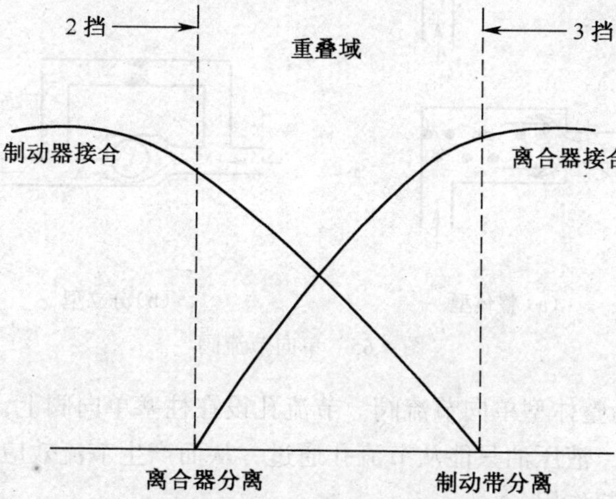

图 4.64　换挡重叠示意图

① 换挡机构动作定时。换挡时不允许换挡执行元件过多重合动作或动作间断时间过长。前者可能会出现“双锁止”现象，引起传动系统大的动载和加剧摩擦元件的磨损。后者会使发动机力矩急剧变化，造成冲击度增大引发汽车前冲后仰的颠簸。

② 惯性能量。换挡时，传动比变化很多，与发动机刚性相联的惯性能量会变成巨大的反作用转矩作用于汽车，形成换挡冲击。

③ 执行元件的摩擦转矩。摩擦转矩的增长速度与作用力大小和摩擦系数及油压有关。由于充放油过程是个动态过程，伴随油压的波动，造成了摩擦转矩不能平顺增长。

换挡品质控制的任务是：换挡过程应实现平稳过渡，没有过高的瞬时加速度；减少因换挡期间输入功率变化或中断而引起的速度损失；避免汽车颠簸和冲击，以提高乘坐舒适性；减小传动系的冲击载荷和磨损，延长机件寿命。

1. 换挡品质及控制

改善换挡品质可以通过换挡执行元件的液压换挡油路进行控制，实现执行元件接合的缓冲、换挡元件的定时动作和压力控制。

缓冲控制是指通过对换挡油路节流，适当延缓作用于换挡执行元件上压力的剧烈变化，以减小换挡时冲击。如在液压控制系统内采用节流阀以及节流孔、缓冲阀、限流阀、蓄能器等。

（1）单向节流阀。

节流阀是液压系统中较为常见的抑制油压增大速率装置。它是在油路中设置小孔，液体在流过小孔时会产生压力损失，其通过小孔的流量随之减小。节流的速度与小孔面积有关。在换挡阀至换挡执行元件之间的油路中布置节流孔，其作用就是适当抑制液压油的流速，减缓换挡执行元件侧压力上升速度，以减小换挡冲击。

在实际控制离合器或制动器时，按照功能要求其能够缓慢接合并迅速分离，故采用单向节流阀，使其正向流动具有节流功能，反向流动时能够迅速排油。为满足功能要求，需要节流阀与单向阀组合，结构如图 4.65 所示。

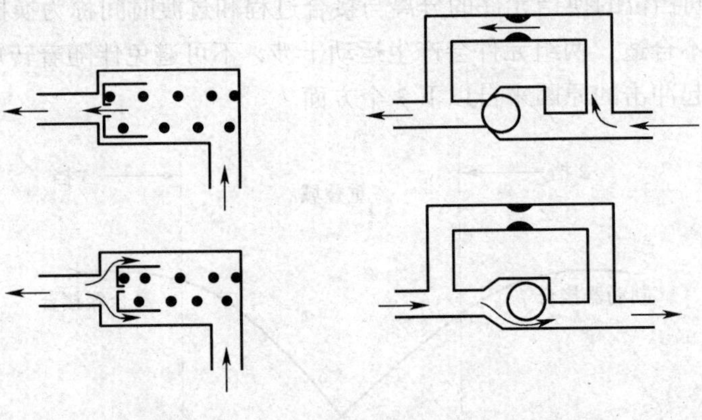

(a) 整体型　　(b) 分立型

图 4.65　单向节流阀

图 4.65（a）所示为整体型单向节流阀。节流孔设在柱塞单向阀上，由弹簧将单向阀关闭。在充油时，单向阀关闭，液压油只能从节流孔通过，从而产生节流效应。在回油时，液压油将单向阀推开，节流孔不起作用。

图 4.65（b）所示为分立式单向节流阀。在充油时，压力油将球阀压紧在阀座上，液压油只能从旁通道的节流孔经过，产生节油效应，减缓了充油速率。回油时，球阀开启，迅速释放油压。

（2）缓冲阀。

缓冲阀仍然是利用节流原理实现油压上升速率控制。缓冲阀通过滑阀控制进、出油口的截面积实现节流，来控制出油压力的上升速率，达到缓冲调节的目的。

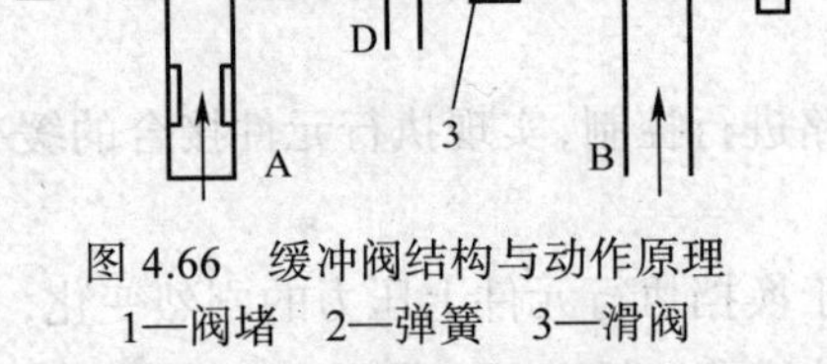

图 4.66　缓冲阀结构与动作原理

1—阀堵　2—弹簧　3—滑阀

A—控制油压　B—换挡油压

C—执行器油压　D—泄油口

① 图 4.66 所示为一种节流型缓冲阀的结构形式。缓冲阀由滑阀 3、弹簧 2 和阀堵 1 组成。

在阀体上有 3 个油道，A 是控制油压，B 是来自换挡阀的换挡油压，C 是至执行器的缓冲油压。换挡油压进入滑阀后，由于两阀肩尺寸的不同，在滑阀上产生向左的推力。推力克服弹簧力使滑阀左移并减小进油口处截面积，在节流口两侧产生较大压力差，从而降低了输出的油路压力。当滑阀控制的泄油口开启，油压下降。弹簧与油压推力相互作用，使节流后的压力稳定。当控制油压 A 升高时，滑阀左侧作用力增强，缓冲阀进行新的压力平衡调节。由此形成随控制油压变化的缓冲调压。

若控制油压为负荷油压，当换挡时，随着负荷变化，可以限制和减缓了执行机构油压升高的速率。

② 溢流型缓冲阀。

图 4.67 所示为一种溢流型缓冲阀结构。由溢流阀 1 与节流孔 2、弹簧 3、止动销 4 和柱塞

5 组成。溢流阀用于打开或关闭泄油口 C，柱塞 5 在液压力和弹簧力作用下可以左右移动。缓冲阀被用于执行元件油路中，主要作用是使油路中的油压先低后高、缓慢升高，防止接合时的冲击。

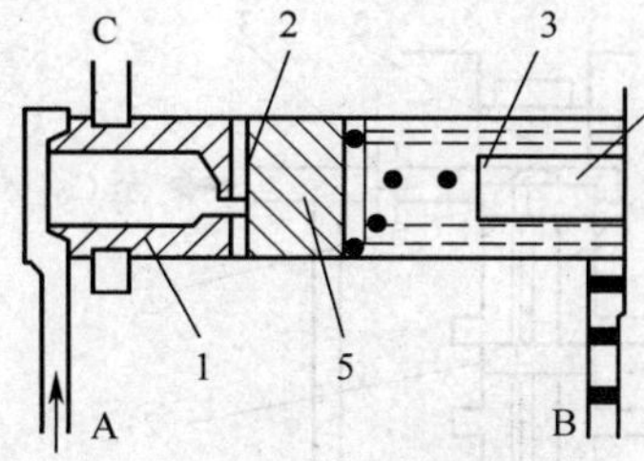

图 4.67　溢流型缓冲阀

1—溢流阀　2—节流孔　3—弹簧　4—止动销　5—柱塞　A—执行器油压　B—调节油压　C—泄油口

当执行器油路压力升高时，溢流阀 1、柱塞 5 受油压作用克服弹簧力右移，将泄油口开启，油路内压力下降。与此同时，油液经缓冲阀芯底部的节流孔 2 缓慢流入柱塞与缓冲阀间的缝隙，其间的压力也缓慢上升，产生的推力使溢流阀左移而逐渐将泄油口关闭。泄油口关闭则执行器油路压力上升，压力又推动溢流阀将泄油口打开，溢流阀与柱塞 5 之间的压力也会随着上升。溢流阀与柱塞间压力重复调节上升。当压力不再上升时，即达到执行器工作最大油压。压力上升的时间受节流孔尺寸的影响。油压 B 为负荷油压，可根据发动机不同负荷调节液压油的压力。

（3）蓄能器。

蓄能器又称蓄压器或储能器。蓄能器用于储存少量压力油液，其作用是在换挡时，利用弹性元件变形吸收部分液压能量，平抑油压的瞬时冲击，实现执行元件平稳动作。蓄能器由壳体、活塞、弹簧组成，如图 4.68 所示。当油压作用在活塞上时，弹簧被压缩储存能量，这一过程缓和了压力急剧上升。而当弹簧伸长时，释放能量。有的蓄能器为了能够随汽车负荷变化提供相应的缓冲作用，在活塞的另一侧提供负荷油压。负荷油压升高，则换挡油路压力不致被吸收过多，可防止离合器的过度打滑。自动变速器控制系统中采用的一般是弹簧式蓄能器，在执行油路中与换挡执行元件并联方式，如图 4.69 所示。

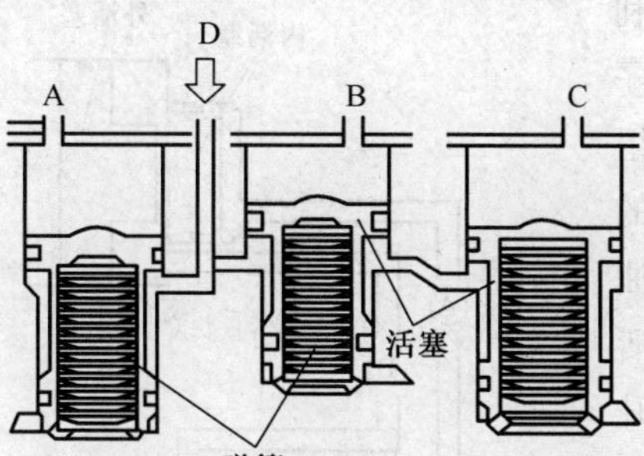

图 4.68　蓄能器的结构简图

A、B、C—不同换挡油路　D—负荷油压

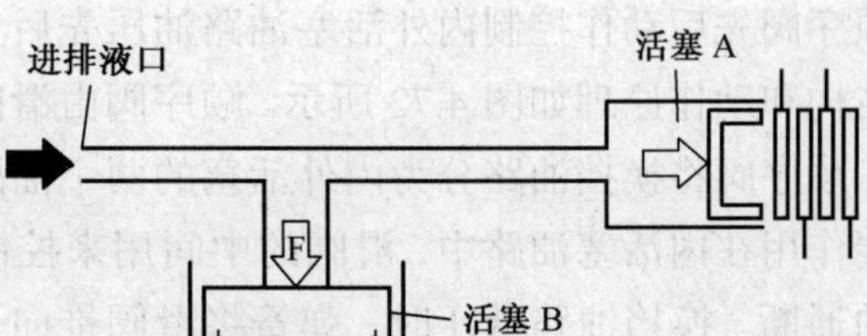

图 4.69　蓄能器与离合器的并联油路

2. 延时与顺序控制

在自动变速器液压换挡控制中，对换挡过程需要采用顺序或延时动作控制。其作用是防止出现在一个挡位执行元件还未完全解除，另一挡位执行元件已进入传动的状态，而引起汽车的振动和冲击。另外，有的换挡执行元件利用顺序动作实现传动力矩由小到大的变化，以减小换挡冲击。

（1）延时动作阀。

延时动作阀（又称定时阀）的功用是使滑阀滞后一段时间动作，以满足挡位时间的需要。

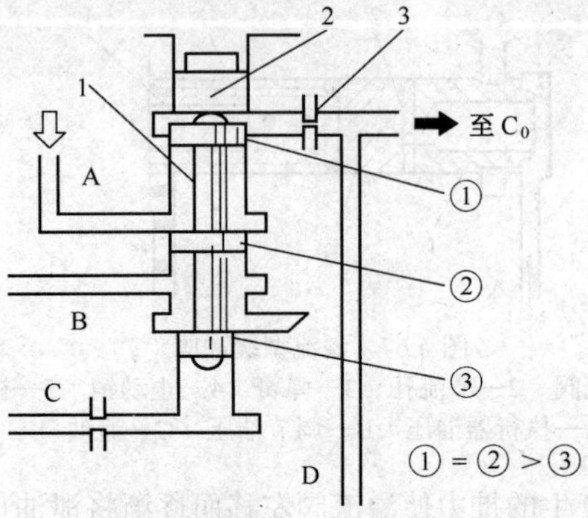

图 4.70　延时阀结构

1—延时滑阀　2—阀堵　3—节流阀

A—选挡阀 2 位油压　B—至 2～3 挡换挡阀

C—主油压　D—3 挡换挡油压

图 4.70 所示为一种延时动作阀，在换挡油路中的作用是：汽车在 4 挡行驶时，突然将选挡杆换入低速 2 挡，为实现 4 挡至 2 挡的平滑转换，需要先降至 3 挡，并保持一定时间再进入 2 挡。延时动作原理是：当选挡阀置于低速 2 位，低速控制油压经 A 油路进入延时阀。主油压力 C 始终作用于延时滑阀下端，使滑阀保持高位，油路 A 与 B 不通。同时，3 挡油路 D 油压升高。油压经节流阀 3 节流，至使延时滑阀上端压力逐渐上升。当油压与阀肩①所形成的推力大于向上的作用力，延时阀向下移动，接通 A、B 油路，迫使 2～3 挡换挡阀降挡。换挡过程中，滞留 3 挡的时间即 3 挡油路压力升高到滑阀下移时间受节流口尺寸和压力上升速率的控制。

（2）顺序动作阀。

顺序动作阀的作用是实现两个压力相同油路先后升降压，以满足换挡执行元件的有序动作。顺序阀还可以用于改善传动力矩，缓和换挡时的冲击。

图 4.71 是利用顺序阀改善换挡接合时冲击的油路示意图。该离合器采用内外两个直径不同的液压活塞，利用大小活塞产生作用力不同，促使其先后动作，实现离合器动力缓慢接合减少冲击。换挡时，油压首先作用于内活塞上，由于产生压紧力较弱，离合器可通过少量打滑缓和力矩冲击，逐渐驱动从动轴运转。随后，油压作用在外活塞上，内外活塞产生的合力压紧离合器，消除滑移，实现完全动力传递。

内外活塞实现顺序动作是在换挡油路设置顺序阀，利用顺序阀先后动作控制内外活塞油路油压先后上升。顺序阀结构和动作原理如图 4.72 所示。顺序阀由滑阀和弹簧组成。顺序阀将换挡油路分为内外活塞的两个油路。滑阀的一端作用在内活塞油路中，滑阀的中间用来控制外活塞油路的通断。换挡油路低压时，弹簧将滑阀推向下端，外活塞油路被滑阀阻断，如图 4.72（a）所示。当换挡油路升压，油压首先通过顺序阀下端进入内活塞，随压力上升，滑阀被作用于下端的油压力克服弹簧力向上推移，当内活塞油路压力达到足够高度，滑阀将换挡油路与外活塞油路接通，如图 4.72（b）所示，致使内外活塞产生的合力加强了传递转矩、制动力矩。压缩弹簧和阀端少量的容积变化起到了缓和冲击作用。

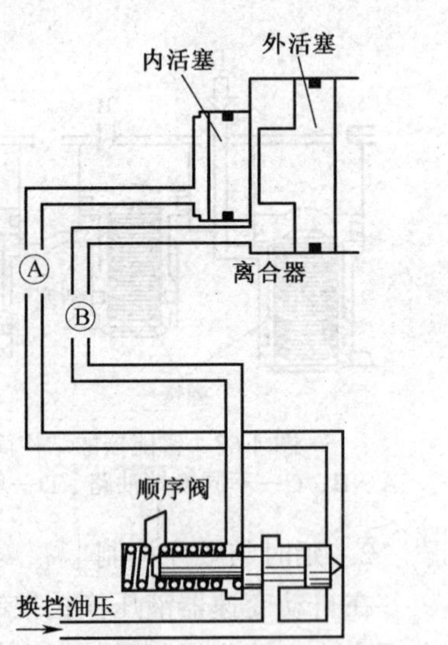

图 4.71　顺序动作油路示意图

解除换挡油压时，油路压力下降，弹簧力迫使滑阀下移，将外活塞油路与泄油口接通，油路压力迅速下降而不会影响解除力矩传递速度。

（3）干预阀。

干预阀的功用是，只有在满足一定特点条件下油路才能实现既定的动作。如图 4.73 所示，后离合器外活塞动作条件是：只有在 2～3 挡换挡阀换入低挡时，干预阀才能接通主油压与外活塞油路，增加离合器传递大力矩的能力。由图 4.73 可知，滑阀上作用两个油路压力，油路 B 的导通受油路 A 的条件控制，只有在 A 油路建立油压的条件下，滑阀才能克服弹簧力移动并将 B 油路接通。一旦条件改变，该油路即刻关断，离合器油路形成泄油。

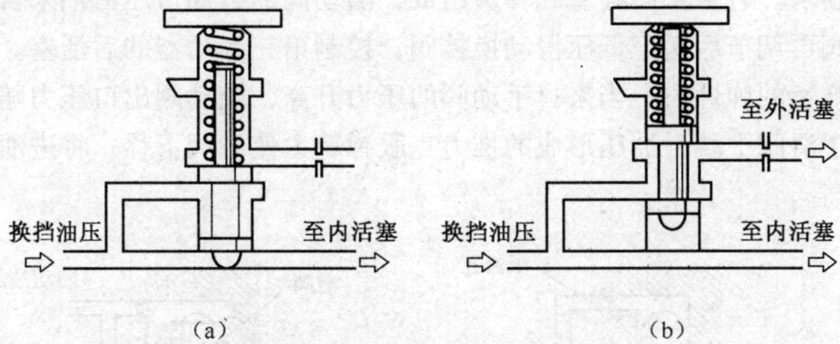

图 4.72　顺序阀工作原理

① 干预阀应用在内外活塞压紧力的控制。

如图 4.73 所示，干预阀上作用两路油压，一路是控制干预阀动作的 2～3 挡阀油压，另一路是来自选挡阀的油压。在自动变速器挂倒挡时，来自 2～3 挡换挡阀油先作用与离合器内活塞上，该油压又作用在干预阀右侧。一旦油压力大于弹簧力，干预阀左移，才能将 A、B 油路接通，使离合器外活塞开始动作。因外活塞的作用时间滞后于内活塞，内外活塞共同作用可产生最大压紧作用力。这样，使倒挡结合平稳且能传递大的转矩。

② 干预阀用于流量调节。

如图 4.74 所示，干预阀与节流阀并联换挡油路中，干预阀下端作用调节油压。该调节油压决定干预阀节流开度。当调节压力高时，节流开度小，换挡油压只能通过节流孔，至离合器的油压缓慢上升，离合器接合动作慢。当调节压力低时，节流开度大，换挡油压同时通过干预阀，油压快速上升，离合器接合迅速。从而根据不同工况的需要减小换挡冲击和过渡打滑，实现高品质换挡的目的。

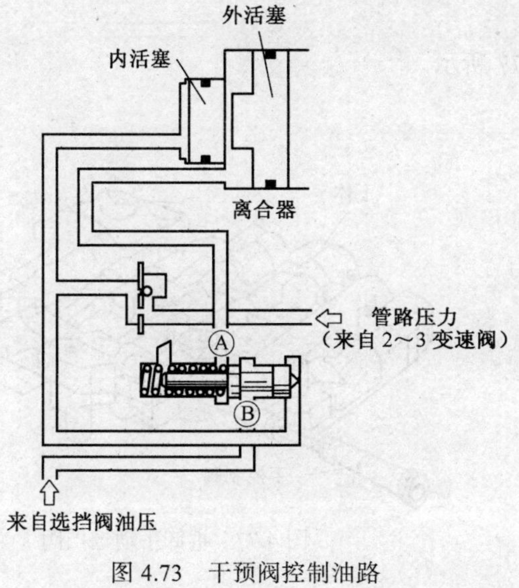

图 4.73　干预阀控制油路

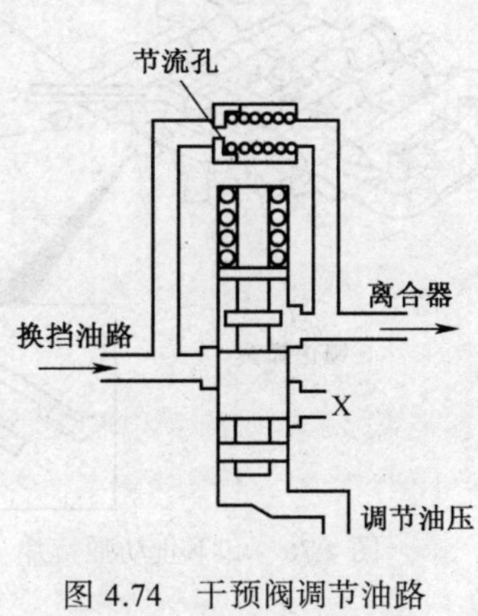

图 4.74　干预阀调节油路

3. 压力控制

在换挡液压油路中还需要设置一些压力调整阀，以根据不同油路油压需要进行局部压力调整，又称为低压随动阀。

图 4.75 所示为自动变速器中所用的低压随动阀，其作用是进一步将油路压力调低以满足目标执行元件工作要求。它主要由柱塞和弹簧组成，随动阀的进油口压力油来自于手动阀的管路油压。并经随动阀再调节后送至低压滑动换挡阀，控制第三制动器的后活塞。随动阀调节后压力取决于随动阀弹簧的弹性力。当来自手动阀的压力升高，随动阀出口压力随之提升，同时油压通过限流孔作于滑阀上端，油压形成的推力克服弹簧力使滑阀下移，将进油口关闭，并通过泄油防止压力过高。

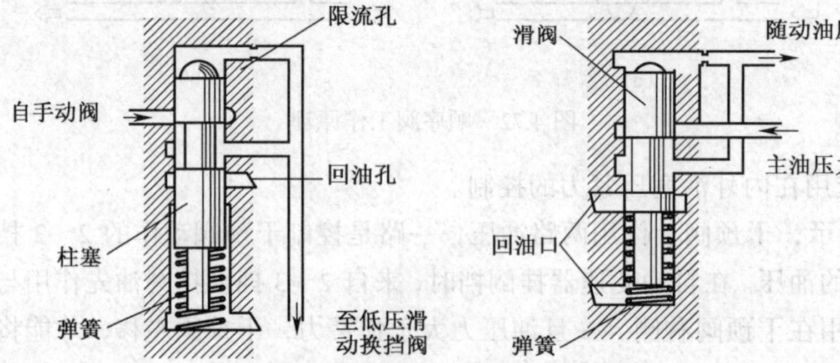

图 4.75　随动阀结构与调压原理

课题实施　自动变速器液压阀体的分解与检查

以美国克莱斯勒汽车公司的 AW-4 自动变速器液压阀体为例，学习液压阀体检修的步骤、检测方法和安装步骤。

液压阀体由上体和下体两部分组成，每部分的结构、分解、检查程序都是独立的，需要参考相关维修手册的有关程序。

操作一　上、下阀体的分解

（1）从阀体总成上拆卸手动选挡阀止动弹簧片，如图 4.76 所示。注意记录弹簧片的位置和方向，供安装时参考。

（2）从阀体上卸下手动选挡阀，如图 4.77 所示。

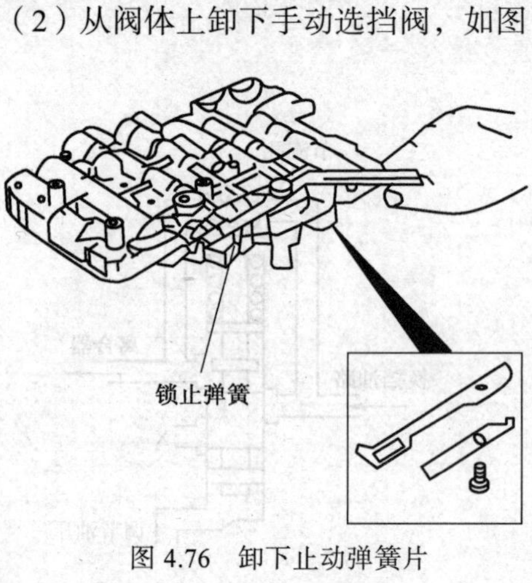

图 4.76　卸下止动弹簧片

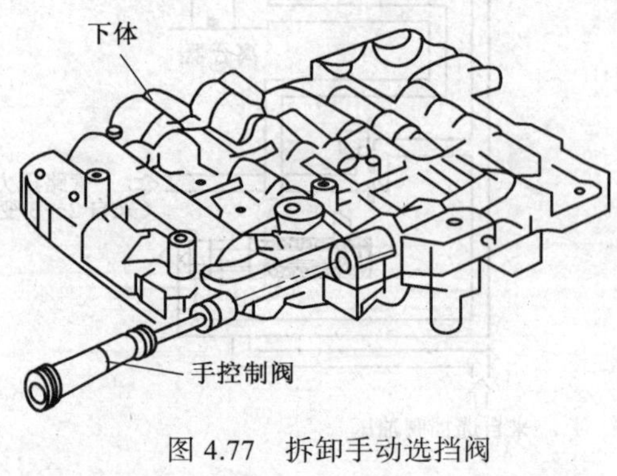

图 4.77　拆卸手动选挡阀

（3）参考图 4.78 拆卸上、下阀体连接螺栓，并装入准备好的盒内，防止与其他螺钉混淆。

（4）上、下阀体平放，参考图 4.79，用手指捏住上阀体、隔板和密封垫，小心提起上阀体，整体提起后反转 180°，平放在工作案上。

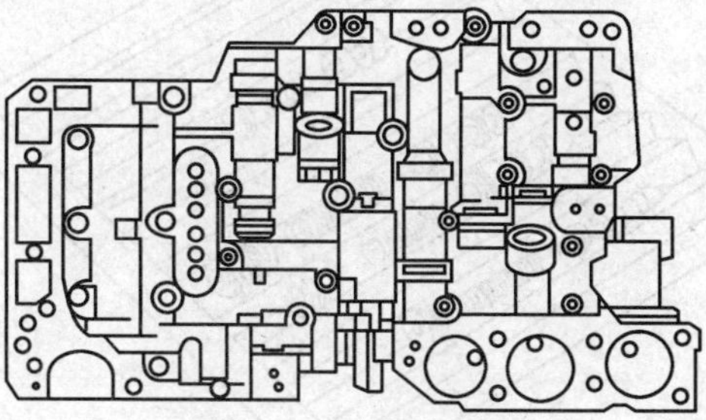

图 4.78　固定螺钉布置图

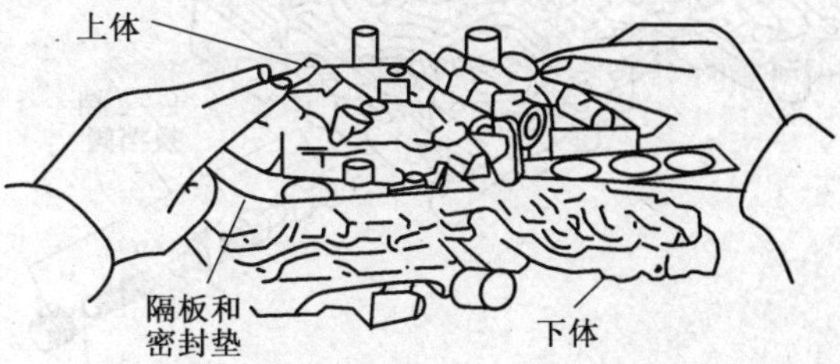

图 4.79　上阀体、隔板和密封垫分解

提示

为防止阀体内的球阀、滤网掉落，分解时必须保持上、下阀体平放，同时为防止上阀体内的零件掉出，隔板与上阀体必须一起掀起。

步骤一　下阀体的分解与检测

（1）从下阀体拆卸单向球阀和弹簧、泄压阀和弹簧、单向锥阀和弹簧。为了组装时参考，应标记每个阀的位置，且零件不准混放，如图 4.80 所示。

（2）拆下 1 号、2 号、3 号电磁阀。

（3）拆下 1～2 挡换挡阀锁销（见图 4.81）。用拇指压住 1～2 挡换挡阀端，用磁铁吸引阀锁销。

（4）抽出 1～2 挡换挡阀堵、弹簧和滑阀，如图 4.82 所示。分解的零件要成套放在预备好的容器内，盛放容器如图 4.83 所示。零部件按分解顺序摆放好，不能混放。

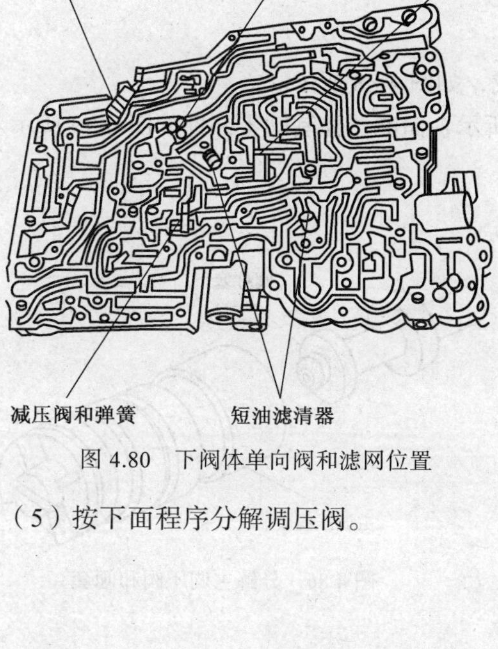

图 4.80　下阀体单向阀和滤网位置

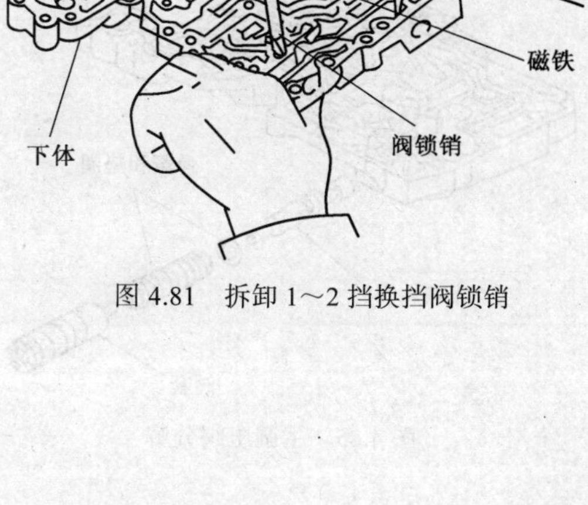

图 4.81　拆卸 1～2 挡换挡阀锁销

（5）按下面程序分解调压阀。

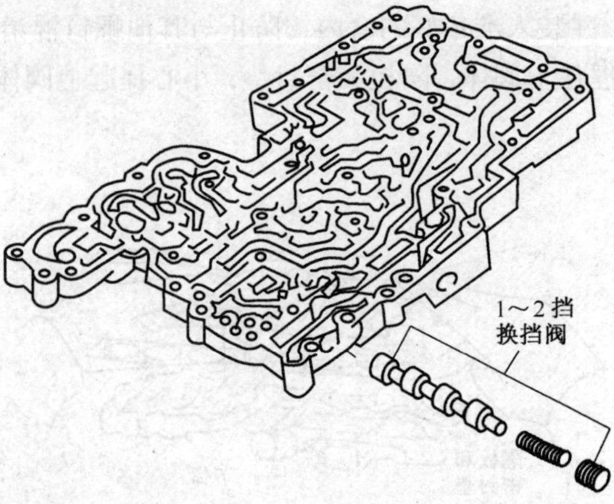

图 4.82　抽出 1～2 挡换挡阀阀堵、弹簧和滑阀

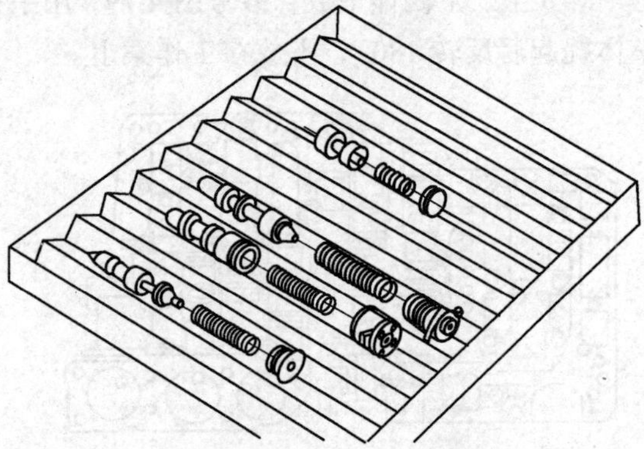

图 4.83　存放阀芯与弹簧的托盘

提示　主调压阀安装后都有很大预紧力，拆卸时要小心在弹簧力作用下，零件冲出伤人或丢失。

① 注意阀销位置，作为装配时参考（见图 4.84）。用拇指向内压阀套，用磁铁吸出锁销。

② 慢慢放松拇指压力，抽出阀套、弹簧垫圈及滑阀，如图 4.85 所示。如有困难，可用磁铁吸出阀套。

（6）从阀套中抽出主调压滑阀，如图 4.86 所示。

（7）用拇指顶住减压阀堵，用包好胶布的改锥挑出减压阀固定夹子，抽出减压阀芯，如图 4.87 所示。

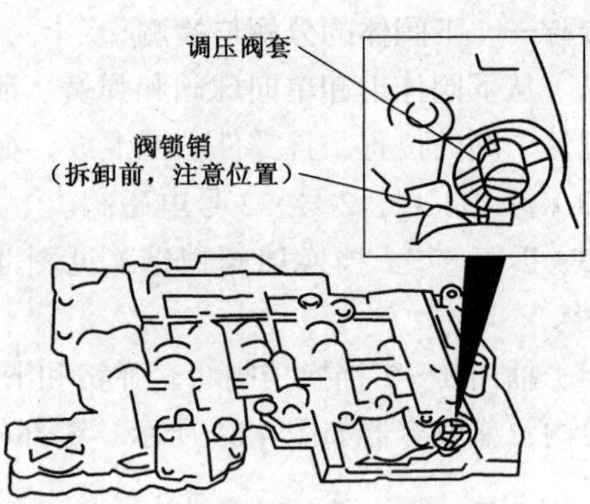

图 4.84　拆卸主调压阀锁销

（8）拆卸储能器控制阀锁销，拆卸控制阀总成，如图 4.88 所示。

（9）从阀套上拆卸弹簧和控制阀，如图 4.89 所示，储能器控制阀零部件如图 4.90 所示。

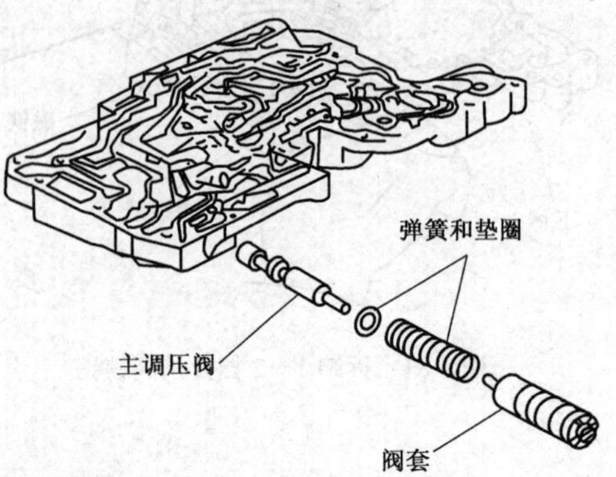

图 4.85　主调压阀分解

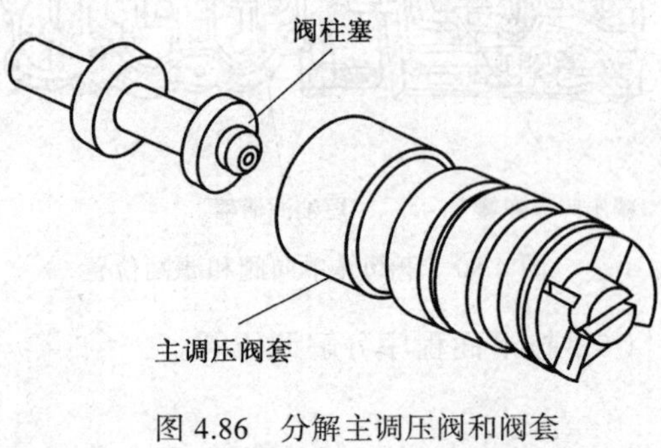

图 4.86　分解主调压阀和阀套

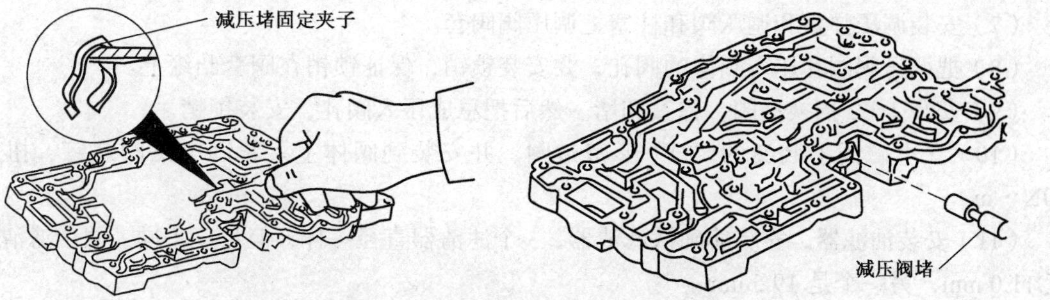

图 4.87　拆卸减压阀固定夹子的方法

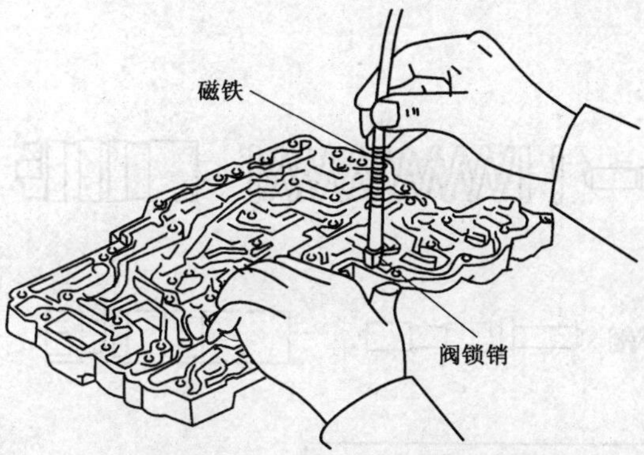

图 4.88　拆卸储能器控制阀锁止销

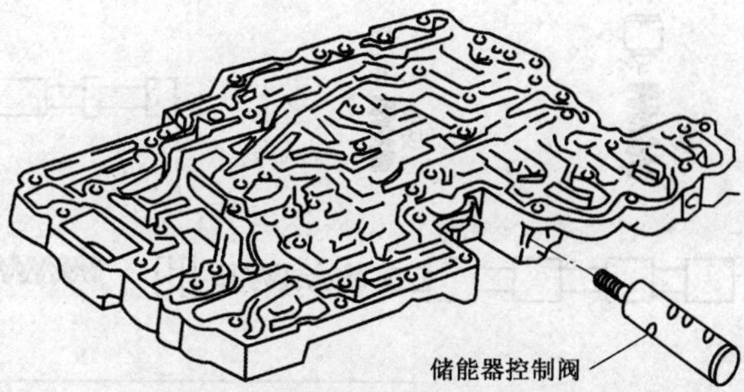

图 4.89　从阀套上拆卸弹簧和控制阀

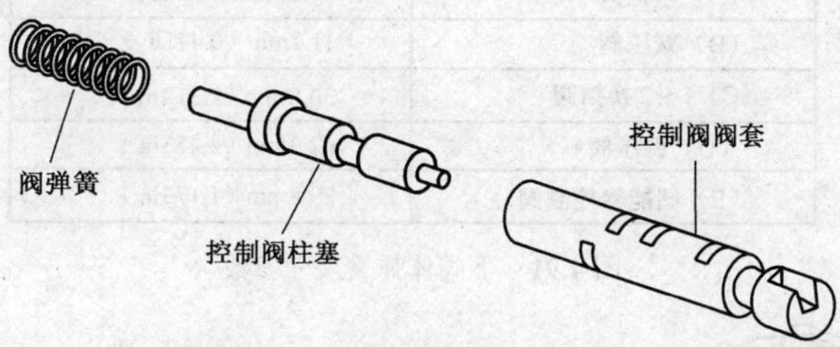

图 4.90　储能器控制阀零部件

（10）用清洁剂清洗下阀体零部件，只能用压缩空气吹干，不要用棉丝或布料。黏附的纤维或棉屑留在油路阀或油道中可能影响正常工作。

（11）检查下阀体零部件的状况。如果任一阀体孔划伤或腐蚀，应更换下阀体。如果滑阀、阀堵或阀套刮伤或磨损，应更换。如果油滤清器断裂、裂缝或损坏，应更换。

（12）检查阀体弹簧，更换生锈的、变形的、弹性力衰减的弹簧。测量每个阀体弹簧长度，如果任何弹簧的自由长度小于图 4.91 表格中的规定值，应更换弹簧。

步骤二　下阀体的组装

（1）用干净的自动变速器油（ATF）充分润滑下阀体零部件。

（2）把弹簧和蓄能器控制阀装在阀套内，然后，把安装好的组件安装到下阀体。

（3）把蓄能器控制阀总成压入阀孔，安装锁销。

（4）把减压阀堵安装到阀堵孔内，然后用固定夹子固定。

（5）在主调压阀柱塞上安装垫圈（见图 4.92）。

（6）把初始调压阀柱塞安装到阀套内。

（7）安装调压弹簧和调压阀和柱塞把调压阀阀套。

（8）把调压阀阀套压入阀体的阀孔，并安装锁销，保证锁销在阀套凸缘上。

（9）安装 1～2 挡换挡阀、弹簧和堵。然后把总成压入阀孔，安装锁销。

（10）在电磁阀上装新的“O”形密封圈，并安装到阀体上。紧固电磁阀螺钉，扭矩为 10N · m。

（11）安装油滤器，安装前确认滤清器，3 个滤清器直径一样，但长度不同。两个滤清器长度 11.0 mm，另一个是 19.5 mm。

（12）如图 4.93 所示，安装单向阀和弹簧、单向球阀和阀座、减压阀和弹簧。

（13）安装完毕，放在案旁待上下阀体的组装。

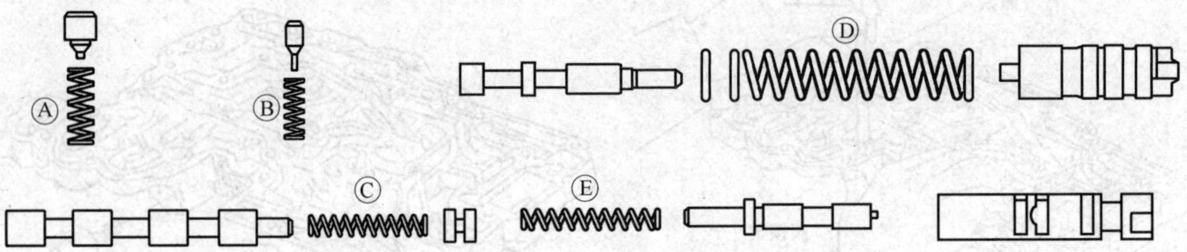

弹簧	自由长度
（A）单向阀	20.2mm（0.80in）
（B）减压阀	11.2mm（0.441in）
（C）1～2 换挡阀	30.8mm（1.218in）
（D）调压阀	62.3mm（2.453in）
（E）储能器控制阀	29.8mm（1.173in）

图 4.91　下阀体弹簧尺寸参数

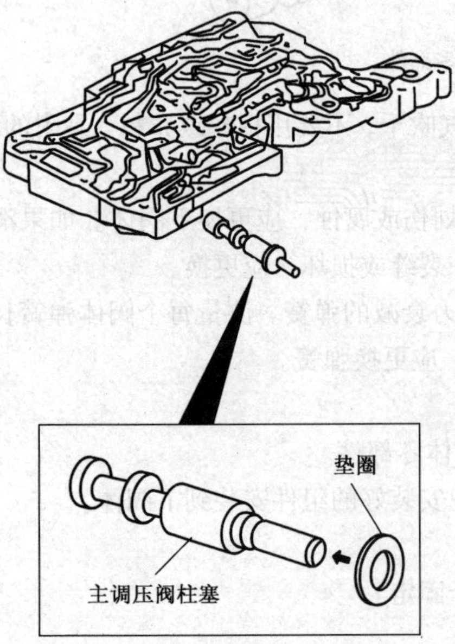

图 4.92　主调压阀上装垫圈

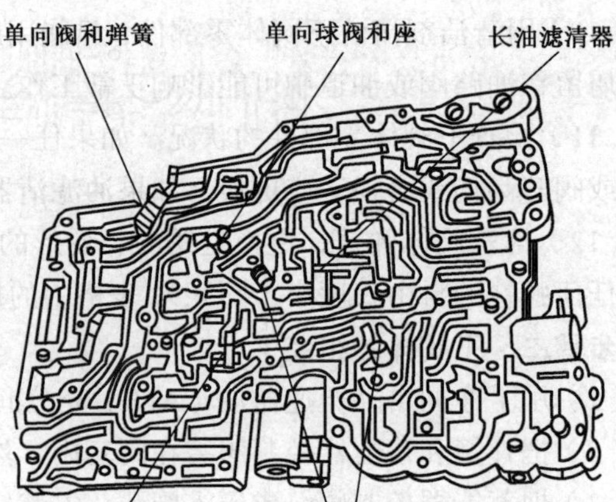

图 4.93　单向阀和滤清器位置和安装

提示

不要碰翻，避免散落零件，造成麻烦。

操作二　上阀体解体与检查

步骤一　上阀体的分解

（1）拆卸阀体隔板和密封垫，如图 4.94 所示。重新组装时必须更换密封垫。

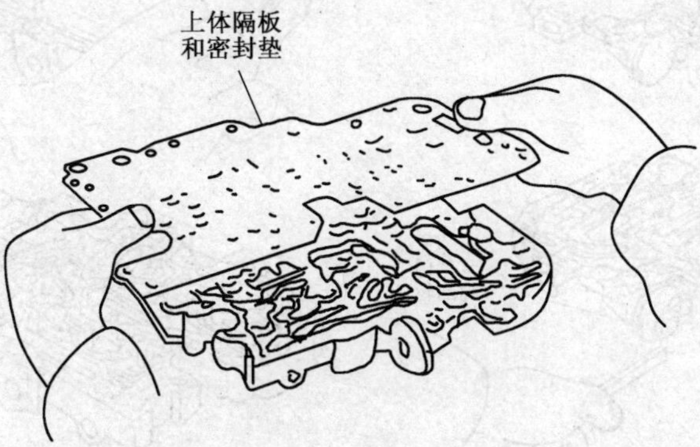

图 4.94　掀开隔板和密封垫

（2）拆卸滤清器和八个单向球阀。注意：球阀和滤清器位置如图 4.95 所示。必要时做记录，作为组装时的参考。

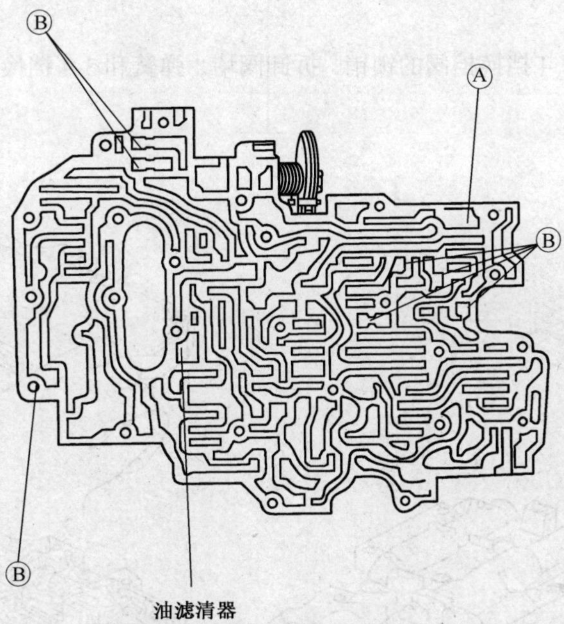

单向球阀	直径
Ⓐ	6.35mm（250in）
Ⓑ	5.535mm（218in）

图 4.95　单向球阀和滤清器位置和尺寸

（3）拆卸阀止动块和节气门阀凸轮，如图 4.96 所示。

（4）用磁铁吸出节气门阀销，拆卸减挡阀弹簧和节气门阀，如图4.97所示。

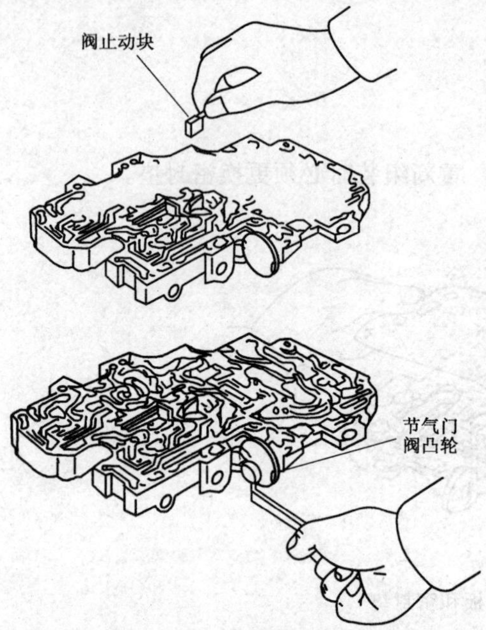

图4.96　拆卸节气门阀止动块和凸轮

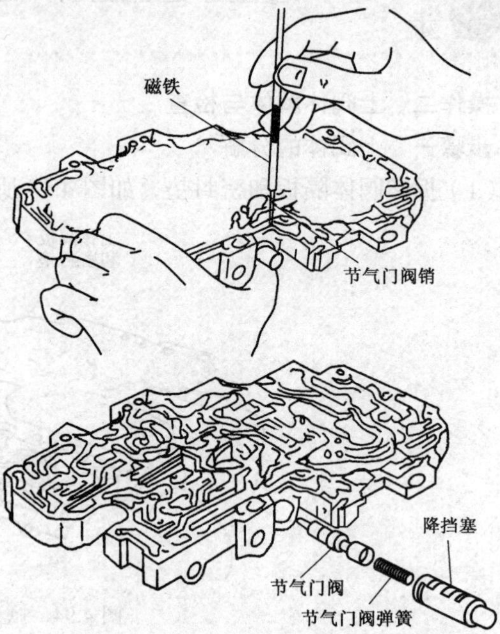

图4.97　拆卸节气门阀

（5）翻转上阀体，拆卸节气门阀调整环和弹簧，如图4.98所示。如果阀装备调整环，注意调整环的数目。

（6）用磁铁吸出3～4挡换挡阀的锁销，拆卸阀堵、弹簧和3-4挡换挡阀芯，如图4.99所示。

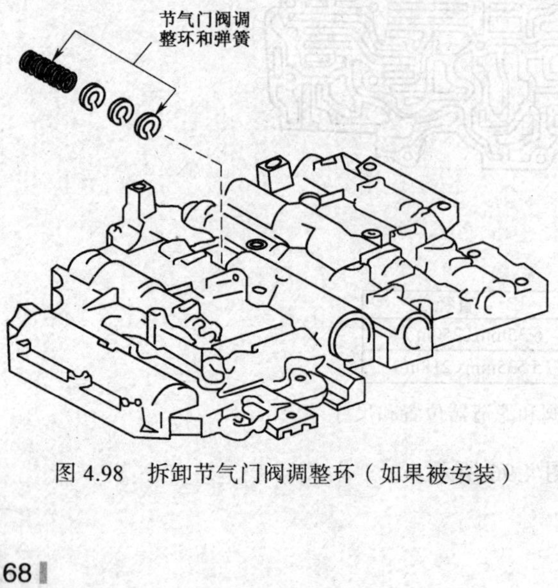

图4.98　拆卸节气门阀调整环（如果被安装）

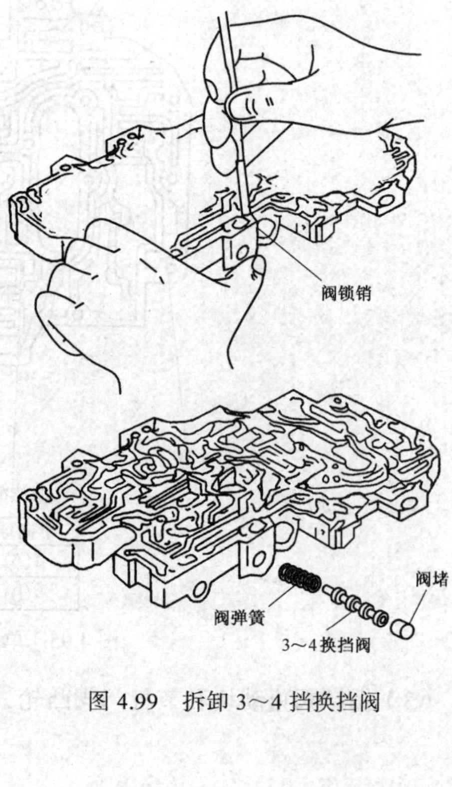

图4.99　拆卸3～4挡换挡阀

（7）拆卸第二滑行调整器锁销，拆卸阀堵、弹簧和滑阀。如图 4.100 所示。

（8）拆卸锁止继动阀锁销，拆卸锁止继动阀、弹簧和柱塞。如图 4.101 所示。

（9）从阀套上拆卸锁止继动阀、弹簧和柱塞，如图 4.102 所示。

（10）拆卸副调压阀锁销，拆卸阀堵、调压阀和弹簧，如图 4.103 所示。

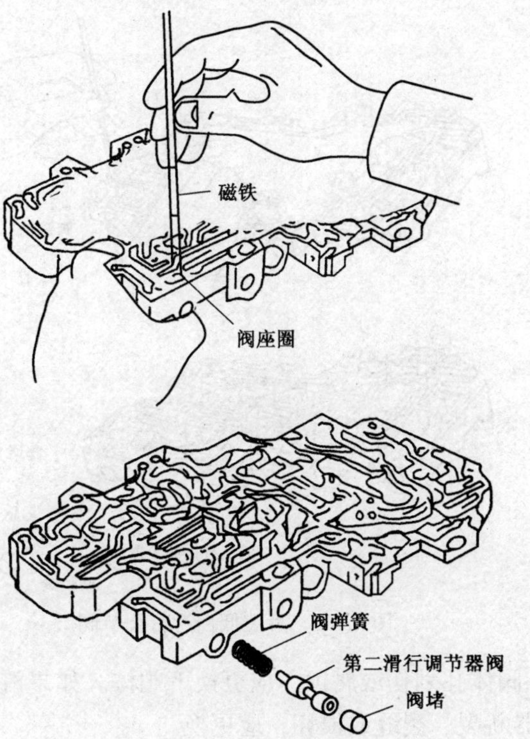

图 4.100　拆卸第二滑行调节阀

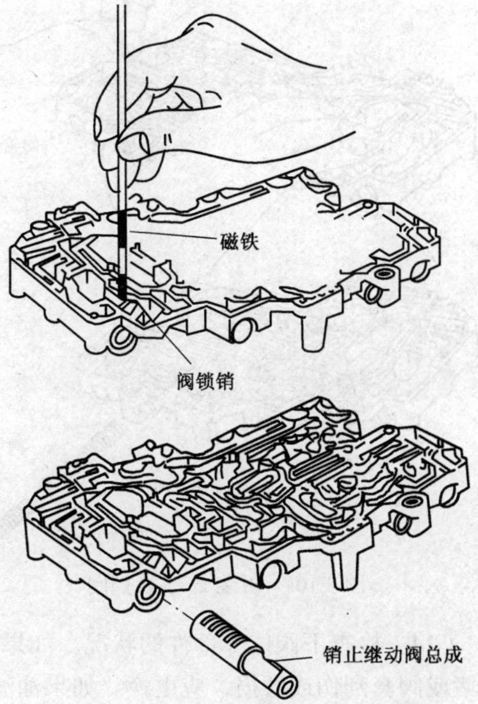

图 4.101　拆卸锁止继动阀

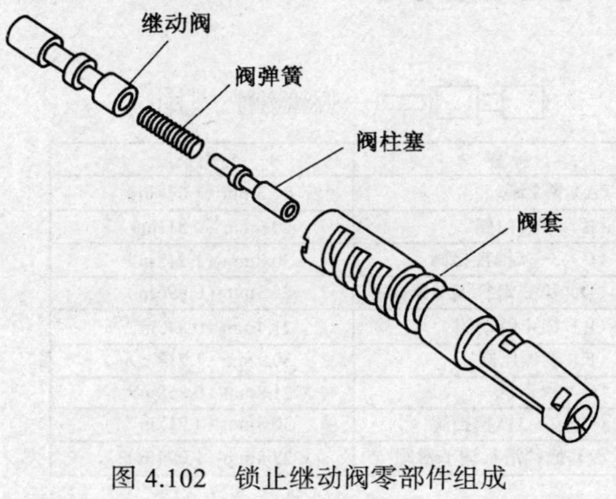

图 4.102　锁止继动阀零部件组成

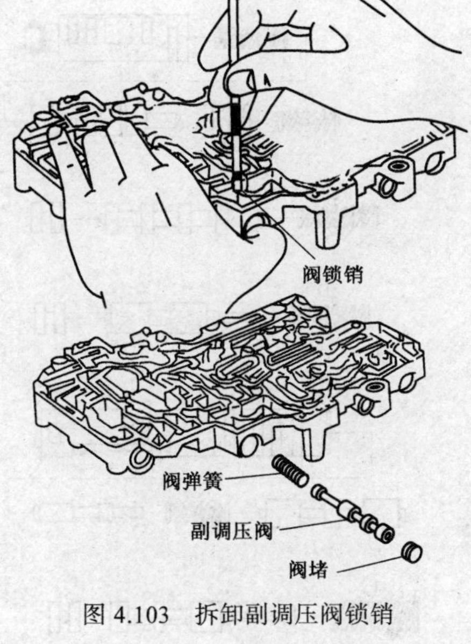

图 4.103　拆卸副调压阀锁销

（11）拆卸 2～3 挡换挡阀锁销，拆卸阀堵、弹簧和 2～3 挡换挡阀（见图 4.104）。

（12）拆卸低挡滑行调节器阀锁销，拆卸阀堵、弹簧和低挡滑行调节器阀（见图 4.105）。

（13）用清洁剂清洗下阀体零部件，只能用压缩空气吹干，不要用棉丝或布料。黏附的纤维或棉屑留在油路阀或油道中可能影响正常工作。

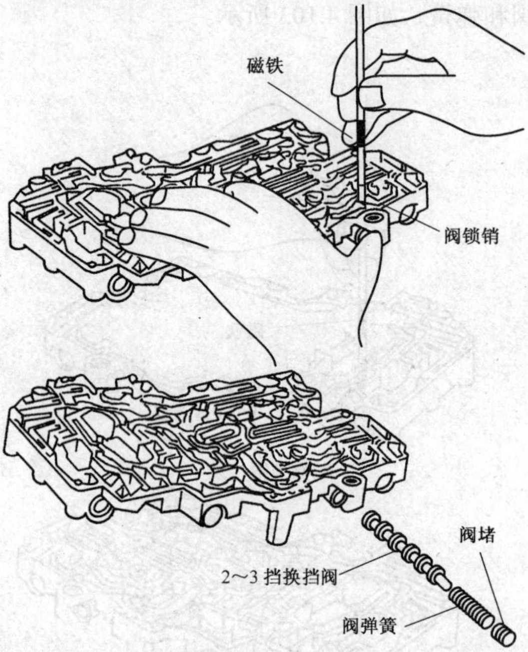

图 4.104　拆装 2～3 换挡阀

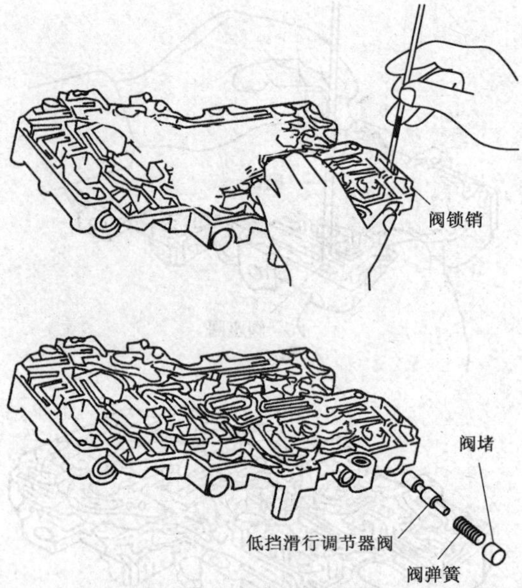

图 4.105　拆装低挡滑行调节阀

（14）检查下阀体零部件的状况。如果任一阀体孔划伤或腐蚀，应更换下阀体。如果滑阀、阀堵或阀套刮伤或磨损，应更换。如果油滤清器断裂、裂缝或损坏，应更换。

（15）检查阀体弹簧，更换生锈的、变形的、弹性力衰减的弹簧。测量每个阀体弹簧长度，如果任何弹簧的自由长度小于图 4.106 表格中的规定值，应更换弹簧。

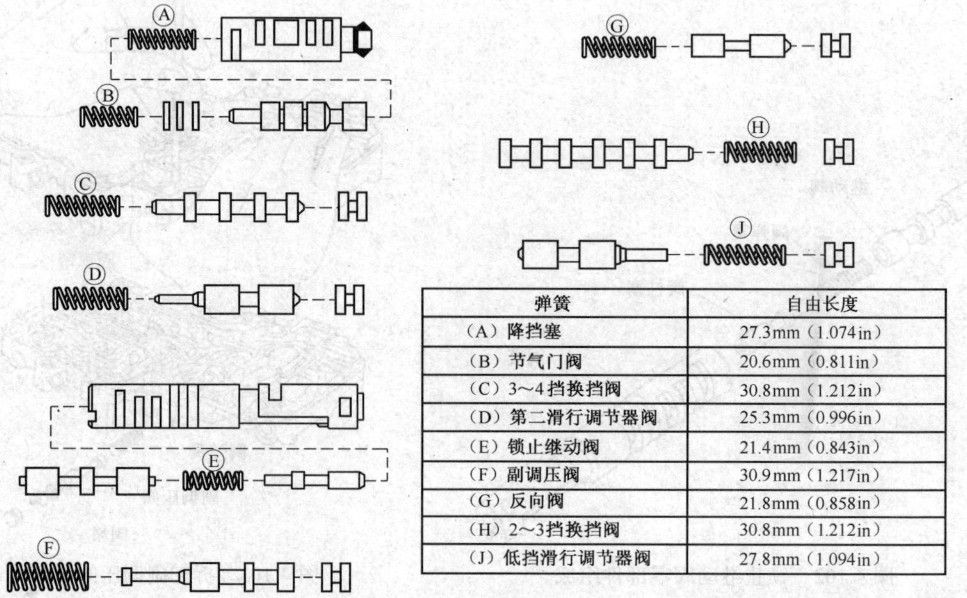

弹簧	自由长度
（A）降挡塞	27.3mm（1.074in）
（B）节气门阀	20.6mm（0.811in）
（C）3～4挡换挡阀	30.8mm（1.212in）
（D）第二滑行调节器阀	25.3mm（0.996in）
（E）锁止继动阀	21.4mm（0.843in）
（F）副调压阀	30.9mm（1.217in）
（G）反向阀	21.8mm（0.858in）
（H）2～3挡换挡阀	30.8mm（1.212in）
（J）低挡滑行调节器阀	27.8mm（1.094in）

图 4.106　上阀体弹簧/阀标记和尺寸

步骤二　上阀体的组装

（1）用自动挡变速器润滑油（ATF）润滑阀、弹簧、阀堵、阀套和上阀体的孔。

（2）注意阀锁销（A）和滑阀锁止动销（B）的位置，装配时参考图 4.107。

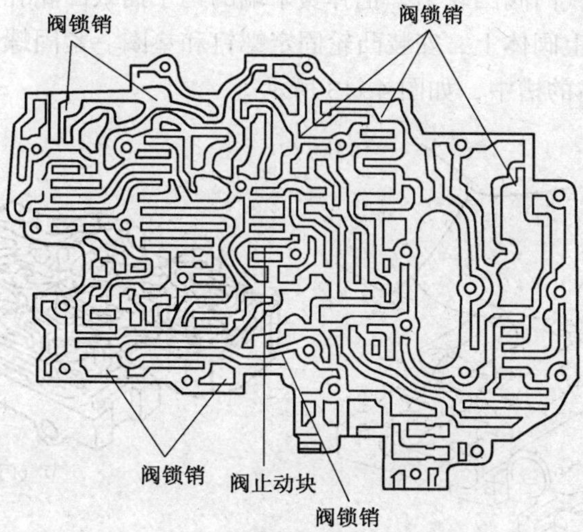

图 4.107　滑阀锁销和止动块位置

（3）把低滑行调节阀、弹簧和阀堵，安装在阀孔中。向里压阀堵，并安装锁销。

（4）把 2～3 挡换挡阀、弹簧和阀堵安装在阀孔内，向里压阀堵，并安装锁销。

（5）安装反向阀弹簧、滑阀和阀堵，向里压阀堵，并安装锁销。

（6）把副调压阀弹簧、滑阀和阀堵，安装在阀孔中，向里压阀堵，并安装锁销。

（7）组装锁止继动阀。把弹簧合柱塞装入阀套内，然后把阀总成装入阀体内。

（8）把第二滑行调节阀、弹簧和阀堵，装入阀孔中。向里压阀堵，并安装锁销。

（9）把 3～4 挡换挡阀、弹簧和阀堵，装入阀孔中，向里压阀堵，并安装锁销。

（10）把节气门阀装入阀孔中，把阀推到位，安装阀止动块（见图 4.108）。

（11）对于有调节环的车型，翻转上阀体，安装调整环如图 4.109 所示。保证调整环的数目与拆卸时一致。

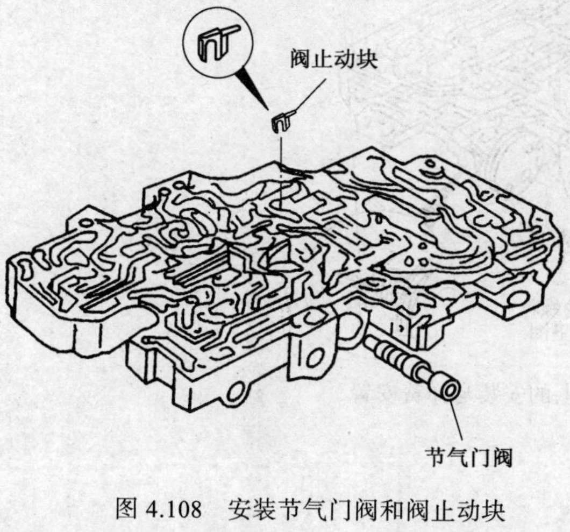

图 4.108　安装节气门阀和阀止动块

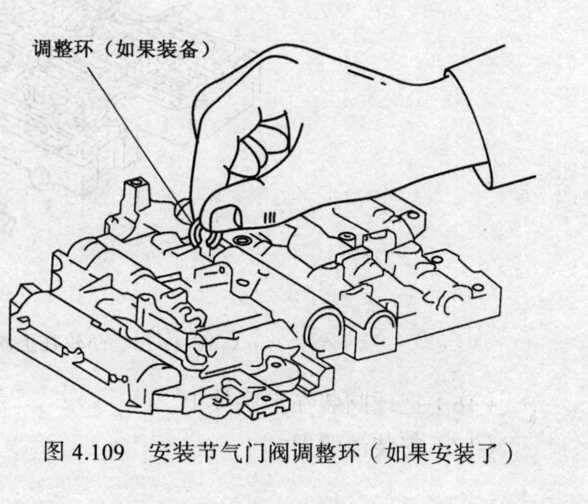

图 4.109　安装节气门阀调整环（如果安装了）

（12）把节气门阀调整弹簧安装到阀孔中，节气门阀末端的上面（见图 4.110）。

（13）把降挡弹簧和阀堵，安装到节气门阀孔中，向里压阀堵，靠近节气门阀和弹簧，并安装锁销，如图 4.111 所示。

（14）把阀套装在节气门阀凸轮上，把弹簧末端的钩子插入凸轮孔中（见图 4.112）。

（15）把凸轮安装在上阀体上，安装凸轮固定螺钉和垫圈。紧固螺钉，扭矩为 10N · m。保证弹簧的直端放入上阀体的槽中，如图 4.113 所示。

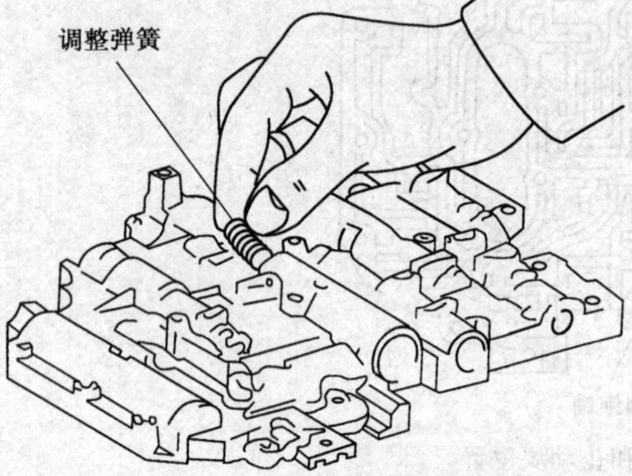

图 4.110　安装节气门阀调整弹簧到阀孔中

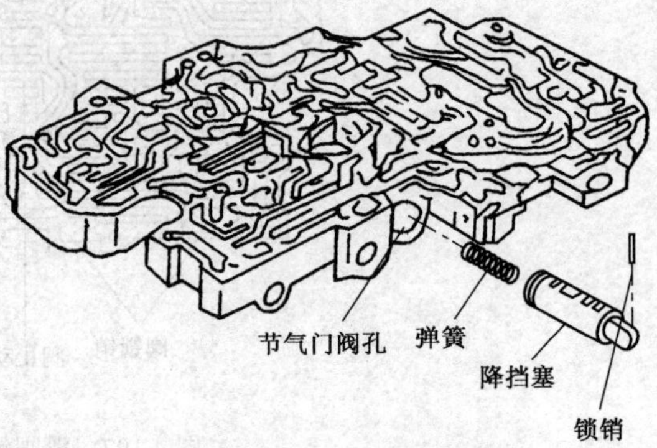

图 4.111　安装降挡阀

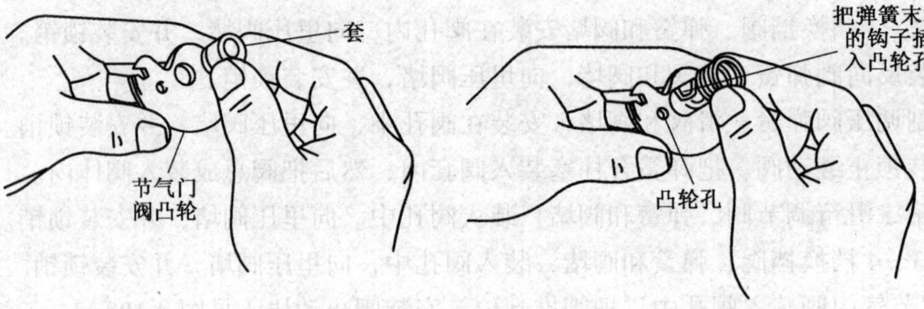

图 4.112　安装节气门凸轮套和把弹簧末端的钩子插到凸轮的孔中

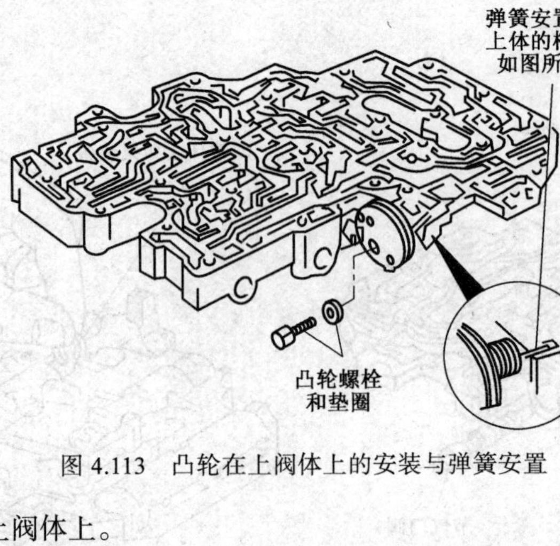

图 4.113　凸轮在上阀体上的安装与弹簧安置

（16）把球阀装在上阀体上。

（17）安装油滤器。

操作三　上、下阀体组装在一起

（1）把新的密封垫 1（见图 4.114）放到阀体上。

（2）把阀体隔板放到密封垫 1 上。

（3）把新的密封垫 2（见图 4.114）放到阀体隔板上，以螺钉孔定位，使密封垫与阀体隔板对正。

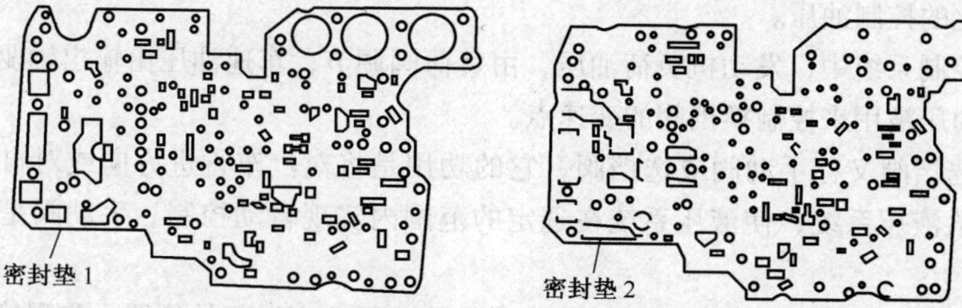

图 4.114　阀体密封垫 1 和阀体密封垫 2 的不同

（4）参考图 4.115，使用三种不同长度螺钉，安装阀体。

（5）紧固阀体螺钉，扭矩为 6.4 N · m。

（6）安装选挡阀，如图 4.116 所示。

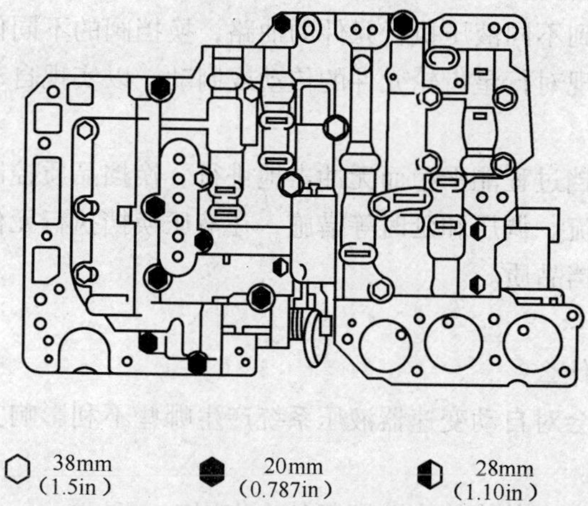

图 4.115　上阀体螺钉布置与螺钉长度尺寸

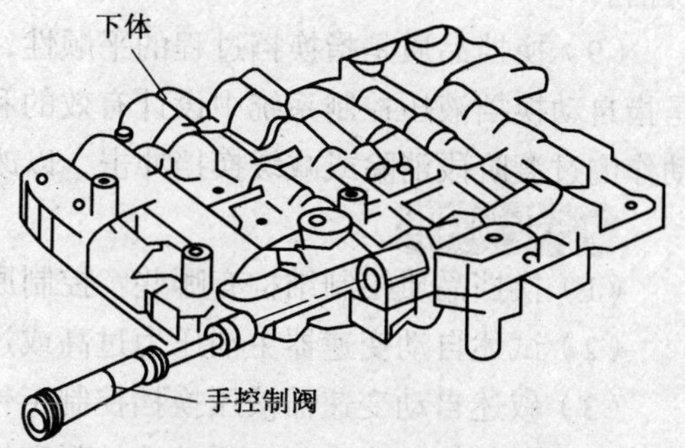

图 4.116　安装手动选挡阀

（7）安装双片式锁止弹簧片，紧固弹簧片固定螺钉，扭矩 10 N · m，如图 4.117 所示。

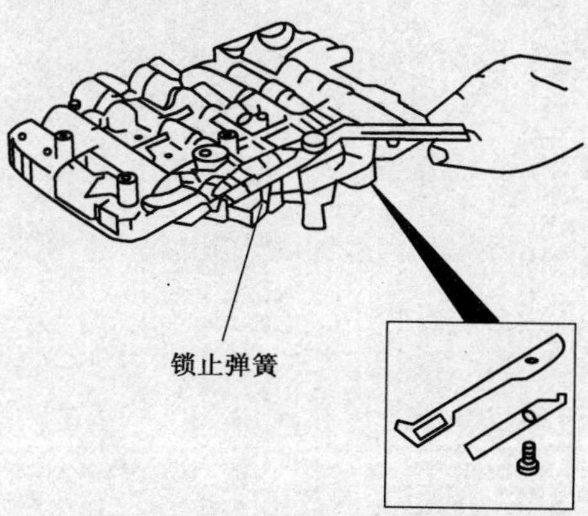

图 4.117　安装手动选挡阀锁止簧片

课题小结

（1）由换挡阀和其他控制阀组成用于控制液压执行元件的油路称为液压换挡油路。

（2）负荷阀是受发动机加速踏板控制，随发动机负荷大小而改变其输出油压的液压阀，输出的油压高低即为自动换挡的一个信号。

（3）速度调压阀又被称作离心调速器或速控阀，其作用是为自动变速器换挡阀提供一个随车速高低而变化的控制油压。

（4）液压控制系统中，发动机负荷油压，由负荷阀调节；车速油压由输出轴驱动的速度阀调节。这两个油压被用来控制换挡阀的变速点。

（5）手动选挡阀又称手动阀或选挡阀，它的功用是将对汽车行进方向或对自动变换挡要求的信息传递给液压系统，使液压系统在选定的范围内实现自动控制。手动阀是个液压多路换向阀。

（6）换挡阀的作用是对应速度阀和负荷阀调节的油压改变滑阀的位置，实现换挡主油路的切换，将主油压力经换挡阀送至不同的换挡执行元件。

（7）从液压泵输出的油液可达手动选挡阀和负荷阀。当手动选挡阀选择前进挡D时，来自液压泵的油液经手动选挡阀，可达换挡阀、制动器伺服阀和速度阀。

（8）进入负荷阀和速度阀的主油压为控制压力的调节提供了基本油压。经调节的控制油压分别作用于换挡阀的一侧。一组换挡阀分别控制到不同液压执行元件的油路，换挡阀的不同位置使主油路与不同的执行器油路接通或断开，实现对行星齿轮元件的传动或制动，以实现自动换挡。

（9）换挡品质是指换挡过程的平顺性，即换挡过程能平稳而无冲击地进行。换挡品质控制是指自动换挡液压控制系统中设计有效的利用节流、调压和延时等措施，在液压换挡执行元件动作的过渡阶段消除或减缓换挡冲击，以改善换挡品质。

作业测评

（1）换挡品质控制结构有哪些？控制原理是什么？

（2）试述自动变速器主油压力过高或过低，会对自动变速器液压系统产生哪些不利影响？

（3）叙述自动变速器液压换挡控制工作过程。

（4）负荷阀、速度阀、手动选挡阀和换挡阀在自动换挡中分别起什么作用？

模块五
电子控制自动变速器

学习目标

知识目标

◎ 能简单叙述电子控制自动变速器的特点和基本控制思想。
◎ 能正确描述电子控制自动变速器电控系统的组成。
◎ 能正确描述机电元件的结构和工作原理。
◎ 能简单描述电子一液压控制系统的液压油路的特点。
◎ 了解传感信号的输出与输入特性。

能力目标

◎ 能读懂电控自动变速器油路图。
◎ 会根据电控系统电路图分析。
◎ 掌握传感器元件的测试方法。
◎ 了解测试仪器的基本功用并掌握使用方法。

现代计算机技术、传感器技术和控制技术的发展，为实现多因素变速器控制提供了便利条件。目前大部分自动变速器是在液压控制基础上增加了计算机控制技术，提高了自动变速器的各项性能。这种用计算机控制的自动变速器又被称为电子—液压控制自动变速器，简称为电控自动变速器。一个自动变速器使用先进的电子技术对机械结构和液压系统实现合理的、精确的控制，不仅具有液力自动变速器自动换挡的全部优点，还实现了汽车的经济、安全、舒适的行驶。

电子—液压控制自动变速器不仅减化了汽车变速时的操作，而且具有下列显著的优点。

（1）使整车的燃油经济性和动力性提高，降低对环境的不良影响。

（2）换挡精确、减少换挡时的震动与冲击。

（3）简化了复杂的液压回路、减少了液压控制阀，降低液压系统结构的复杂性，从而降低制造和维修的费用。

（4）工作响应更迅速，提高了整个系统的可靠性。

课题一　认识自动变速器电子控制系统

计算机控制自动变速器，是利用微处理器接收传感器所传递的各种与变速有关的电信号，由微处理器对信号进行识别、分析，与微处理器内部已存储的变速器换挡数据进行比较，得到最适当的换挡数据并发出指令，驱动电动或液压执行器，实现适时增、减挡，以满足汽车在不同道路、不同功率情况下行驶的要求。它的最大特点是利用计算机运算速度快、具有多种数据分析处理能力，对影响变速换挡的各种因素进行采集、比较，选择最佳控制方案，实现实时控制。计算机控制自动变速器又称为电子控制自动变速器。

基础知识

一、自动变速器电子控制系统组成与控制功能

1. 自动变速器电子控制系统组成

目前汽车上应用较多的计算机控制自动变速器由机械变速机构、液压系统和计算机控制系统组成。其中计算机控制系统主要由以计算机为核心的电子控制单元、进行信息转换的传感器、实现控制意图的执行装置 3 部分组成。图 5.1 所示为自动变速器计算机控制系统 3 个组成部分的实体联系，图 5.2 所示为该系统各组成部分工作内容。

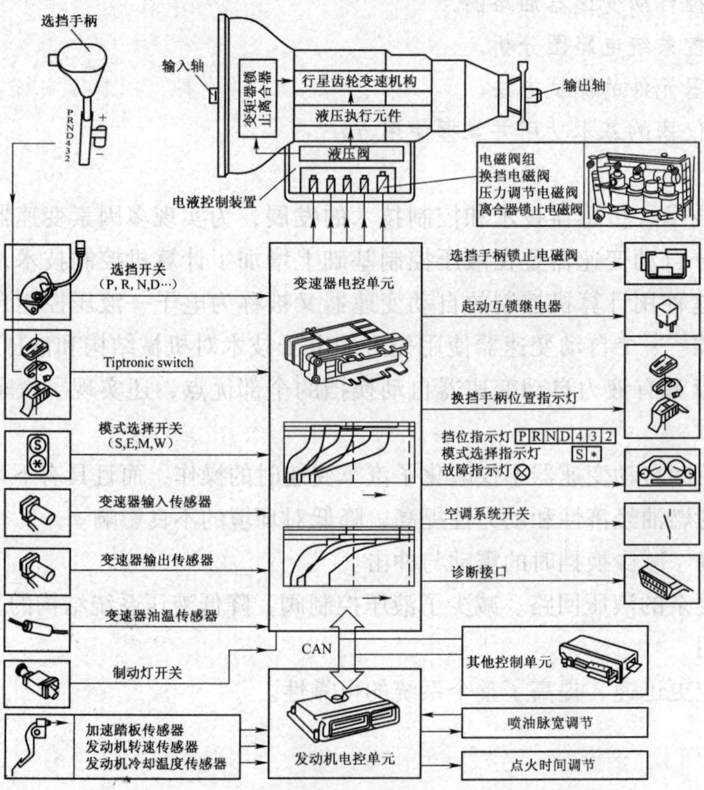

图 5.1　自动变速器的电子控制系统组成

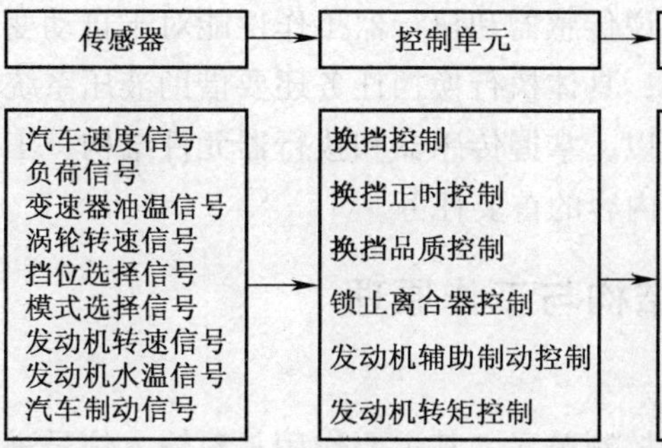

图 5.2　自动变速器计算机控制系统各组成部分工作内容示意图

传感器是进行信息采集、转换装置，其作用是测感对变速产生影响的汽车、发动机在不同工况下的各种相关信息，并将得到的信息转换为计算机能够接收的电信号，为计算机工作提供可靠、真实的信息。输入信息是控制系统工作关键。这些信息包括：节气门开度、汽车行驶速度、发动机冷却水温、发动机转速、变速器油温、挡位、进气管真空度、制动、加速等。

电子控制单元是控制系统的中枢，其作用是根据其程序中的指令，对采集的各种传感信号进行分析，与计算机内储存的数据进行比较，得到相应的指令后送至执行装置，控制液压、机械换挡系统和变矩器锁止离合器的工作。分析、运算、比较是控制系统对输入的响应过程。控制装置外形结构如图 5.3 所示。

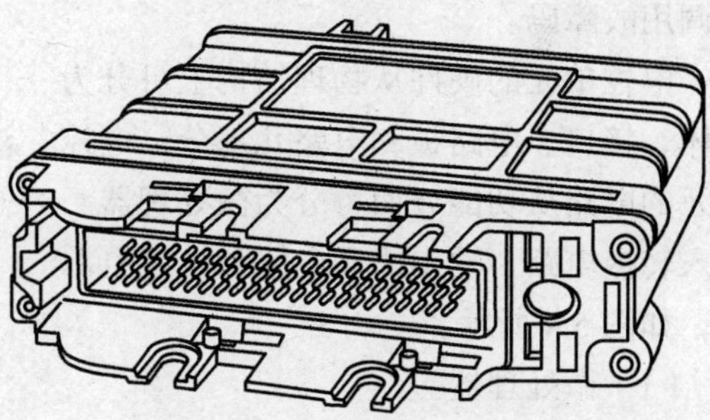

图 5.3　自动变速器控制单元

执行装置是指能够接受计算机输出指令，完成设定任务的装置。它的作用是将电控单元形成的指令转变为实现控制目标的物理运动，输出是系统根据输入产生的结果。电子—液压控制自动变速器中的执行装置常用电磁阀或步进电机等，通过电磁阀电流的导通与关断，控制液压油路的流动方向或压力的变化，使机械执行元件动作，实现换挡。一般自动变速器电子控制系统组成如图 5.1 所示。电控自动变速器与液压控制自动变速器的区别在于，电子控制自动变速使用计算机控制系统对原有的液压控制系统进行控制，将原有的节气门位置、汽车速度两个参量扩展为多个参量输入计算机，提高自动变速器控制的功能、精度，进一步改善自动变速器的性能。

2. 自动变速器电子控制功能

计算机控制的自动变速器可实现如下控制功能：自动变速器油压控制、变速点控制、变矩器锁止离合器锁止控制、变速时过渡特性控制、离合器油压控制、变速时锁止控制、车辆后座减轻控制等。由于汽车与计算机之间建立了更为广泛的联系，控制可以超出单一计算机控制范围，通过相互控制的方式达到最佳驱动控制的效果。如：利用发动机控制系统实现发动机扭矩控制，利用 ABS 系统进行挡位调节等。

电子控制自动变速器综合了更多的控制思想与技术。对于汽车维修人员来说，需要全面了解自动变速器的工作原理、相互联系、控制思想和影响因素，因为这些思想是由传感器、执行器和计算机共同构成控制实施的整体。了解传感器和执行器的工作原理，是理解自动变速器计算机控制和分析问题的基础。因为，控制系统的程序是事先设计好的，其工作正确与否取决于传感器和执行器工作状态。也就是说传感器和执行器工作性能对于自动变速器控制系统能否正常工作具有更为重要的意义。另外，具体执行换挡任务还要借助液压系统或机械装置，形成电—液—机互相牵制的动作过程。所以，掌握传感器和执行器元件结构、工作原理、区分不同系统的任务和如何协调工作是本模块内容的首要任务。

二、电子控制系统元件结构与工作原理

1. 电子控制单元

计算机控制系统的核心是电子控制单元。其主要作用是对输入信号进行处理，形成决策，并输出相应的指令对输入信号作出响应。根据计算机中存储的程序对传感器和控制开关输入的各种信号进行运算、分析和判断，形成相应的控制指令，控制有关执行器产生与控制指令对应的动作，使被控制系统实现快速、准确的自动控制。同时控制单元还要对整个电子控制系统进行实时监测，一旦出现影响正常工作的故障，即发出警告，甚至停止发动机和自动变速器系统的工作，并将发生故障的电子控制元件转换为代码记入存储器，以便于维修时维修人员借助仪器调用故障码。

电控单元的硬件从物理结构上可分为壳体、接口、电路板和电路几部分。电控单元的电路从功能方面可分为微处理器、输入转换电路、输出驱动电路和恒定电源等，如图 5.4 所示。

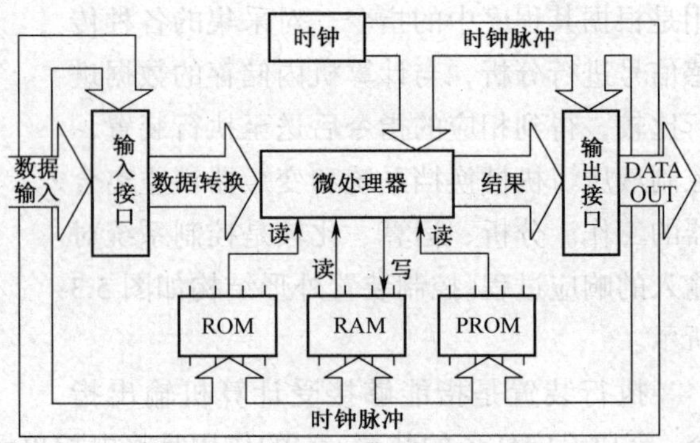

图 5.4　计算机内部结构框图

（1）微处理器。

微处理器是用来接收、存储、处理和发送信息的电子装置，只需用户通过程序设定就可达到特定的功能要求。程序设定是指使微处理器对外部事件进行判定、对收集到的信息进行分析处理，并产生相应的输出指令。

用户的程序是以编码的形式存储于存储器中，当微处理器被通电后，即从存储器中调出并执行程序，实现程序所预期的控制功能。

在一个硅片上集成有带存储器的中央处理器、模数转换器、串行通信接口、高速输入输出接口、计时计数器和标准输入输出接口等，能独立完成所需的控制功能的芯片被称为单片机。

（2）输入的转换电路。

输入转换电路是微处理器与外界联系的通道，如图 5.5 所示。输入转换电路的一部分用来接收数字信号，诸如开关信号、脉冲信号等。而其另一部分用来不定期接收模拟信号，如连续变化的电压信号。

输入转换电路的另一个重要任务是将模拟信号转换为数字信号，因为微处理器无法接收模拟信号。对于外来的数字信号也要进行处理，通过电平转换，使之能被微处理器接收。

（3）输出驱动电路。

输出驱动电路的作用是联系协调微处理和执行器。汽车计算机控制系统输出的信号为数字信号，而驱动执行装置的信号既有模拟信号也有数字信号。微处理器输出数字信号，需要由转换电路将数字信号转换为模拟信号，并将转换后的信号功率放大，以提高对执行器驱动能力，

输出线路示意如图 5.6 所示。

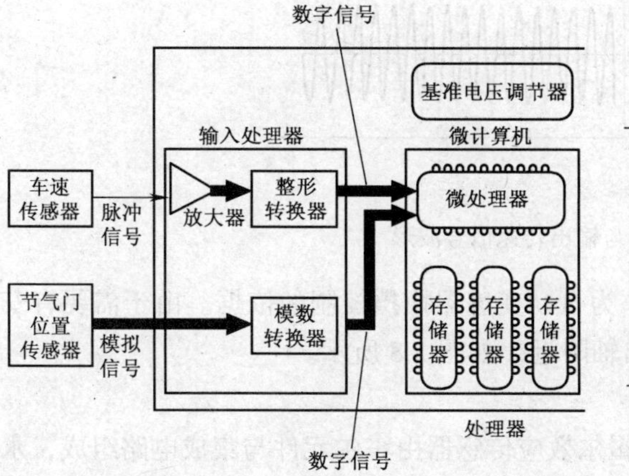

图 5.5　自动变速器电子控制装置一般输入线路图

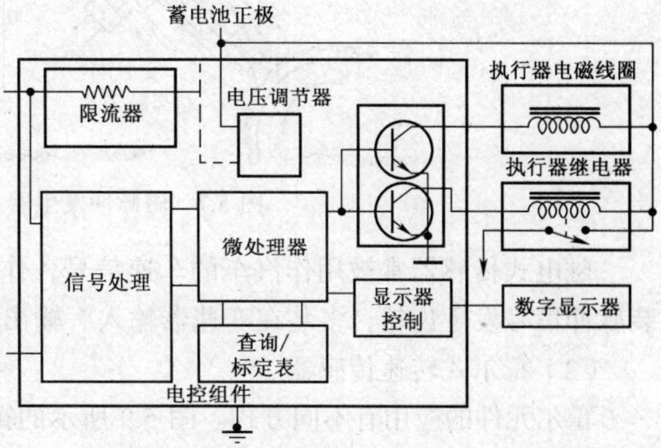

图 5.6　自动变速器电子控制装置输出线路图

（4）电控单元的软件。

电控单元的软件可分为程序和数据两部分，程序取决于电控单元的功能，数据则与程序的特定部分相联系，并在控制系统自检时保持不变。

数据分为与系统特性相关的固定数据和与系统可变特性相关的校正数据两类。为保证控制的实时性和准确性，在存储容量足够的前提下，汽车计算机控制系统可以将被控制系统的特性图以数据表的形式存储在电控单元的存储器中，在汽车运行时供微处理器调用。

计算机的工作过程是由微处理器接收来自传感器的信息，经计算处理，然后向输出装置发出指令。多数控制系统都设有监控装置，以检查其命令是否被执行和执行的结果，如果所发出的指令不是所要求的，计算机会自动发出修正指令，直至达到所要求的结果。

2. 信息输入装置

信息输入装置是保证电控系统准确工作的重要部分，其组成为传感器和信号转换电路。信息输入装置随每个系统的不同而有所变化，但主要功能相同：为控制装置提供系统准确的运行状态信息，通过传感器转换为电量，然后输入转换电路，以产生能为微处理器所识别的数字信号。自动变速器电控系统及输入装置的输入信息如图 5.1 和图 5.2 所示。

传感器的作用是将系统的各种物理量转换为电量，经电路转换为计算机可接收的电信号，以便输入计算机。这些物理量包括转速、加速度、力、压力、位置、温度及各种开关量等。传感器是控制系统的关键部件，没有传感器信号或传感器信号不正确，控制系统将不能够正常工作。

传感器可分为有源式传感器和无源式传感器。有源式传感器指在工作时不需外加电源，随被测量的变化而能产生电量的传感器，如热电式、压电式、磁电式传感器。无源式传感器指在工作时必须外加电源，随着被测量的变化传感器的某个电参量发生变化，产生输出电信号，如电位计、热敏电阻、电容式传感器等。

（1）磁电式转速传感器。

磁电式速度传感器由旋转齿圈、磁电线圈和磁铁组成，如图 5.7 所示。周围绕有线圈的永久磁铁，安装于旋转的铁磁材料齿圈附近，当齿圈旋转时，由于齿圈与永久磁铁的间隙发生变化，引起通过线圈的磁通变化，在线圈上出现电磁感应而产生脉冲感应电压。这个脉冲电压被整形为矩形脉冲后，送入微处理器作为转速计算的依据。由于不用外加电源，属有源式传感器。

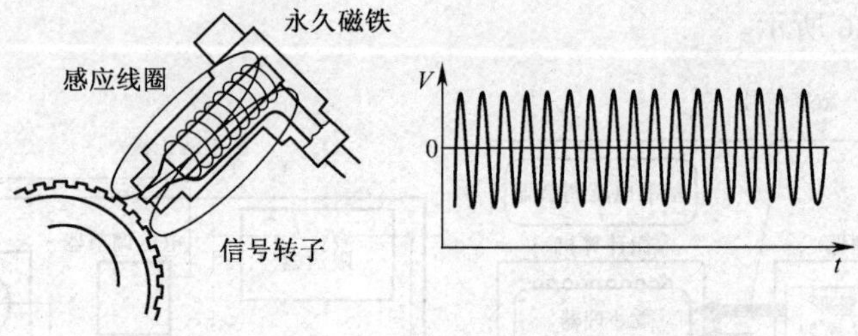

图 5.7　磁脉冲发生器与输出转速信号波形

磁电式传感器常被用作汽车的车速信号，作为自动变速器换挡控制的依据。由于需要有安装脉冲信号发生齿轮，多装在变速器输入、输出轴附近，如图 5.8 所示。

（2）霍尔式转速传感器。

霍尔元件的应用有不同方式。图 5.9 所示的霍尔效应传感器由霍尔元件与集成电路组成，永久磁铁固装于旋转结构件上。当结构件旋转时，旋转的磁场通过固定的霍尔元件，在霍尔元件上产生高低变化的霍尔电压。霍尔电压通过电子集成电路的放大和整形输出与转速变化一致的脉冲信号。在自动变速器中，霍尔信号传感器可以用来检测输入与输出的转速，判断正、反转，位置，滑转与否等。图 5.10 所示为霍尔元件在自动变速器上检测转速的应用。在离合器毂的外侧排列由 N、S 极组成的磁栅。当离合器毂旋转，交变的磁场在霍尔传感器中输出霍尔电压。与磁感应式转速传感器相比，霍尔传感器具有不需要齿轮、结构紧凑、集成化程度高、尺寸小等优点。

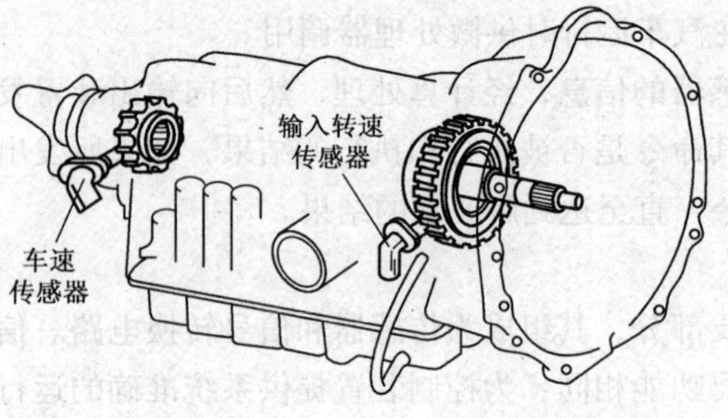

图 5.8　磁电式车速传感器与转速传感器位置

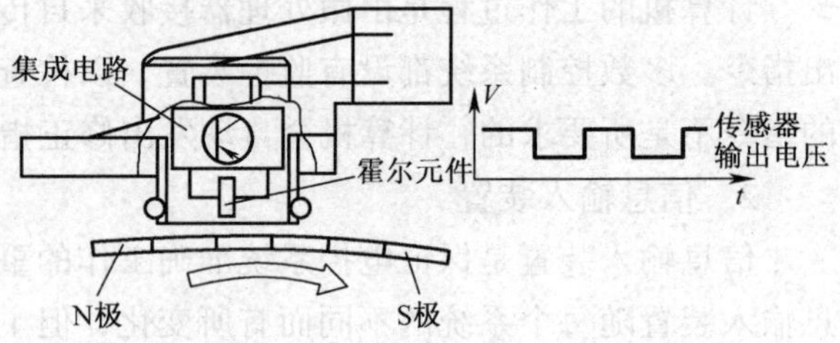

图 5.9　霍尔传感器结构

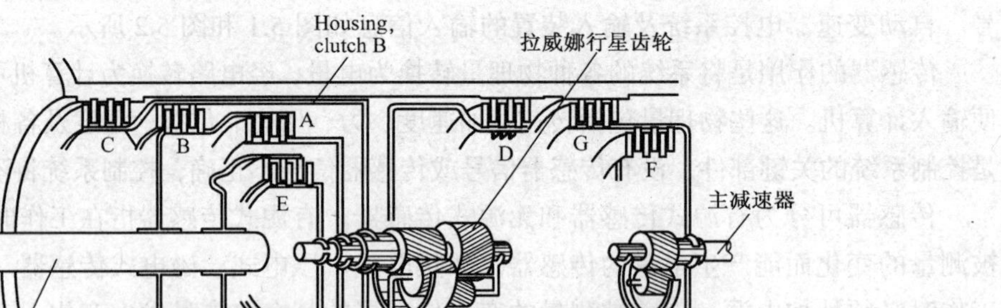

图 5.10　霍尔传感器与磁脉冲传感器的应用

A、B、E、F—离合器　C、D、G—制动器

（3）节气门位置传感器。

节气门位置传感器是一个电位计，当电位计滑片随节气门开度变化时，其电阻值相应改变，其电阻上的电压降为计算机提供一参考电压，计算机通过参考电压与标准电压的比较，来了解系统工作状态。传感器结构如图 5.11（a）所示，转换原理图如图 5.11（c）所示；在发动机工作期间，由电控单元向节气门位置传感器提供 5V 参考电压。电位计滑片装于节气门轴上，与节气门轴一起转动。当节气门位于怠速位置，电阻阻值最大；节气门处于全开位置时，电阻阻值最小；当节气门处于不同的开度可得到不同的电阻值。传感器阻值的变化会影响参考电压的数值。反映节气门开度大小的输出电压 V_{TA} 特性如图 5.11（b）所示。相对应节气门开度的变化电压信号被送到电子控制装置。

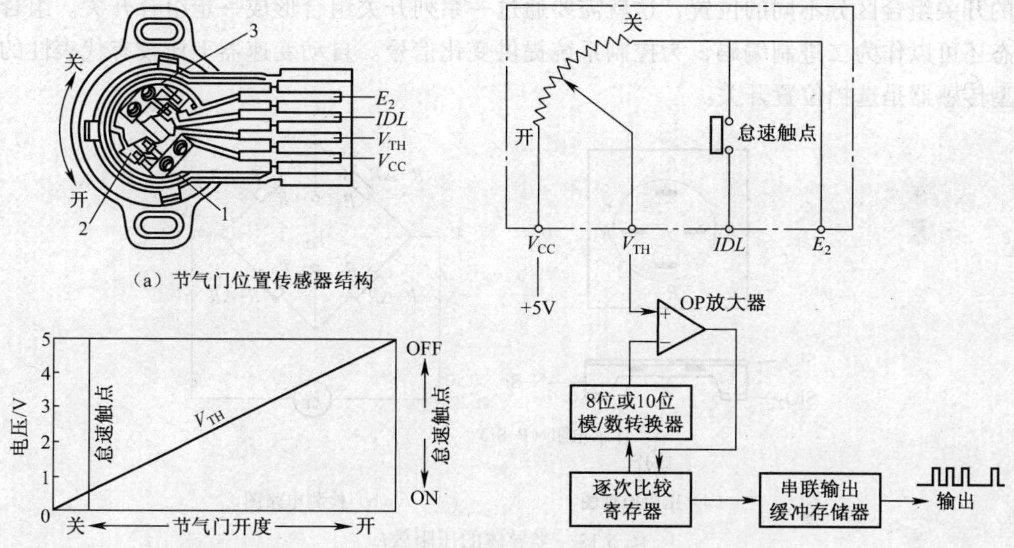

（a）节气门位置传感器结构

（b）输出特性

（c）转换原理

图 5.11　节气门位置传感器

1—电阻滑动片　2—膜片电阻　3—怠速电阻

（4）压力传感器。

压力传感器的作用是检测发动机进气歧管压力的变化，作为发动机负荷信号，控制系统据此信号控制汽车不同负荷下的换挡时机。压力传感器分为压力开关与压力数据两种类型。图 5.12 所示为半导体式压力传感器的构造及输出特性，它是利用半导体压阻效应，实现压力和电信号转换，并根据压力变化形成连续的数值输出。

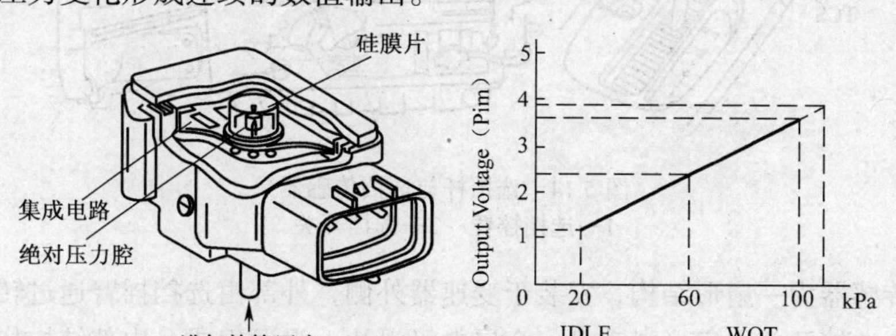

（a）构造

（b）输出特性

图 5.12　半导体压力传感器

半导体压阻效应的原理是：在单结晶半导体中由于杂质扩散，形成电阻，这种电阻受到应力作用时，其电阻值会发生变化。这种现象就称为半导体的压阻效应。如图5.13所示，在N型硅基板的中心部，装有比其他部分更薄的圆形膜片，在膜片外周刻有4个电阻值相同的P型硅电阻，当应力作用于膜片时，由于应力的径向分力与切向分力不同，使其电阻值发生变化，如电阻 R_1、R_3 的电阻应变量为 $+\Delta R$，R_2、R_4 的电阻应变量为 $-\Delta R$，这时，如输入的电压为 V_E，则电桥输出的电压 V_O 由下式表示：$V_O=(\Delta R/R)\times V_E$。信号经电路放大后输出给计算机。

（5）选挡开关传感器。

在开关传感器中，只有两种变化量（0或1）的传感器比较简单。如空调开关、制动开关等传感器，只要实现0、1的变化即能满足产生信号的要求。但对于变化较多的位置量，则需要以不同的开关组合区分不同的位置，这就需要通过一系列开关组合形成一定组合开关。组合开关的状态还可以作为二进制编码，为控制系统提供变化信号。自动变速器上比较有代表性的数字编码型传感器是选挡位置开关。

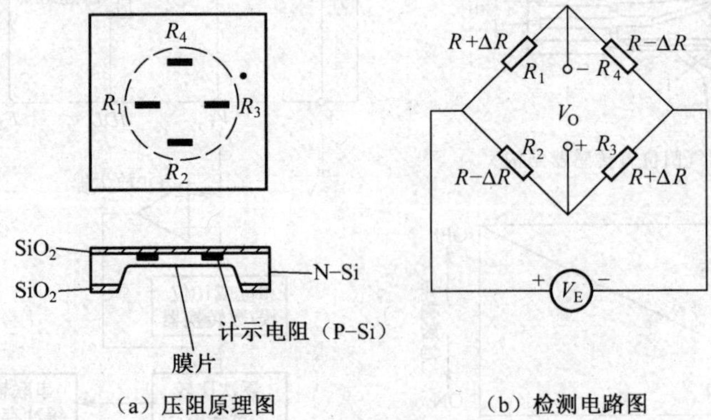

图5.13　半导体的压阻效应

选挡开关既是这样的组合开关。选挡开关由选挡杆驱动，可以将人的驾驶意志传递给控制装置，以满足汽车克服道路阻力、改变行进方向、停车和驻车的需求。选挡杆和选挡阀位置如图5.14所示。

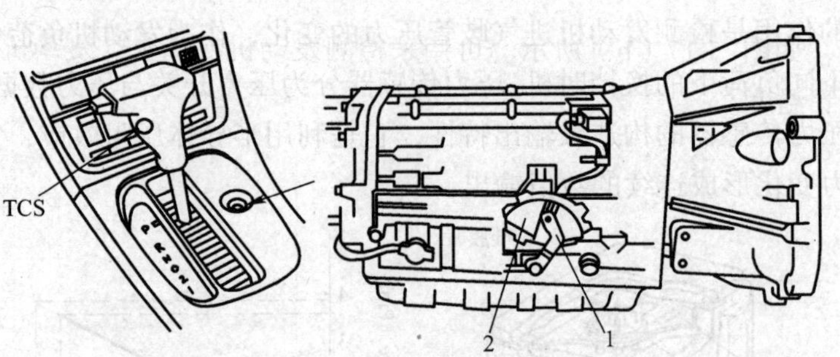

图5.14　选挡杆与选挡传感器

1—选挡摇臂　2—选挡开关

选挡位置传感器为一扇形结构，安装于变速器外侧，外部由选挡摇臂通过转轴其内部与手控阀机构连接。选挡开关由扇形滑动盘、金属电极滑片、滑臂组成，内部结构如图5.15所示。滑臂与手控选挡阀轴同轴，当选挡杆改变位置，滑臂随着转动。金属电极置于绝缘的扇形滑动盘内，金属电极滑片分别接到输出端子上（图中的数字与输出端子位置对应），经导线与电子控制装置连接。滑臂内设有金属桥片，滑臂转动时，金属桥片能将不同电极桥接，使被桥接的电极形成同一电位。当改变选挡杆位置，选挡开关会改变不同的开关组合，在输出线端传递出相应的组合数据，使电子控制系统了解驾驶人员的意图。图 5.16 所示为选挡位置传感器在不同选位的桥接逻辑关系。

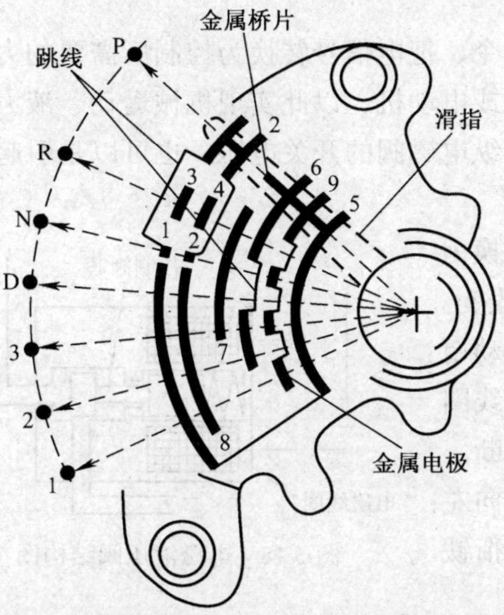

图 5.15　选挡阀开关内部结构

选挡杆位置	被桥接的电极								
	1	2	3	4	5	6	7	8	9
P	●	●			●	●			●
R			●	●	●	●	●		
N	●	●			●		●		●
D					●		●	●	
3					●	●	●	●	●
2					●	●		●	
1					●			●	●

图 5.16　选挡阀开关电极桥接逻辑表

（6）温度传感器。

温度传感器用来检测控制系统中与温度有关的物理量。目前常用的温度传感器为热敏温度传感器，它具有体积小、高灵敏度、安装方便等特点，且价格便宜。

热敏温度传感器是根据温度变化而使电阻发生变化的元件。分为负温度特性（NTC）和正温度特性（PTC），其电阻值随温度增加而下降的称为负温度特性，电阻值随温度增加而上升的称为正温度特性。

图 5.17（a）所示为负温度特性热敏电阻传感器的结构，热敏电阻与树脂注入导热性良好的黄铜壳体中，热敏电阻以 NiO、CoO、MnO 等迁移金属的氧化物为主要成分，温度特性呈现指数函数规律变化，如图 5.17（b）所示。可用来检测发动机冷却水、发动机机油、变速器油、发动机吸入空气等温度。

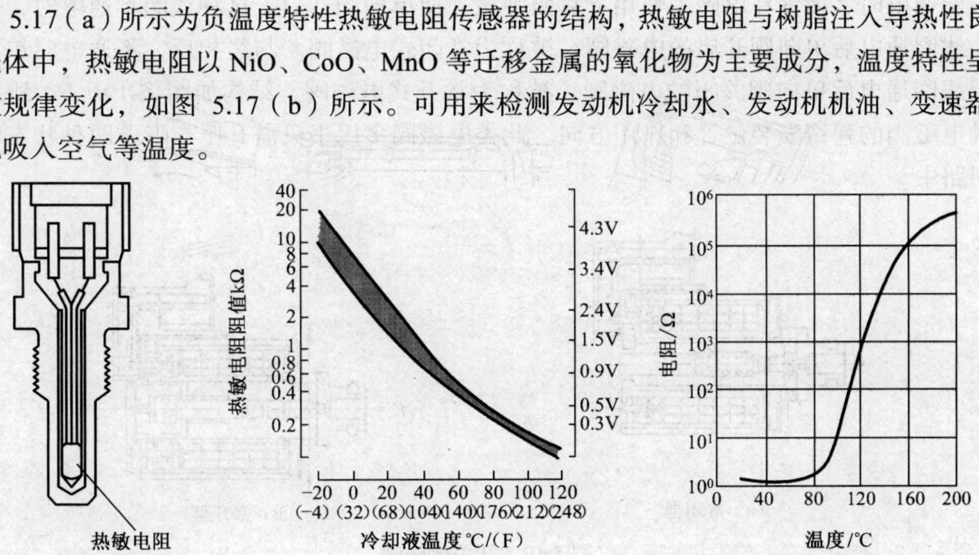

（a）构造与符号　　（b）负温度特性　　（c）正温度特性

图 5.17　热敏电阻传感器

正温度特性热敏电阻是以 $BaTiO_3$ 为主要成分，与金属氧化物混合烧结而成。在特定的温度域内，电阻以 3 位数急剧变化，特性如图 5.17（c）所示。工作原理：热敏元件置于机油液中，当接通电流，电流能量转化为热能并在液体中扩散；当液面下降，元件露出液面，通过的电流使元件发热，电阻随之上升，于是电流下降，检测电流的变化可知道液面的变化状况。

3. 输出装置

输出装置又称为执行器，作用是执行计算机的指令，把电信号转换为控制所需要的力或位移，实现自动控制。在自动变速器上主要使用电磁阀或电动机，以此实现机械运动、液力压力调节或液流方向的改变。计算机输出的指令可以是操纵电磁阀的开关电压，也可以是引起执行器周期响应的脉冲信号。

电磁液压执行元件是把控制系统输出的电信号转换为机械直线或旋转运动的元件，从而实现液压油路状态改变。图 5.18 所示为电磁液压阀结构，主要由电磁线圈、移动衔铁（控制阀芯）、弹簧等组成。衔铁与阀芯同轴，位于线圈中心，在弹簧作用下衔铁位于线圈的右端，将油路切断。当线圈通电，衔铁被磁化互相吸引，衔铁克服弹簧力向左移动，油路被接通。实际工作中是将相关机构与移动衔铁连接，通过衔铁的运动驱动机构运动。

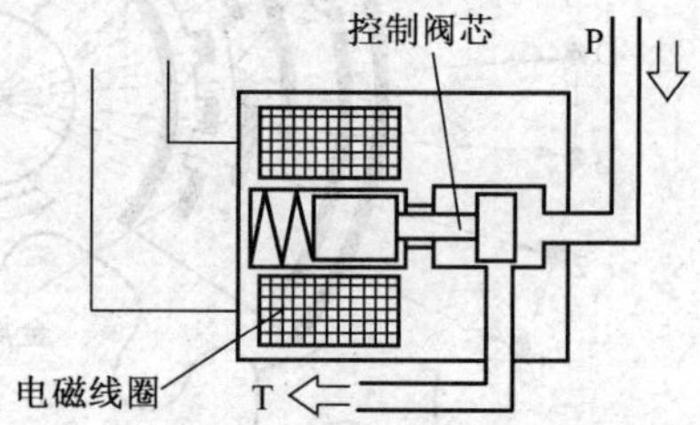

图 5.18　电磁液压阀结构图

电磁液压阀按动作变化分为开关型与脉宽调制型（又被称为线性或占空比型电磁阀）两类。开关型电磁液压阀依靠线圈的通、断电控制，可以实现油路的切换。脉宽调制型电磁液压阀则通过调节线圈通电电流的大小，实现液压阀连续或多位置的移动。

① 开关型电磁阀。开关型电磁阀结构如图 5.19 所示。电磁阀由线圈、弹簧、衔铁、单向阀、阀体等组成。单向阀与电磁衔铁作为一体，在电磁力作用下，衔铁移动，形成单向阀与阀座的开、闭。由于计算机发出的指令信号为开、关信号，电磁线圈中电流也只存在通、断两种状态。例如图 5.19（a）所示的电磁阀，当线圈不通电时，在弹簧力作用下，单向阀处于关闭状态；线圈通电时，衔铁在电磁力作用下克服弹簧力使单向阀开启。这种线圈不通电时，单向阀关闭；线圈通电后单向阀开启的电磁阀，被称为常闭式电磁阀。与之相反，不通电时单向阀开启，但线圈通电后单向阀关闭的电磁阀，被称为常开式电磁阀，结构如图 5.19（b）所示。注意两种电磁阀的弹簧安装位置和作用方向。此类电磁阀多用于只需升压与降压两种状态转换的液压回路中。

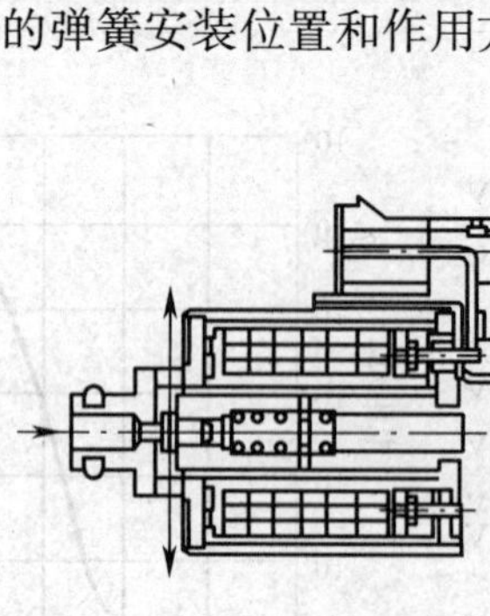
（a）常闭型

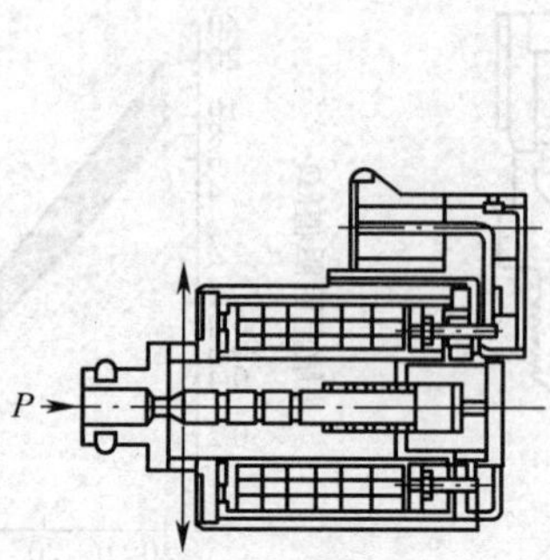

（b）常开型

图 5.19　开关电磁阀

电磁液压阀按结构分为球阀型、柱塞型和锥阀型。图 5.20 所示为球阀结构的两位三通电磁液压阀。图 5.21 所示是由球阀控制的液压滑阀结构。其不同在于电磁阀内部没有弹簧，球阀被控制在狭小空间内，当线圈通电，球阀被吸引关闭泄油口，即可提高控制的油压。

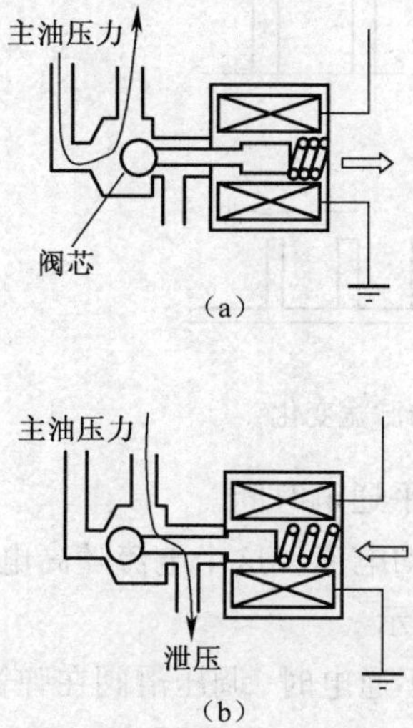

图 5.20　两位三通电磁阀

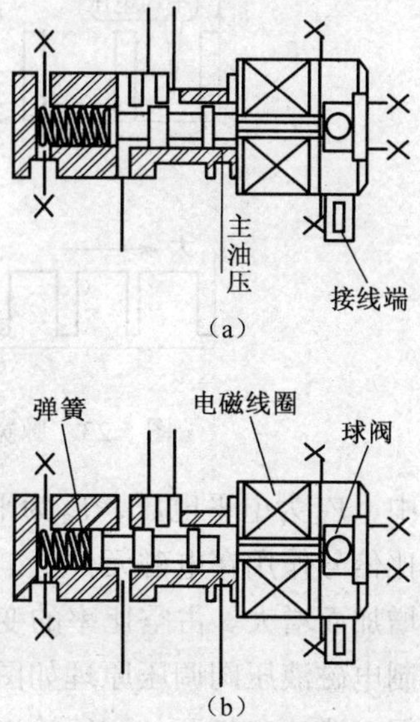

图 5.21　球阀型电磁阀

② 脉宽调制电磁阀。脉宽调制电磁阀的功用是接受由电子控制装置传送来的具有一定频率的脉冲信号，改变电磁线圈中电流的大小，通过与弹簧力的平衡，使滑阀处于不同的位置，以调节液压系统的压力。脉宽调制电磁阀由线圈、滑阀、阀体、衔铁和弹簧等组成，如图 5.22（a）所示，其结构与开关型电磁阀相似。

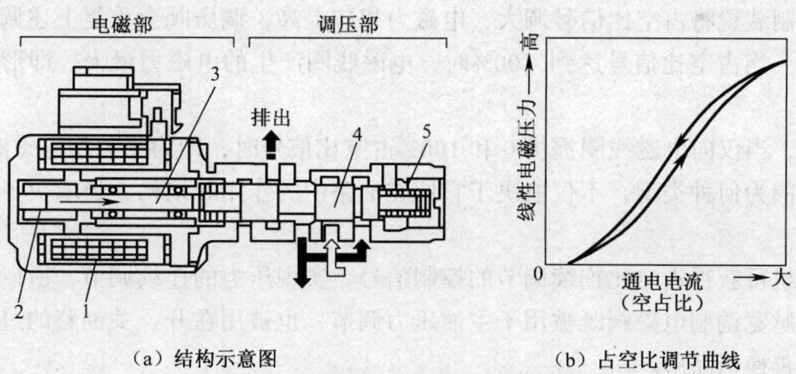

（a）结构示意图　　　　（b）占空比调节曲线

图 5.22　脉宽调制电磁阀调压原理

1—电磁线圈　2—衔铁　3—推杆　4—滑阀　5—弹簧

脉宽调制指连续发出的一固定工作频率，在一个信号周期中，调节导通电平时间，在用电器中能够形成电流或电压的变化。导通电平的时间称为脉宽，主动改变电平导通时间称为脉宽调制。在一个信号周期中导通电平与信号周期的比值称为占空比。为电磁线圈提供占空比信号可控制负载电压的平均值，实现线圈中电流的调节。如图 5.22（b）所示，线圈内平均电流越大，其产生电磁力越大。

一个脉冲信号周期中，对高电平在整个周期所占的百分率的调节又称为占空比调节。平均电压形成如图 5.23（a）所示，占空比与平均电压的关系式：

$$V_a = \frac{T_i}{T} \cdot V_L$$

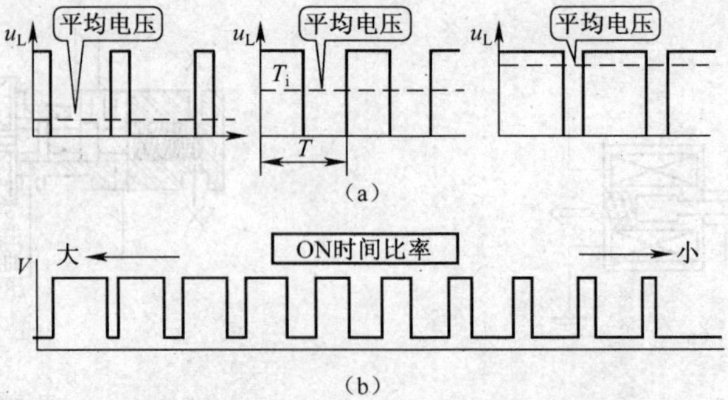

图 5.23　脉宽调制信号的平均电压与脉宽变化

关系式中，V_L 为电平电压，V_a 为平均电压，T_i 为高电平通电时间。

当占空比信号作用在电磁元件上，形成与之相应的平均电流。这个电流随高电平导通时间所占比率的增加而增大。占空比率的变化如图 5.23（b）所示。

脉宽调制电磁液压阀调压原理如图 5.22 所示。电磁阀不通电时，调压滑阀在弹簧力作用下，将进油口关闭，泄油口打开，调压输出为零。当电子控制装置给电磁线圈较小占空比信号，产生的电磁力克服弹簧力将滑阀推向右侧，泄油口被关闭，主油压经进油口、滑阀进入调压油路。流出的油压同时反馈到调压滑阀的右侧并产生向左的液压推力。当推力大于电磁力，则滑阀右移关闭进油口，切断主油压力，阻止调节压力进一步升高。如压力超调，则泄油口会被打开，使压力获得适当释放，随即又会关闭泄油口。如此，在电磁力、弹簧力和液压力平衡过程中达到稳定油压。

当电子控制装置将占空比信号调大，电磁力相应提高，调压阀会重复上述调节过程，获得新的稳定压力。当占空比信号达到 100%时，电磁线圈产生的电磁力最大，即形成最大的调节压力。

可以看出，当仅向电磁线圈提供 0 和 100%占空比信号时，即为开关型电磁液压阀。所以，判断电磁液压阀为何种类型，不仅取决于它们在油路中的作用和结构，还取决于传递给它们的指令信号。

利用计算机可获得占空比连续调节的控制信号，实现压力的连续调节，所以在电子控制自动变速器中，脉宽调制电磁阀既被用于主油压力调节，也被用在开、关油路的过渡过程，实现瞬时调压，改善换挡品质。

4. 电子控制系统电路组成

电子控制系统由传感器、执行器和控制装置组成。由传感器、执行器通过导线与电子控制装置建立联系的关系图称为电控自动电路图。电路图只表现元件间连接关系，为系统维修提供了线路连接特点和测试依据，并不表示系统工作原理和控制策略。但是通过线路图上的传感器和执行元件的种类，可以大概了解系统的控制复杂程度。读懂线路图是进行电控系统维修的首要任务之一。

图 5.24 所示的线路图选自美国克莱斯勒汽车公司生产的 42LE 电控自动变速器。关于该自动变速器液压油路可参看本情景任务五的相关内容。

42LE 电控自动变速器控制系统的特点如下。

（1）该系统可使用串行数据线与汽车的其他控制系统互通信息，形成信息资源的共享，使得一个传感器可以为多个控制系统工作，使车上的元件和连接元件的导线数量减少。在图 5.24 线路图中可以看出，自动变速器控制单元与发动机单元、车身控制单元、仪表显示模块通过双绞合线建立联系。串行数据传输技术指，每个电控单元仅通过两个节点挂到两根共用的导线上，通过一定的控制方式实现每个电控单元信息的相互交换和传输。现在的串行数据线已成长为汽车局域网技术。

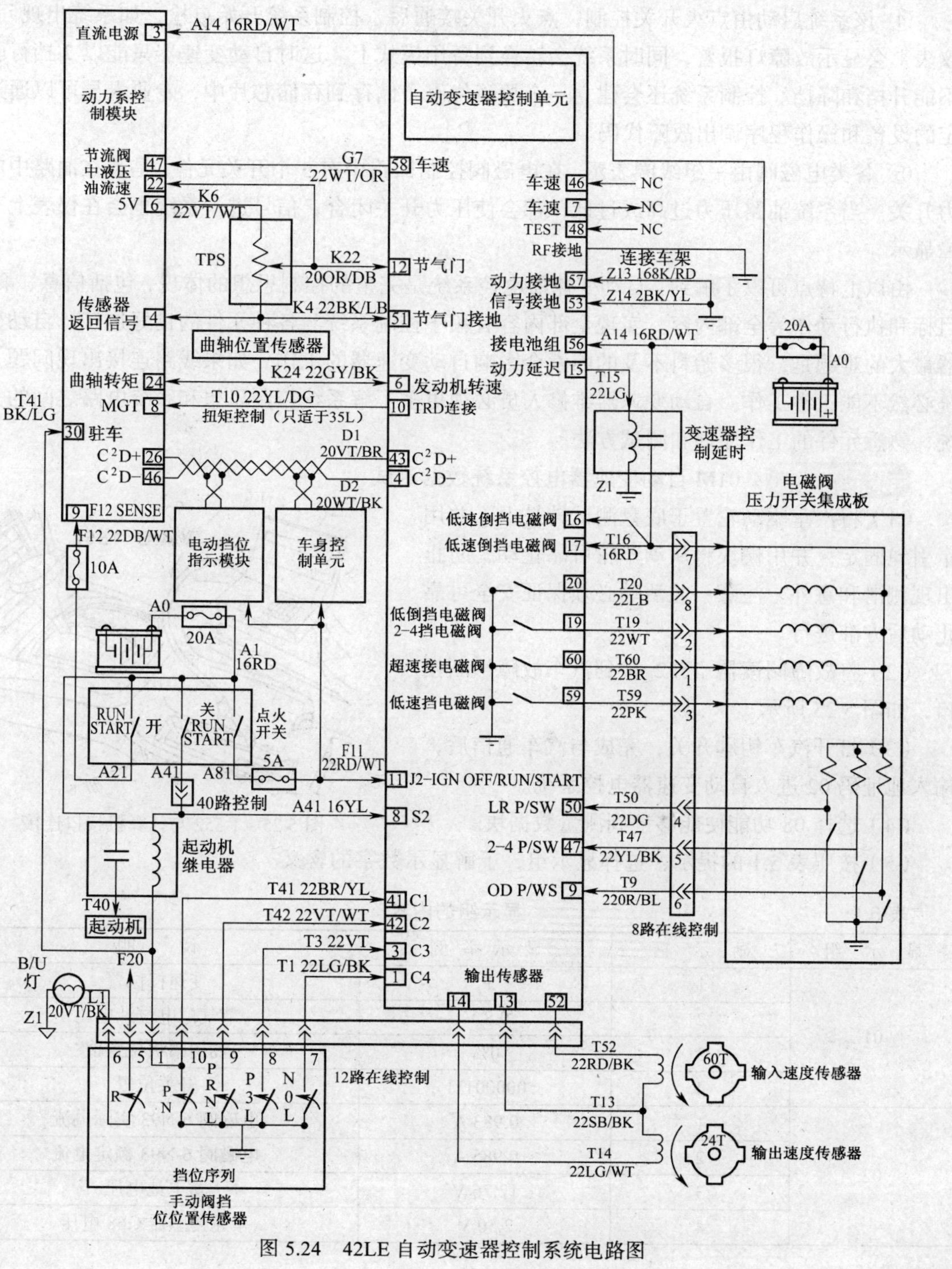

图 5.24　42LE 自动变速器控制系统电路图

（2）由电路图可以看到，自动变速器控制系统包括如下信息。

① 自动变速器输入转速传感器与输出转速传感器用来检测变速器传动比，并产生车速信息，还用来检查离合器打滑的情况，以判断传动系统是否出现故障。

② 选挡阀为控制系统提供命令信息，并通过串行数据线发送到仪表上显示。

③ 该系统与发动机系统共用节气门位置和曲轴位置传感器，同时将车速信息传递给发动机控制系统。

④ 该系统启动由点火开关控制，点火开关接通后，控制系统开始自检，如系统出现问题，仪表上会显示故障灯报警，同时系统会转换到备用模式上。这时自动变速器只能以 2 挡行驶，不能升挡和降挡。控制系统还会建立一个故障代码，储存到存储芯片中，专业人员可以通过制定的设备和操作程序调出故障代码。

⑤ 各类电磁阀由一组线圈表示。在电磁阀控制回路中有 3 个开关元件，是装在油路中的压力开关。当系统油路压力过高或过低，都会使压力开关闭合，信号进入系统也会在仪表上有故障显示。

由以上特点可以了解到：自动变速器电控系统是完整的控制思想的体现，包括信息、策略、目标和执行动作等全部内容。实现全部内容有赖于控制系统与各种元件的良好连接。自动变速器最大的难题是，很多始料不及的因素会影响自动变速器的工作。如果线路连接出现问题，系统必然不能正常工作。自动变速器维修人员必须更多了解系统控制思想和系统电路之间的关系统，熟悉元件的工作原理和测试方法。

课题实施 01M 自动变速器电控系统数据测试

（1）将汽车驱动轮置于底盘测试转鼓上，并用牵引绳固定，并用楔块将从动车轮可靠止动，防止出现侧滑和意外。注意：此活动必须保证安全可靠止动后方准进行。

（2）将故障阅读器 1552 接到汽车故障诊断接口，如图 5.25 所示。

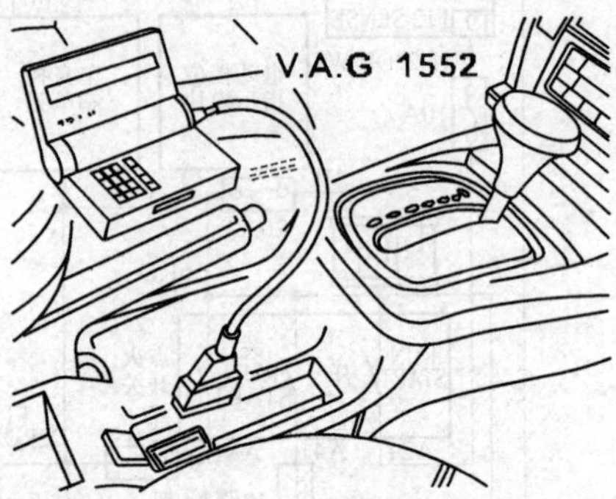

图 5.25　1 552 与计算机接口连接

（3）打开汽车钥匙开关，完成与汽车通信后，输入地址码 02 进入自动变速器电控系统。

（4）选择 08 功能便能够读到测量数据块。

（5）按照表 5.1 的提示，选择显示组，了解显示数字的含义。

表 5.1　显示组的内容

显示组	显示区	显示举例	说明
01	1	P	变速杆位置
	2	0.8 V	节气门电位计电压
	3	0%	油门踏板位置值
	4	00000111	开关位置
02	1	0.983 A	电磁阀 6-N93 实际电流
	2	0.985 A	电磁阀 6-N93 额定电流
	3	12.76 V	蓄电池电压
	4	2.50 V	车速传感器 G68 电压

续表

显示组	显示区	显示举例	说明
03	1	0km/h	车速
	2	900 r/min	发动机转速
	3	0	挂入挡位
	4	0%	油门踏板位置
04	1	100000	电磁阀
	2	0	挂入挡位
	3	P	变速杆位置
	4	0 km/h	车速
05	1	45 ℃	自动变速器机油温度
	2	0011011	换挡输出
	3	0	将要挂入挡位
	4	900 r/min	发动机转速
06	1		不需要考虑
	2		
	3		
	4		
07	1	1H	挂入挡位
	2	200 r/min	锁止离合器打滑
	3	900 r/min	发动机转速
	4	0%	油门踏板位置
08	1		不需要考虑
	2		
	3		
	4		

（6）进入 01 显示组，观察节气门位置传感器的电压值与开度参数，记录并与表 5.2 对比，判断是否有故障。

表 5.2　　01 显示组

显示区	检查内容	检查条件		VAG1552 正确显示内容	显示异常时应采取措施	说明
1	变速杆位置多功能开关 F125	变速杆位于	P	P	检查多功能开关 F125	发动机冷却液温度最低 80℃
			R	R		
			D	D		
			N	N		
			3	3		
			2	2		
			1	1		
2	节气门电位计 G69 电压	在位置	最低怠速	0.156V	● 从怠速到油门全开的加速过程中，电压值应稳定升高 ● 对发动机控制单元进行自诊断 ● 检查节气门电位计 ● 调整节气门电位计，如需要，更换 ● 对系统进行基本调整	
			最高怠速	0.8V		
			油门全开，最小	3.5V		
			油门全开，最大	4.680V		

续表

显示区	检查内容	检查条件		VAG1552 正确显示内容	显示异常时应采取措施	说明
3	节气门位置值	在位置	怠速	0～1%	从怠速到油门全开过程中，%值稳步升高，则对系统进行基本调整	
			油门全开	99%～100%		
4	制动灯开关F第1位数字	踏下制动踏板		1	检查制动开关 F	
		未踏下制动踏板		0		
	驱动和滑动调节第 3 位数字	低速挡			不需考虑	
5	强制低速挡开关第 4 位数字	变速杆位于	起作用	1	检查低速挡开关	
			未起作用	0		
	多功能开关F125第5位	变速杆位于	R、N、D、3、2	1	检查多功能开关 F125	
			P、1	0		
	多功能开关F125第6位	变速杆位于	P、R、2、1	1	检查多功能开关 F125	
			N、D、3	0		
	多功能开关F125第7位	变速杆位于	P、R、N、D	1	检查多功能开关 F125	
			3、2、1	0		
	多功能开关F125第8位	变速杆位于	P、R、N	1	检查多功能开关 F125	
			D、3、2、1	0		

（7）进入 02 显示组，观察电磁阀 N93 电流和车速传感器 G68 的值并记录，与表 5.3 对比，判断是否有故障。

（8）在显示组 03，缓慢踩加速踏板，观察显示内容，并记录挡位变化时的汽车时速，与表 5.4 对比，判断是否有故障。

（9）将选择杆换入 D 位，选择显示组 03，缓慢踩加速踏板，观察显示内容，与表 5.4 对比，判断是否有故障。

（10）进入显示组 04，缓慢踩加速踏板，观察显示内容，记录并与表 5.5 对比，判断是否有故障。

表 5.3　　02 显示组

显示区	显示内容	检查条件		VAG1552 正确显示内容	显示异常时应采取措施	说明
1	电磁阀 6-N93 的实际电流	在位置	油门全开	0 A	检查电磁阀 N93	
			怠速最大	1.1 A		
2	电磁阀 6-N93 的实际电流	在位置	油门全开	0 A		
			怠速最大	1.1 A		
3	蓄电池电压	在位置	最小	10.8 V	● 检查蓄电池，如需要，更换 ● 检查控制单元 J217 电压 ● 更换变速器控制单元 ● 对系统进行基本调整	
			最大	16.0 V		
4	车速传感器 G69	在位置	最小	2.20 V	检查车速传感器	
			最大	2.52 V		

表 5.4　　03 显示组

显示组	显示内容	检查条件		VAG1552 正确显示内容	显示异常时应采取措施	说明
1	车速	在行驶中		km/h	车速显示值和 VAG1552 显示值可稍有不同	
2	发动机转速	发动机正在运转		r/min	如需要调整发动机	
3	挂入挡位	在行驶中	空挡	0	检查电磁阀	
			倒挡	H		
			1 挡液压	1H		
			2 挡液压	2H		
			2 挡刚性	2M		
			3 挡液压	3H		
			3 挡刚性	3M		
			4 挡液压	4H		
			4 挡刚性	4M		
4	油门踏板位置值	在行驶中	怠速	0～1%	从怠速到油门全开过程中，%值稳步升高，则对系统进行基本调整	
			油门全开	99%～100%		

表 5.5　　04 显示组

显示区	显示内容	检查条件		VAG1552 正确显示内容	显示异常时应采取措施	说明
1	VAG1552 显示的电磁阀工作状态：N88 在第 1 位数字显示 N89 在第 2 位数字显示 N90 在第 3 位数字显示 在第 4 位数字显示（不考虑）N92 在第 5 位数字显示 N94 在第 6 位数字显示	P		1010 00	● 按行驶状况接通电磁阀 ● 按故障诊断程序继续查找故障	未结合电磁阀用 0 表示，结合用 1 表示
		R		0010 00		
		N		1010 00		
		D	1H (1M)	0010 00		
			2H (2M)	0110 00		
			3H (3M)	0000 01		
			4H (4M)	1100 00		
		3	1H (1M)	0010 00		
			2H (2M)	0110 00		
			3H (3M)	0000 01		
		2	1H (1M)	0010 00		
			2H (2M)	0110 00		
		1	1H (1M)	0010 00		
2	挂入挡位	在行驶中	空挡	0	检查电磁阀	
			倒挡	R		
			1 挡液压	1H		
			2 挡液压	2H		
			2 挡刚性	2M		
			3 挡液压	3H		
			3 挡刚性	3M		
			4 挡液压	4H		
			4 挡刚性	4M		

续表

<table>
<tr><th>显示区</th><th>显示内容</th><th colspan="2">检查条件</th><th>VAG1552 正确显示内容</th><th>显示异常时应采取措施</th><th>说　明</th></tr>
<tr><td rowspan="7">3</td><td rowspan="7">变速杆位置</td><td rowspan="7">在行驶中</td><td>P</td><td>P</td><td rowspan="7">检查多功能开关 F125</td><td rowspan="7"></td></tr>
<tr><td>R</td><td>R</td></tr>
<tr><td>N</td><td>N</td></tr>
<tr><td>D</td><td>D</td></tr>
<tr><td>3</td><td>3</td></tr>
<tr><td>2</td><td>2</td></tr>
<tr><td>1</td><td>1</td></tr>
<tr><td>4</td><td>车速</td><td colspan="2">行驶中的速度</td><td>km/h</td><td>与车速表显示值稍有不同</td><td></td></tr>
</table>

课题小结

（1）自动变速器使用先进的电子技术对机械结构和液压系统实现合理的、精确的控制，不仅具有液力自动变速器自动换挡的全部优点，还实现了汽车的经济、安全、舒适的行驶。

（2）自动变速器电子控制系统主要由传感器、电子控制单元、执行器组成。

（3）计算机控制的自动变速器可实现如下控制功能：自动变速器油压控制、变速点控制、变矩器锁止离合器锁止控制、变速时过渡特性控制、离合器油压控制、变速时锁止控制、车辆后座减轻控制等。

作业测评

（1）计算机控制自动变速器与液压控制自动变速器的主要区别是什么？

（2）计算机控制自动变速器的电子控制单元主要功能有哪些？

（3）进行自动变速器数据测试时，为什么一定要使汽车处于运转状态？

（4）在进行自动变速器数据测试时，安全注意事项有哪些？

课题二　电控自动变速器故障诊断

电控自动变速器系统利用计算机可以实现快速处理各种信息的能力和多路输出的功能，接受发动机和自动变速器的工作环境条件，与储存的数据进行快速比较，发出正确的驱动指令，调节油压、适时换挡，实现与发动机更好的工作匹配。

基础知识

一、简单电控液压控制换挡原理分析

电液控制自动变速器用电磁阀调节液压系统中换挡阀控制压力，以取代速控油压阀和负荷阀的功用。图 5.26 为一简单电控液压自动变速器系统原理图。与液压控制自动变速器相比，电控液压自动变速器系统中取消了速度调压阀与负荷调压阀，使液压控制油路简化，实现自动换挡的任务由电磁液压阀承担。

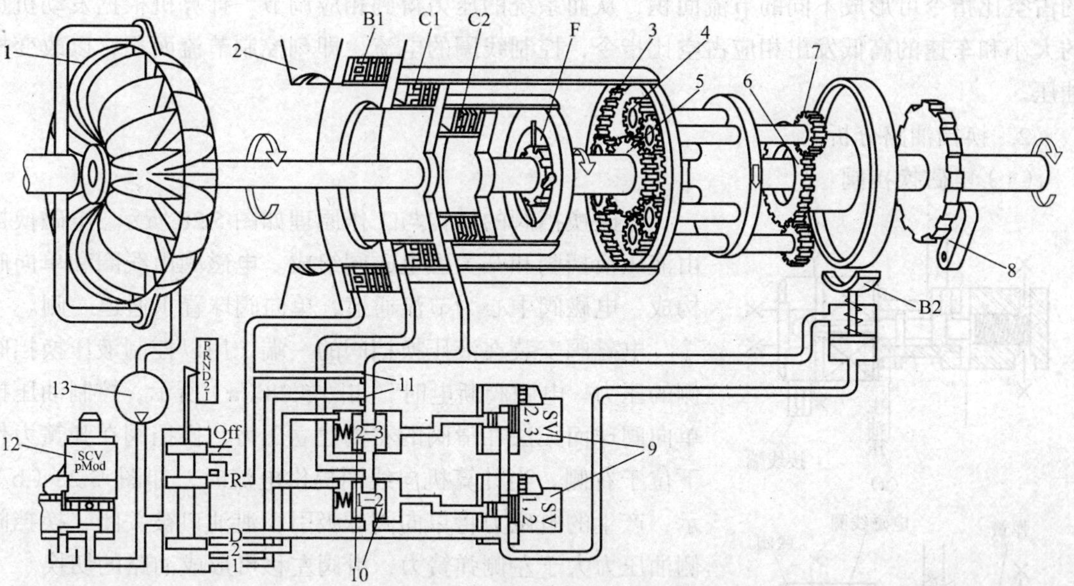

图 5.26　电控液压自动变速器系统图

1—变矩器　2—变速器壳体　3—齿圈　4—前排行星轮　5—前排太阳轮　6—后排太阳轮　7—后排行星轮　8—驻车棘爪　9—电磁开关阀　10—液压换挡阀　11—工作油压　12—电磁压力调节阀　13—液压泵

1. 换挡油压调节

换挡油路压力由电磁压力调节阀调节，使系统压力可以根据汽车运行的条件改变。

电磁压力调节阀装于液压泵与换挡油路间，其作用是依据计算机根据汽车的工作状况输出使电磁阀通断电的指令信号，以控制油路压力的高低，使液压换挡执行元件可靠工作，并为控制油路提供基础油压。

电磁压力调节阀结构如图 5.27 所示，由滑阀式液压调节阀与电磁式压力调节阀构成。滑阀上作用弹簧力、调节油压力和控制油压力。当三力达到平衡时，可使调节压力保持稳定。一旦平衡条件变化，调节压力在新条件下达到新的平衡。这个条件变化由电磁液压阀根据计算机发出的指令，调节节流口的大小，控制滑阀右侧油压力，从而改变滑阀受力的平衡条件。

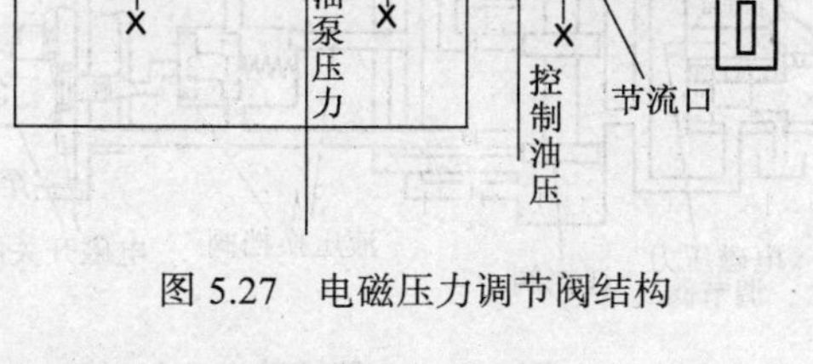

图 5.27　电磁压力调节阀结构

当电磁线圈通以大电流时，电磁力将液压阀吸动，打开的节流口形成泄压，在滑阀的右端无法建立压力。该状态下，滑阀上只有弹簧力与调节压力平衡，没有其他作用力，所以为定压调节，且调节压力最大。

当计算机发出较小占空比电流，电磁力减弱而液压阀减小节流面积，在滑阀右端形成一定控制压力。控制压力与调节压力形成的合力和弹簧平衡，由于有外力作用于滑阀，此时的调节压力会有所下降。

当电磁阀断电，泄油口完全被关闭，控制油压增加了对滑阀右端的作用力，电磁压力调节阀调节的压力进一步下降。由分析可知，节流孔流通截面的大小决定了系统压力的高低。不同的占空比指令可形成不同的节流面积，从而系统的压力得到相应调节。计算机根据发动机负荷的大小和车速的高低发出相应占空比指令，控制线圈的电流，即刻控制节流面积，以改变控制油压。

2. 换挡油路分析

（1）电磁换挡阀。

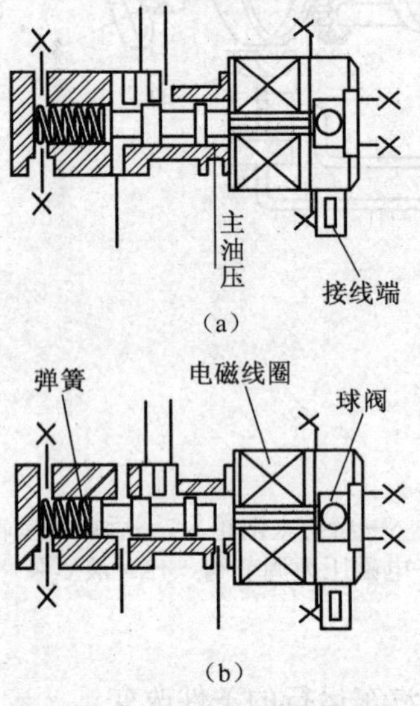

图5.28　电磁换挡阀工作原理

电磁换挡阀的结构与工作原理如图5.28所示。电磁换挡阀由液压换挡阀和开关型电磁阀组成。电磁阀由线圈和单向阀等构成，电磁阀中心为节流通道，单向阀球置于通道一侧。

电磁阀安装在液压换挡阀的一端，用以控制液压换挡阀右侧的压力。电磁阀断电时，如图5.28（a）所示，控制油压推开单向阀球而无法在滑阀的右侧建立压力，换挡阀在弹簧力作用下位于右侧。当计算机向线圈提供电流时，如图5.28（b）所示，产生的电磁力将单向阀球吸引，泄油口被关闭，换挡阀右侧油压力大于左侧弹簧力，滑阀左移可形成油路的切换。

（2）换挡油路分析。

① 1挡。手动选挡阀至于前进挡位时，当两个换挡电磁阀均不通电，单向阀球开启形成泄压，液压换挡阀在弹簧力作用下处于右侧，而将主油路与执行油路阻断。此时，经手动阀的工作压力只进入制动器B_2，形成一挡传动，如图5.29所示。

② 2挡。当1-2挡电磁阀通电，2-3挡电磁阀维持断电时，1-2挡电磁阀泄油口被关闭。工作压力传递至液压换挡阀油右侧，滑阀左移，将至离合器C_1的油路接通。离合器C_1与制动器B_2共同动作，形成2挡传动，如图5.30所示。

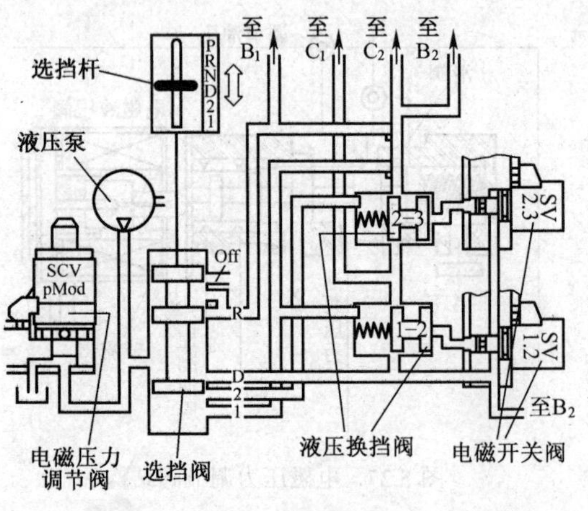

图5.29　1挡油路

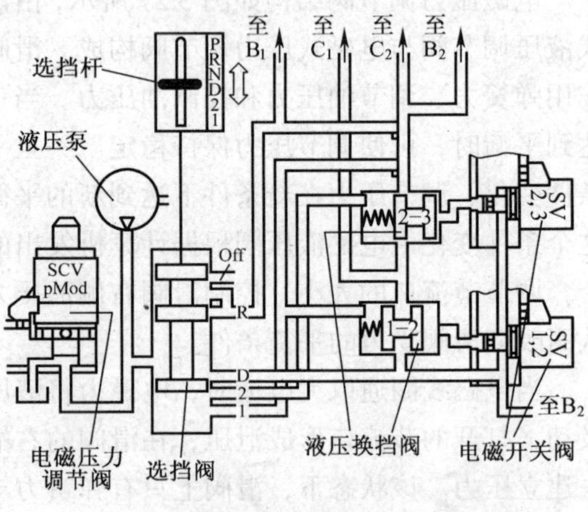

图5.30　2挡油路

③ 3挡。当1-2挡与2-3挡电磁阀都通电时，两个液压换挡阀右侧压力均升高，换挡阀芯克服弹簧力左移，工作压力进入离合器C_1和C_2，同时这一压力也进入制动器B_2活塞的上端，将制动力解除。在此状态下形成3挡传动，如图5.31所示。

④ 倒挡。当汽车需要倒车时，手动选挡阀换至R挡，前进挡的工作油路被阻断，将R挡油路接通。此时，电磁阀均不通电，1-2换挡阀、2-3换挡阀受弹簧力位于右侧。系统工作压力

经 R 挡油路进入制动器 B_1 与离合器 C_2，同时使制动器 B_2 处在释放状态。在此状态下形成倒挡传动，如图 5.32 所示。

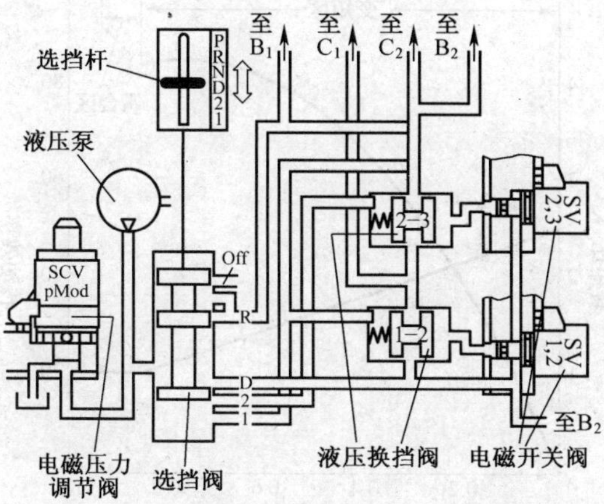

图 5.31　3 挡油路

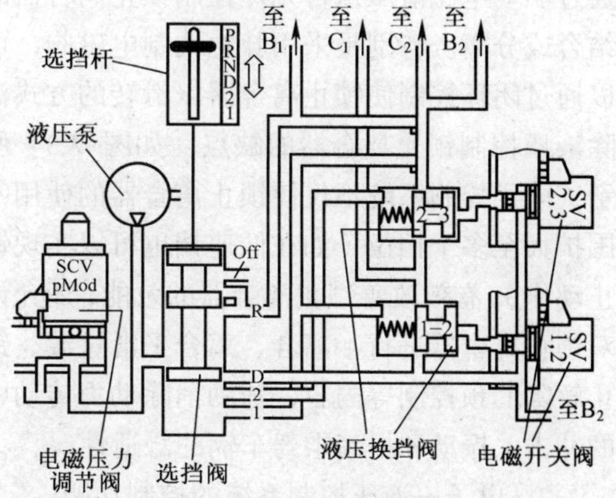

图 5.32　倒挡油路

二、液力变矩器锁止离合器控制

1. 电控液力变矩器锁止离合器控制意义

综合式液力变矩器的功用是：将发动机的动力平稳地传递给变速器，增大车辆起步时扭矩，以提高起步性能，减小变速冲击，隔断发动机输出扭矩的波动。当泵轮与涡轮转速相近时，由于在扭矩输出过程中存在输入轴与输出轴的滑差而引起较大功率损失的问题，因此在液力变矩器中采用机械结合的锁止机构，如图 5.33 所示。

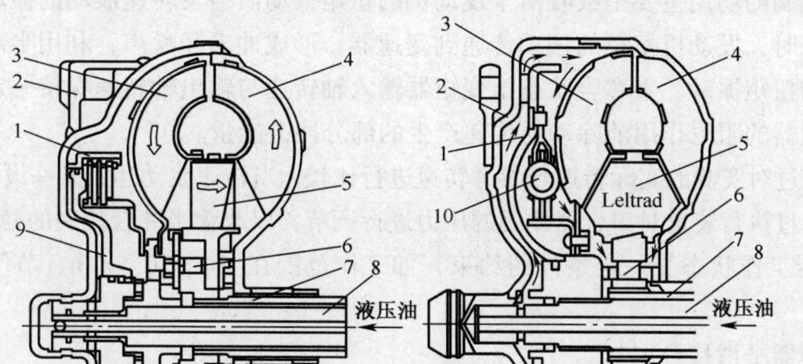

（a）多片式　　（b）压盘式

图 5.33　锁止离合器的液力变矩器

1—锁止离合器　2—变矩器壳　3—涡轮　4—泵轮　5—导轮　6—单向离合器
7—固定导套　8—变速器输入轴　9—液压活塞　10—扭转减震器

尽管机械式锁止离合器提高了传动效率，改善了燃料经济性，但由于机械连接丧失了液力传动吸收冲击和振动的作用，增加了振动幅度，会对乘坐舒适性产生一定影响。另外，锁止离合器如果在较低的速比下接合，会因泵轮与涡轮转速差很大，引起车辆快速制动，甚至导致发动机熄火。所以锁止离合器的操作在液压控制自动变速器上被限制在狭窄的范围（如只在最高挡位）。电子控制液力变矩器采用微处理器按照设定的程序，通过检测车速、发动机转速、负荷、冷却水温、油温、涡轮转速和挡位等的变化，通过驱动电磁液压执行元件控制锁止离合器的结合或分离。特别是采用脉宽调制电磁阀，可以通过闭环控制使锁止离合器以滑转的方式消除液压控制锁止离合器的缺点。如图 5.34 所示，电子控制系统不仅使锁止离合器的使用范围扩大至多个挡位（如在低速挡也可以实现锁止动作），有效改善锁止离合器的效能，还允许对锁止离合器进行半离合、离合平滑过渡、锁止解除的预控制等内容，辅助消除动力传动中的冲击、振动和提高乘驾车辆的舒适性。

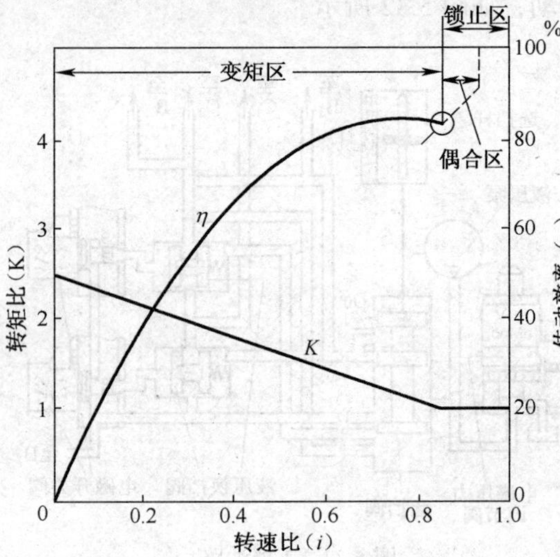

图 5.34　电控锁止离合器扩展了偶合区的传动效率

2. 电子—液压控制系统的控制功能

电液控制变矩器锁止离合器除控制在一定转速范围实现发动机与变速器的机械结合外，还具有以下功能。

（1）锁止控制。

控制装置根据车速、发动机转速与涡轮转速监测变矩器耦合点，发出指令使控制液压系统操纵锁止离合器适时结合或分离。由电子控制的液力变矩器大大改善了变速器输出特性曲线。提高了原来耦合区的传动效率，如图 5.34 所示。

（2）半离合器控制。

半离合控制的功用主要是吸收由于发动机的扭矩振动而引发转速波动的振动。锁止离合器处于锁止状态时，发动机扭矩的振动传递到变速器，形成冲击和噪声，利用半离合器可以吸收发动机产生的扭矩振动。半离合状态指变矩器输入轴转速与输出轴转速保持一定的转速差，这时可利用变矩器的阻尼作用消除动力传递产生的部分冲击能量。

计算机通过对实测的实际转速与参考转速进行比较，当转速波动达到某一设定值时，即发出相应指令，通过执行装置对离合器作用的压力进行调节，以改善半离合控制的稳定性和响应性。

半离合器工作状态受一定条件的约束，如工作范围在 30～70 km/h、节气门的开度小于 25%等。

（3）离合器平滑接合控制。

离合器平滑接合可以防止离合器接合中引起的发动机的冲击，减缓接合过程。发动机工作时，当变矩器锁止离合器进入锁止状态瞬间，发动机转动惯量的变化，引起发动机转速的波动。传统的液压控制回路利用一个小量孔限制液压油排出的速度，以减小离合接合过快产生的冲击。困难的是难以得到适合所有驱动条件下减少冲击的优化量孔。

计算机通过改变输出的占空比信号，调节电磁阀控制的阀的开度，从而改变离合器上压力的变化速度，实现离合器平顺接合。

（4）升挡离合器锁止解除控制。

为实现在所有挡位都具有离合器锁止功能，换挡时精确的锁止解除是非常必要的。为避免换挡与锁止释放冲击的相互干涉，在换挡的初始阶段离合器锁止必须释放。计算机按最优控制理论控制锁止离合器动作的时间顺序。变速器油温和摩擦零件状况也是控制系统检测的内容。

完成上述控制功能的锁止离合器电子控制系统如图 5.35 所示，由锁止离合器、电磁液压控制阀、液压油路、电子控制装置、传感器等组成。该系统的特点是利用电磁阀在电子控制装置控制下，调节作用于锁止控制阀的液体压力，通过液压阀位置的变化，改变锁止离合器上的液体压力，实现离合器锁止与释放、半离合状态等的调节。

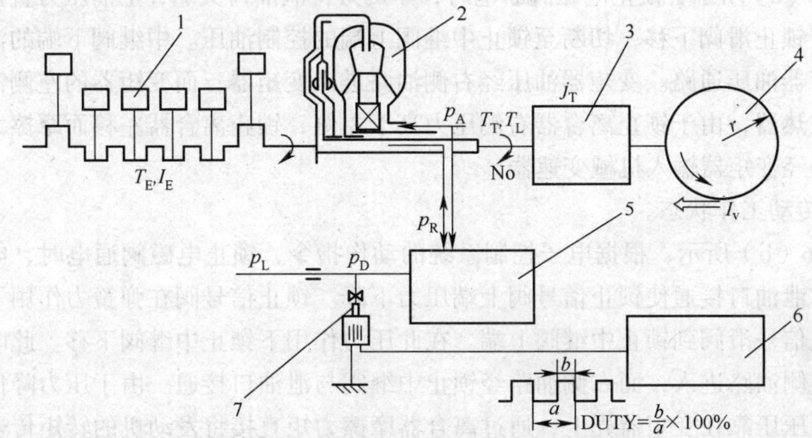

图 5.35　电子控制锁止离合器工作原理示意图

1—发动机　2—综合式液力变矩器　3—变速器　4—车轮　5—液压阀　6—电子控制装置　7—电磁阀

3. 电—液控制锁止离合器油路分析

电液式锁止离合器控制系统由锁止离合器、液压锁止控制阀、液压油路、电子控制装置、传感器、电磁液压阀等组成，如图 5.36 所示。该系统的特点是利用电磁阀在电子控制装置控制下，调节作用于锁止控制阀的液体压力，通过液压阀位置的变化，改变锁止离合器上的液体压力，实现离合器锁止与释放、半离合状态等的调节。

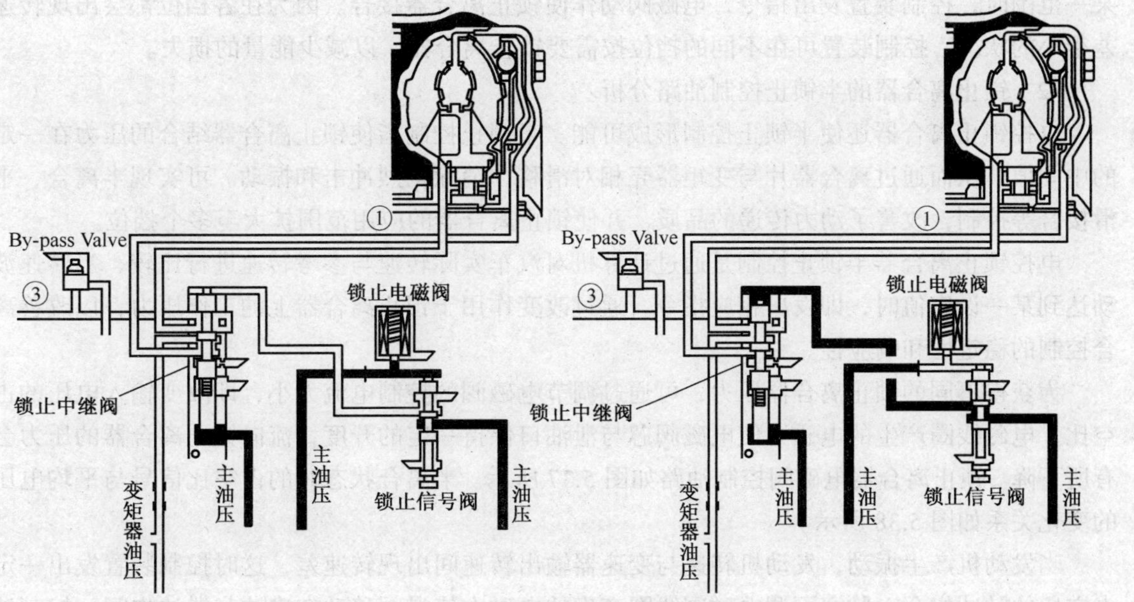

图 5.36　电控锁止离合器控制油路图

图 5.36 所示为电液控制锁止离合器的实际控制油路。锁止电磁阀接受来自控制装置的指令，调节控制油压，从而改变锁止离合器的油路，实现锁止离合器的结合与断开。锁止电磁阀为常闭型结构，当电磁线圈断电时，在弹簧的作用下泄油口处于关闭状态。

（1）锁止控制油路分析。

① 变矩器传动工作状态。

如图 5.36（a）所示，锁止电磁阀断电时，弹簧力将泄油口关闭，主油压力直接作用于锁止信号阀上端，锁止滑阀下移，切断至锁止中继阀上端的控制油压。中继阀下端的油压使阀芯上移，接通变矩器油压通路。变矩器油压经右侧油路进入变矩器，而变矩器的左侧油路经由锁止中继阀流向散热器，由于锁止离合器右侧压力高于左侧，锁止离合器左移而摩擦力矩消失。此时发动机转矩经变矩器输入机械变速器。

② 直接传动工作状态。

如图 5.36（b）所示，根据电子控制系统的动作指令，锁止电磁阀通电时，电磁力将阀芯抬起，油路与泄油口接通使锁止信号阀上端压力下降。锁止信号阀在弹簧力作用下上移，主油压力通过锁止信号滑阀到锁止中继阀上端。在此压力作用下锁止中继阀下移。此时，变矩器油压经变矩器左侧油路进入，而右侧油路经锁止中继阀与泄油口接通。由于压力降低，锁止离合器被左侧的油压压靠在变矩器壳上，通过离合器摩擦力矩直接将发动机的转矩传递给变速器输入轴。

电液控制锁止离合器是利用传感器采集汽车速度信号、节气门开度信号等相关各种信息，通过控制电磁执行装置，实现对变矩器锁止离合器的液压系统的控制。在电液控制锁止离合器系统中，取消了锁止离合器控制阀上的车速油压与节气门开度油压，简化液压控制油路。因为计算机能够处理更多汽车、发动机相关信息，所发出的指令能够在更大的范围内对变矩器锁止离合器进行控制。

电磁阀接受控制装置发出指令而动作。当转速传感器测出变矩器泵轮与涡轮的转速差小于某一范围时，控制装置发出指令，电磁阀动作使锁止离合器接合。因为在各档位都会出现转速差很小的状况，控制装置可在不同的挡位按需要锁止离合器，以减少能量的损失。

（2）锁止离合器的半锁止控制油路分析。

电控锁止离合器还使半锁止控制形成可能。半锁止控制指使锁止离合器结合的压力在一定的中间值，从而通过离合器片与变矩器壳相对滑移，消除剧烈冲击和振动。可实现半离合、平滑接合等控制，改善了动力传递的品质，并使锁止离合器的应用范围扩大至多个挡位。

电控锁止离合器半锁止控制是通过计算机对汽车实际转速与参考转速进行比较，当转速波动达到某一设定值时，即发出相应指令，通过改变作用于锁止离合器上的工作压力，以改善离合控制的稳定性和响应性。

为获得不同的锁止离合器压力，可通过调节电磁阀的控制电流大小，即改变输入电压的占空比，电磁线圈产生的电磁力使电磁阀芯与泄油口保持一定的开度，流向锁止离合器的压力会有所下降。锁止离合器电磁阀控制油路如图 5.37 所示。半离合状态时的占空比信号与平均电压的变化关系如图 5.38 所示。

当发动机产生振动，发动机转速与变速器输出转速间出现转速差，这时控制装置发出一定占空比的脉冲指令，脉宽可调电磁阀线圈产生的电磁力使滑阀移动在进油与泄油之间，控制油路中产生较低脉动压力，推动锁止离合器的控制阀左右移动，如图 5.39 所示。

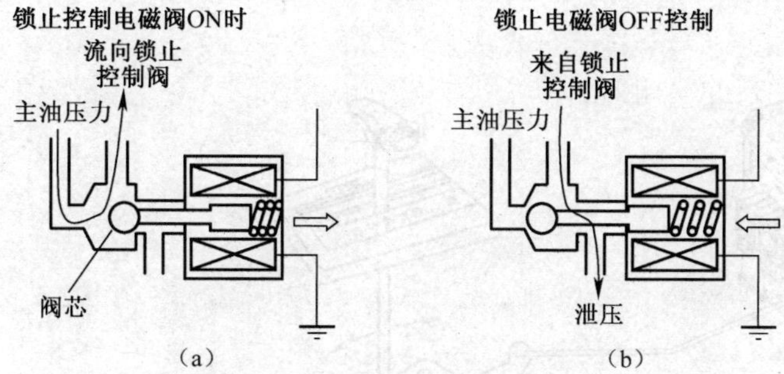

图 5.37　锁止离合器电磁阀控制油路

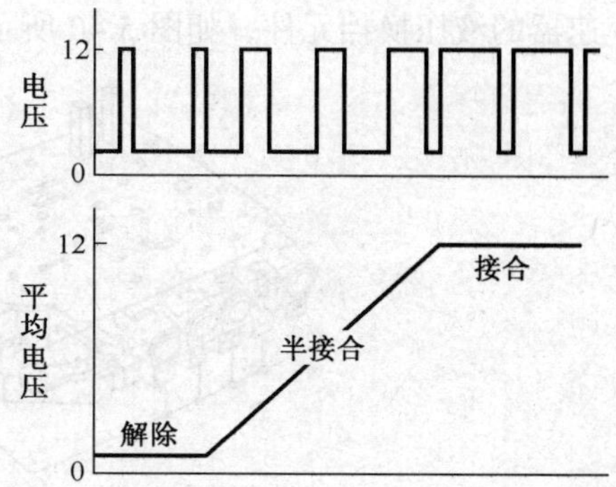

图 5.38　半离合状态占空比与平均电压关系

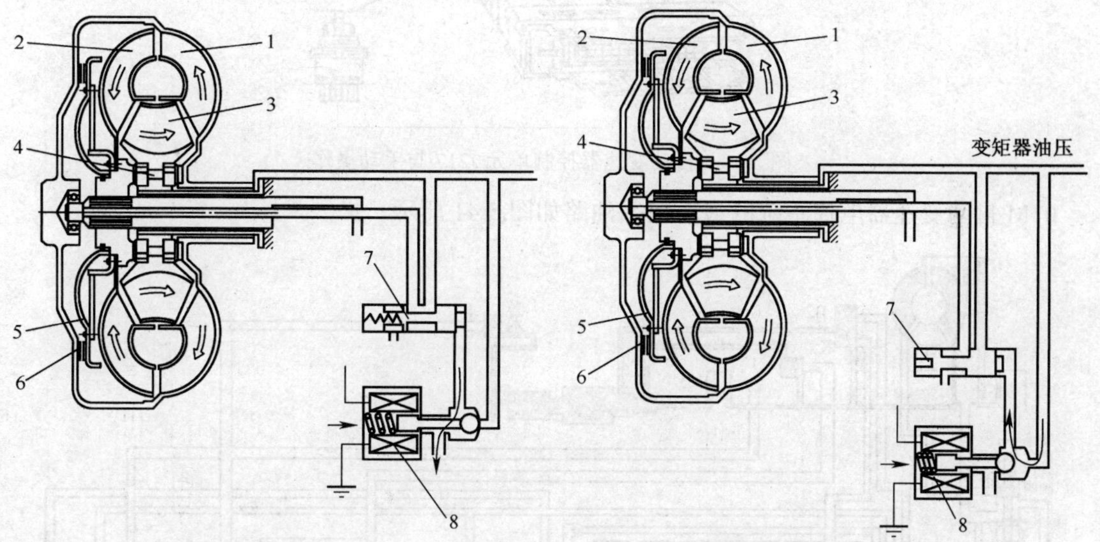

（a）锁止离合器分离　　（b）锁止离合器接合

图 5.39　电液控制锁止离合器控制油路

1—泵轮　2—涡轮　3—导轮　4—单向离合器　5—锁止离合器　6—摩擦片　7—锁止控制阀　8—锁止电磁阀

经控制阀进入变矩器的主油压力随着滑阀的移动波动，锁止离合器与壳体间作用的压力使锁止离合器不能完全接合，形成了半锁止状态。电子控制装置以不变的频率使电磁阀通电或断电，以调节脉冲信号占空比，占空比不同，脉宽调制电磁阀调节的压力也不同，作用在锁止离合器上的压力大小变化，半锁止状态也不完全相同，可因汽车驱动力的不同，形成与之相适应的、不同的半锁止状态，以获得最好的综合性能和燃料经济性。

三、01M 自动变速器换挡控制油路分析

01M 自动变速器液压系统是执行计算机控制指令，并将控制指令转换为换挡执行元件动作的重要装置。电子控制装置发出正确的控制指令要由液压系统实现正确的能量转换，将电子信号转换为适当的油压、或油压脉动等传递到液压换挡执行元件，从而获得与传动要求相符的动力接合、断开和缓和冲击等换挡过程。

01M 自动变速器电控系统的液压控制部分集中安装在液压阀体中。由自动变速器机械结构可知，液压换挡执行元件主要为离合器和制动器，其位置多在机械变速器内，所以液压阀体主要由电磁换挡阀、调压阀、协调液压阀和油路组成，控制油压通过变速器箱体的油路进入机械

变速器的液压换挡元件，如图 5.40 所示。

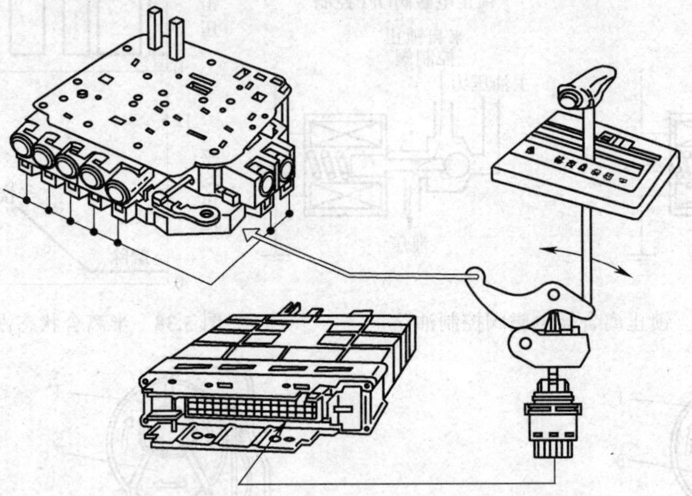

图 5.40　自动变速器控制单元 J217 与手动操作

01M 自动变速器电控系统的液压控制油路如图 5.41 所示。

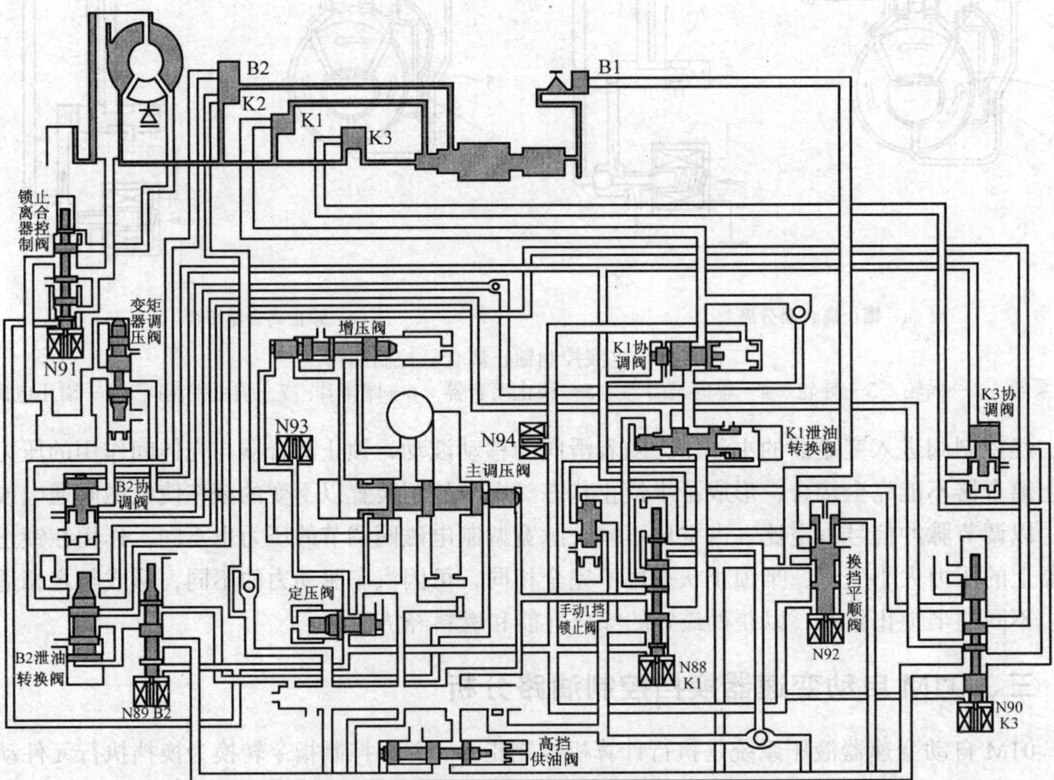

图 5.41　01M 自动变速器液压油路图

1．计算机控制压力调节

01M 自动变速器液压系统内存在不同的工作压力，以针对不同的控制液压元件和完成不同的动作任务。压力调节装置根据工作任务不同分别采用电控压力调节或机械压力调节等方式。

① 主油压力调节。

01M 自动变速器系统主油压力的任务是：作为液压执行元件的动力源，产生系统的最高压力，液压系统中其他压力则在这个压力下进行进一步调节。为了满足液压执行元件的传动要求，系统主油压力要根据汽车的负荷状态和驱动力矩的要求主动变化，即可防止轻载时液压系统油压过高造成能量消耗，又可在负荷大时，及时提高系统压力，以增加液压执行元件的作用力，防止离合器和制动器打滑。

主油压力调节装置由机械主调压阀、增压阀和电子控制的电磁液压调节阀 N93 组成。其结构和调压原理如图 5.42 所示。

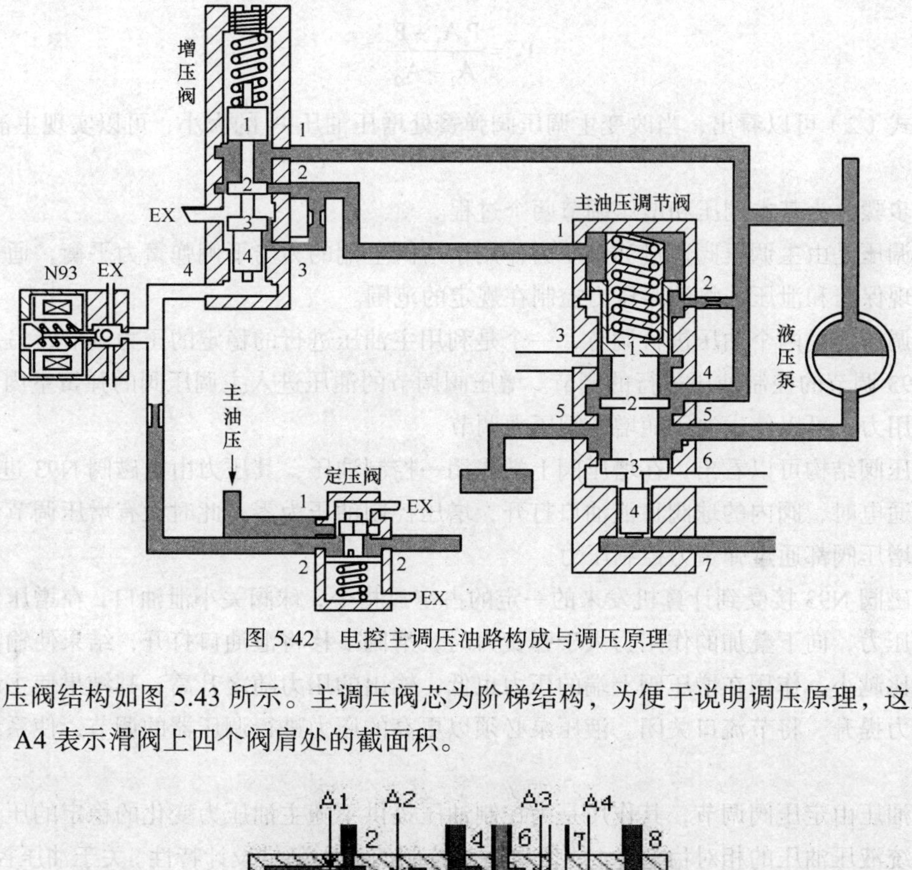

图 5.42 电控主调压油路构成与调压原理

主调压阀结构如图 5.43 所示。主调压阀芯为阶梯结构，为便于说明调压原理，这里用 A1、A2、A3、A4 表示滑阀上四个阀肩处的截面积。

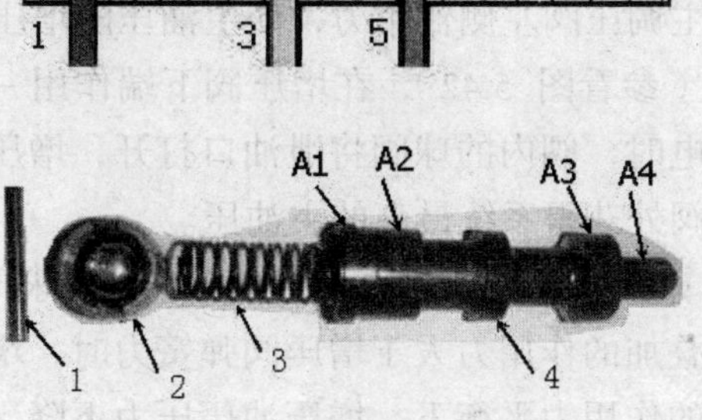

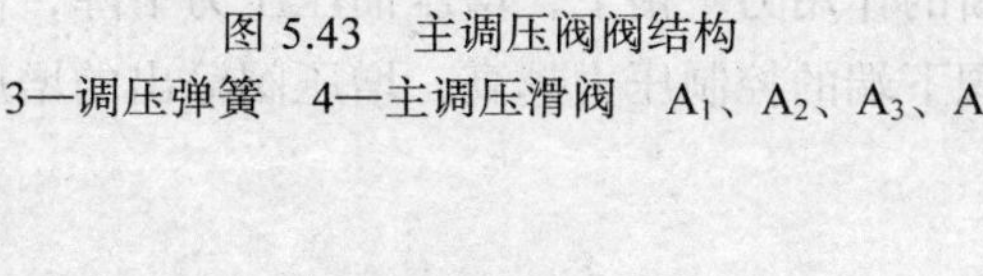

图 5.43 主调压阀阀结构

1—止动销 2—弹簧座 3—调压弹簧 4—主调压滑阀 A_1、A_2、A_3、A_4—箭头所指阀肩截面积

基本调压由进入油路2的液压作用于滑阀 A_1 和 A_2 阶梯环面产生的作用力与左侧弹簧力相互平衡，通过滑阀的移动，实现保压和泄压，将油路压力控制在规定的范围。其调节油压 P_2 为：

$$P_2 = \frac{F_s}{A_1 - A_2} \quad (1)$$

该油压 P_2 还可以根据 7、8 两个进油口是否有压力而进行调节。此刻的压力调节为机械油压调节过程。

电控调压是通过调节主调压弹簧处的油压，改变向右的作用力，使系统获得新的 P_2 油压，以满足液压系统传递不同转矩时对液压力的需求。其调节压力为：

$$P_2 = \frac{P_1A_1 + F_s}{A_1 - A_2} \quad (2)$$

由公式（2）可以看出，当改变主调压阀弹簧处增压油压 P_1 的大小，可以实现主油压 P_2 的变化。

调节步骤分为基本调压和增压调节两个过程。

基本调压是由主调压阀通过油路压力作用于滑阀上端的力与下侧弹簧力平衡，通过滑阀的移动，实现保压和泄压，将油路压力控制在规定的范围。

增压调压通过两个油压进行调节，一个是利用主油压进行的稳定的压力调节，另一个是由电磁阀 N93 调节的控制油压进行的调节。增压阀调节的油压进入主调压阀的弹簧室内，从而改变弹簧作用力，可以使主油压随增压阀压力调节。

由增压阀结构可以看出，在增压阀上端作用一控制油压，其压力由电磁阀 N93 进行调节。电磁阀不通电时，阀内的球阀将泄油口打开，增压控制油压为零，此时没有增压调节作用，主调压阀和增压阀都通过弹簧力控制压力。

当电磁阀 N93 接受到计算机发来的一定的占空比指令，球阀关小泄油口，在增压滑阀上端形成额外压力，向下叠加的作用力大于弹簧力时，滑阀下移将泄油口打开，结果使输出油压下降。占空比越小，作用在增压阀上端的压力也低，输出的压力随之升高，其结果使主调压阀下端的作用力提升，将节流口关闭。液压泵必须以更高的压力进行调压器的调节，使系统的压力整体提高。

控制油压由定压阀调节，其作用是为控制油压提供不随主油压力变化的稳定的压力，以保证电控系统液压油压的相对稳定，才能使电磁阀控制的油压满足设计特性。关于油压控制油路，参看图 5.41 主调压阀油路部分。

增压压力 P_1 是由增压阀和电磁阀 N93 进行调节的。经增压阀调节的增压油压 P_1 进入主调压阀的弹簧室内，从而改变主调压阀左侧作用力，使主油压随增压阀压力变化。

由增压阀结构可以看出（参看图 5.42），在增压阀下端作用一控制油压，其压力由电磁阀 N93 进行调节。电磁阀不通电时，阀内的球阀将泄油口打开，增压控制油压为零，此时增压阀输出的是最大压力，主调压阀处获得系统最高的主油压。

当电磁阀 N93 接受到计算机发来的一定的占空比指令，其球阀关小泄油口，在增压滑阀下端形成一定控制压力，向上叠加的作用力大于增压阀弹簧力时，增压滑阀上移关闭主油路，增压油路与泄油口打开，在新的作用力平衡下，增压油压力下降，使得主调压油压 P2 下降。占空比越大，作用在增压阀下端的控制压力越高，增压阀输出的增压压力随之下降。其结果使主调压阀弹簧侧的作用力下降，系统油压也随之下降。（增压阀压力调节原理请读者自己分析）。

电磁阀 N93 所获得的占空比信号受发动机负荷、发动水温、变速器机油温等因素影响。以节气门信号为例，其调节原理如图 5.44 所示。节气门位置传感器既是发动机控制系统中的重要元件，又是自动变速器控制中的重要元件。节气门位置传感器将加速踏板位置产生的变化转换为电信号，送入发动机电子控制系统，并通过控制局域网络传递给自动变速器控制模块。变速器控制模块实时采集节气门位置信号，并和扭矩相关的数据进行综合运算，再将指令送至脉冲宽度调制器 PWM（pulse width modulated），控制脉冲的宽度，使脉冲宽度随节气门位置而变化，脉宽信号经驱动电路放大后进入电磁阀线圈，并产生与脉宽信号相应的电磁力，从而改变泄油口的大小，增压控制油压随之变化。

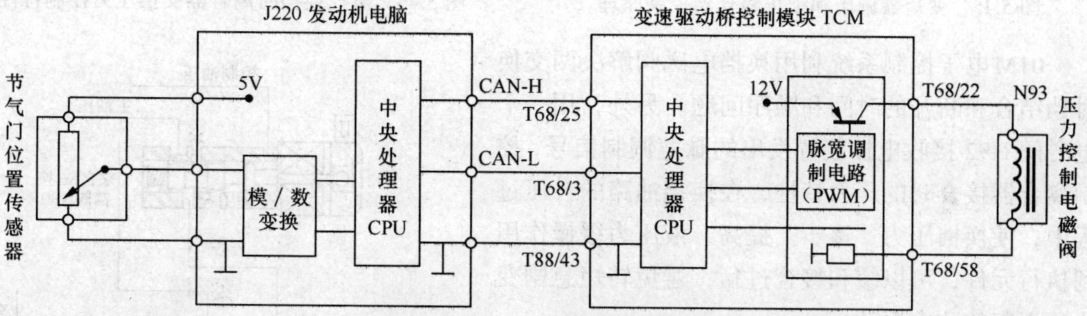

图 5.44　发动机负荷信号与电磁阀电流信号转换关系图

当节气门开度为 0 时，所产生的的电信号经中央处理器运算后，其发出最大占空比指令，脉宽调制电路输出最大电磁阀电流（约为 1.1A），泄流孔接近于关闭（最小），增压控制的油压最大。当节气门开度由 0 逐渐增加时，经中央处理器运算后，发出的占空比指令随之减小，使电磁阀的电流由最大逐渐减小，泄流孔由接近于关闭（最小）逐渐开启，增压控制的油压由最大逐渐降低。

主压力调节油路中定压阀的作用是：为控制油压提供不随主油压力变化的稳定的压力，以保证电控系统液压油压的相对稳定，才能使电磁阀控制的油压满足设计特性。

② 液力变矩器油压调节和控制。

液力变矩器在工作自己的油压下工作，夜里变矩器调压器的作用是：保持一定压力，减小油液内产生气泡；促使工作液的冷却循环运动；为锁止离合器提供工作压力。变矩器调压和锁止离合器调压控制原理如图 5.45 所示。变矩器调压阀的作用将主油压经再调节后为变矩器的工作油压。锁止离合器阀由机械滑阀和电磁阀 N91 组成，电磁阀 N91 的作用是接受电子控制系统指令，调节控制油压力，改变锁止离合器阀的位置，改变液压方向，实现离合器断开与接合任务。电子控制系统还发出脉宽调制指令，通过电磁阀瞬时调节节流口的压力变化，对控制油压进行调节，以在滑阀右侧获得不同的作用力，实现锁止离合器缓冲接合，以减小振动冲击。

③ 缓冲压力调节。

换挡过程中由于液压压力急剧升高、造成离合器、制动器接合过快，会引起汽车换挡时的冲击和振动，所以在自动变速器液压系统中采取不同的缓解措施以减小换挡冲击。换挡执行元件的压力变化需要满足如图 5.46 所示的压力控制特性。离合器 C1 脱离接合过程与离合器 C2 接合过程同步进行，必需严格控制各自的动作时间和顺序，才能保证不出现重叠“接合”和动作衔接时间过长。在离合器 C1 即将接合时，一个“抖动”的压力可以起到减缓接合冲击的作用。

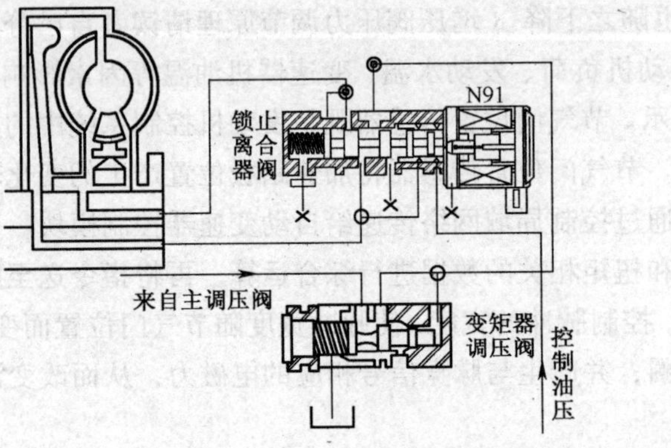

图 5.45　变矩器调压和锁止离合器控制原理

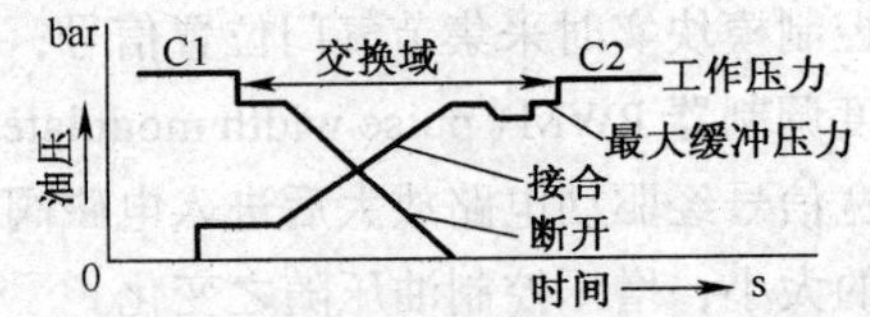

图 5.46　电控换挡时离合器交换压力控制特性图

01M电子控制系统利用换挡电磁阀解决两交换时挡结合和断开的时间和顺序问题。另外，用一个电磁阀N92接收电控装置发出的脉宽调制信号，控制离合器接合时的压力特性，在换挡油路的升压过程中，使换挡压力“逐步”提高，液压力缓慢作用到执行元件，可以缓和接合过猛，避免转矩急剧变化所引起的冲击振动。

01M电液控制压力缓冲调节油路与调节原理如图5.46所示。该调节油路采用节流孔限制压力变化速率和电磁液压阀控制压力高低的液-电组合方式，在换挡阀与换挡执行器之间设置液压协调阀，协调阀上端接由电磁液压阀N92调节的缓冲控制油路。N92为滑阀式电磁液压阀。

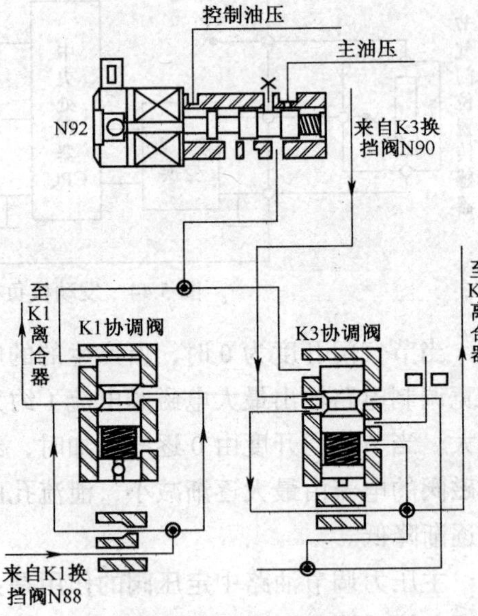

图 5.47　缓冲压力调节原理

节流作用仍是采用节流孔使换挡油压缓慢增加的方式，如图5.47中的K1协调阀。进行换挡时，计算机在发出换挡指令的同时，向N92发出一串脉冲信号，使其动作。N92滑阀先向右运动，将主油压作用在协调阀上端，协调阀在该油压下向下移动，将K1协调阀油路阻断，来自换挡阀N88的油压只能通过节流孔去K1离合器，压力缓慢上升。随后电磁阀N92根据脉动信号变化，其控制的协调压力随之下降，K1协调阀将关闭的节流孔逐步打开，完成压力高低变化的调节。电磁阀N92根据脉动信号指令产生的压力波动抑制了离合器或制动器的“猛烈”接合，减少了换挡的冲击。由于该电磁阀的工作特点，又被称为平顺阀。油路使用一个电磁滑阀控制离合器K1、K3和制动器B2 3个协调阀，这3个协调阀分别协调K1、K3、B2换挡执行油路，参看油路图5.41。

2. 计算机控制换挡油路分析

计算机控制换挡是利用液压电磁阀接受电子控制装置发出的指令改变油路，将主油压力送达指定的换挡执行元件，实现离合器动力传递或对机件制动。01M自动变速器前进2挡的换挡油路构成如图5.48所示。实现前进换挡操作由三个开关型换挡电磁液压阀N88、N89、N90，三个协调阀K1、K3、B2，平顺阀N92、控制液压阀K1和2-3挡电磁正时阀N94等组成（参看图 5.48 所示油路图）。

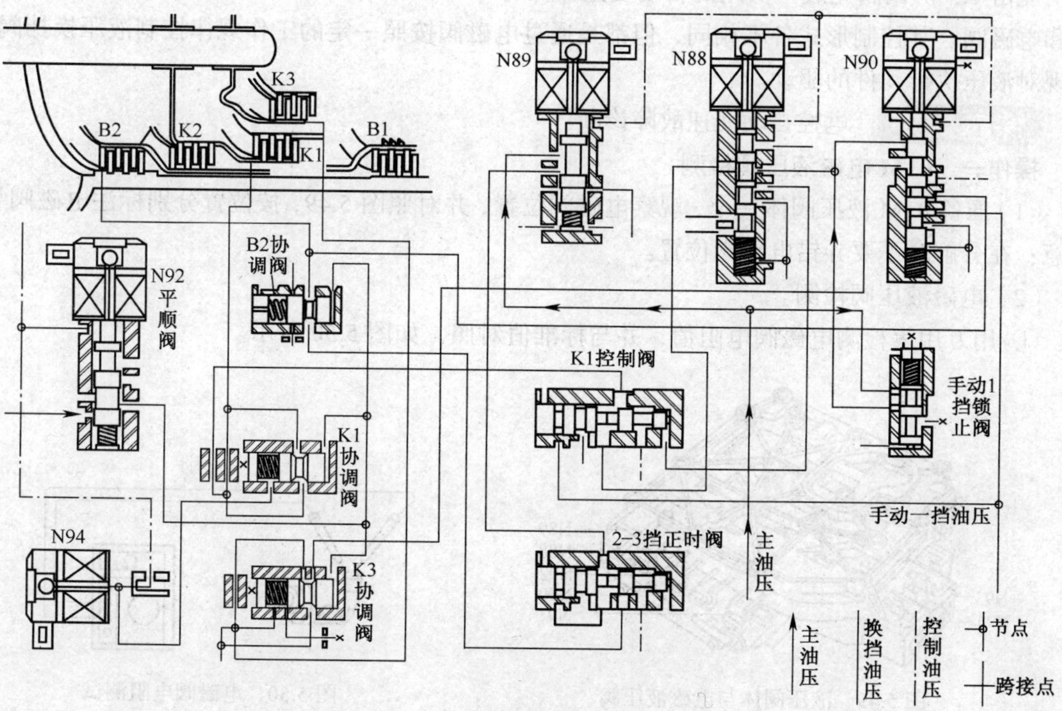

图 5.48　D 2 挡换挡油路构成和原理

3 个开关型换挡电磁液压阀 N88、N89、N90 按照设计好的逻辑关系动作，实现主油路和换挡油路的切换，并完成不同换挡油路的互锁功能，其逻辑关系见表 5.6。平顺阀 N92 和正时阀 N94 的作用是按照控制要求实现换挡执行元的升压和泄压切换。

表 5.6　　　　　　　　　　　　挡位逻辑关系

选挡位置	换挡执行元件					电磁液压阀				
	K1	K2	K3	B1	B2	N88	N89	N90	N94	
D1	○					0	0	1	0	
D2	○				○	0	1	1	0	
D3	○		○			0	0	0	1	
D4			○		○	1	1	0	0	

当接到计算机二挡指令时，N89、N90 通电，N88 断电。此时，N89 控制主油压经 2-3 挡正时阀、B2 协调阀进入 B2 离合器，N88 控制的主油压经 K1 控制阀、K1 协调阀进入 K1 离合器。由于 N88 控制 K1 离合器又被称为 K1 换挡阀，N89 控制 B2 离合器又称为换挡、换挡阀，N90 控制 K3 离合器被称为 K3 换挡阀。

当接到计算机 3 挡指令时，N89、N90、N88 均断电，N89 在弹簧作用下回位，B2 油路形成泄压，制动器释放。N88 状态不变，维持 K1 油路高压。N90 在弹簧作用下回位，主油压进入 K3 换挡油路，实现 K3 离合器接合传动。

电磁阀 N92 是换挡平顺阀，只在换挡开始时根据指令产生振动，通过协调阀可使换挡油路油压缓慢增加。N94 是开关阀，只在 3 挡时动作，产生的高压迫使 K1 协调阀不再“抖动”，缓冲功能由 K3 协调阀完成。实用的自动变速器具有 4 个以上的传动比，需要使用多个液压换挡阀和电磁阀。其控制形式各不相同，但都是通过电磁阀按照一定的工作规律控制液压换挡阀来实现对液压执行元件的驱动。

课题实施 电控自动变速故障诊断

操作一　01M 电磁液压阀检测

（1）准备 01M 液压阀体一个，观察电磁阀位置，并对照图 5.49，按位置分别标注电磁阀号。注意：在分解时不要弄错电磁阀位置。

（2）电磁液压阀检测。

① 用万用表检测电磁阀电阻值，并与标准值对照，如图 5.50 所示。

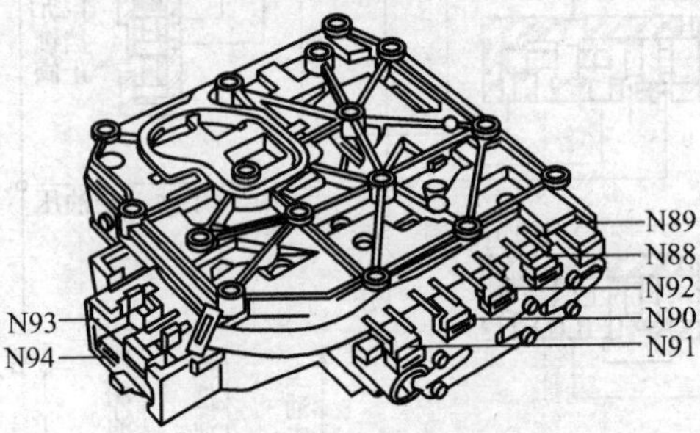

图 5.49　液压阀体与电磁液压阀

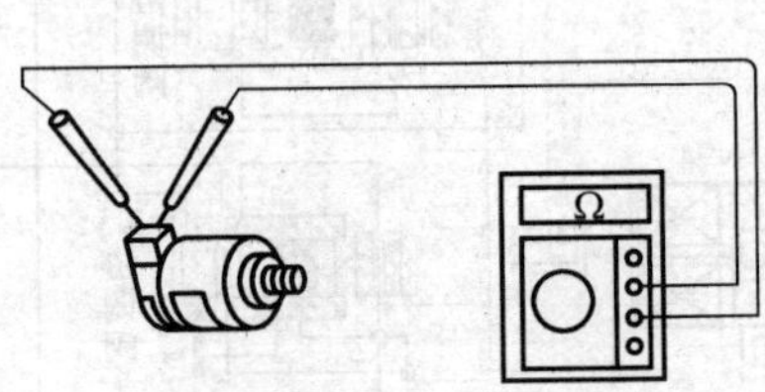

图 5.50　电磁阀电阻测试

② 在电磁阀接线端通 12 V 电压，观察电磁阀动作，如图 5.51 所示。

提示 电阻值不满足标准的电磁阀不准进行此项测试。

（3）检查电磁阀密封状况。从阀体上卸下电磁阀，如图 5.52 所示，在液压口一侧加上手动真空泵，在通电情况下，通过检查是否真空泄漏。

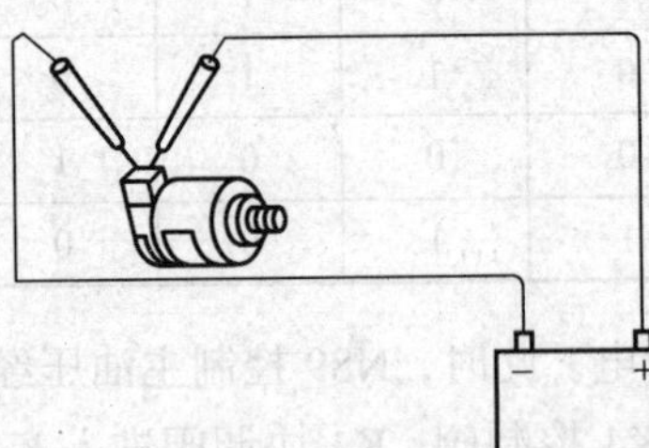

图 5.51　电磁阀动作测试

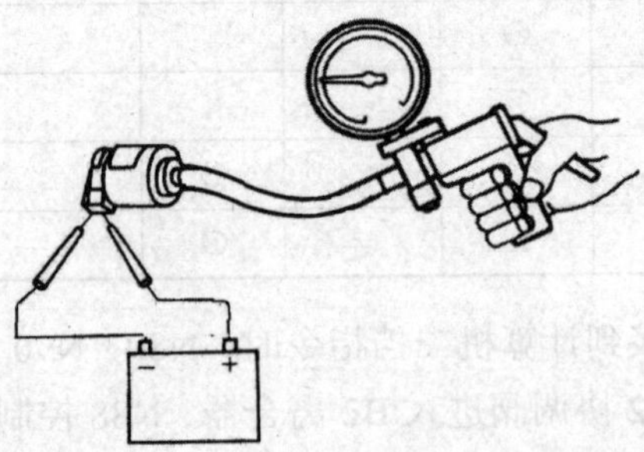

图 5.52　用真空泵检测电磁阀密封性

操作二　自动变速器电气系统的检查

（1）关闭点火开关，按箭头方向拔下控制单元多孔插头连接。

（2）将检测盒 VAG1598/18 装到线束多孔插头上，使用 VAG1598/18 可按电路图检查导线，参考表 5.7、表 5.8 进行检测。

表 5.7　控制单元 J217 的 68 孔插头作用

1	接地（接线柱 31）	35	未使用
2	未使用	36	自诊断 L 线
3	未使用	37	未使用
4	未使用	38	未使用
5	节气门电位计 G69 信号	39	未使用
6	变速器机油温度传感器 G93	40	多功能开关 F125
7	未使用	41	从发动机控制单元来的负荷信号
8	未使用	42	柴油发动机转速传感器（屏蔽）
9	电磁阀 3-N90	43	车速传感器 G68（屏蔽）
10	电磁阀 7-N94	44	变速器转速传感器 G38（屏蔽）
11	停车/空挡信号	45	电源电压（接线柱 30）
12	使用空调时挂低速挡	46	未使用
13	点火时刻控制	47	电磁阀 4-N91
14	未使用	48	未使用
15	制动灯开关 F 信号电压	49	未使用
16	强制低速挡开关 F8	50	节气门电位计 G69（5V）
17	未使用	51	未使用
18	多功能开关 F125	52	未使用
19	TD（转速）信号	53	未使用
20	车速传感器 G68	54	电磁阀 2-N89
21	变速器转速传感器 G38	55	电磁阀 1-N88
22	电磁阀 6-N93 电压	56	电磁阀 5-N92
23	电源电压（接线柱 15）	57	变速杆位置指示
24	自诊断 K 线	58	电磁阀 6-N93
25	未使用	59	未使用
26	未使用	60	车速调节装置（输入 15 号接线柱）
27	未使用	61	车速调节装置（输出）
28	节气门电位计 G69 地线	62	多功能开关 F125
29	变速杆锁止电磁铁 N110	63	多功能开关 F125
30	未使用	64	发动机转速传感器 G28（柴油发动机）
31	未使用	65	车速传感器 G68
32	未使用	66	变速器转速传感器 G38
33	未使用	67	电磁阀电压
34	未使用	68	接线柱 30（输出）

表 5.8　电气系统检查表

诊断步骤	VAG1598/18 插孔	检测项目	检查条件	正常值	偏离正常值时应检查
1	23 与 1	从控制单元 J217 来电压	打开点火开关	蓄电池电压	● 按电路图检查导线 检查触点 1 和地间导线 检查触点 23 和中央器盒接线柱 15 间导线

续表

诊断步骤	VAG1598/18插孔	检测项目	检查条件	正常值	偏离正常值时应检查
2	29与15	变速杆锁止电磁铁N110	打开点火开关，不踏下制动踏板	蓄电池电压	● 按电路图检查导线变速杆锁止电磁铁
			踏下制动踏板	0.2 V	
3	15与1	制动灯开关F	打开点火开关，不踏下制动踏板	0	● 按电路图检查导线 ● 更换制动灯开关F
			踏下制动踏板	蓄电池电压	
4	5与28	节气门电位计G69	关闭点火开关 油门踏板位置 怠速最小 怠速最大	0.7 kΩ 1.8 kΩ	● 按电路图检查导线 ● 从怠速到油门全开过程中，电阻值稳步变化 ● 测量节气门电位计，如需要，更换 ● 对系统进行基本调整
	5与50		油门全开最小 油门全开最大	2.1 kΩ 3.9 kΩ	
			怠速最小 怠速最大	2.1 kΩ 3.9 kΩ	
			油门全开最小 油门全开最大	0.7kΩ 1.8 kΩ	
5	63与1	多功能开关F125	变速杆位置R、N、D、3、2	电阻∞	● 按电路图检查导线 ● 检查多功能开关插头连接触点是否锈蚀，如需要，更换 ● 更换多功能开关F125
			变速杆位置P、1	0.8～1Ω	
	40与1		变速杆位置P、R、2、1	电阻∞	
			变速杆位置N、D、3	0.8～1Ω	
	62与1		变速杆位置P、R、N、D	电阻∞	
			变速杆位置3、2、1	0.8～1Ω	
	18与1		变速杆位置P、R、N	蓄电池电压	● 更换多功能开关F125
			变速杆位置D、3、2、1	0V	
6	55与67	电磁阀1-N88	关闭点火开关	55～65Ω	● 按电路图检查导线 ● 更换传输线或滑阀箱
	55与1			电阻∞	
7	54与67	电磁阀2-N89	关闭点火开关	55～65Ω	● 按电路图检查导线 ● 更换传输线或滑阀箱
	54与1			电阻∞	
8	9与67	电磁阀3-N90	关闭点火开关	55～65Ω	● 按电路图检查导线 ● 更换传输线或滑阀箱
	9与1			电阻∞	
9	47与67	电磁阀4-N91	关闭点火开关	55～65Ω	● 按电路图检查导线 ● 更换传输线或滑阀箱
	47与1			电阻∞	
10	56与67	电磁阀5-N92	关闭点火开关	55～65Ω	● 按电路图检查导线 ● 更换传输线或滑阀箱
	56与1			电阻∞	
11	58与22	电磁阀6-N93	关闭点火开关	55～65Ω	● 按电路图检查导线 ● 更换传输线或滑阀箱
	58与1				
	22与1			电阻∞	

续表

诊断步骤	VAG1598/18 插孔	检测项目	检查条件	正常值	偏离正常值时应检查
12	10 与 67	电磁阀 7-N94	关闭点火开关	55～65Ω	● 按电路图检查导线 ● 更换传输线或滑阀箱
	10 与 1			电阻∞	
13	23 与 29	电磁阀 7-N94	关闭点火开关	14～25Ω	● 按电路图检查导线 ● 更换变速杆锁止电磁铁 N 110
14	1 与 16	强制低速挡开关 F8	关闭点火开关 未踏下油门踏板	电阻∞	● 按电路图检查导线 ● 调整或更换油门拉索
			踏下油门踏板，直至触动低速挡开关	小于 1.5Ω	
15	6 与 67	变速器机油温度传感器 G63	关闭点火开关 自动变速器机油温度 约 20℃ 约 60℃ 约 120℃	0.247 MΩ 48.8 kΩ 7.4 kΩ	● 按电路图检查导线 ● 更换传输线
16	20 与 65	车速传感器 G68	关闭点火开关最小	0.8 kΩ	● 按电路图检查导线 ● 更换车速传感器
			关闭点火开关最大	0.9 kΩ	
17	21 与 66	变速器转速传感器 G38	关闭点火开关最小	0.8 kΩ	● 按电路图检查导线 ● 更换车速传感器
			关闭点火开关最大	0.9 kΩ	

（3）电气检测完成后，将多孔插头连接插到控制单元 J217 上并定位。安装时，导向装置必须装到控制单元的定位销上。

操作三　电控自动变速器故障诊断

利用变速器控制单元的自诊断系统进行故障诊断的步骤如图 5.53 所示。

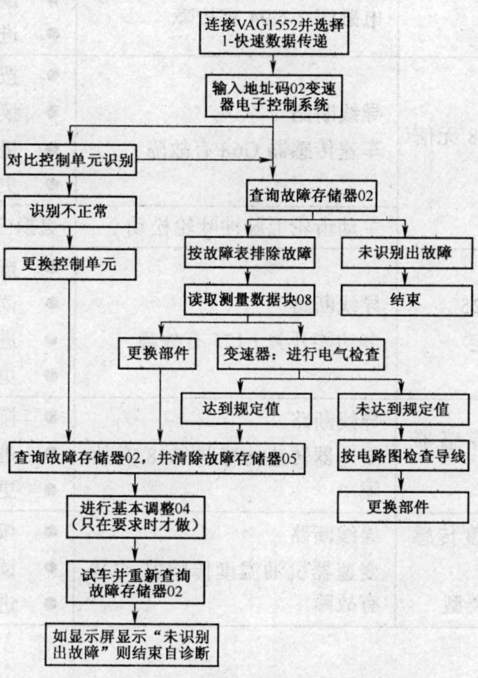

图 5.53　电控自动变速器故障诊断流程图

1. 查询故障记忆

连接 VAG1552 输入地址码 02 进入变速器电控系统，选择 02 功能便能很方便地查询自动变速器控制单元的故障记忆，如表 5.9 所示的故障一览表。

表 5.9　　故障一览表

故障码	显 示 内 容	可能故障原因	故障排除方法
00258	电磁阀 1-N88 ● 断路 ● 对地短路	导线断路或对地短路 电磁阀 1-N88 有故障	● 按电路图检查导线和插头连接 ● 读取测量数据块显示组 04 ● 进行电气检查
00260	电磁阀 2-N89 ● 断路 ● 对地短路	导线断路或对地短路 电磁阀 2-N89 有故障	● 按电路图检查导线和插头连接 ● 读取测量数据块显示组 04 ● 进行电气检查
00262	电磁阀 3-N90 ● 断路 ● 对地短路	导线断路或对地短路 电磁阀 3-N90 有故障	● 按电路图检查导线和插头连接 ● 读取测量数据块显示组 04 ● 进行电气检查
00264	电磁阀 4-N91 ● 断路 ● 对地短路	导线断路或对地短路 电磁阀 4-N91 有故障	● 按电路图检查导线和插头连接 ● 读取测量数据块显示组 07 ● 进行电气检查
00266	电磁阀 5-N92 ● 断路 ● 对地短路	导线断路或对地短路 电磁阀 5-N92 有故障	● 按电路图检查导线和插头连接 ● 读取测量数据块显示组 04 ● 进行电气检查
00268	电磁阀 6-N93 ● 断路 ● 对地短路	导线断路或对地短路 电磁阀 6-N93 有故障	● 按电路图检查导线和插头连接 ● 读取测量数据块显示组 02 ● 进行电气检查
00270	电磁阀 7-N94 ● 断路 ● 对地短路	导线断路或对地短路 电磁阀 7-N94 有故障	● 按电路图检查导线和插头连接 ● 读取测量数据块显示组 04 ● 进行电气检查
00281	车速传感器 G68 无信号	导线断路 车速传感器 G68 有故障	● 按电路图检查导线和插头连接 ● 读取测量数据块显示组 02 ● 进行电气检查 ● 更换车速传感器 G68
		主动齿轮上脉冲叶轮松动	更换主动齿轮
00293	多功能开关 F125 开关状态不确定	导线断路 多功能开关 F125 有故障	● 按电路图检查导线和插头连接 ● 读取测量数据块显示组 01 ● 进行电气检查 ● 更换多功能开关 F125
00297	变速器转速传感器 G38 无信号	导线断路 变速器转速传感器 G38 有故障	● 按电路图检查导线和插头连接 ● 进行电气检查 ● 更换变速器转速传感器 G38
00300	变速器机油温度传感器 G39 无法识别故障类型	导线断路 变速器机油温度传感器 G39 有故障	● 按电路图检查导线和插头连接 ● 读取测量数据块显示组 05 ● 进行电气检查

续表

故障码	显示内容	可能故障原因	故障排除方法
00518	节气门电位计 G69 信号超出允许值	导线断路 节气门电位计 G69 损坏	● 如果还显示故障 00638，则应先排除该故障 ● 按电路图检查导线和插头连接 ● 读取测量数据块显示组 01 和 03 ● 进行电气检查 ● 更换节气门电位计 G69 ● 对系统进行基本调整
		发动机控制单元或节气门电位计 G69 损坏	对系统进行基本调整
00529	无转速信号	导线断路	● 按电路图检查导线和插头连接 ● 读取测量数据块显示组 03 ● 检查发动机控制单元
00532	电源电压	蓄电池损坏 整流器电压过低	● 检查蓄电池 ● 读取测量数据块显示组 02 ● 检查控制单元 J217 电压 ● 进行电气检查
00545	发动机/变速器电气连接断路 对地短路	导线断路 发动机/变速器控制单元未接上	● 按电路图检查导线和插头连接 ● 读取测量数据块显示组 05 ● 检查发动机控制单元 ● 对系统进行基本调整
00596	整流器导线间短路	传输线/滑阀箱和线束间的 10 孔插头连接滑阀箱的传输线损坏	● 按电路图检查导线和插头连接 ● 进行电气检查 ● 更换传输线
00638	发动机/变速器电气连接无信号	● 导线断路或对地短路 ● 发动机/变速器控制单元未接上 ● 节气门信号未传至变速器控制单元	● 按电路图检查导线和插头连接 ● 读取测量数据块显示组 05 ● 检查发动机控制单元，如需要，更换 ● 对系统进行基本调整
00641	自动变速器机油温度信号过大	● 变速器太热，最高 148℃，自动变速器油温过高时，变速器自动换入相邻低挡 ● 汽车拖载过大 ● 自动变速器油位不正常 ● 变速器机油温度传感器损坏	● 检查油位 ● 读取测量数据块显示组 05 ● 读取自动变速器机油温度 ● 更换传输线
00652	挡位监控 不可靠信号	● 电气/液压故障 ● 离合器或滑阀箱损坏	读取测量数据块显示组 04 并在行驶中确定哪一挡有故障
00660	强制低速挡开关/节气门电位计 不可靠信号	导线断路	按电路图检查导线和插头连接
		节气门电位计 G69 损坏	按“故障排除”00518-节气门电位计 G69 中所述进行修理
		强制低速挡开关 F8 损坏	● 读取测量数据块显示组 01 ● 进行电气检查 ● 调整或更换油门拉索

续表

故障码	显 示 内 容	可能故障原因	故障排除方法
65535	控制单元损坏	控制单元 J217 损坏	
	无故障	修理后如显示“无故障”自诊断结束 如自诊断后，自动变速器换挡仍有故障，必须按故障诊断程序继续查找故障	

注：（1）显示内容中有的是有关部件的附加显示；
（2）显示的有些故障，要先检查插头连接是否锈蚀、进水，如需要，更换。显示电磁阀有故障时，要特别注意变速器上传输线/滑阀箱和线束间 10 孔插头连接。

2. 基本调整

进行下述修理后，须进行基本调整。

（1）更换发动机。

（2）更换发动机控制单元。

（3）改装节气门。

（4）调整节气门（怠速调整）。

（5）更换节气门电位计 G69。

（6）调整节气门电位计 G69，如在调整怠速开关时。

（7）更换自动变速器控制单元 J217。

调整步骤如下。

（1）连接故障诊断仪 VAG1552，油门踏板须保持在怠速位置，输入地址码“02 变速器电子装置”。

（2）当显示屏显示“功能选择 × ×，选择 04 功能”、“基本调整”，按下 Q 键确认。

（3）输入 00 显示组，按下 Q 键确认，显示屏显示“系统正处于基本调整状态”。

（4）将油门踏板踏到底并触动强制低挡开关，在这个位置保持 3s 时间，基本调整结束。

课题小结

（1）电液控制自动变速器用电磁阀调节液压系统中换挡阀控制压力，以取代速控油压阀和负荷阀的功用。

（2）电磁压力调节阀装于液压泵与换挡油路间，其作用是依据计算机根据汽车的工作状况输出使电磁阀通断电的指令信号，以控制油路压力的高低，使液压换挡执行元件可靠工作，并为控制油路提供基础油压。

（3）电磁换挡阀由液压换挡阀和开关型电磁阀组成。电磁阀由线圈和单向阀等构成，电磁阀中心为节流通道，单向阀球置于通道一侧。电磁阀安装在液压换挡阀的一端，用以控制液压换挡阀右侧的压力。

（4）电液控制变矩器锁止离合器除控制在一定转速范围实现发动机与变速器的机械结合外，还具有锁止控制功能、半离合器控制功能、离合器结合平滑控制功能、升挡离合器锁止解除控制功能。

作业测评

（1）根据 01M 液压油路图分析变速器从 2 挡升入 3 挡的工作过程。

（2）电液控制变矩器有哪些控制功能？

（3）试叙述电磁压力调节阀的工作过程。

模块六

定轴轮系自动变速器

学习目标

知识目标

◎ 了解其它机械结构在自动变速器上的应用及技术特点；

◎ 理解其它机构自动控制的基本思想和实现控制的技术手段；

◎ 掌握电控机械式自动变速器组成、结构特点

◎ 理解电控机械式自动变速器换挡控制过程；

◎ 了解 CVT 的基本结构、传动原理和控制方面的技术特点。

能力目标

◎ 能从外观正确区别 MT、AT、AMT、CVT、DSG 变速器；

◎ 掌握 CVT 自动变速器的基本拆装方法；

◎ 学会分析换挡执行机构工作过程。

汽车发展进程中，有级式齿轮变速装置获得广泛应用。有级式变速装置是由固定的齿轮轴、具有不同传动比的圆柱齿轮构成的机械装置。因齿轮轴位置相互固定的特点，又被称为定轴轮系，如图 6.1 所示。有级式变速装置是由驾驶员通过手进行换挡操作，又被称为手动变速器（manual transmission 缩写为 M/T）。

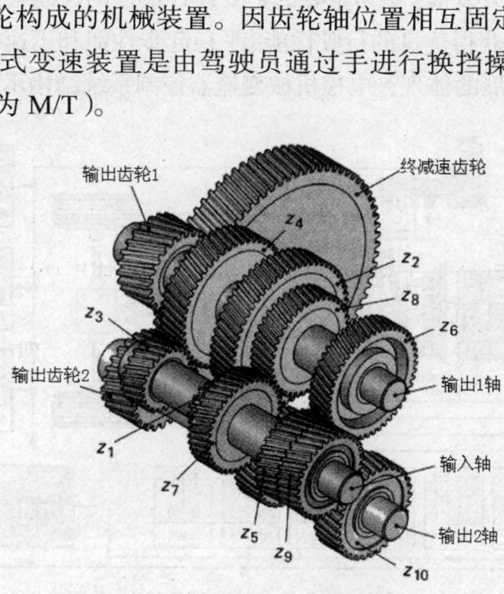

图 6.1　固定轴与传动齿轮结构

手动变速器采用斜齿外啮合齿轮，以其传动效率高、成本低、生产工艺成熟、各挡传动比容易调整的特点而获得广泛应用。但其尺寸、重量均较行星齿轮大。定轴轮系从滑移齿轮变速开始，经历了多齿齿套啮合，进而广泛采用同步器接合的变速机构，逐步解决了换挡时齿轮冲击、操作困难等系列问题。但仍然存在换挡时需要中断动力、动作复杂以及驾驶员水平对车辆行驶性能有较高要求等缺陷。人们始终追求能够设计出换挡操作简便，又能够保持手动变速器优点的变速器。计算机的出现与发展提供了对其合理控制并进行起步、换挡的可能。当代先进的电子技术对传动的手动变速器进行改造，使其实现自动化的同时保留了原有的高效率、低成本的特点，而且还具备了液力自动变速器换挡带来的全部优点。这种变速器已经超越了手动变速的范围，具备了自动变速的特有的经济、方便，变速器也向着更平顺、更省油、更富驾驶乐趣的方向不断发展。机电一体化的变速器成为各国开发的热点。

电控机械变速器（Automatic machinery transmission 缩写为 AMT）是在手动变速器机构上发展的自动变速器。电控机械变速器与其它自动变速器相似，都是以计算机替代人的思维，通过传感器了解工作的条件，利用执行元件完成人的手与脚的功能，但是在换挡控制上有更大难度并反应出更高水平，主要有以下区别：

（1）电控机械变速器仍为切断动力换挡，结合过程中没有液力传动装置缓和冲击和振动的条件。

（2）定轴轮系比旋转轴轮系难于自动化，一般拨叉式换挡比用离合器和制动器换档冲击大。

（3）湿式多片离合器与单、双片干式离合器相比，允许长时间打滑而不会烧损摩擦片，因而有利起步、换挡。

（4）机械式变速器需要在换挡过程中变化油门，远难于定油门状态下换挡的液力变速器。

（5）由于液力变矩器具有自动适应性，坡上起步容易。而机械变速器则要靠驾驶员熟练的操驾技术使制动、离合器、发动机油门三者协调工作才能实现起步。

由此可知，实现机械变速器的自动控制需要解决的难点是：离合器控制技术、换挡控制技术和离合器、换挡、油门三者在不同工况下协调的综合技术。不仅需要计算机控制技术的应用，而且需要机械技术和液压技术的深入发展。更为重要的是要设计最佳的控制程序实现离合器、变速器和发动机之间的最佳匹配，从而获得优良的行驶性能、平稳起步性能和迅速换挡的能力。电子控制机械变速器是现代技术的全面发展的体现，电控机械变速器控制系统结构示意如图 6.2 所示。

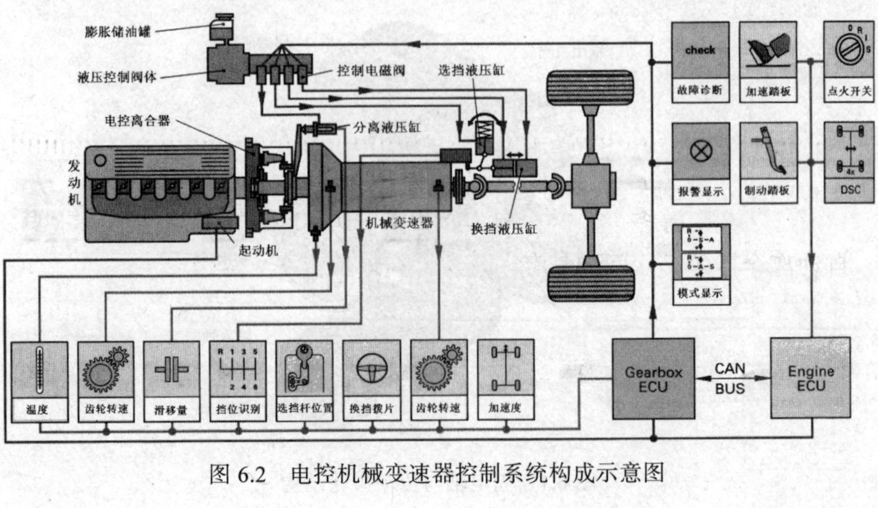

图 6.2 电控机械变速器控制系统构成示意图

课题一 认识机械变速器自动控制

电控机械变速器是在手动变速器和干式摩擦离合器上发展的新技术。不断更新机构设计，以满足实现换挡操作要求；采用计算机控制技术，优化的控制策略、通过多信息采集和精确的执行控制，实现准确换挡和离合器接合过程。手动变速器操作的特点是离合器、换挡和油门间的配合过程的准确控制，操作的准确与否完全取决于人的快速反应、准确决策和动作的机敏程度，所以计算机控制机械变速器更需要换挡时的一系列智能化过程。机械变速器要实现自动化控制的关键技术体现在离合器控制技术与自动换挡操作技术。不同的机械结构体现不同设计思想和具有不同的工作效果。

基础知识

一、机械传动定轴轮系自动变速器

手动变速器操作的最大难点就是换挡时的油离配合过程。自动变速器特点是取消了离合器踏板，而在传动系中，离合器的工作工况众多，与发动机油门及换档需要协调配合，自动系统对它有很高且复杂的要求。因此，实现变速器自动化控制的关键技术是离合器最佳工作规律，解决它才能保证汽车起步、换挡过程的品质，减少传动系统的零部件冲击，提高使用寿命和乘坐舒适性。

起步换挡过程中，离合器操纵不仅受负载、坡度、发动机转速、车速以及挡位等因素影响，而且还受驾驶人为因素和偶然因素的干扰。所以离合器控制策略要分析优秀驾驶员的操作动作和感觉，找到内在的规律，将其转换为机电系统的控制。

这些影响因素包括：离合器释放行程，释放行程又指离合器接合的行程。一般从分离到接合为止，经历无转矩传递、传递转矩和转矩不再增长的过程。与前后两个过程不同，在传递转矩过程，为获得平稳接合，需要放慢接合速度。可以减小传动系冲击和提高乘坐舒适性，但为防止滑摩时间长造成离合器发热和影响寿命，又需控制在一定时间内尽快完成。这两个要求是相互矛盾。

离合器接合过程中还受加速踏板 、发动机转速、档位与车速、坡度与载荷等多重因素影响。如图 6.3 所示。所以，自动离合器的核心问题是自动离合器的最佳接合规律。除此之外，离合器结构改进、离合器操作执行装置同样是制约实现离合器自动化的关键技术。

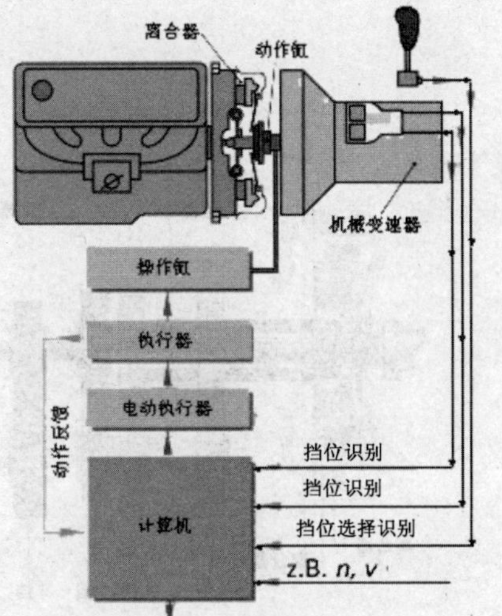

图 6.3　电控离合器原理

目前，使用定轴轮系自动变速器有两种方案进入实用技术应用。一种是对离合器和换挡操作采用计算机直接控制的机械变速器。这种控制形式不改变原有机械传动结构，仅对离合器和换挡操作机构进行控制，在自动化控制同时，保留了手动换挡传动效率高、经济性好和富有操驾乐趣的特色。另一种技术是保留定轴轮系的传动特点，使用液力变矩器取代摩擦离合器，借助液力传动的特点，缓和或减少换挡的振动与冲击；利用离合器替换接合套和同步器，通过机电与液压技术控制换挡，实现了自动化控制过程。

以上分析可见，定轴轮系传动系统的换挡延续了手动换档的特点，在换挡时都要使用离合器断开或结合动力，离合器结合的过程是个复杂的控制过程，所以离合器控制是传统传动系统实现自动控制的关键技术之一。

1. 双离合器技术

目前，一些汽车采用双离合器与计算机控制技术结合，实现了手动变速器的自动化控制，改善了换挡的速度和质量。双离合器简化结构如图 6.4 所示，离合器总成中有两组离合器，两个离合器输出轴分别接到不同的变速齿轮，其结果增加了齿轮传动比的级数，离合器 1 和离合器 2 分别控制 1、3、5 和 2、4、挡，使换挡的准备时间充分，能在同时实现两离合器交替切开、接合的过程，由计算机控制的接合过渡过程能最大限度符合最佳调节规律。

典型的双离合器应用是大众的 02E 直接换挡变速器（direct shift gearbox，缩写为 DSG）。其总成内部由两个离合器构成，又被称为双离合器变速器（double clutch transmission 缩写为 DCT）。

采用双离合器技术是为了可以将发动机动力通过两条途径同时传递进变速器。双轴传动可以减少单轴传动齿轮的个数，还可以增加变速器的挡位。图 6.5 所示为湿式双离合器变速器传动结构，变速器输入轴为轴与轴套结构，分别驱动一组传动齿轮。其离合器采用湿式多片式结构，离合器 1 通过变速器轴与单数齿轮联接；离合器 2 通过变速器套与双数齿轮联接。两个离合器通过液压缸进行接合、断开控制。换挡仍然采用同步器技术。

双离合器结构和工作示意如图 6.5 所示。发动机曲轴带动离合器毂整体旋转，常态下离合器均为断开状态，当电子控制系统分别控制离合器 1 或离合器 2 接合，将动力根据需要传递到变速齿轮。

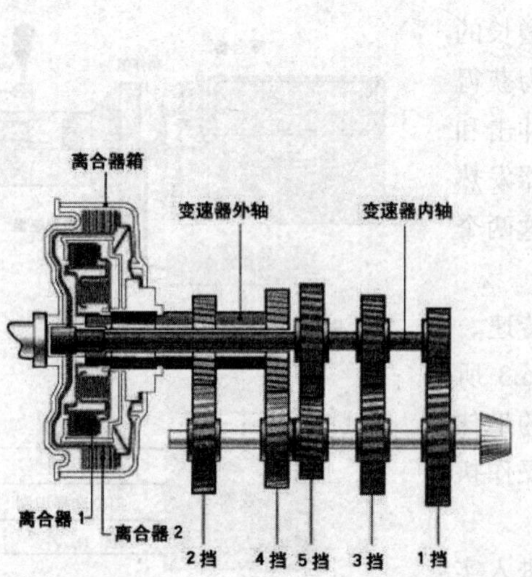

图 6.4　双离合器 5 挡自动变速器传动结构图

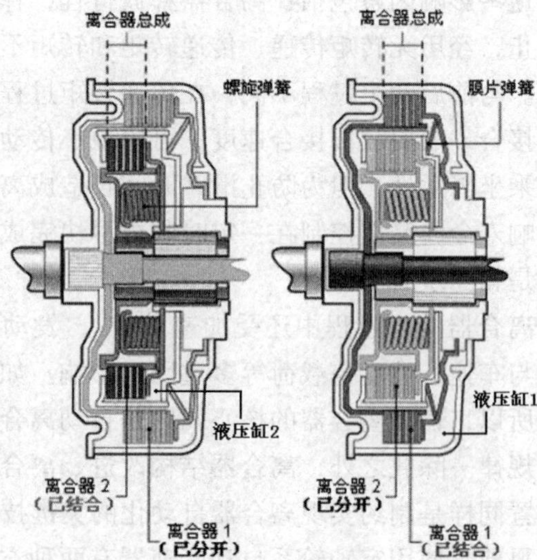

图 6.5　双离合器工作原理示意图

双离合自动变速器技术的核心就在于双离合器控制技术，它改变了传统的一个离合器控制接合、断开的过程。单离合器的接合过程是在挂挡工作后进行，会出现动力暂时中断现象，是产生换挡振动的原因之一。使用两个离合器可以通过“预挂挡”，解决两挡变换过渡过程的难题。如当变速箱挂入一挡时，二挡齿轮就已经进入啮合状态，等到换挡时机一到，第二离合器按照计算机程序，按照二快一慢的原则与发动机输出轴接合而换入二挡。在此同时，由第一离合器所控制的三挡齿轮组也完成啮合等待换挡指令。

为消除发动机运转与传动系固有振动频率叠加影对乘坐舒适性响，在发动机曲轴飞轮与离合器间增加了双质量飞轮。在飞轮内设有机械扭转减振器和摩擦阻尼器。再加上离合器控制技术，可以有效控制变速器的机械振动。双质量飞轮与双离合器结构如图 6.6 所示。

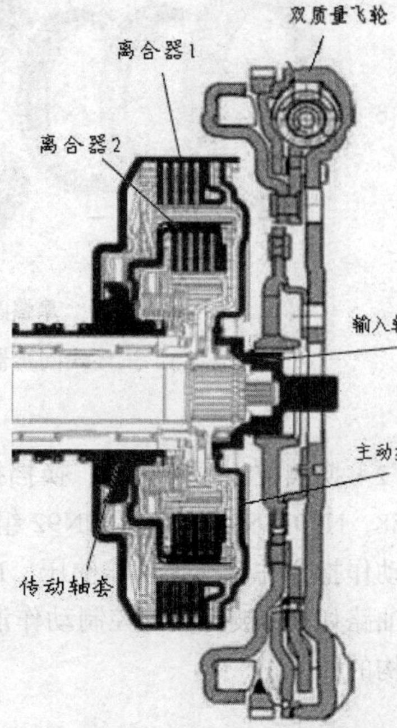

图 6.6　双离合器结构图

离合器的执行机构由电子控制系统对液压系统实施操作，分别采用两个电磁阀对两个离合器液压缸进行节流的控制，以满足最大接合速度，并由计算机进行脉宽调制，以获得到最小速度的任意速度。

2. 换挡执行装置

（1）机械结构特点。变速器的换挡操作机构仍采用同步器结构，换挡拨叉由液压缸执行换挡动作。结构如图 6.7 所示，同步器采用两种结构，1、2、3 挡采用三环式同步结构，如图 6.8 所示。2、4、6 挡采用单环式同步结构。与单环式同步器相比，三环式同步器具备更大的摩擦面积，能够产生更多摩擦力矩。

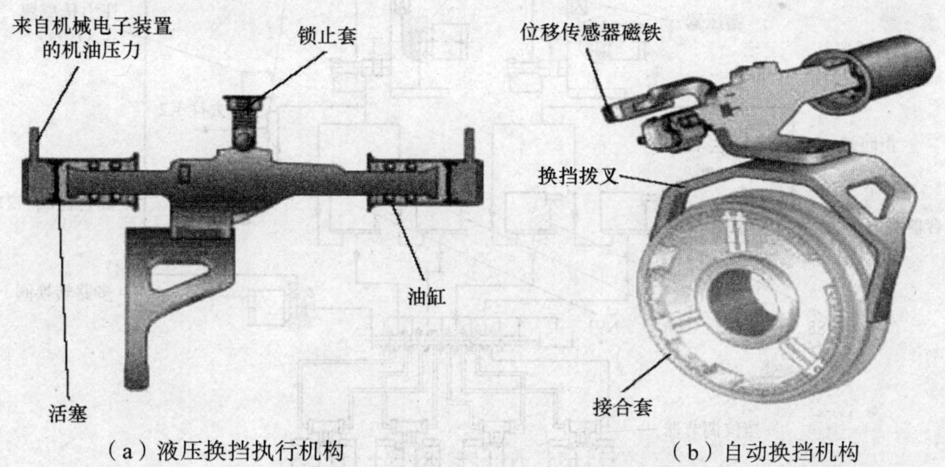

（a）液压换挡执行机构　　（b）自动换挡机构

图 6.7　自动换挡结构与液压执行机构

02E 自动变速器的换挡仍使用换挡拨叉与拨叉轴结构，一个拨叉可以变换两个挡位，换挡操作不是由手动换挡杆，而是改为电子控制的液压操作结构。在拨叉轴的两端分别装有液压缸，拨叉轴通过滚珠轴承装在液压缸筒内，如图 6.7（a）所示，移动时变滑移为滚动，可以减小摩擦阻力和减低磨损。拨叉轴上有由弹簧和钢球组成的自锁机构，用来对拨叉轴定位，以保持在确定的位置。为使计算机了解拨叉的即时位置，在拨叉轴上还设置了位移传感器磁铁。电控装置内的霍尔传感器就是根据磁铁的移动判断拨叉的准确位置的。

（a）三环式同步器　　（b）单环式同步器

图 6.8　同步器结构

（2）换挡控制油路特点。换挡控制油路如图 6.9 所示。换挡控制油路中由开关型电磁液压阀 N88，N89，N90、N91 和 N92 组成换挡控制油路，N88，N89，N90 和 N91 的任务是接收计算机动作指令并转换为动作油压。N92 控制一个多路两位转换阀，任务是按照计算机指令适时执行油路切换，被开关阀控制动作油压要通过多路转换阀 N92 控制才能到达各自对应的换挡执行机构的油压。

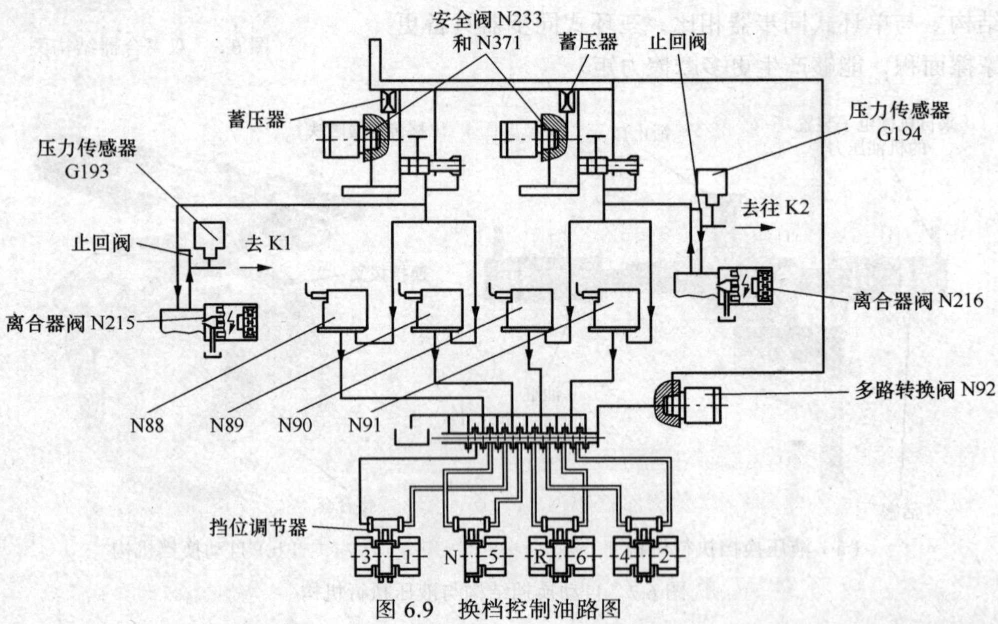

图 6.9　换档控制油路图

多路转换阀是个二位两通的组合油路转换阀，开关电磁阀 N92 通过控制多路换挡阀的位置，控制四条油路的八个执行油缸。当该电磁阀未动作时，可以接通 1、3、5 和倒挡供油油路；当该电磁阀动作时，可以接通 2、4、6 和空挡供油油路。电磁阀 N92 如失效将处于右侧位置，无法被油压激活，会出现换挡错误，甚至车辆有熄火的危险。可以看到，通过控制 N92 通电与否，同时控制 N88－N91 电磁阀，便形成了对各个挡位的控制逻辑。

多路转换阀结构与动作示意如图 6.10 所示，N92 未通电时，电磁阀控制的油路处于泄压状态，转换阀在弹簧力作用下位于滑阀的右侧，来自 N89 控制的油压通过转换阀到达 5 档选挡油缸。当 N92 通电，其控制的主油压迫使转换阀换位到左侧，将 5 档选挡油缸与泄压口接通，同时使 N88 的油压换入 1 挡操作执行油路。由油路关系可以看出，电磁阀 N88 控制 3 挡和 N 挡的选挡油压；电磁阀N89控制5挡和1挡的选挡油压；电磁阀N90控制R挡和4挡的选挡油压；电磁阀N91控制6挡和2挡的选挡油压（参看图6.9）。

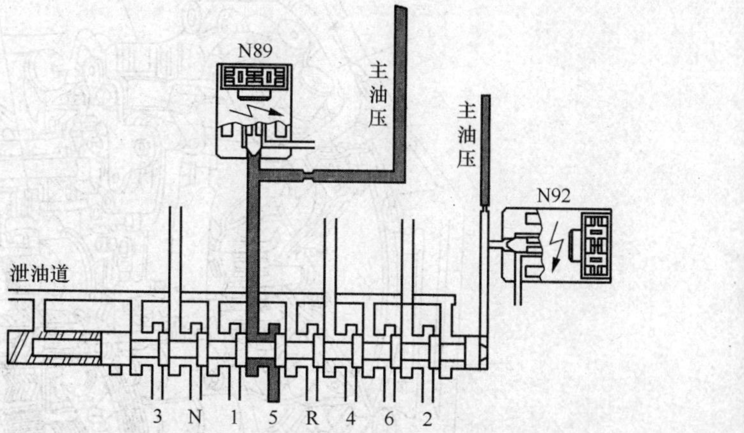

图 6.10　多路换档控制示意图

（3）离合器压力控制。离合器 K1、K2 动作压力分别由电磁阀 N215 和 N216 进行控制，参看图 6.9 离合控制部分。离合器工作由主油压驱动，当离合器需要脱离接合，电磁阀会迅速将泄油口打开。电磁阀 N215 和 N216 是离合器工作压力调节阀，用来调节双离合器所需要的工作压力。离合器工作油路中设有压力传感器 G134 和 G135，作用是精确检测到离合器压力，如果压力信号中断或离合器未能建立压力，与之相关的变速器部分将立即被切断，汽车只能以 1、2、3 挡行使。使离合器油路泄压，脱开离合器接合状态。

计算机根据发动机压力传感器测定的值匹配，使作用在离合器的压力和产生的即时摩擦力矩与发动机转矩相匹配。并根据离合器接合的设计程序实现“二快一慢”的调压过程。

二、液力传动定轴轮系自动变速器

1. 液力传动定轴轮系自动变速器结构特点

本田汽车在自动变速器组合了定轴轮系、液力变矩和液压离合器各自特点在自动变速器中，形成自己的特点。其变速原理与手动原理相似，采用液压离合器替代换挡机械结构。只有离合器，没有制动器。在一些型号的自动变速器内部还有一个单离合器，以实现 1 挡时的滑行。本田自动变速器可分为两轴、两轴+辅助轴和三轴等几种形式。

图6.11为广州本田轿车上采用三轴定轴齿轮式电子控制自动变速机构。该变速器的传动机构特点是：使用定轴常啮合齿轮进行变速变换；使用液力变矩器作为发动机与变速器间动力传递装置；使用液压离合器替代同步器、换档机构，利用电子控制系统控制离合器的换档动作。该变速器使用变矩器，其充分利用液力传动的增矩作用和液体传动减振和吸收冲击的优点；使用液压离合器换挡简化了机械换挡的复杂结构和机械冲击。

该变速器由三根平行轴：主轴、副轴和输出轴构成。主轴由变矩器驱动，并通过驱动齿轮将驱动力传递到副轴。输出轴通过一端的主减速器小齿轮将动力传递给主减速器。传动结构简图如图 6.12 所示。

2. 齿轮与离合器结构与安装

几对常啮合斜齿轮通过离合器分别安装在三根轴上，构成四个传动比。

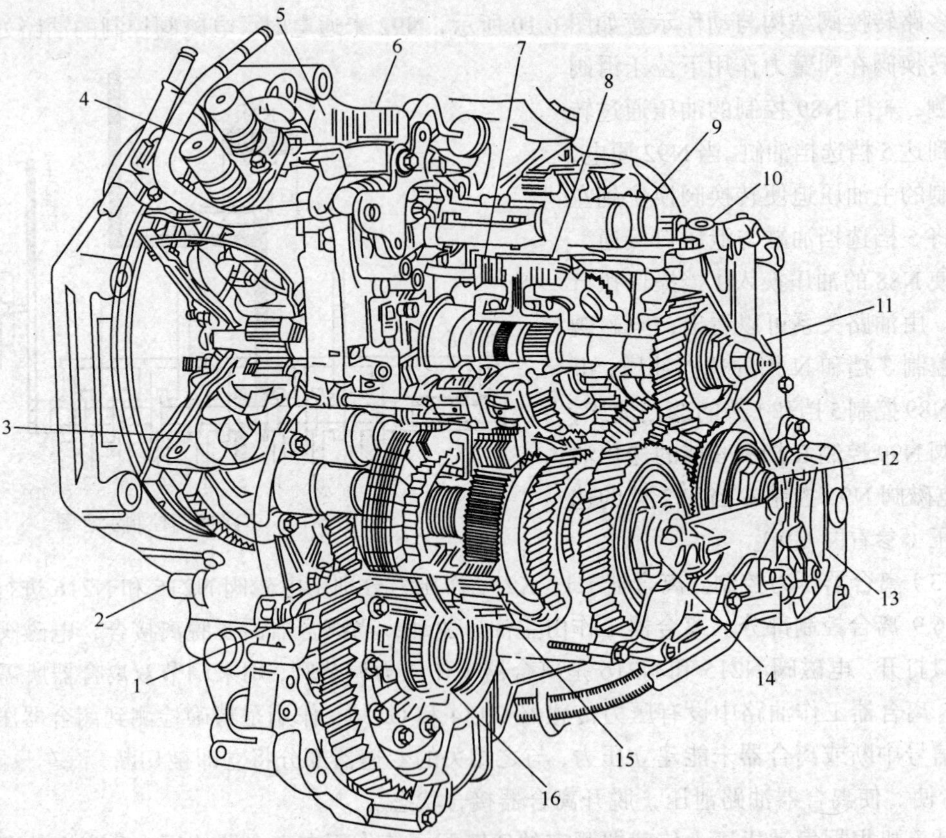

图 6.11 本田定轴轮系自动变速器

1—一挡离合器 2—二挡离合器压力开关 3—液力变矩器 4—换挡电磁阀 A 5—换挡电磁阀 B 6—换挡电磁阀 C 7—三挡离合器 8—四挡离合器 9—A/B 电磁阀总称 10—转速传感器 11—主轴 12—输出轴 13—A/T 换挡开关 14—副轴 15—二挡离合器 16—差速器

（1）主轴上的齿轮结构。

3、4 挡离合器外毂通过花键刚性装在主轴上，3、4 挡主动齿轮和离合器内毂套在主轴上。离合器外毂内侧是离合器液压缸，外毂与内毂通过离合器片建立联系。当离合器不工作时，主、从动离合器片相对分离，发动机动力不会传到变速齿轮。

（2）副轴上的齿轮结构。

副轴由主轴上的传动齿轮驱动，副轴上安装着 1、2 挡主动齿轮和离合器，其结构与主轴的齿轮和离合器结构相同。

（3）输出轴上的齿轮结构。

输出轴上安装.4 个挡的从动齿轮和倒挡齿轮。其中，2、3 挡从动齿轮通过花键与输出轴刚性连接，4 挡从动齿轮和倒挡从动齿轮通过滚针轴承套在输出轴上。4 挡从动齿轮与倒挡齿轮间设有接合套，接合套可在输出轴花键上移动。接合套由控制液压缸操纵，在 4 挡与倒挡从动齿轮间转换。

1 挡从动齿轮与输出轴间通过单向离合器和滑行离合器连接，其作用是在前进低速挡时，滑行离合器不工作，1 挡齿轮只能通过单向离合器驱动输出轴旋转。一旦输出轴转速高于 1 挡齿轮转速（汽车滑行），齿轮与输出轴之间产生滑转，不会影响发动机工作。当选择抵挡运行时，滑行离合器工作，1 挡从动齿轮通过滑行离合器与输出轴刚性连接，则输出轴的转矩可以通过 1

挡齿轮传递到发动机，借助发动机制动作用使汽车减速。

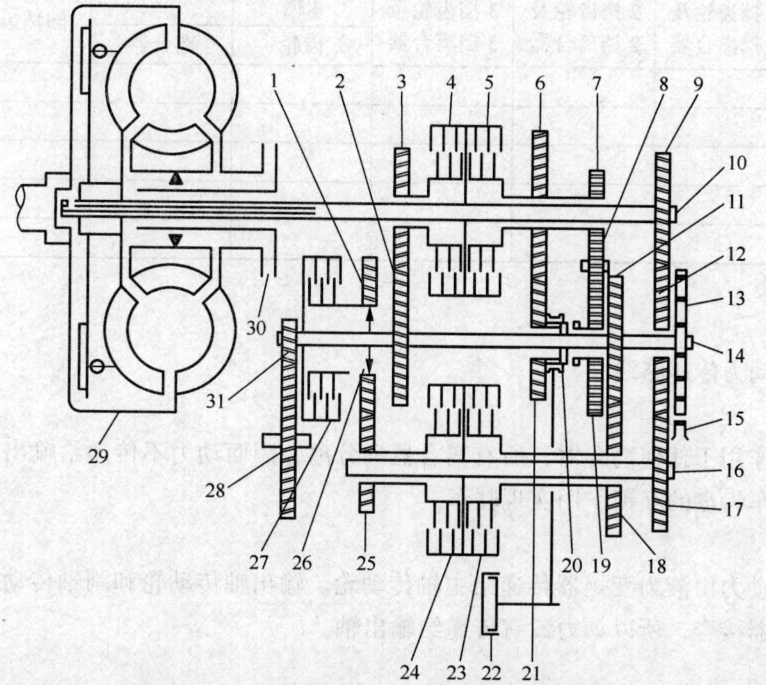

图 6.12　三轴定轴轮系自动变速器传动结构

1—1 挡从动齿轮　2—3 挡从动齿轮　3—3 挡主动齿轮　4—3 挡离合器　5—4 挡离合器　6—4 挡主动齿轮　7—倒动主动齿轮　8—倒挡中间齿轮　9—主轴传动齿轮　10—主动轴　11—2 挡从动齿轮　12—中间传动齿轮　13—驻车齿盘　14—输出轴　15—驻车锁块　16—副轴　17—副轴驱动齿轮　18—2 挡主动齿轮　19—倒挡从动齿轮　20—接合套　21—4 挡从动齿轮　22—倒挡控制液压缸　23—2 挡离合器　24—1 挡离合器　25—副轴 1 挡齿轮　26—单向离合器　27—滑行离合器　28—主减速器大齿轮　29—液力变矩器　30—液压泵　31—主减速器小齿轮

由离合器结构可知，换挡由左右两个挡位的离合器通过先后动作转换实现。为防止换挡时冲击，离合器必须按照设定顺序先断开前一挡才能换入后一挡动作，对于换入挡的离合器还要在接合的瞬间进行压力控制，以实现缓和冲击的作用。两个离合器的压力交换又称为压力重叠控制，这一控制由计算机与液压系统共同实现。

离合器换挡工作表如表 6.1 所示。

表 6.1　广州本田轿车自动变速器各挡位工作部件一览表

		1 挡齿轮及 1 挡离合器	2 挡齿轮及 2 挡离合器	3 挡齿轮及 3 挡离合器	4 挡		倒挡齿轮	驻车挡齿轮
					齿轮	离合器		
P								○
R						○	○	
N								
D_4	1	○						
	2		○					
	3			○				
	4				○	○		

续表

		1挡齿轮及1挡离合器	2挡齿轮及2挡离合器	3挡齿轮及3挡离合器	4挡齿轮	4挡离合器	倒挡齿轮	驻车挡齿轮
D_3	1	○						
	2		○					
	3			○				
2			○					
1		○						

○为接合状态

（3）各挡动力传递路线。

① P挡

液压力不作用于任何离合器，所有离合器均分离，因而动力不传递给输出轴。此时，依靠制动锁块与驻车齿盘的互锁作用实现驻车。

② N挡

发动机的动力由液力变矩器传递给主轴传动轮。输出轴传动轮和副轴传动轮，但液压力没有使任何离合器接合，所以动力没有传递给输出轴。

③ 1挡

此时1挡离合器将受液压力控制而接合，发动机动力由液力变矩器→主轴及传动齿轮→副轴1挡齿轮→输出轴1挡齿轮→单向离合器→输出轴→主减速器主动齿轮，将动力传递给差速器的最终减速齿轮并将动力输出，从而实现1挡的动力传递过程。

④ 2挡

此时2挡离合器动作接合，动力由液力变矩器→主轴→主轴传动齿轮轮→副轴→2挡离合器→副轴2挡齿轮→输出轴2挡齿轮→输出轴→差速器的最终减速齿轮，完成动力输出，从而实现2挡的动力传递过程。

⑤ 3挡

此时3挡离合器动作接合，动力由液力变矩器→主轴→3挡离合器→主轴3挡齿轮→输出轴3挡齿轮→输出轴→差速器的最终减速齿轮，然后将动力输出，从而实现3挡的动力传递过程。

⑥ 4挡

此时4挡离合器动作接合，倒挡接合套保持在与4挡齿圈接合的位置。动力由液力变矩器→主轴→主轴4挡齿轮→输出轴4挡齿轮→倒挡接合套→输出轴→差速器的最终减速齿轮，然后将动力输出，从而实现4挡的动力传递过程。

⑦ 倒挡

此时，4挡离合器接合，倒挡接合套在倒挡液压缸作用下，与倒挡从动轮动齿圈接合。发动机动力由液力变矩器→主轴→4挡离合器→主轴倒挡齿轮→倒挡惰轮→输出轴倒挡齿轮→倒挡接合套→输出轴→主减速齿轮和差速器，实现了倒挡的动力传递过程。

课题二 了解轮带式传动机构

基础知识

当前无级变速器（Continuously Variable Transmission，缩写为CVT，见图 6.13）、手动变速器及自动变速器都是汽车上的重要传动装置。装有无级变速器的轿车具有优异的燃料经济性与行驶性能，特别适合小排量轿车。

无级变速器（CVT）具有其他变速器无法匹敌的以下优点。

① 操纵性与乘坐舒适性可与液力变矩器相媲美。

② 传动效率高于液力变矩器。

③ 能更好地协调车辆外界行驶条件与发动机负载，充分发挥发动机潜力，提高燃油经济性。

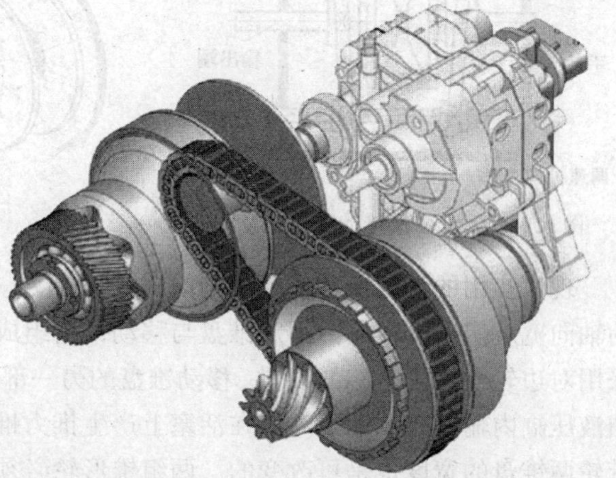

图 6.13　无级变速器传动结构

现代无级变速器是在传统机械结构上发展的，融入了液压技术和电子控制技术。既体现了传统机械结构的特点，又包含了现代技术的应用。目前，CVT 技术已进入实用阶段，不仅应用在小排量轿车，而且大众奥迪公司推出了用于 2.8L 发动机系统的 CVT 变速器，使带传动进入了新的市场范围。

一、带式传动装置的工作原理

轮带式无级变速器是由梯形带传动发展而来的机械传动形式。带传动是摩擦传递动力的机构，图 6.14 所示是摩擦带传动机构示意图，皮带轮由两个锥盘构成，两个皮带轮的中心距固定，锥盘的轴向距离可通过螺杆进行调节。该结构通过调节带轮两锥轮宽度，当初级轮的半径在最小，次级轮的半径在最大时处于低挡传动比。通过调节调速机构螺杆，改变作用在两轮上的轴向力，可动锥盘的位置将发生变化，则可使皮带在轮盘上位置改变，从而使皮带到轴心的半径变化，直至达到高档传动比。如果轴向力 F_i 使主动带轮的锥盘间尺寸变小，则带轮的半径增大；轴向力 F_o 使从动带轮的宽度尺寸变大，则轮的半径减小，传动比也随之变化，如图 6.15 所示。带传动的传动比 i 定义为两轮半径之比：

$$i = \frac{rw_2}{rw_1}$$

因锥形轮盘轴向距离是连续变化的，所以 CVT 传动比也是连续变化的。由机械摩擦传动原理可知，摩擦传动受摩擦面摩擦系数和零件承受单位压力限制，所以不能传递较大转矩。

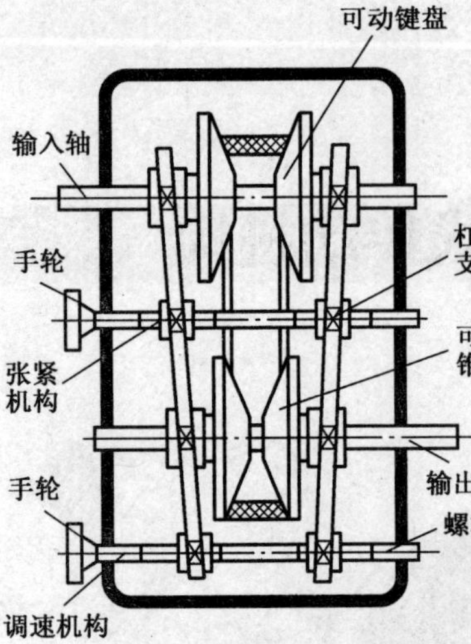

图 6.14　无级变速传动机构示意图

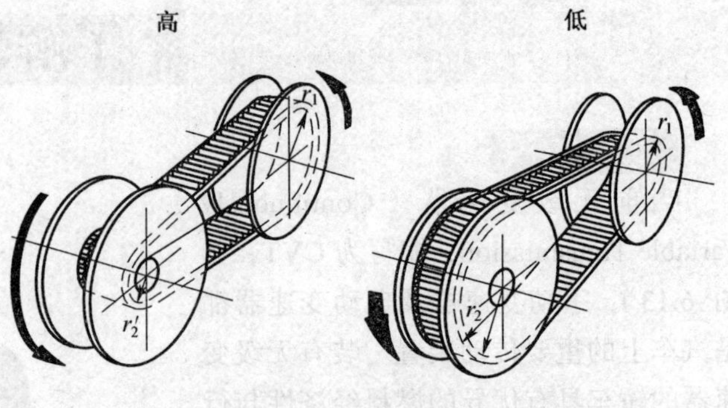

图 6.15　带轮宽度与传动比的变化

现代实用的无级变速传动机构如图 6.16 所示。改变带轮半径的方法仍是通过调节带轮锥盘的轴向宽度实现。带轮由固定锥盘与移动锥盘组成。为使带在改变直径时做平移运动，两带轮采用对边轮盘为固定端的设置。移动锥盘的另一部分是液压活塞，锥盘的移动由液压系统控制。当液压缸内输入控制油压时，在活塞上产生推力推动锥盘移动。由于力的大小是可控制的，则带轮两锥盘的宽度也是可改变的。两组锥形轮必须保持相同的调整，以保证带始终处于张紧状态，使传递扭矩时链与锥盘接触充分。

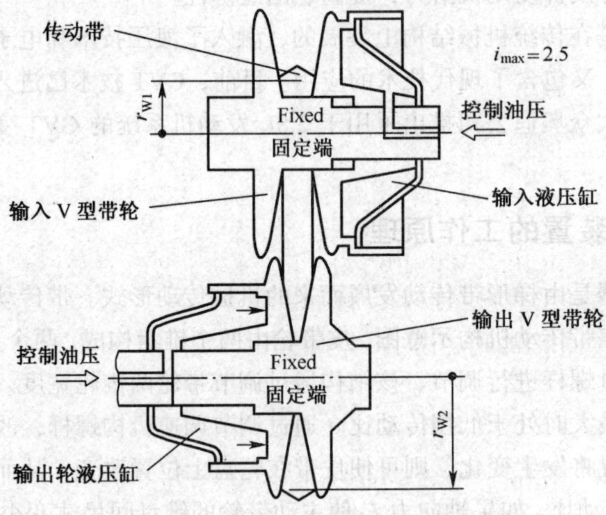

图 6.16　带式无级传动装置调速原理图

一般无级变速器可提供的传动比变化范围是 4.69～0.44，因还不能满足整车传动比变化范围的要求，仍需在传动装置后加装主减速器。

二、各种传动带结构

带传动无级变速在机械领域并不陌生，一直被用于各类机械、小型车辆和拖拉机的调速或变速系统。由于均使用橡胶带，在强度、摩擦系数、传递力矩和临界转速等方面都不能满足汽车传动系的需要，可见传动带是无级变速的重要元件又是关键技术之一，而且橡胶带在汽车传动系的应用受到限制。直到 20 世纪 70 年代，成功解决了金属材料的摩擦系数的关键性问题，才使带传动在汽车上的应用获得了崭新发展。目前使用的传动带类型按内部作用力分为推力式和拉力式，按结构分为片式和链式两类。以下 3 种金属传动带具有一定的代表性。

1. 范道尔纳式金属传动带

以往的传动带使用橡胶材料，由于其内部受拉力作用，存在着变形、可靠性和耐久性等缺陷。荷兰的范道尔纳公司开发的金属传动带有效地克服了上述缺陷，将无级变速传动推向实用化。范道尔纳型金属传动带结构如图 6.17 所示，传动带由约 2mm 厚的钢片重叠组成，钢片由富有柔性的钢带环连接支撑。钢带环由若干条 0.2mm 的钢带环叠合而成，由外向内钢带环的长度变短。两组钢带环从两侧插入传动钢片上的“工字”槽内，将传动钢片连成梯形带状。传动带安装到带轮后，

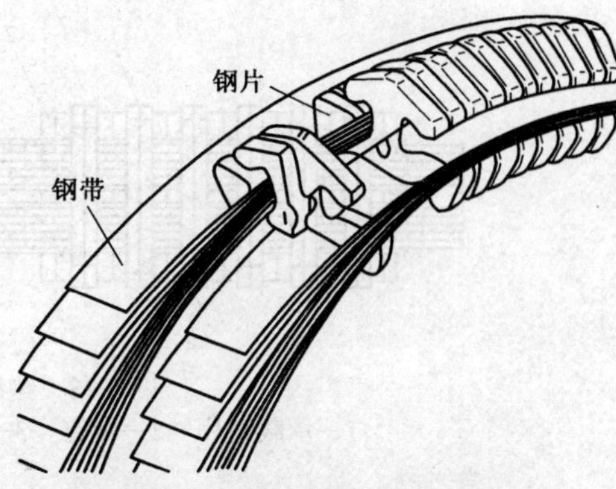

图 6.17　范道尔纳式金属传动带

传动钢片的两侧面与带轮的锥面接触，接触表面具有一定摩擦系数。两锥形带轮夹紧钢片，280 个钢片无间隙紧密排列，当带轮旋转时，借助摩擦产生的转矩，后面钢片推挤前面的钢片，将作用力一片一片向前传递，将作用力传递到另一带轮，又通过摩擦作用转换为转矩输出。这种力的传递方式改变了传统传动带内部受拉力作用的形式，所以两组钢带环与传递动力无直接关系，而只起到对钢片的导向支撑作用。这种传动带即能保持动力传递的作用，又能保持动力传递的平顺性，结构紧凑，能承受较大的传递负荷。由于采用钢片叠制结构，其传动带轮的最小接触半径约为 30 mm，与链传动相比具有重量轻、噪声小和可高速运行的优点。其不足是当高速运转时，钢片上产生的离心力过大，钢带环要具备足够大的强度。

2. 鲍格瓦纳型传动链

鲍格瓦纳型传动链的结构如图 6.18 所示，由承载钢片、销、铰接片等连接而成，其整体结构与传动链相似。但动力传递不是使用链轮，而是使用带轮。承载钢片的作用与范道尔纳钢片的作用相同，用以与带轮的锥形盘接触，利用摩擦传递动力。承载钢片的形状如图 6.18（b）所示，两侧形成梯形摩擦接触面。中间两个矩形孔，铰接钢片相互交错插入承载钢片的矩型孔内，由销钉将铰接钢片连接。带轮与承载钢片摩擦的作用力经销钉传递给铰接钢片，对后面的链带形成拉力。当铰接链运动到弯曲处时，由于销钉随之出现转动，可平滑吸收铰接链的角度变化。铰接片上的突起部分用于挟持承载钢片，以防止当承载钢片与带轮接触时出现倾倒。其不足是铰接片与销钉易出现磨损而产生噪声较大。

3. 链条式传动链

大众轿车 01J 无级变速器使用的传动带为链式结构，传动链由 1 025 节钢制链片，76 根传动销连接组成，如图 6.19 所示。与普通传动链的传动销功能不同，该传动链的一个转节由两个椭圆形金属传动销构成。传动销即要承受链片间拉力，又要与带轮锥盘之间产生摩擦力矩，在主、从动轮轮之间传递动力。每组转节连接 27 节链片，一侧椭圆形传动销与 13 个钢片焊接，另一侧的传动销与 14 片金属链片焊接，组装后形成如图 6.20 所示连接结构。

当链条处于直拉阶段，主动链片通过右侧传动销、左侧传动销，传递到从动链片。此时传

动销曲面的中间部位承受挤压力。如图 6.20（a）所示。

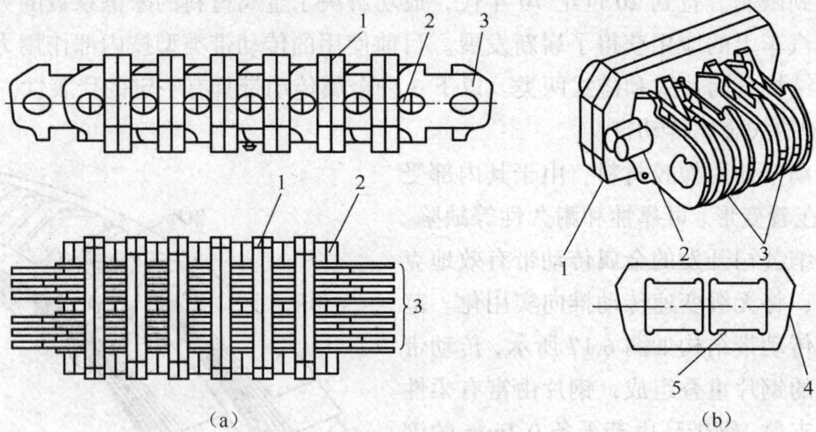

图 6.18　鲍格瓦纳型链式传动带

1—承载钢片　2—销钉　3—铰接钢片　4—接触面　5—剃刮面

当链条进入带轮后，在允许的曲率半径内弯曲时，两个椭圆形金属销随链片的角度变化，椭圆接触位置随之变化。这样传动销传力的压力点随链片的角度变化在椭圆面上滚动，从而减小了普通传动销因转动所引起的摩擦和磨碎，如图 6.20（b）所示。

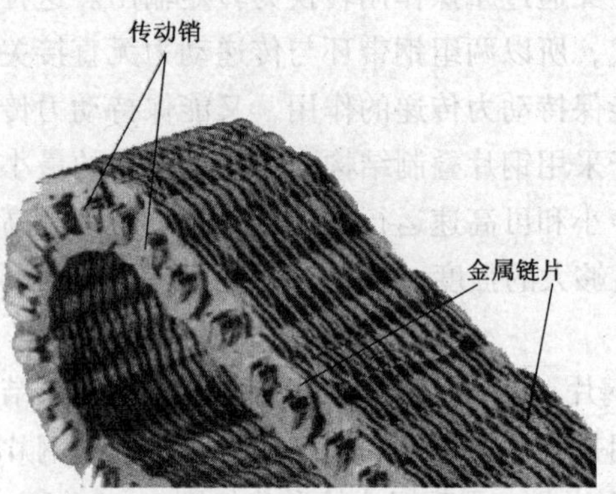

图 6.19　链条式传动链

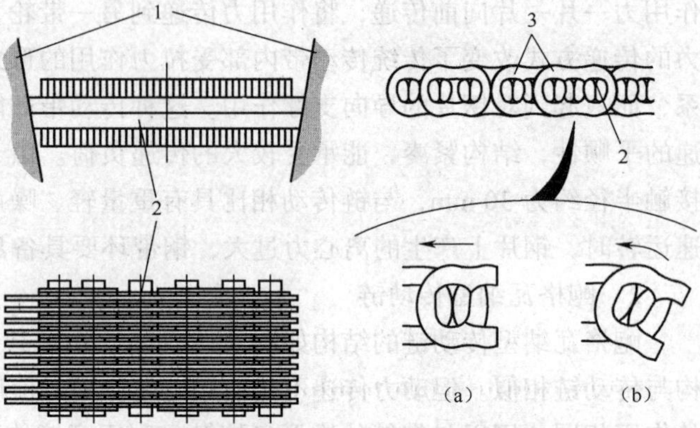

图 6.20　传动链结构与传动销传动原理

1—带轮锥面　2—传动销　3—传动链片

传动链与锥形轮之间依靠链销两端锥面与锥形轮之间产生的摩擦力传递扭矩，链片只承受拉力，使钢制链片实际无任何磨损或打滑的情况，该传动链使用寿命与汽车寿命相同。经 12 年长期磨损测试，仅磨损 0.1～0.2mm。

另外，这种传动链采用不同尺寸的链节（参看图 6.8），其目的是尽可能减小运转时的噪声。使用等长度链节的传动链，工作时传动销按照同一间隔进入带轮锥面接触，这将产生有节奏的冲击噪声和振动。使用不同长度链节可消除共振，并减小运动噪声。

三、无级变速器的结构和控制装置

图 6.21 所示是使用金属带无级自动变速器结构示意图。变速器由带轮钢带组成的无级变速结构和行星齿轮结构组成。行星齿轮结构是为了实现空挡、前进挡和倒挡功能选择。

汽车前进行驶时，前进挡离合器接合，由发动机输入的转矩经输入轴、行星架、前进挡离合器、输入带轮、金属传动带、输出带轮输出至其他行驶部分。

汽车倒挡行驶时,倒挡离合器接合工作，内齿圈被制动。由发动机输入的转矩经输入轴、行星架、行星轮、太阳轮，做反向减速运转。再经输入带轮、金属传动带、输出带轮输出至行驶部分。

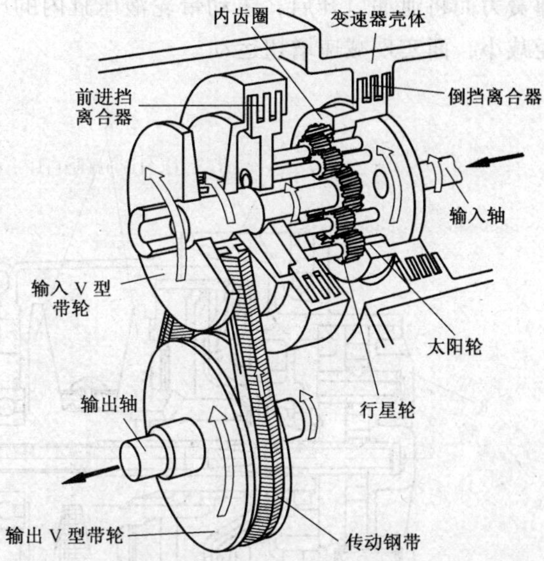

图 6.21　金属带无级自动变速器结构

各汽车公司生产的轮带式无级自动变速器的工作原理相近，但都有独到的设计结构和特点。

图 6.22 所示是日产公司生产的一种使用金属传送带无级自动变速器，用于 1.3 升发动机。该变速器的输入装置使用电磁离合器，在带轮与离合器之间设有用来改变旋转方向的齿轮机构和同步器机构。变速通过改变带轮槽的轴向宽度，以改变输入、从动带轮的半径。带轮槽宽度调节由液压系统控制。

钢带式无级变速器采用液压控制系统调节带轮的宽度变化，以获得传动比的变化。液压控制原理如图 6.23 所示，由发动机驱动液压泵提供油压，经压力调节器调压后直接流入从动带轮的液压缸中，在压力作用下，两锥盘从两侧挟紧钢带，当滑移被抑制而产生压紧力。主油路压力大小决定于输入转速的动压力与压力调节器内弹簧力相互平衡时滑阀所处的位置。

由于主动带轮可移动侧液压活塞的面积大于从动带轮液压活塞面积，所以当主油压力进入从动带轮液压缸，作用在从动带轮上的压力上升，钢带向外扩展，变速比增大；相反，减小变速比只要降低输入的油压即可。变速控制阀用来调节主动带轮液压缸的压力。该控制阀一侧受节气门开度所引起的弹簧力作用，另一侧受发动机转速引起的动压力作用，两力相互平衡调节流向主动带轮液压缸的压力。

速度调节过程如下。

（1）换挡手柄换入前进挡，由发动机驱动的液压泵提供油压，经压力调节器调压后直接流入从动带轮的液压缸中，在压力作用下，两锥轮从两侧挟紧钢带，在夹紧力作用下钢带滑移受到抑制而产生摩擦力，此时，从动带轮的半径较大。与此同时，因发动机转速较低，主动带轮上产生的动压力较小，变速控制阀在弹簧力作用下位于右侧，主动带轮液压缸压力较低，主动带轮半径小。为此，带轮以较大的传动比将输入扭矩传递至输出轴，实现增扭运动。

（2）当节气门开大，发动机转速升高，主动带轮上产生的动压力随之升高。动压力同时作用于压力调节器和变速控制阀一侧，压力调节阀向左移动，使主油压力下降；与此同时，速度控制阀也向左移动，主油压力通过变速控制阀进入主动带轮液压缸。由于主动带轮液压缸面积大于从动带轮液压缸面积，在压力相同情况下，主动带轮半径增大、从动带轮半径减小，带轮将以较小的传动比将输入扭矩传递至输出轴，实现增速运动。

（3）当汽车载荷增加，带轮转速下降，动压力随之下降，在弹簧力作用下，压力调节器滑阀向右移动将节流孔减小，主油压力回升，从动带轮液压缸内压力上升。此时速度控制阀也因弹簧力而将泄油口开启，主动带轮液压缸内的压力下降。从动带轮的半径增加，主动带轮的半径减小，而实现减速增扭运动。

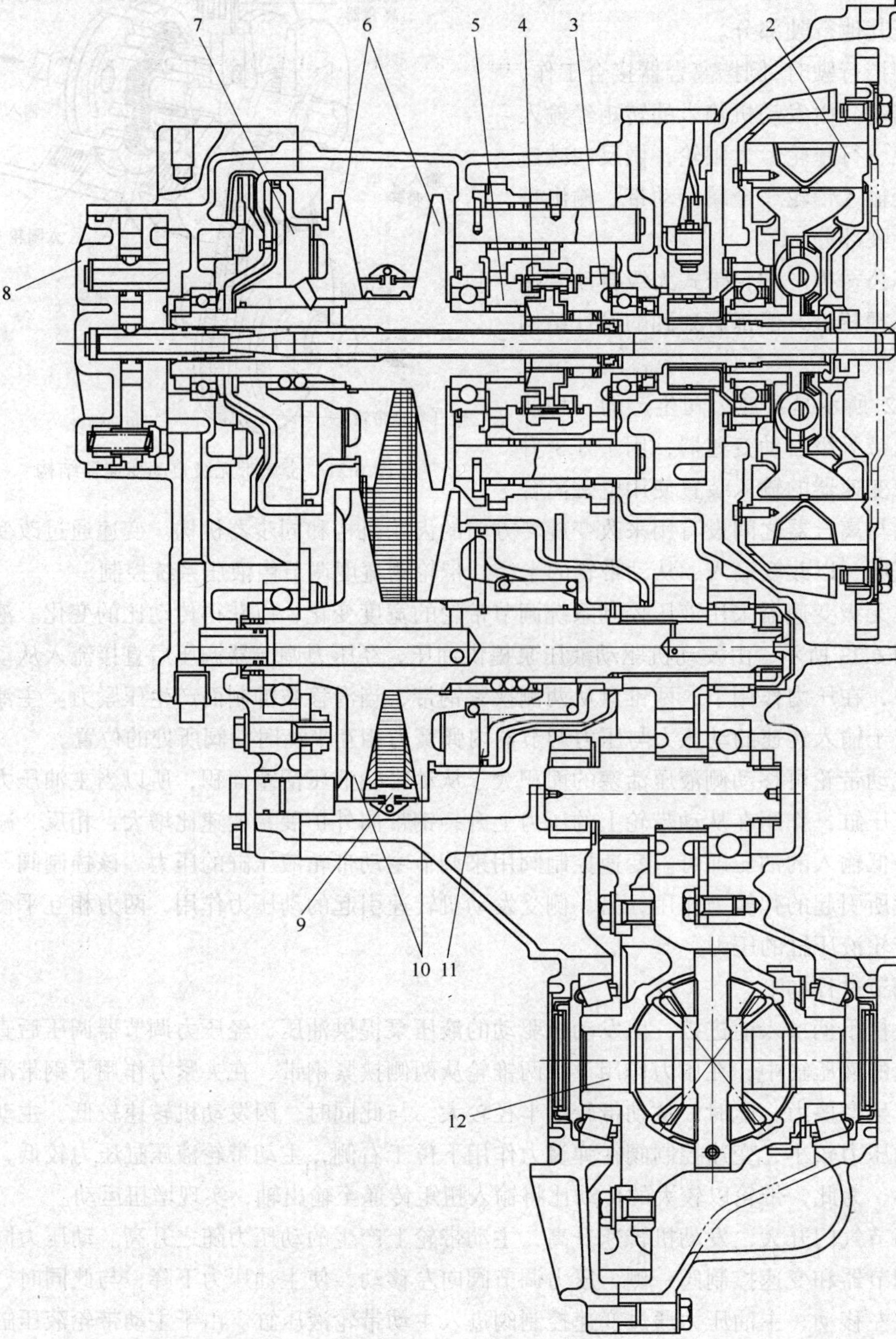

图 6.22　无级变速器的结构

1—发动机输入轴　2—电磁离合器　3—前进挡齿轮　4—同步器接合套　5—倒挡齿轮　6—初级带轮锥盘　7—液压活塞 1　8—液压泵　9—钢带　10—次级带轮　11—液压活塞 2　12—主减速器和差速器

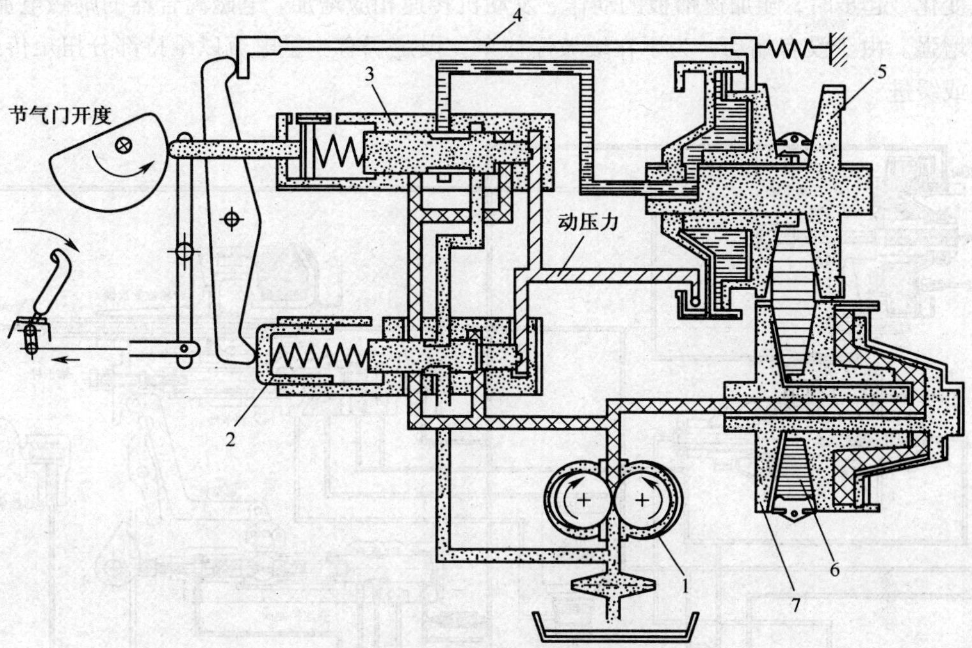

图 6.23 无级变速液压控制原理图

1—液压泵 2—压力调节器 3—变速控制阀 4—带轮反馈推杆 5—主动带轮 6—钢带 7—从动带轮

（4）动压力取自主动带轮上设置的装满油的沟槽中，槽中的油与主动带轮一起转动形成动压。当发动机转速升高，液压泵的流量也增加，动压力上升，作用在压力调节阀和变速控制阀的一侧，与另一侧的弹簧相作用，改变节流孔的大小，加大泄油量，抑制压力上升。动压产生原理如图 6.24 所示。

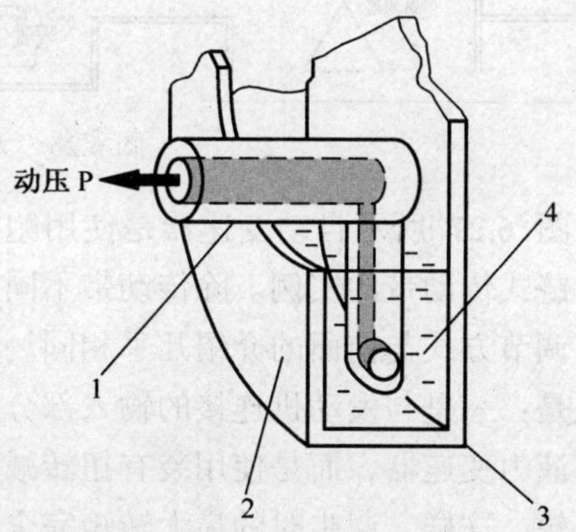

图 6.24 动压产生原理

1—油管 2—油腔 3—主动带轮壳 4—液油

（5）对钢带施加一定的压紧力是必要的，但压紧力过大或油压过高会增加机械和能量损失，所以油路压力应满足所必须的最小限度。为此在压力调节器内设置能够传递带轮移动量信息的机械机构。该机构由带轮位移反馈推杆和杠杆等组成。在低传动比、传递大扭矩时，反馈推杆被主动带轮推向左侧，杠杆沿支点转动，压力调节器内弹簧被压紧，主油压力可适当提高，可获得较大承载能力。

图 6.25 是实际的液压控制油路，为了与操作和运行状况相适应，在油路中增加了一些油路和阀，基本工作原理与图 6.10 大致相同。该变速器使用了电磁离合器，结构如图 6.26 所示。由驱动元件、从动元件、电磁线圈和扭转减振器等组成。电磁线圈置于从动元件中，在主动元件与从动元件间有电磁粉末。当电磁场线圈通电，主、从动件间的电磁粉受磁力线作用磁性固化，其固化程度随线圈励磁电流的大小变化，从而改变主、从动件的结合力，实现动力渐变传递。电流大，离合器传递扭矩能力高；电流消失，结合力消失。电磁离合器的动作依汽车的设

定模式变化，起步时，随加速踏板的动作、发动机转速相应增加，电磁离合器的励磁电流加大，结合力增强。由于没有蠕动，为了在缓坡停住车，设定仍有少量电流以维持部分扭矩传递让汽车停止或缓进。

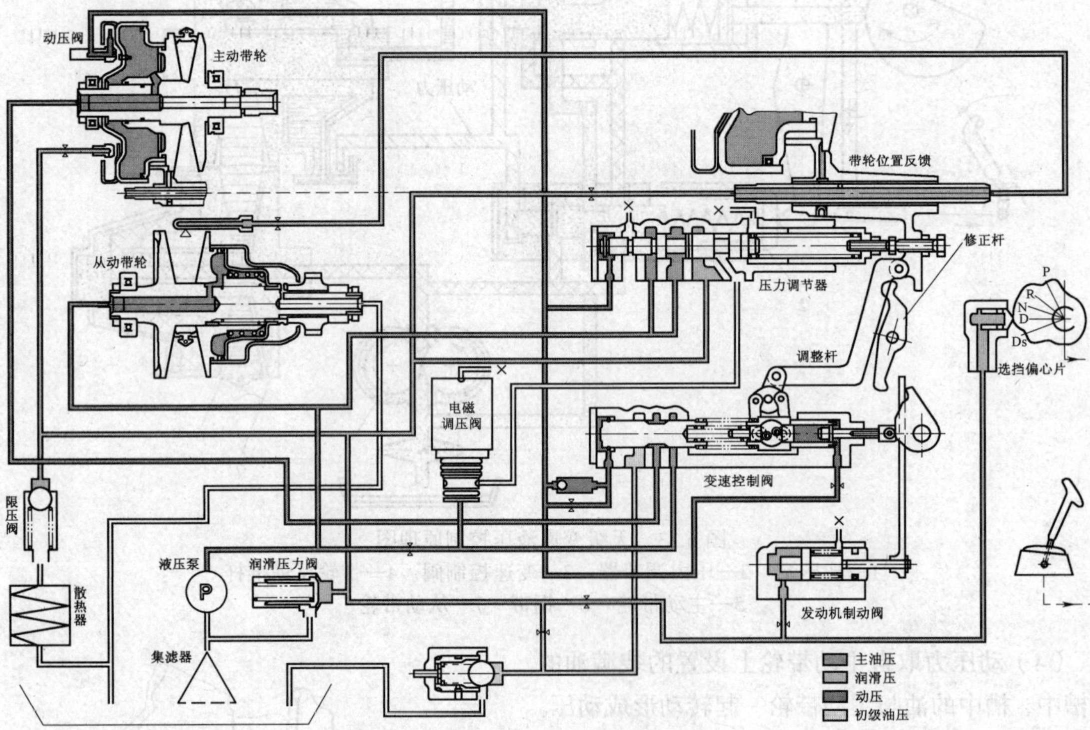

图 6.25　无级变速器实际液压控制油路

图 6.27 所示自动变速器是使用鲍格瓦纳型链式传动带的实例。除传动带不同，其变速调节方式与前面的介绍几乎相同。其不同点是：一是与发动机连接的输入部分没有使用液力变速器，而是使用装有扭转减震器的飞轮。这样，起步时的最大转矩完全由带传动系统的最大变速比承担。由于发动机震器与传动系固有振动频率叠加会引起共振现象，在飞轮上设计了扭转减振器，其结构如图 6.28 所示。二是动力输出采用湿式液压驱动离合器，该离合器位于变速器输出端。该设计可使汽车在停止时，也能自如调整变速比。在汽车急停、急减速后，带轮能迅速恢复低速大扭矩状态。另一特点是采用计算机对液压系统的主油压力、控制压力和离合器工作压力进行控制，提高了自动变速器的控制自由度。电子控制系统如图 6.29 所示。

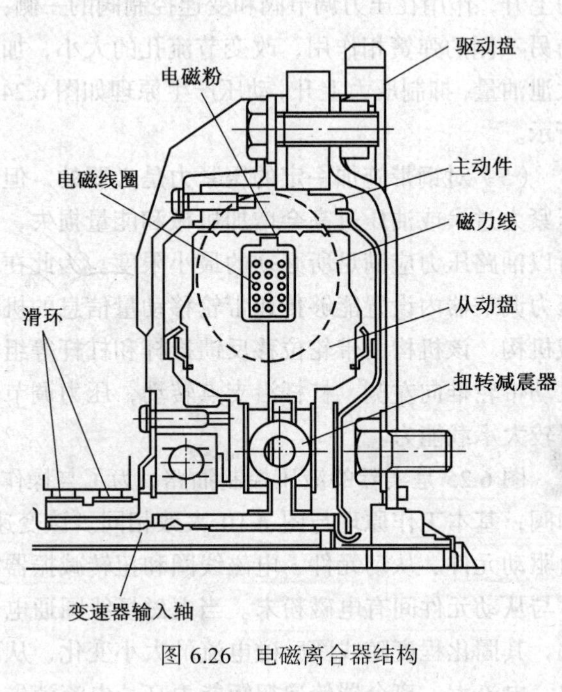

图 6.26　电磁离合器结构

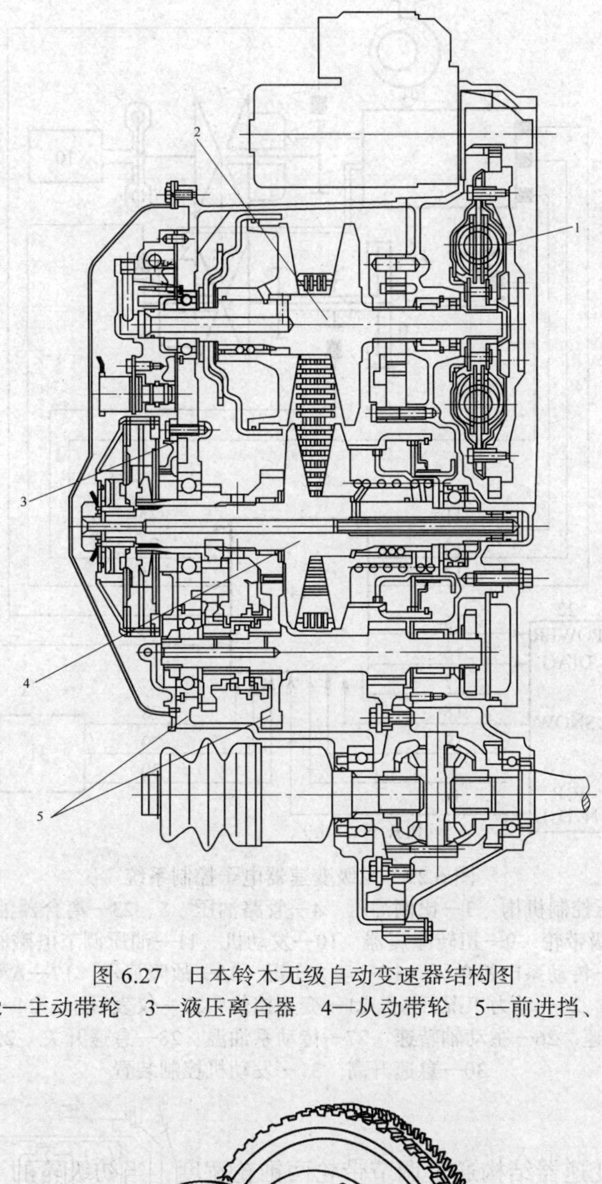

图 6.27 日本铃木无级自动变速器结构图

1—扭转减振器 2—主动带轮 3—液压离合器 4—从动带轮 5—前进挡、倒挡机械切换机构

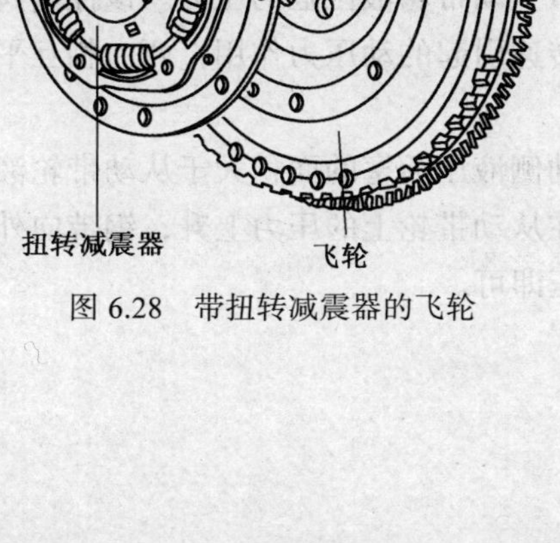

图 6.28 带扭转减震器的飞轮

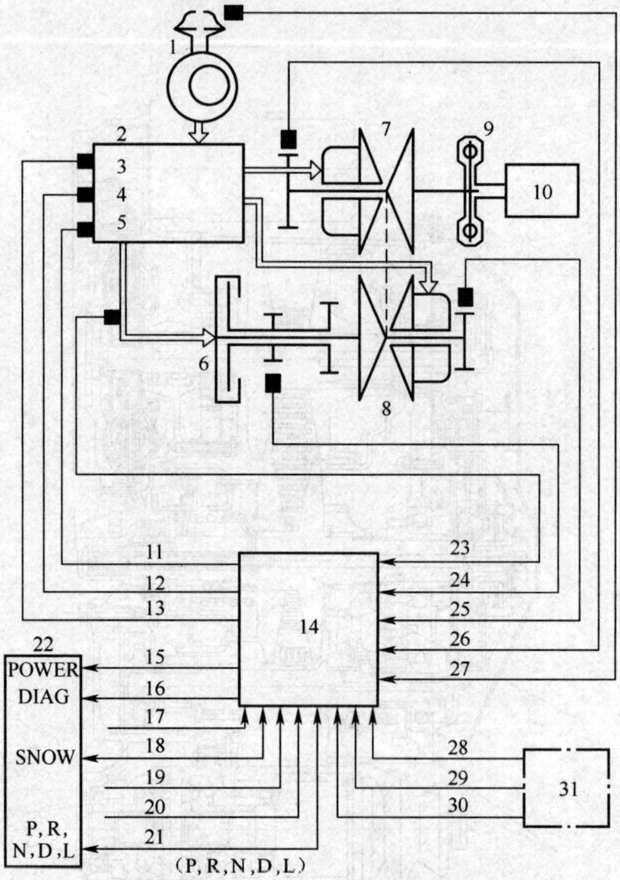

图 6.29 无级变速器电子控制系统

1—液压泵 2—油压控制机构 3—比例油压 4—管路油压 5、23—离合器油压 6—起步离合器 7—初级带轮 8—次级带轮 9—扭转减震器 10—发动机 11—油压调节电磁阀 12—离合器电磁阀 13—比例电磁阀 14—传动系电控单元 15—动力工况 16—故障显示 17—A/C 信号 18—雪地工况 19—制动开关 20—动力工况开关 21—变速挡位 22—仪表显示 24—输出齿轮转速 25—从动轴转速 26—主动轴转速 27—传动系油温 28—怠速开关 29—节气门开度 30—怠速升高 31—发动机控制装置

课题小结

（1）轮带式无级变速器结构通过调节带轮两锥轮宽度，当初级轮的半径在最小，次级轮的半径在最大时处于低挡传动比。

（2）传动带类型按内部作用力分为推力式和拉力式，按结构分为片式和链式两类。范道尔纳式金属传动带、鲍格瓦纳型传动链和链条式传动链具有一定的代表性。

（3）变速控制阀用来调节主动带轮液压缸的压力。该控制阀一侧受节气门开度所引起的弹簧力作用，另一侧受发动机转速引起的动压力作用，两力相互平衡调节流向主动带轮液压缸的压力。

（4）由于主动带轮可移动侧液压活塞的面积大于从动带轮液压活塞面积，所以当主油压力进入从动带轮液压缸，作用在从动带轮上的压力上升，钢带向外扩展，变速比增大；相反，减小变速比只要降低输入的油压即可。

作业测评

（1）无级变速器与有级变速器主要优点是什么？

（2）常用的传动带有几种？各自有什么特点？

（3）无级变速器是如何实现变速传动的？

课题三 拆装本田无级自动变速器

基础知识

本田飞度轿车采用轮带式无级变速器，该变速器使用范道尔纳梯形传动带，具有速比连续可变前进挡和二级倒挡变速器功能，前进挡传动比可在 2.367～0.407 连续变化。该变速器装于发动机后端横置于汽车前桥，其机械结构如图 6.30 所示。无级变速器机械结构主要由带扭转减振器的飞轮、进行速比调节的轮带总成、改变汽车行进方向的前进挡离合器和倒挡离合器总成、起动离合器、主减速和差速器总成等几部分组成。

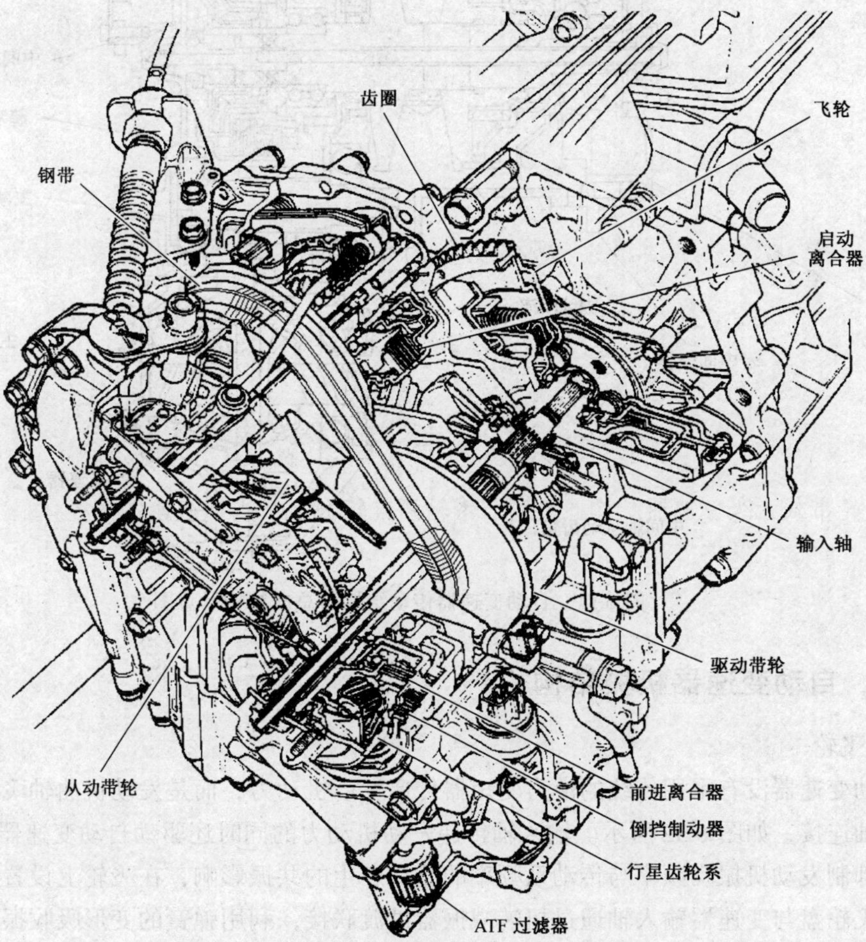

图 6.30　本田无级自动变速器机械结构组成图

机械传动机构由液压装置实现动作或调节。如系统压力、液压离合器动作、带轮速比调节等，机械传动路线与液压执行元件结构如图 6.31 所示。

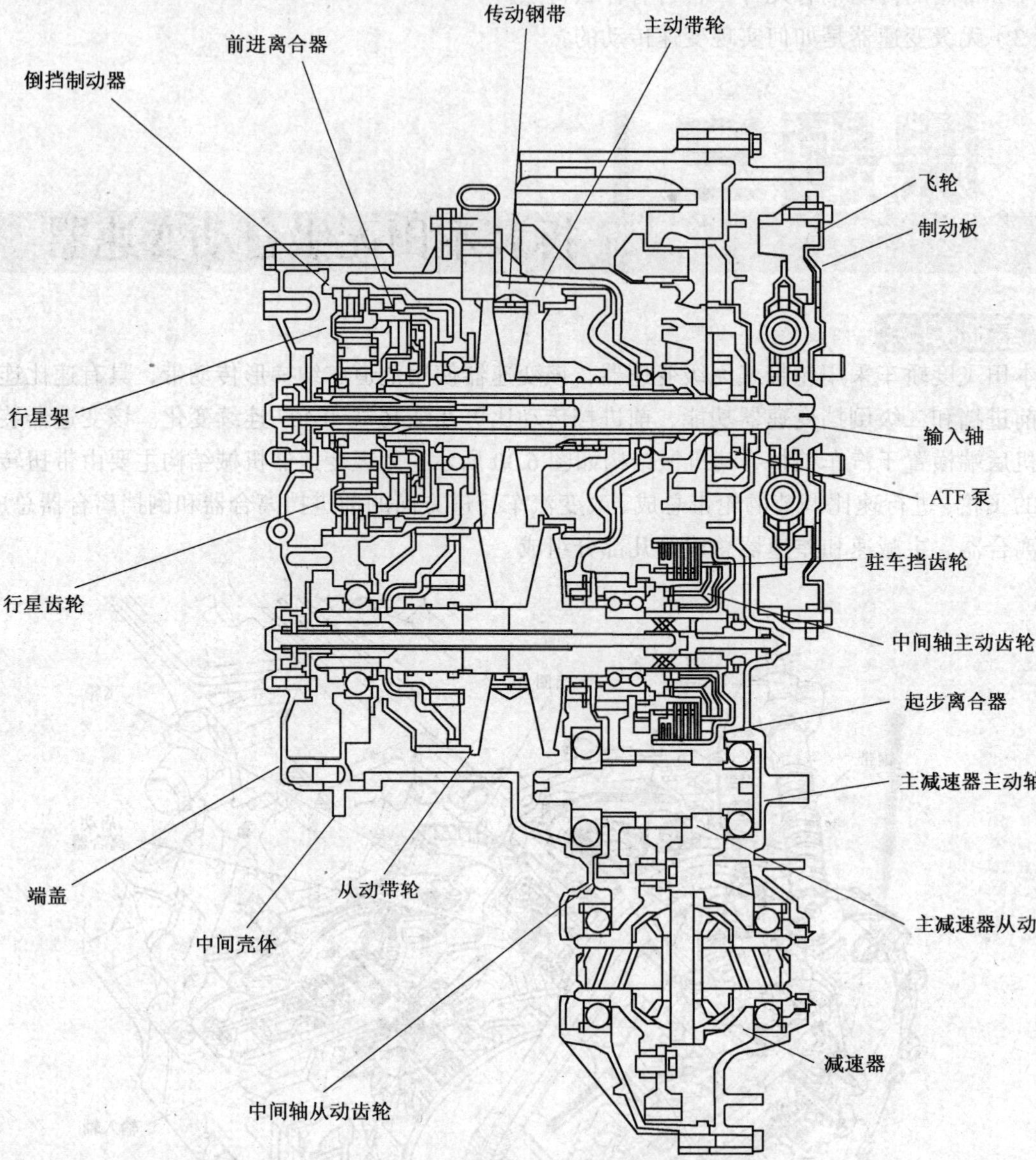

图 6.31　自动变速器传动结构与总成结构示意图

一、自动变速器机械结构

1. 飞轮

自动变速器没有采用传统的液力变矩器传递发动机动力，而是发动机曲轴飞轮直接与变速器输入轴连接，如图 6.32 所示。输入轴传递发动机动力的同时还驱动自动变速器的液压泵。

为抑制发动机振动频率与传动系频率的叠加产生的共振影响，在飞轮上设置了弹簧扭转减振器，飞轮盘与变速器输入轴通过扭转减振器过渡联接，利用弹簧的变形吸收振动，减缓发动机振动向传动系统的传递。带扭转减振器的飞轮结构可参看图 6.28。

2. 行星齿轮组

该无级变速器机构采用行星齿轮结构实现变速器前进挡与倒挡的动力输入。结构如图 6.21 所示。其功用是实现汽车前进或倒车时的动力传递，可在发动机运转方向不变情况下改变动力输入的旋向，并能够实现前进挡、倒挡和空挡的控制。前进挡与倒挡控制机构由行星齿轮组、前进挡离合器、倒挡制动器组成。输入轴与行星齿轮太阳轮通过花键刚性连接，太阳轮与行星轮啮合。行星架套在输入轴上，外侧与变速器壳体由片式制动器建立联系。行星齿圈与行星轮啮合，并通过花键与带轮轴刚性连接。行星齿圈毂通过多片离合器与太阳轮连接。

3. 前进挡与倒挡控制

前进挡离合器和倒挡制动器为多片式摩擦离合器，内有液压活塞，如图 6.33 所示。其功用是受液压作用，通过摩擦离合器将发动机动力传递到变速带轮。

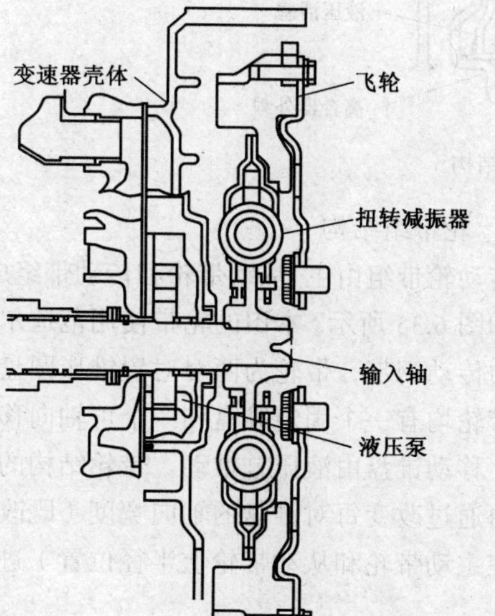

图 6.32　飞轮与扭转减振器

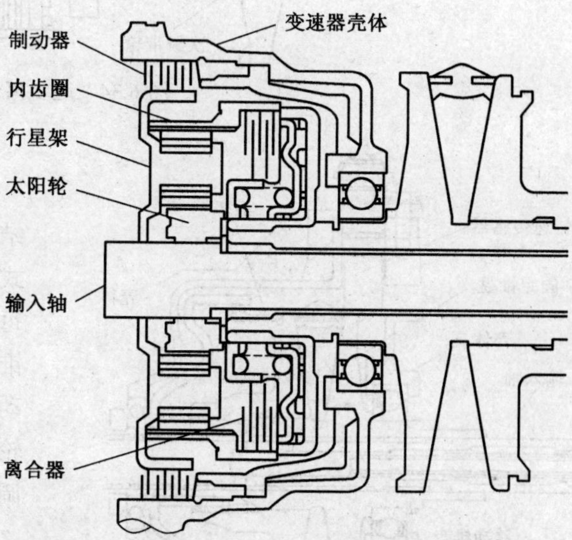

图 6.33　前进挡离合器与倒挡制动器结构示意图

当前进挡离合器与倒挡制动器液压缸内解除油压作用时活塞回位，摩擦片放松可自由滑动，不能满足行星齿轮约束条件，此时行星齿轮机构不传递任何动力。

汽车前进时，选挡杆被推到 D 位，液压系统使前进离合器液压缸动作，压紧离合器片，将太阳轮与齿圈接合为一体，发动机动力经输入轴、太阳轮、离合器片、齿圈直接传递给初级带轮。此时，制动器没有动作，行星架毂只是空转。

汽车需要倒车时，前进挡离合器液压缸油压被释放，切断动力经齿圈的直接传递。然后液压系统使制动器液压缸建立油压，制动器摩擦片被压紧，从而行星架被固定在变速器壳体上，满足行星齿轮的反向旋转的约束条件。太阳轮动力经行星轮、齿圈，传递到初级带轮。根据行星齿轮变速器原理可知，此种状态下行星齿轮实现了方向改变，并具有减速增矩功能。

4. 起步离合器

在这款无级变速器上，采用了起步离合器。起步离合器安装在次级带轮轴的输出端（参看图 6.19），其功用是汽车在停车、怠速时，通过该离合器切断变速器动力输出，而在汽车起步运行时，通过该离合器实现动力的平稳接合。由于该变速器没有使用液力变矩器，纯机械传动的冲击、振动会影响汽车的舒适性，为消除这些影响，采用通过计算机控制液压离合器，实现与道路负载相适应的起步驱动力矩和自动结合过程。起步离合器结构如图 6.34 所示。

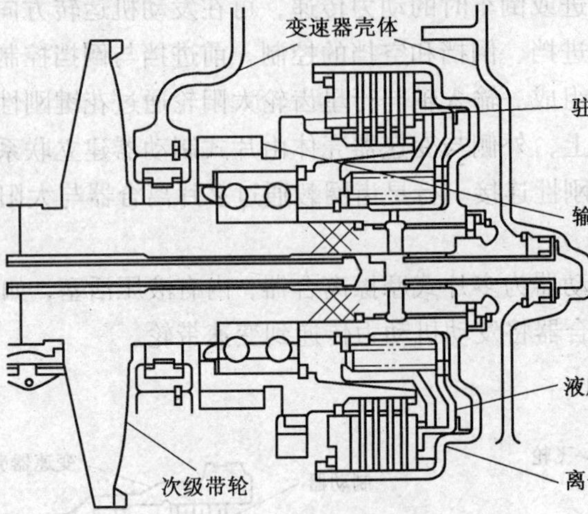

图 6.34 起步离合器结构

5. 轮带组结构

传动轮带组由主、从动带轮和传动带组成，结构如图 6.35 所示。本田的轮带使用范道尔纳式推力传动钢带，带轮为两对对置锥形圆盘，每对带轮均有一个固定锥盘和一个可轴向移动锥盘，移动锥盘由液压缸推动。带轮结构的传动比由通过改变每对锥盘的轴向宽度（既改变轮带在主动带轮和从动带轮上半径位置）进行调节。

当需要较大的输出转矩和较小的车速时，从动带轮液压活塞被施加较高的油压，从动锥盘相互靠近增加钢带的有效直径。同时，主动带轮液压活塞的油压下降，在钢带挤压下，主动带轮锥盘相互分离，使轮带的有效直径减小。从而实现大速比的传动。

带轮机构是依靠摩擦力矩传递动力，主、从动轮位置变化时，主动带轮液压活塞上仍维持一定油压，以保持钢带与带轮锥面间的压力，才能有效传递动力，所以必须避免钢带在带轮上打滑。

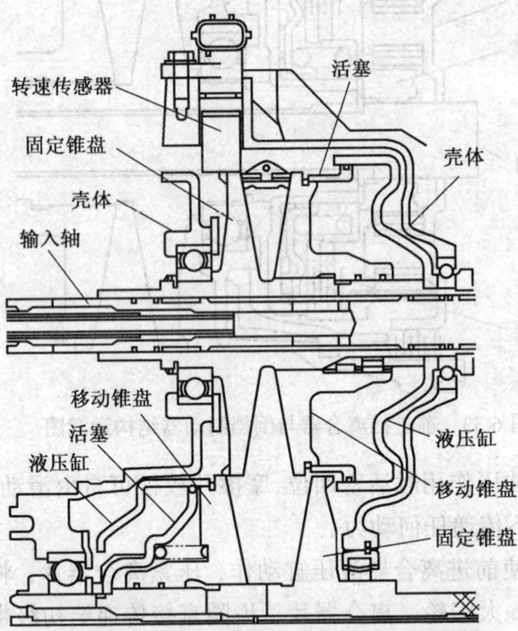

图 6.35 主、从传动带结构及位置关系

当需要提高车速时，主动带轮液压活塞被施以较高油压，主动带轮两锥盘相互靠近增加钢带的有效直径。同时，从动带轮液压活塞的油压下降，钢带的有效直径减小，从而实现小速比传动。此种状态下带轮与钢带的位置如图 6.23 所示。

6. 前进挡动力传动路线

当选挡杆位于 D、S 或 L 位置时，前进挡离合器动作，将行星齿轮的太阳轮与齿圈连接为一体，发动机动力经发动机飞轮、行星齿轮机构、前进离合器驱动主动带轮，主动带轮驱动钢带驱动从动带轮。与此同时，起步离合器在计算机控制下，按照汽车起步时控制策略，调节作用与起步离合器液压缸油压，使从动带轮的驱动传递至输出齿轮和主减速器。前进挡动力传递路线如图 6.36 所示。

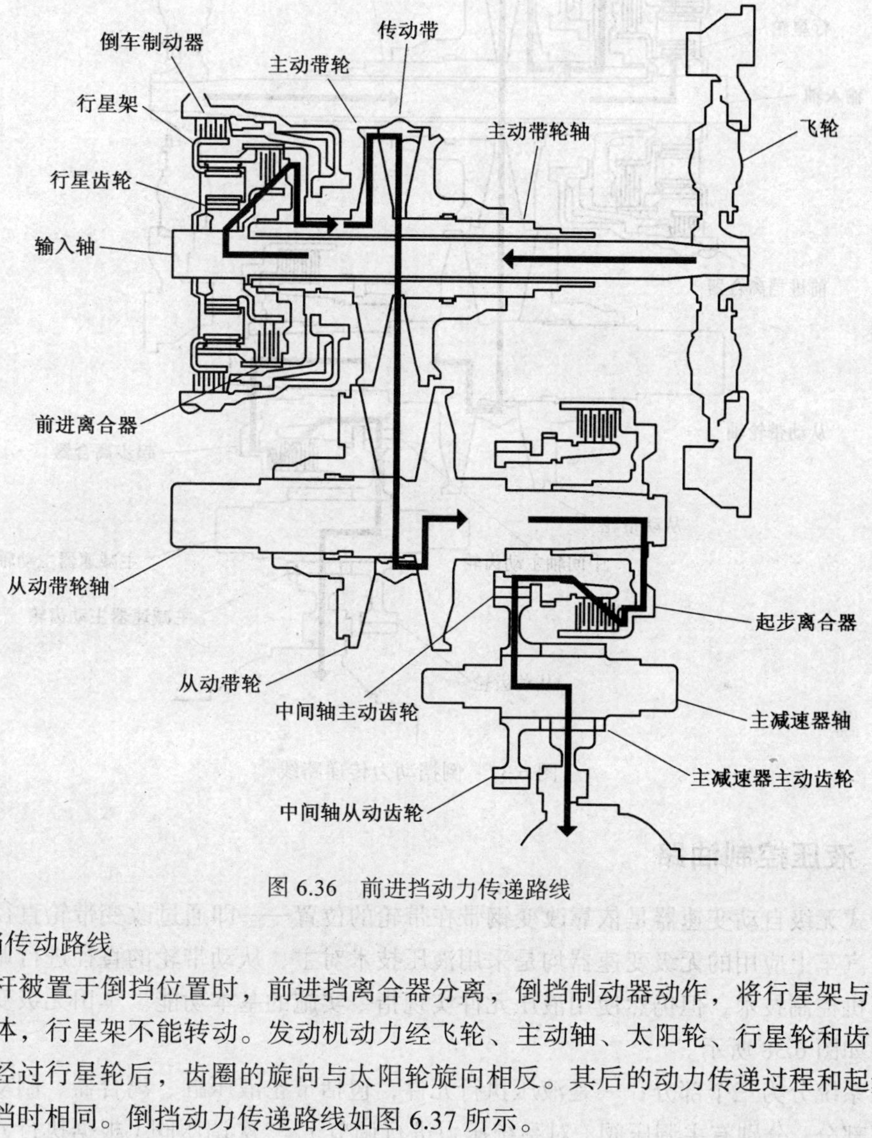

图 6.36　前进挡动力传递路线

7. 倒挡传动路线

当选挡杆被置于倒挡位置时，前进挡离合器分离，倒挡制动器动作，将行星架与变速器壳体连接为一体，行星架不能转动。发动机动力经飞轮、主动轴、太阳轮、行星轮和齿圈传递到主动带轮。经过行星轮后，齿圈的旋向与太阳轮旋向相反。其后的动力传递过程和起步离合器动作与前进挡时相同。倒挡动力传递路线如图 6.37 所示。

当汽车在未换到空挡踩下制动踏板怠速时，前进挡离合器或倒挡离合器会分别保持结合状态，发动机动力传动至起步离合器。此时，由于起步离合器液压缸没有液压作用，离合器分离，不能将动力传递到主减速器。一旦放松制动踏板，起步离合器会按照接合规律动作，迅速、平稳地将动力传递给主减速器。

通过以上机构分析可以看出，无级变速器的机械结构组成较行星齿轮轮系和定轴轮系自动变速器的构件少，传动原理相对简单，且传动比变化范围大。但是在传动比控制和离合器接合控制等方面需要较高的技术。这也是为何带轮传动较行星齿轮传动在汽车上应用较晚的原因之一。除了前面介绍的传动带是非常关键的技术之一，液压技术也同样是控制改变传动比的重要技术。

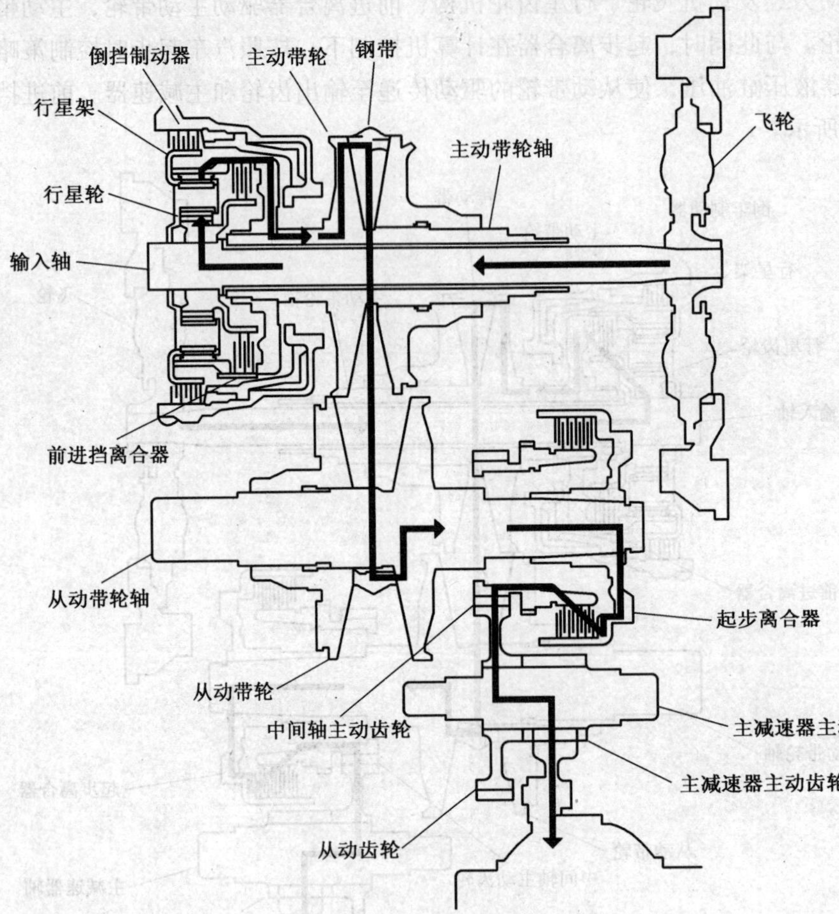

图 6.37　倒挡动力传递路线

二、液压控制油路

轮带式无级自动变速器是依靠改变钢带在带轮的位置——即通过改变带轮直径来改变传动比，现在汽车上应用的无级变速器均是采用液压技术对主、从动带轮的直径进行调节。尽管使用了计算机控制技术，但仍然使用液压元件实现指令实施的基本功能。本田无级变速器的液压控制油路如图 6.38 所示。

液压系统分为三个部分：一是液压执行元件，包括带轮液压缸、离合器、制动器液压缸；二是调压部分，分别有主调压阀（对系统压力进行调节）、二次调压阀（根据执行元件工作压力需要进行二次压力调节）；三是换挡控制部分，由液压换挡阀和电磁液压阀等构成控制液压执行元件协调动作。由于自动变速器传动比的改变要与道路工况相适应，其影响因素很多，故采用计算机控制技术，进行道路、汽车工况等方面信息采集、数据分析和发布改变传动比指令，通过电磁液压阀实现变速控制。

1. 主油压调节

主油压又称为系统油压，是液压系统工作的最高油压，其他油压都是在系统油压（主油压）下经过再调节而成。本田 CVT 自动变速器液压系统的主油压由液压泵、逐条压阀和主油压控制阀组成。

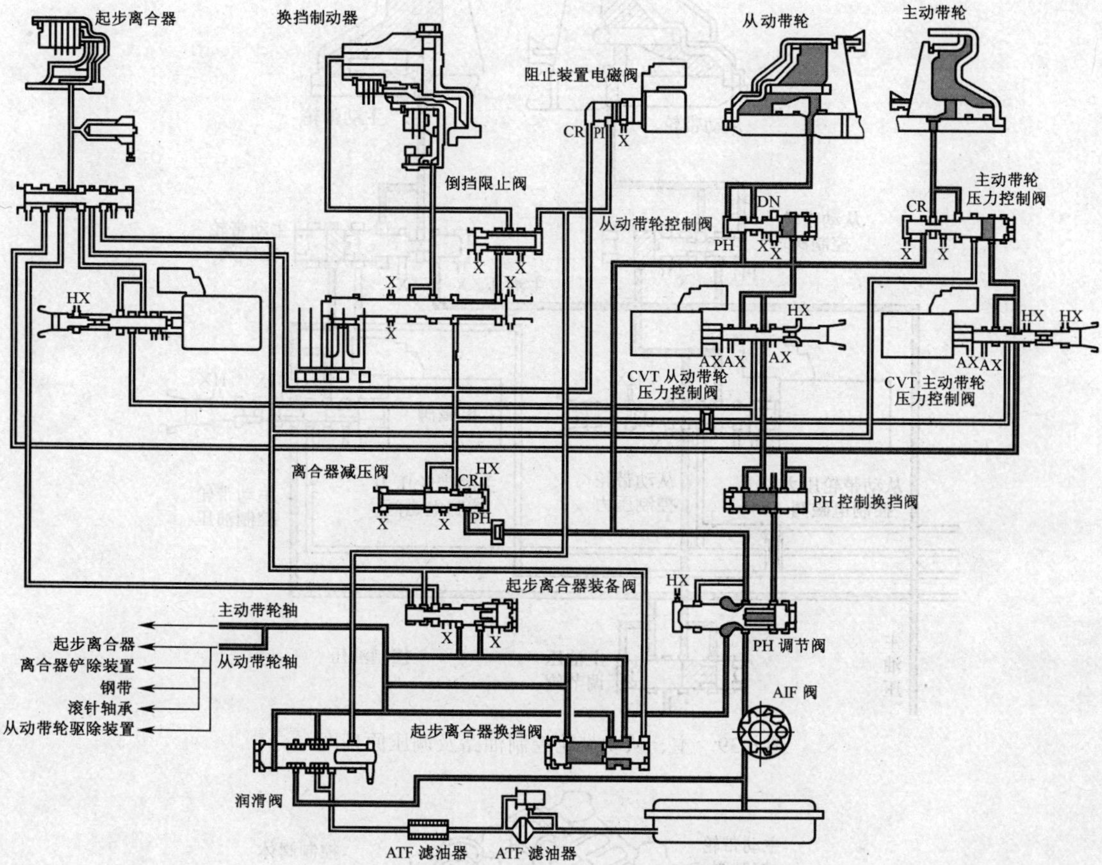

图 6.38 本田无级变速器液压系统油路图

由变速器输入轴驱动的液压泵将油从油盘吸出，并将具有一定压力的油送至主调压阀，经调节后送入系统油路。调节压力受调压阀弹簧和来自主油压控制阀油压的控制。由弹簧产生基本限定油压，控制阀油压根据汽车工况不同，调节主油压力使之变化。

2. 主、从动带轮的控制

带传动变速是通过改变带轮的轴向位置，实现钢带与带轮直径的变化，控制主、从动带轮协调变化是液压控制的重要任务。主、从带轮控制油路如图 6.39 所示。

根据带轮变速原理可知：主动带轮"收缩"、从动带轮"扩张"时，传动比最大；而主动带轮"扩张"、从动带轮"收缩"时，传动比最小。只要传动钢带在主、从动带轮直径的最大与最小之间变化，则可以获得无穷多传动比。为此，主、从动带轮采用随动方式，通过一个带轮液压缸（此处简称为轮缸）充压"扩张"直径，另一个轮缸泄压"收缩"直径，达到协调动作，改变传动比之目的。

图 6.39 所示是轮带直径控制局部油路图，可以看出：主、从动带轮分别由主、从动带轮控制阀（简称为轮控阀）控制主、从动轮缸内的油压，使轮缸活塞"扩张"，形成对钢带沿径向的推动或挤压。主、从动轮控阀是两个调压阀，作用是根据变速需要将主油压分别调节为"扩张"或"收缩"带轮的油压。主、从动轮控阀的结构如图 6.40 所示。两个轮控阀工作原理相似，这里只以主动轮控阀为例进行调压分析。

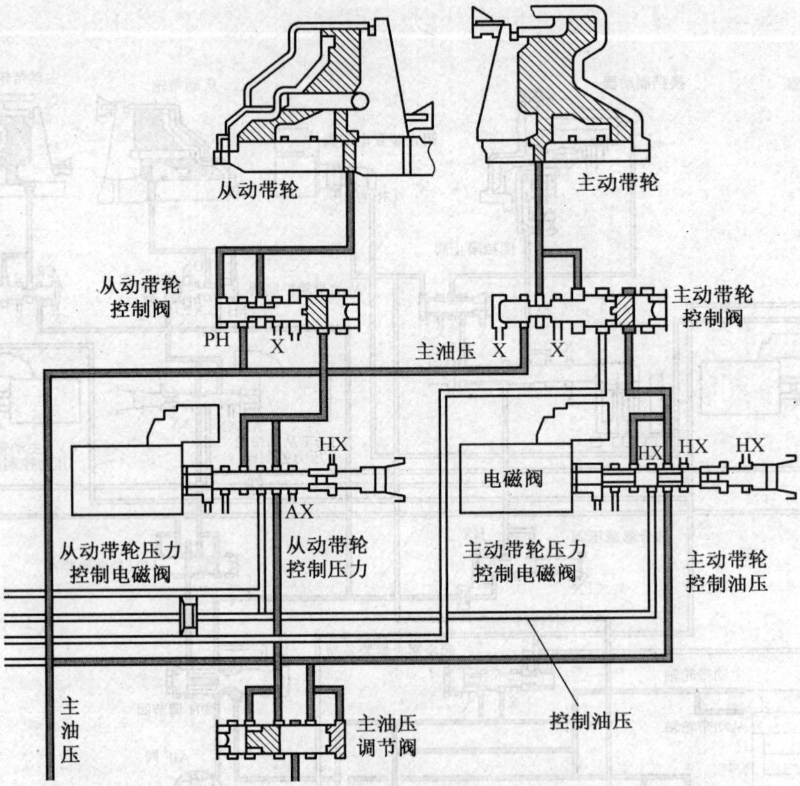

图 6.39　主、从动带轮控制油路及调压原理图

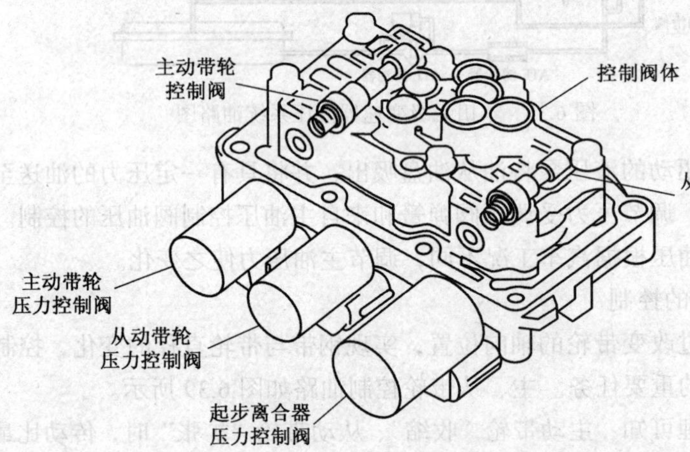

图 6.40　带轮控制阀和带轮压力控制电磁阀结构和位置

由主动轮控阀结构和油路图可以了解，轮控制阀对进入带轮的主油压进行调节，轮控阀上作用 3 个轴向力：弹簧力、轮控油压在右端形成的作用力、轮控阀调节后带轮工作油压在 3 个作用力达到平衡关系时，形成稳定的带轮工作压力。一旦改变右端带轮控制油压，则 3 个轴向力进行新的平衡，带轮工作油压随之改变，轮控阀结构和油压调节示意如图 6.41 所示。

轮缸油压由两个压力控制阀进行控制。一是轮控阀将主油压调节为轮缸油压，这是个液压调节阀。另一个是电磁压力控制阀，这是个由计算机控制的比例压力调节阀，产生的轮控油压作用于轮控阀的右端，随着轮控油压高低变化，轮缸油压随之改变。

以上油压分析可以看出，由计算机控制主、从动带轮电磁压力控制阀，从而协调主、从带轮轮缸油压，可以改变带轮位置与钢带直径，实现改变传动比的功能。

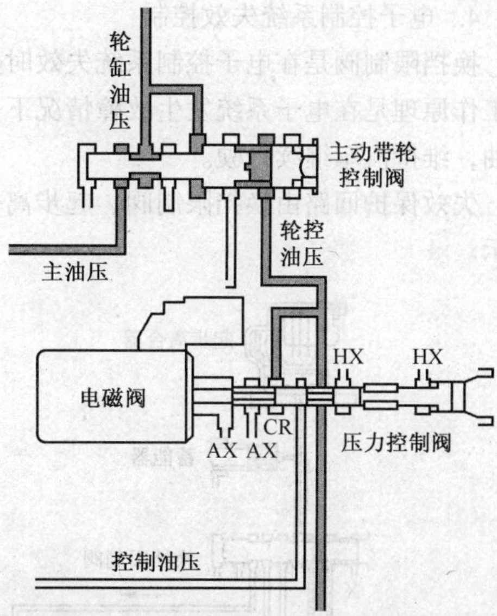

图 6.41　带轮控制阀结构及轮缸油压调节原理

3. 换挡机构控制及工作原理

无级变速器换挡或改变速比是通过改变的轮带和钢带直径连续进行的。为了实现汽车的前进和倒车的控制，在本田无级变速内采用了行星齿轮机构以及多片式离合器和制动器，其液压控制结构如图 6.42 所示。

汽车前进时，将手动阀推到 D 挡位，控制油压经手动阀直接进入前进挡离合器，使主动轴主动带轮结合，发动机动力驱动主、从动带轮旋转。

此时，汽车并不前进，只有在动力控制模块（PCM）向起步离合器压力控制阀的电磁阀发出指令信号，起步离合器压力控制阀输出起步离合器动作油压，这个油压经换档限制阀进入起步离合器并结合起步离合器，传动带的动力才可传递至输出齿轮。

手动阀换到 R 挡位时，经减压阀调节的控制油压经倒挡限制阀后进入倒挡离合器，制动器对行星架施加制动，使行星齿圈将发动机动力以相反旋向输入带轮。同时，计算机控制起步制动器压力电磁阀，调节油压作用于起步离合器，如图 6.42 所示。

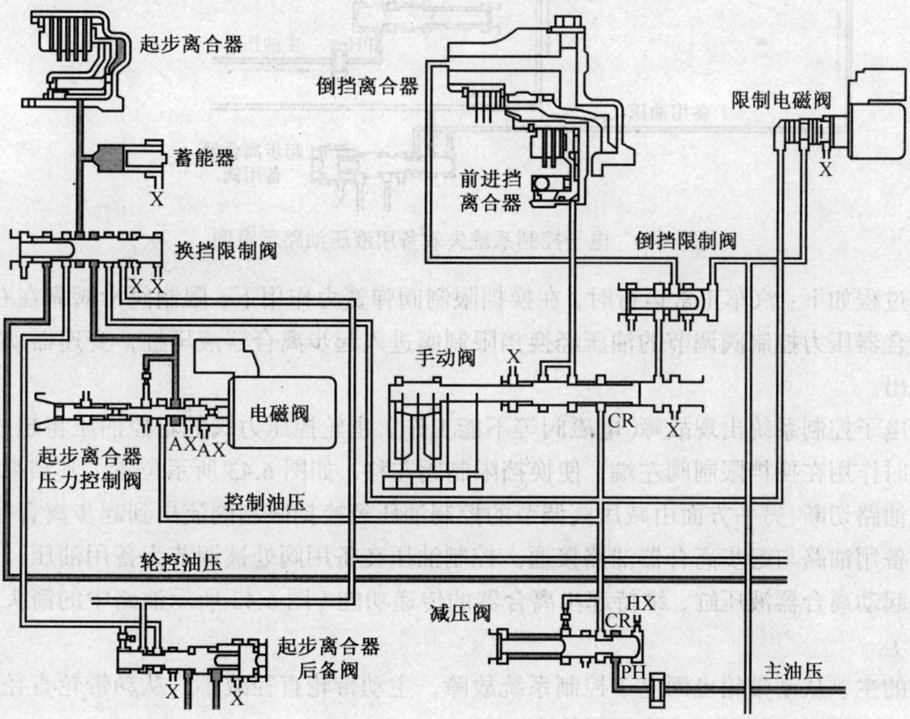

图 6.42　换挡控制油路与原理

4. 电子控制系统失效控制

换挡限制阀是在电子控制系统失效时具有维持车辆运行功能的装置，又可称为失效保护阀。其工作原理是在电子系统发生故障情况下，建立一条临时液压回路，保证各液压装置的供压和供油，维持汽车继续行驶。

失效保护回路由换挡限制阀、起步离合器备用阀和轮控压力阀组成。油路示意图如图 6.43 所示。

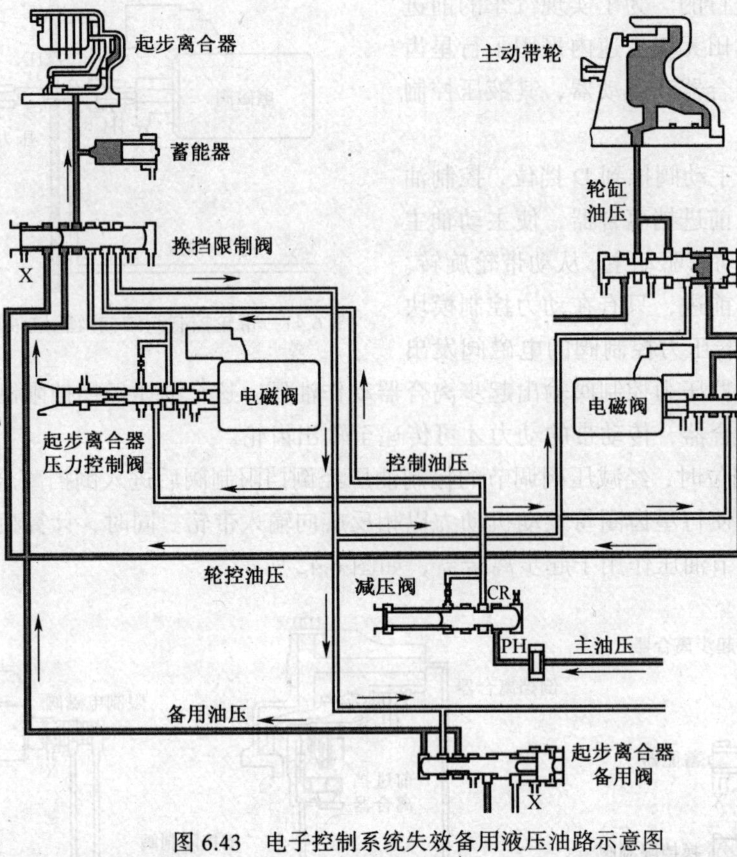

图 6.43 电子控制系统失效备用液压油路示意图

工作过程如下：汽车正常运行时，在换挡限制阀弹簧力作用下，限制阀滑阀靠在右端位置，由起步离合器压力控制阀调节的油压经换挡限制阀进入起步离合器液压缸，变速器动力经起步离合器输出。

一旦电子控制系统出现故障(电磁阀等不能工作)，主轮控压力阀的轮控油压将超过规定值，其压力同时作用在换挡限制阀左端，使换挡限制阀左移，如图 6.43 所示位置。其结果，一方面将原动作油路切断，另一方面由减压阀调节的控制油压经换挡限制阀流出到起步离合器备用阀，同时，将备用油路与起步离合器油路接通。控制油压在备用阀处被调节为备用油压，经换挡限制阀进入起动离合器液压缸，维持起步离合器的传递功能（图 6.43 所示油路中的箭头代表油压传递方向）。

此时的主、从动带轮也因电子控制系统故障，主动带轮直径减小，从动带轮直径增大，维持变速器动力输出，但失去功能控制能力。

5. 倒挡限制控制

倒挡限制控制的作用是为了防止汽车在前进时换入倒挡的误操作产生事故。这一控制是由计算机通过倒挡限制电磁阀实现。倒挡限制控制油路如图 6.44 所示，组成元件有手动阀、倒挡限制电磁阀、倒挡限制阀。

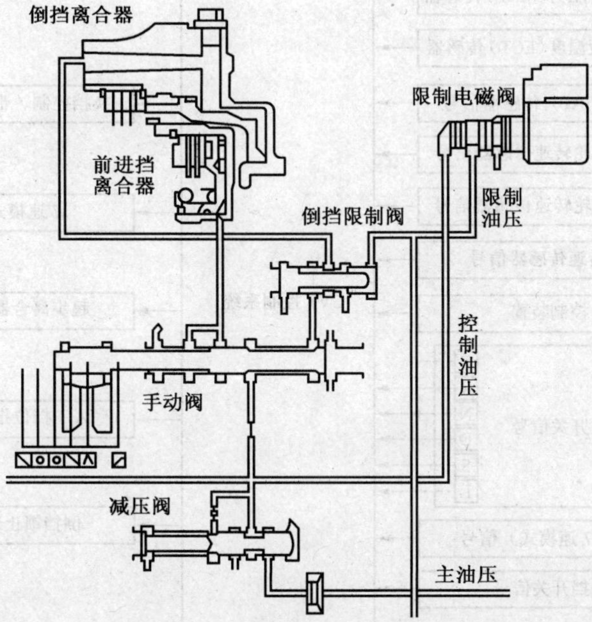

图 6.44　倒挡限制控制油路原理图

倒挡限制原理：手动阀换入倒挡后，来自减压阀的控制油压至倒挡限制阀。此时，动力控制模块对限制电磁阀输出指令为“0”（Off），限制电磁阀内部将控制油路接通，控制油压作用到倒挡限制阀右端，克服弹簧力滑阀处于左端。控制油压经倒挡限制阀传递至倒挡制动器液压缸，锁止行星架。同时，起步离合器动作，汽车倒车。

假定汽车以大于 6km/h 的速度前进时，如果选择倒挡位，动力模块将输出指令“1”（On），限制电磁阀动作，将倒挡限制阀右端压力释放，在弹簧力作用下，限制阀移至右侧，封闭手动阀倒挡位通往倒挡制动器的油路，使倒挡制动器不能动作，防止前进挡位的误操作。

三、电子控制系统

自动变速器采用电子控制改变速比和控制离合器分离或接合。电子控制系统由动力控制模块（PCM）、传感器和电磁阀组成，从而保证汽车在所有运行条件下的动力性、经济性和舒适性。

与其他电控自动变速器类似，本田无级自动变速器电控系统由传感器、动力控制装置（PCM）和电磁执行元件组成。动力控制装置接收传感器及与变速相关的其他控制装置发送的电信号，经过数据处理后，输出控制指令，由电磁执行元件完成或实现既定的目标任务。电子控制系统结构如图 6.45 所示。

1. 无级变速器控制内容

（1）速比调节——主要是通过对带轮液压缸压力控制，改变带轮与钢带的直径，实现速比调节。

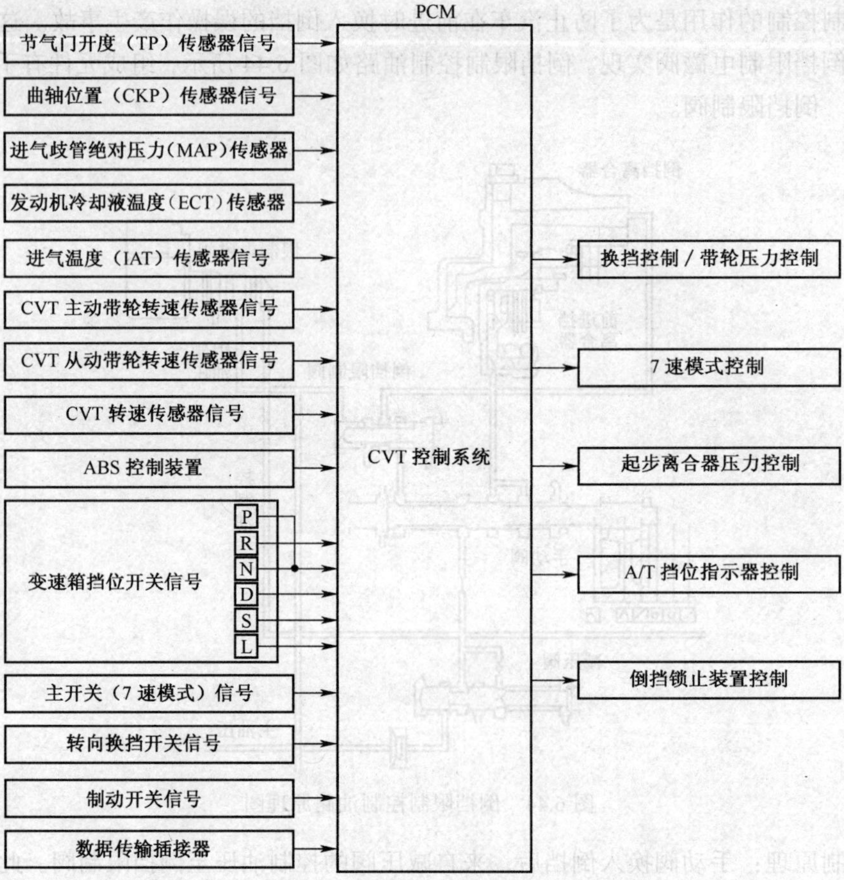

图 6.45　本田无级自动变速器电子控制系统组成结构

（2）起步离合器压力控制——控制变速器动力与传动系统接合与断开，特别是在汽车起步时，使离合器按照特定的接合规律实施接合，在发动机输出转矩和车轮阻力矩不断变化的情况下，保证离合器实现起步稳定接合、无冲击，减少钢带打滑，延长使用寿命，确保在所有条件下的传动舒适性。

（3）倒挡锁止控制——防止汽车前进行驶时误换入倒挡，提高汽车安全性。

（4）坡道逻辑控制功能——汽车坡道行驶时，改变驱动力矩和下坡时利用发动机制动功能。

（5）动力控制系统故障行驶保障功能——在动力系统出现故障时，启动备用控制程序或转入失效保护程序。

2. 换挡控制

电子控制系统中有众多传感器，各个传感器对应不同功能模块和执行元件，图 6.46 所示为传感器对应起步离合器压力调节模块的基本控制形式。由各转速传感器检测到发动机转速、主和从动带轮转速、自动变速器转速，由制动开关、节气门开度信号和变速器挡位选择开关等信号决定行驶模式和进气歧管压力传感器信号共同确定起步离合器控制压力策略。无级变速器的起步离合器相当于发动机与手动变速器之间的机械式摩擦离合器，同时起步离合器还要具备液力变矩器的优点——发动机怠速、汽车起步时，驾驶者不用进行离合器操作。为此起步离合器采用液压控制离合器，使变速器在 D、S、L 和 R 挡位置时输出动力和转速，并使汽车起步和慢行趋于平稳。离合器起步接合的过程由 PCM 通过传感器和开关的信号，获得正确判断并发出电磁激励指令，控制电磁阀起步离合器压力控制阀，从而调节起步离合器压力，使之按照“工作规律”接合。

图 6.46 所示是换挡控制（带轮压力控制）的程序示意图。动力控制模块根据传感器信号收集的汽车实际行驶条件与储存与动力模块内的“行驶条件”进行比较，并据此确定一个主、从动带轮传动比，发出电磁阀控制指令，以便进行换档控制。处于 D 和 S 挡时，主动带轮在 2.367～0.407 的传动比范围内以无极方式驱动从动带轮。带轮传动比较大（车速较低）时，从动带轮受到高压作用，以使其保持大直径，而主动带轮承受低压，以保持与从动带轮成比例的直径；带轮传动比较小（车速较高）时，从动带轮受到较低压作用，而主动带轮被施以高压。动力系统操纵带轮压力控制阀，对施加于各带轮的压力进行最适调节，以减少钢带打滑，延长使用寿命。

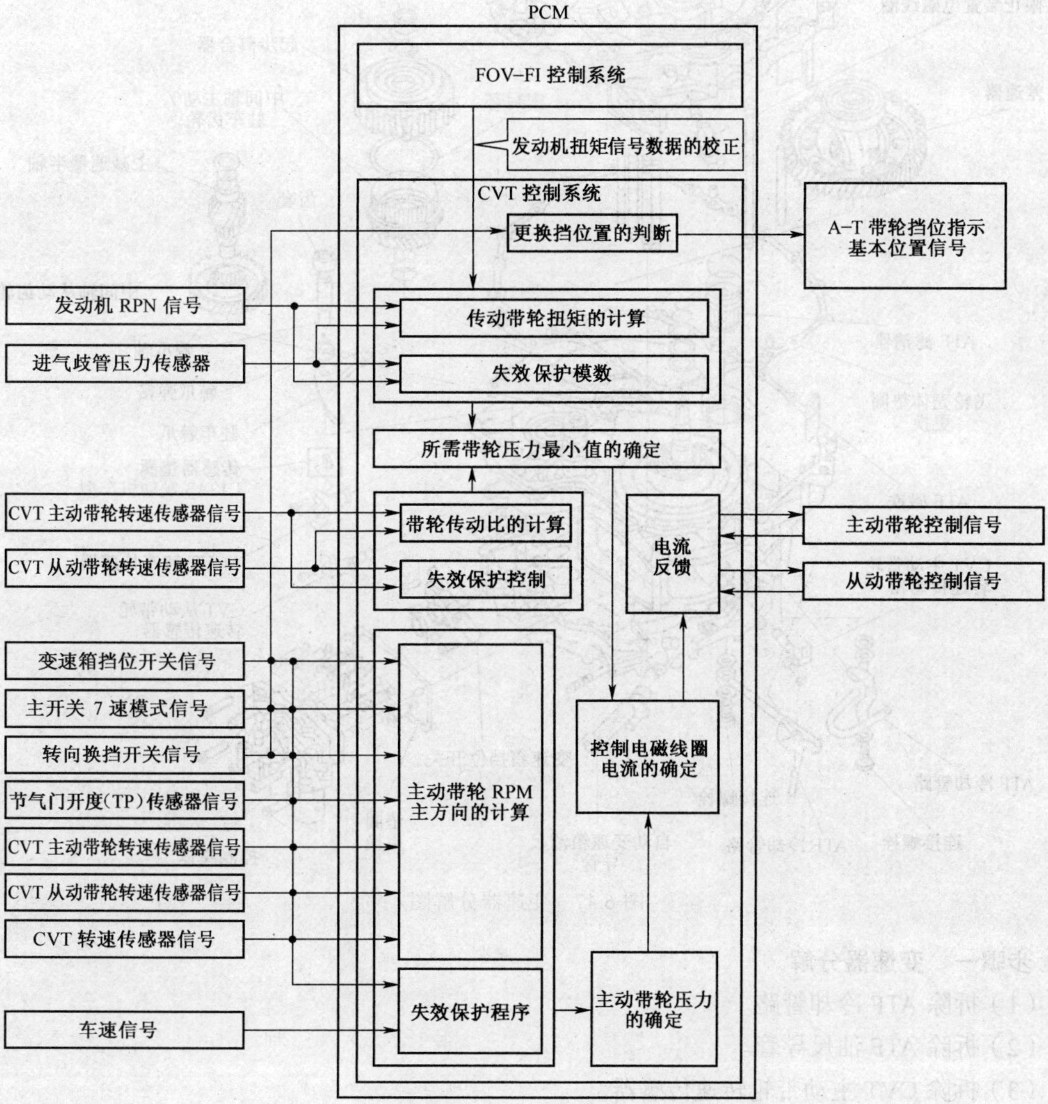

图 6.46 换挡控制（带轮压力控制）程序示意图

在 R 挡位，带轮可以实现两个传动比自动变换，如果压下加速踏板，传动比被设定为 1.326；如果松开加速踏板，则传动比被设定为 2.367。

课题实施

拆装本田无级变速器

操作一　变速器分解与组装（见图 6.47）

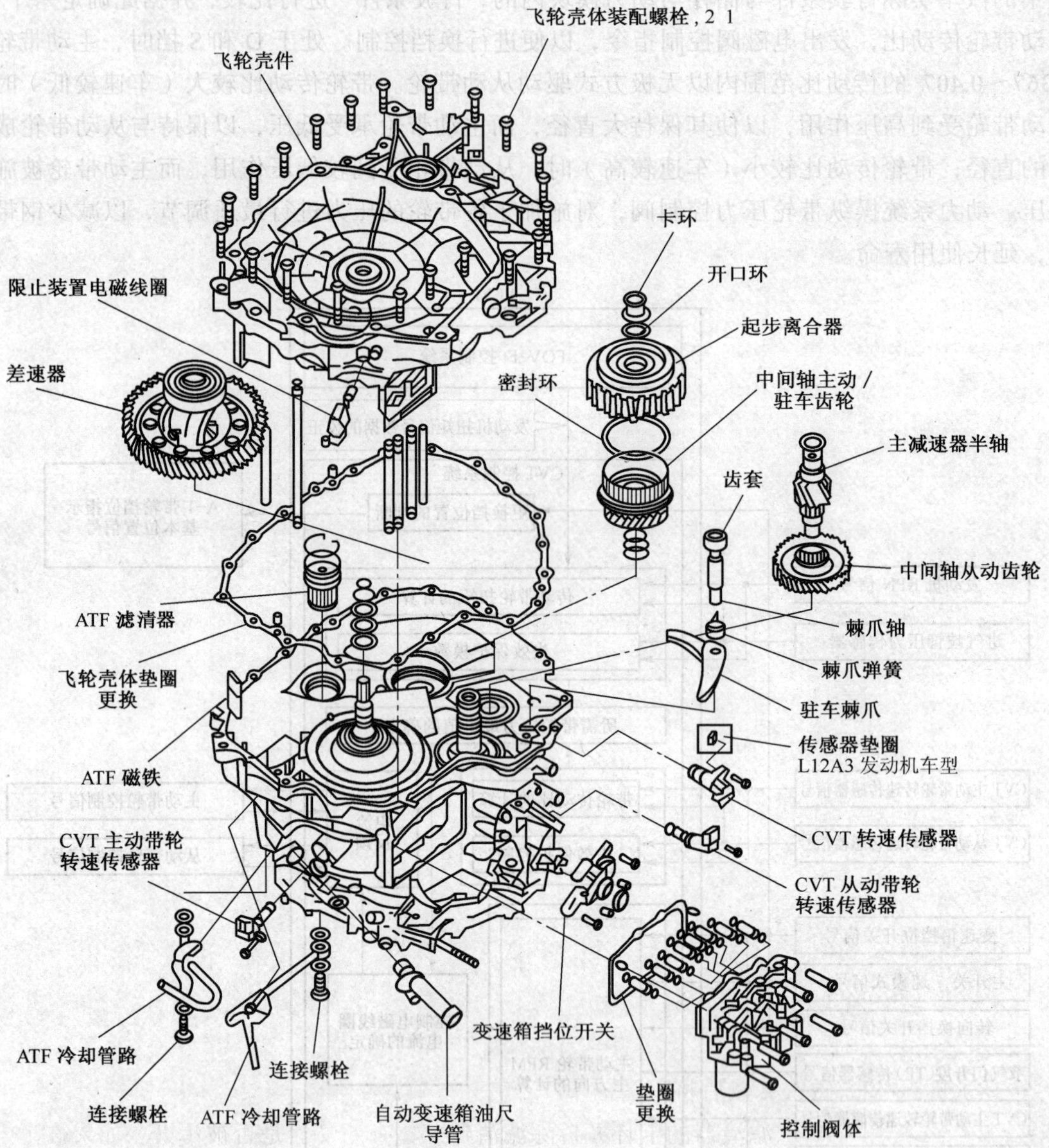

图 6.47　变速器分解图

步骤一　变速器分解

（1）拆除 ATF 冷却管路。

（2）拆除 ATF 油尺导管。

（3）拆除 CVT 主动带轮转速传感器。

（4）拆除限制装置电磁线圈。

（5）拆除变速器挡位开关，CVT 转速传感器和 CVT 从动带轮转速传感器。

（6）拆除控制阀体，并拆除 ATF 管、定位销和垫圈。

（7）拆除紧固飞轮壳体的 21 只螺栓，然后，拆除飞轮壳体、定位销和垫圈。

（8）拆除 ATF 管。

（9）拆除差速器总成。

（10）拆除主减速器半轴，然后，拆除中间轴从动齿轮。

（11）拆除驻车棘爪轴和齿套，然后，拆除驻车棘爪弹簧和棘爪。

（12）拆除紧固起步离合器的卡环，然后，拆除开口环护圈和开口环。

（13）如图 6.48 所示，将专用工具安装到起步离合器（A）上，并牢固地将专用工具的棘爪（B）接到驻车挡齿轮（C）上，不要将专用工具的棘爪放到起步离合器导向器上。如果棘爪接触到导向器，棘爪将会损害离合器导向器。确认没有灰尘和异物进入从动带轮轴。

（14）如图 6.49 所示，借助专用工具拆除起步离合器（A）和中间轴主动/驻车挡齿轮（B）。

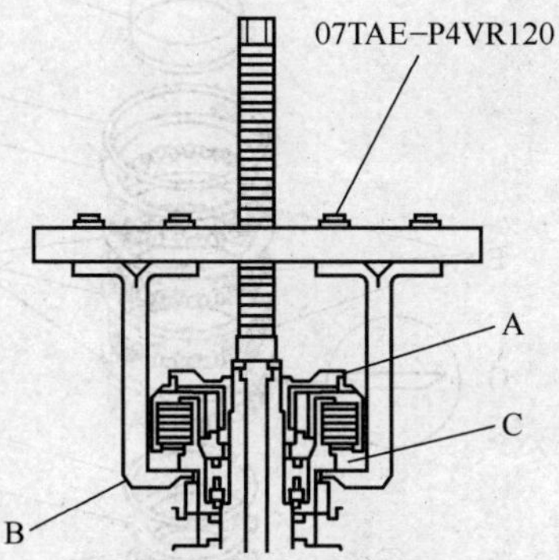

图 6.48　安装专用工具

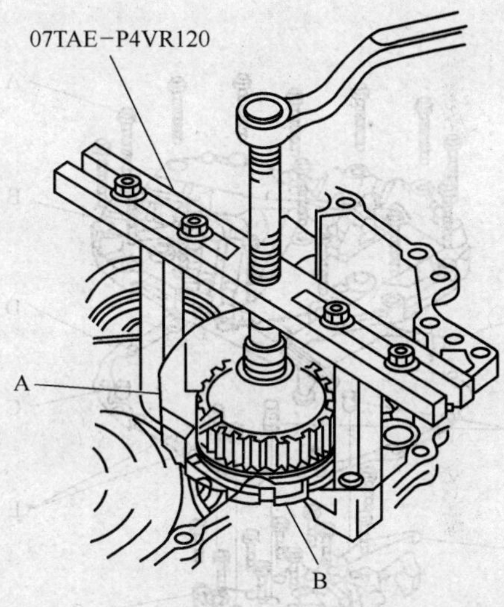

图 6.49　拆除起步离合器

（15）如图 6.50 所示，拆除紧固输入轴（B）的卡环（A），然后，从输入轴上拆除止推垫片（C）、止推垫圈（D）、推力轴承（E）和止推垫圈（F）。

（16）从起步离合器上拆除中间轴主动/驻车挡齿轮。

（17）如图 6.51 所示，从中间轴主动/驻车档齿轮（B）上拆除密封圈（A），并将其清洁干净，在组装变速箱时，将其安装到新的中间轴主动/驻车挡齿轮上。

（18）拆除 ATF 磁铁，然后将其清洁干净，并重新安装到变速器上。

（19）拆除紧固 ATF 滤清器的卡环并拆除滤清器，检查滤清器是否被污染。如果被污染，将其更换，重新将 ATF 滤清器安装到变速器上。

（20）将变速器端盖朝上，放置到工作台上，以防损坏输入轴。

（21）拆除紧固端盖的 15 只螺栓（A），如图 6.52 所示。然后拆除端盖（B）、定位销（C）和垫圈（D）。

（22）从手动阀体（F）上拆除 ATF 管（E）。

（23）拆除手动阀体、锁止弹簧（G）、定位销（H）和隔板（I）。

（24）如图 6.53 所示，拆除行星齿轮架/输入轴总成（A），然后拆除齿圈（B）。

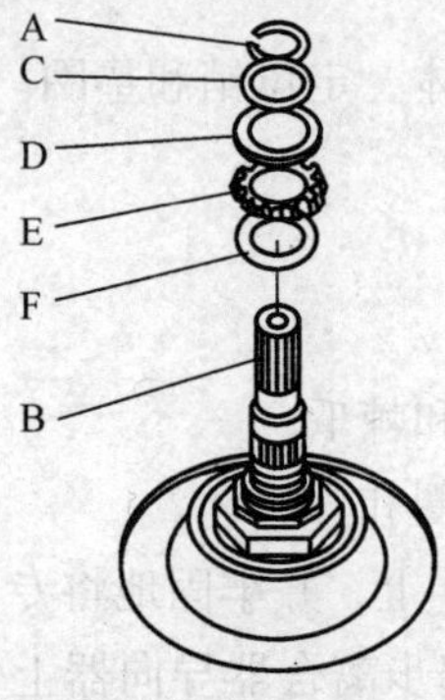

图 6.50 拆除卡环

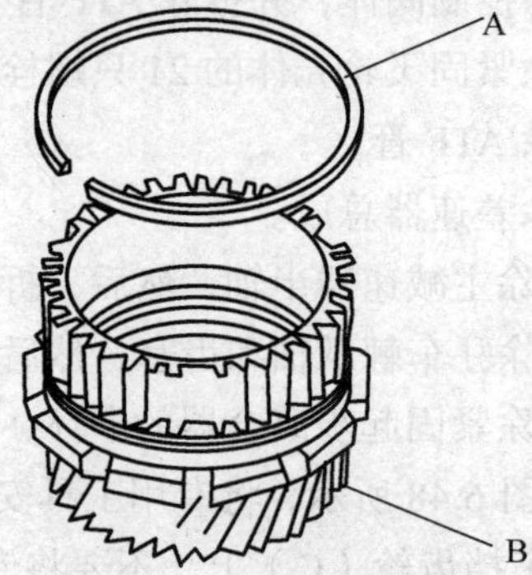

图 6.51 拆除密封圈

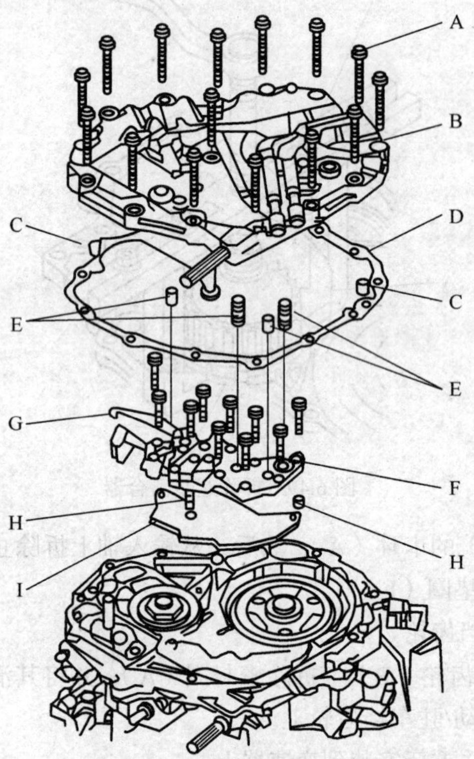

图 6.52 拆除端盖

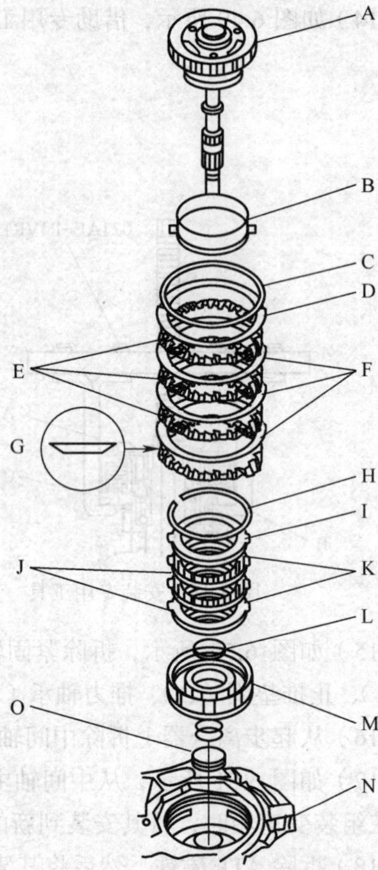

图 6.53 拆除行星齿轮架

（25）拆除倒档制动器卡环（C）和倒档制动器底板（D），制动盘（E）和制动板（F）。

（26）拆除紧固前进离合器底板（I）的卡环（H），然后拆除前进离合器底板，离合器盘（J）、离合器底板（K）。

（27）拆除把前进离合器（M）紧固在主动轴（N）上的卡环（L），然后拆除前进离合器，并拆除卡环护圈（O）。

（28）如图 6.54 所示，安装专用工具，拆除紧固倒挡制动器回位弹簧的卡环。

（29）使用专用工具，压缩回位弹簧，然后拆除卡环，确认将专用工具安装到倒挡制动器回位弹簧上，如图 6.55 所示。

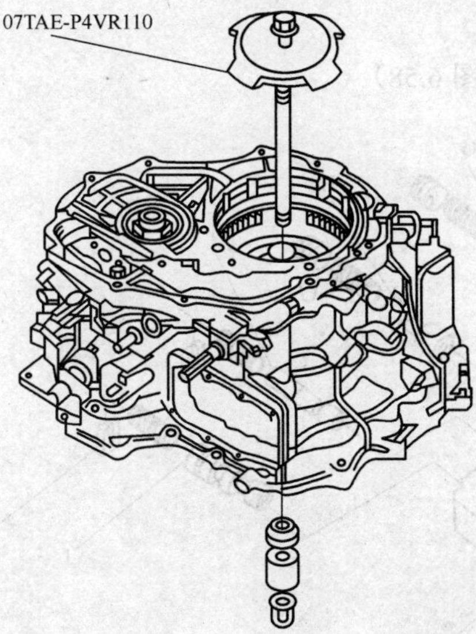

图 6.54　拆除紧固倒挡制动器回位弹簧的卡环

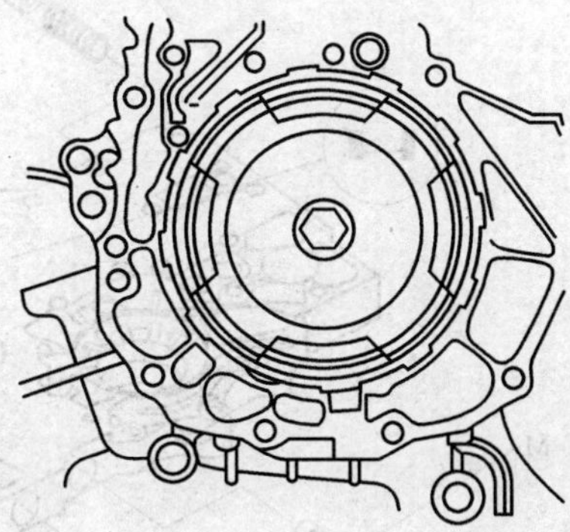

图 6.55　拆除卡环

（30）拆除专用工具，然后拆除弹簧护圈/回位弹簧。

（31）如图 6.56 所示，从倒挡制动器压力检查孔（B）上拆除密封螺栓（A），用压缩空气拆除倒挡制动器活塞（C）。

（32）使用新的密封垫圈（D）重新安装密封螺栓。不要重复使用密封垫圈。

（33）如图 6.57 所示，拆除滚柱（A）、中间壳体（B）、定位销（C）和垫圈（D）。

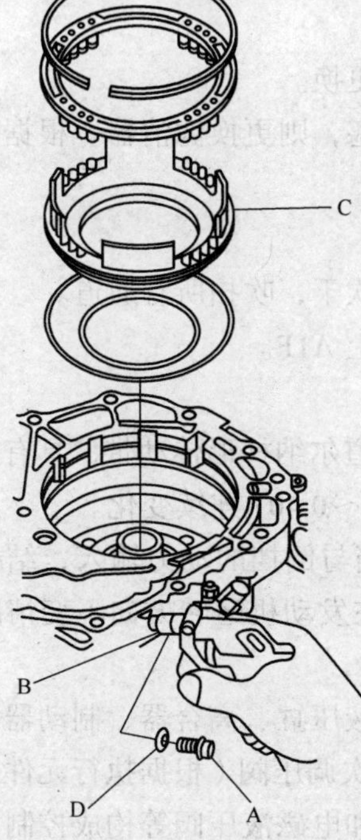

图 6.56　拆除密封螺栓（A）

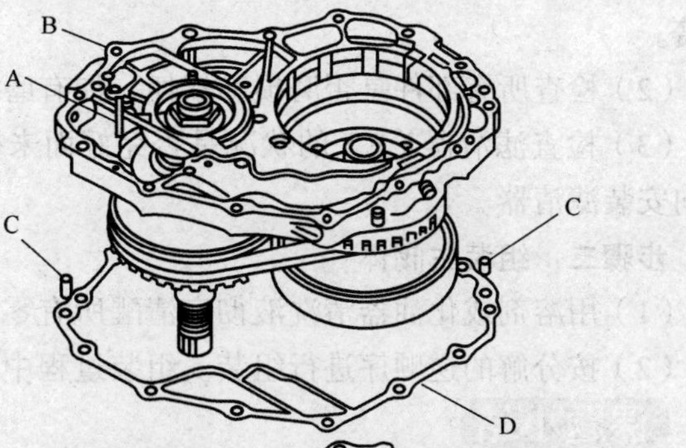

图 6.57　拆除滚柱（A）、中间壳体（B）、定位销（C）和垫圈（D）

（34）检测倒挡制动盘、制动板和制动底板是否磨损、损坏和褪色。如有损坏或褪色应更换。

步骤二　组装变速器

组装变速器按分解逆顺序进行。

操作二　主阀体的分解、检测和重新组装（见图 6.58）

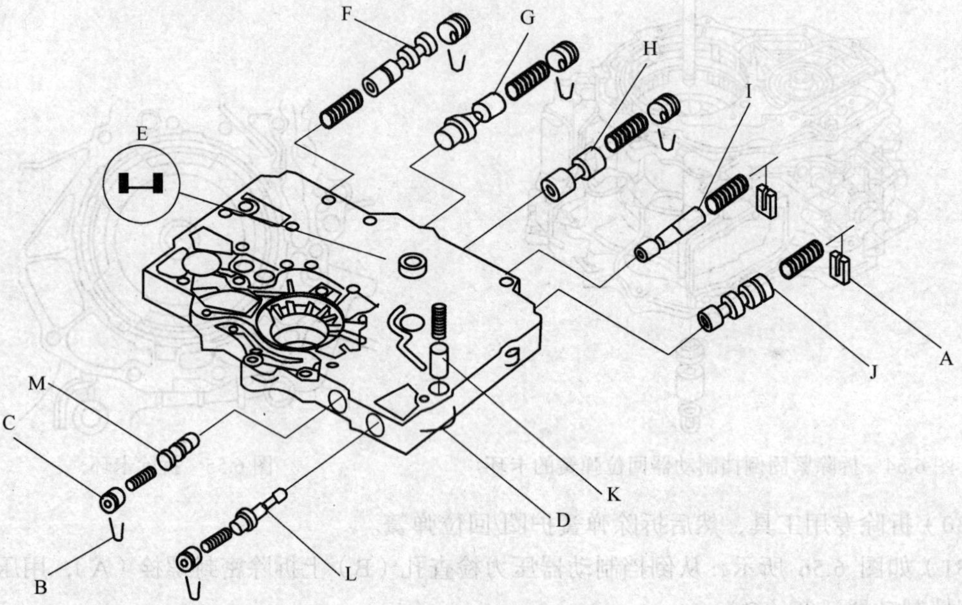

图 6.58　主阀体的分解、检测和重新组装

步骤一　主阀体的分解与检测

（1）拆除阀门弹簧座（A），阀盖夹（B）和阀盖（C），然后，从主阀体（D）上拆除阀和弹簧。

（2）检查所有部件是否磨损和损坏，如有磨损或损坏，将其更换。

（3）检查滤清器（E）的状况是否完好而未被堵塞，如果堵塞，则更换滤清器。根据图示方向安装滤清器。

步骤二　组装主阀体

（1）用溶剂或化油器清洗液彻底清醒所有零件，用压缩空气吹干，吹扫所有通道。

（2）按分解的逆顺序进行组装。组装过程中，给所有零件涂上 ATF。

课题小结

（1）本田飞度轿车采用轮带式无级变速器，该变速器使用范道尔纳梯形传动带，具有速比连续可变前进挡和二级倒挡变速器功能，前进挡传动比可在 2.367～0.407 连续变化。

（2）该无级变速器机构采用行星齿轮结构实现变速器前进挡与倒挡的动力输入，结构如图 6.20 所示。其功用是实现汽车前进或倒车时的动力传递，可在发动机运转方向不变情况下改变动力输入的旋向，并能够实现前进挡、倒挡和空挡的控制。

（3）液压系统分为三个部分，一是液压执行元件，包括带轮液压缸、离合器、制动器液压缸；二是调压部分，分别有主调压阀（对系统压力进行调节）、二次调压阀（根据执行元件工作压力需要进行二次压力调节）；三是换挡控制部分，由液压换挡阀和电磁液压阀等构成控制液压执行元件协调动作。

（4）电子控制系统由动力控制模块（PCM）、传感器和电磁阀组成，从而保证汽车在所有运行条件下的动力性、经济性和舒适性。主要控制内容：速比调节、起步离合器压力控制、倒挡锁止控制、坡道逻辑控制和动力控制系统故障行驶保障。

作业测评

（1）本田飞度轿车采用轮带式无级变速器结构有哪些特点？

（2）本田飞度轿车采用轮带式无级变速器是怎样进行调速的？

（3）简述分解本田飞渡轿车采用轮带式无级变速器工作要领。

模块七

自动变速器试验

学习目标

知识目标

- 通过实践活动，综合学习自动变速器的知识内容。
- 了解自动变速器故障分析的方法。

能力目标

- 了解失速试验的意义，掌握如何进行失速试验。
- 了解换挡试验的方法和如何推断故障位置。
- 会进行液压系统的压力试验，掌握测压点及进行压力分析。
- 了解电控自动变速器的自诊断功能。
- 了解自诊断系统的基本使用方法。

汽车发生故障首先是由驾驶人员发现异常。异常通过各种方式表现出来，如声音、速度、发动机转速、抖动、冲击等。汽车的故障多种多样，引发的原因也是多方面的，有些表现相似的故障可能是由不同的原因引发的。特别是在进行自动变速器故障的诊断时，要综合发动机、传动系的其他部分和行驶系的故障，在确认其他系统不存在故障的情况下，再进行自动变速器故障的诊断。较为简便且有效的方法是，由有维修经验的人员通过对汽车进行各种试验，再现汽车的故障，判断故障发生的准确位置（或大概位置），然后有的放矢地进行维修。

课题一 失速试验

基础知识

一、什么是失速试验

失速试验是指汽车处于停止状态下，变速器换入 D 挡或 R 挡，当发动机处于全负荷时检查发动机在该状态下的转速。失速试验时，发动机在特定转速下变矩器输出转速为零，这时的变矩比最大。通过失速试验可以判液力断变矩器工作状态是否良好，从而为进行故障分析，缩小故障范围所需要的必要步骤。

发动机全负荷下产生的驱动力通过自动变速器及传动系统作用于车轮，由于汽车在行驶制动器与驻车制动器作用下停止不动，所有的驱动力作用在行星齿轮、离合器、制动器等装置上。假如某个离合器或制动器打滑，由于阻力矩减小，发动机的转速将升高。如果传动系统中各装置均处于正常工作状态，则发动机产生的能量只能由变矩器液体循环来吸收，发动机根据变矩器的容量维持一定的转速。这种状态的发动机转速称为失速转速。

二、根据失速试验的结果进行故障诊断

影响失速转速的因素较多，不同厂家生产的发动机、不同型号的发动机或不同型号的变矩器的失速转速不同，进行失速试验前应了解该产品的失速转速的标准值。表 7.1 为不同型号汽车的自动变速器所对应的失速转速。

表 7.1　　自动变速器对应不同发动机的失速转速

车型（发动机类型）	变速器类型	失速转速（r/min）	车型（发动机类型）	变速器类型	失速转速（r/min）
丰田 Corolla	A245E	2 300～2 400		A727, A998	1 700～2 100
丰田 Lexus LS400	A341E	2 050～2 400	通用 GEO-stom 1.6L, 1, 8L	JF403-E	2 050～2 350
丰田 Lexus LS GS300	A340E	2 300～2 600		4L30-E	2 000～2 300
丰田 Previa	A340H	1 900～2 200	三菱	F3A20	1 800～2 800
丰田 Camry DX、LE、XLE	A140E	2 300～2 600		F4A33	1 800～3 200
丰田 Camry V6	E540E	2 250～2 550	日产 VG30E	RE4F02A	2 050～2 350
福特 2.5L 发动机	ATX	2 470～2 830	日产 VG30DE	RE4FO4A	1 850～2 150
福特 2.3L 发动机（前驱）	ATX	2 155～2 500	日产 J30	RE4R01A	2 320～2 720
福特 2.5L 发动机	AZOD	2 260～2 600	日产 Q45	RE4R03A	2 100～2 300
福特 3.0L V6	AXOD	1 870～2 183	本田 Accord2.2L（93 型）	MPXA	2 500 ± 150
福特 3.8L V8	AXOD	1 800～2 100	本田 Accord2.2L（94 型）	MPOA	2 650 ± 150
克莱斯勒 1.7L	A404	2 300～3 500	大众 PASSAT	APE	2 750～2 950
克莱斯勒 2.2L	A413	2 200～2 410	大众 JETA	096CFF	2 350～3 050
克莱斯勒 2.6L	A407	2 400～2 630	奔驰 420 系列		1 450～1 650
	AW4	2 100～2 400			

（1）在 D 挡与 R 挡取得的失速转速与给定的标准失速转速相符，则系统基本正常。

（2）在 D 挡与 R 挡取得的失速转速均比给定的标准失速转速低时，有可能是发动机动力不足或变矩器不良。

可通过断开动力的方法区分是否发动机有故障。将变速杆置于 P 或 N 挡，发动机进行急加速，如发动机转速上升迅速且顺畅，则可说明发动机工作正常。

当失速转速比基准失速转速低，且转速差值大于 600 r/min 时，可判断是变矩器导轮的单向离合器出现故障。

（3）D 挡失速转速高于基准值转速时，可能产生故障原因。

① 变速器内离合器打滑（摩擦材料异常磨损、烧损）。

② 前离合器打滑（摩擦材料异常磨损、烧损）。

③ 单向离合器工作不良。

④ 制动带打滑（异常磨损、烧损）。

⑤ 油压过低。

究竟是哪些执行元件出现故障，可利用自动变速器离合器及制动带操作表帮助判断。当进行 D 挡失速试验，汽车没有行驶，变速器内并不会进行换挡，所以这类试验只检测低速挡执行元件而不检测高速挡执行元件。见表 7.2，在行驶挡时只有低挡的前进挡后离合器和单向离合器在工作，如果出现失速转速过高、执行元件打滑现象，则应对上述元件进行检查。而在 1 挡进行失速试验时，除前进挡后离合器和单向离合器外，还有低—倒制动带参加工作，如出现打滑现象，应对上述 3 个元件进行仔细检查。

表 7.2　　　　变速器离合器及制动带操作表

挡位		传动比	离合器		低挡-倒挡制动	锁止	制动带伺服机构		单向离合器	驻车爪
			高挡-倒挡离合器（前）	前进挡离合器（后）			操作	放松		
驻车挡										○
倒挡		2.364	○							
空挡										
驾驶挡	低挡	2.826		○					○	
	第 2 挡	1.543		○			○			
	第 3 挡	1.000	○	○		○	（○）	○		
2	低挡	2.826		○					○	
	第 2 挡	1.543		○			○			
1	低挡	2.826		○	○				○	
	第 2 挡	1.543		○			○			

注：表中的“○”表示该执行元件接合或动作。

（4）在 R 挡进行失速试验，如出现打滑现象，从表 7.2 中可知，可能是由于高速挡-倒挡离合器故障所致。

（5）如果在 D 挡和 R 挡时的失速转速都标准转速高，则应检查液压系统压力是否过低，否则可能是变速器执行装置损坏极其严重。

强调指出，不宜过多进行失速试验。因为进行此项试验时发动机功率全部由变矩器内液体吸收，会产生大量的热；且对各个元件也产生极大的作用力或扭矩，反复试验必然造成损坏。在不掌握所修自动变速器的离合器及制动带操作表或不熟悉所试验的自动变速器执行元件操作状况的情况下，盲目进行此项试验，即使出现前述故障现象，也无法正确判断是哪些个执行元件出现问题。所以掌握数据或资料有助于自动变速器的维修检测工作。

课题实施　失速试验

提示　由于失速试验时，变速器内部受到一个极大的扭矩负荷，在进行失速试验前，应注意以下几点。

① 应在进行基本检查和调整后进行试验。

② 怠速运行一段时间，使油温升至正常行驶温度（70℃～80℃）。

③ 变速器油温过高会加快变速器油液和密封件的老化，而且加剧离合器摩擦材料的磨损，所以连续实验时间不要超过 5s。

步骤一　D 挡失速试验（操作如图 7.1 所示）

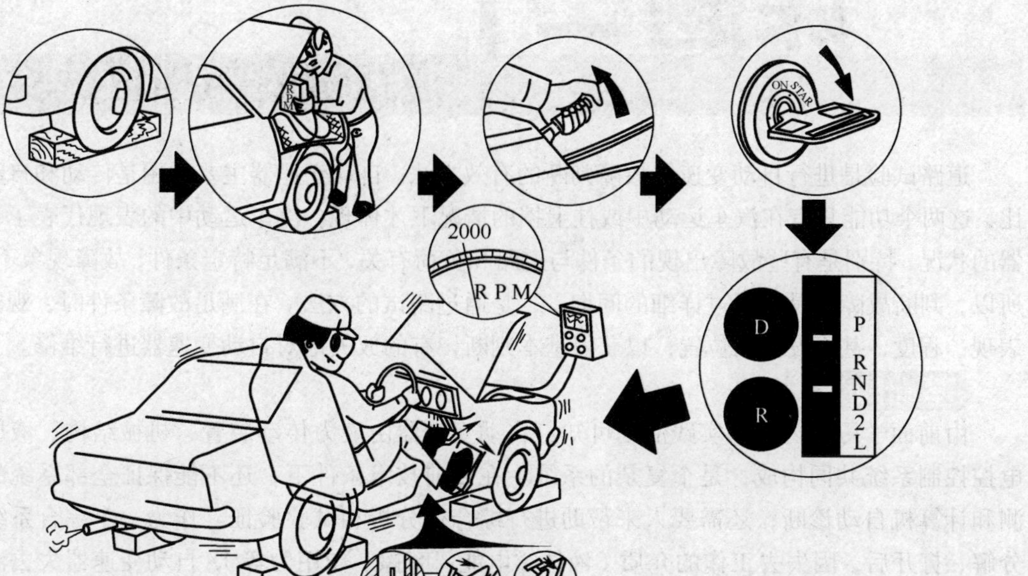

图 7.1　自动变速器失速试验

（1）将止动块（橡胶块或三角木块）塞入前后车轮下用以止动；接上发动机转速表（指无转速表汽车）。

（2）拉紧驻车制动器。

（3）起动发动机，将换挡杆换入 D 挡。

（4）用力踩下制动踏板，将油门踏板迅速踩到底，使发动机转速迅速上升至最大值。

（5）保持 4 的状态，读取转速表所显示的发动机此时的最高转速（不要超过 5s）。

（6）放松油门踏板，恢复发动机怠速转速并维持一定时间， 以使油液循环冷却。

步骤二　R 挡失速试验

操作要领与 D 挡的操作要领相同。

进行失速试验过程中要注意听发动机与自动变速器内声音的变化，尽管试验时发动机与变矩器发出很大的噪声，但不应听到任何金属撞击声与尖锐的啸鸣。

课题小结

（1）失速试验是指汽车处于停止状态下，变速器换入 D 挡或 R 挡，当发动机处于全负荷时检查发动机在该状态下的转速。

（2）失速试验可以判断液力变矩器工作状态是否良好，从而为进行故障分析，缩小故障范围所需要的必要步骤。

（3）通过失速试验可以检查某个离合器或制动器是否有打滑现象。

（4）失速试验会造成变速器油温过高，因此不宜反复进行。

作业测评

完成失速试验报告，并对试验结果进行分析判断。

课题二　道路试验与挡位试验

道路试验是进行自动变速器故障判断的有效方法。自动变速器主要功用是传动和自动改变速比，这两个功能只有在汽车运动中或挂上挡的情况下才体现。汽车运动中的表现代表了自动变速器的状况，特别是有些故障出现的条件与道路和负荷有关，不满足特定条件，故障现象不很明显。所以，判断故障一是要通过详细的问询，二是通过路试的方法。在满足故障条件时，观察故障的表现、程度，甚至发生的位置，以获得基本判断，有的放矢地对自动变速器进行维修。

基础知识

由前面学习的内容和实践活动可知：自动变速器由液力传动装置、机械结构、液压油路和电控控制系统共同构成，是个复杂的系统。在目前技术条件下，还不能保证全部系统的自动检测和计算机自动诊断，还需要人来帮助进行综合行分析和试验验证。作为一个综合系统，在被分解、打开后，因失去工作的介质（液体、电能、摩擦、作用力等），自动变速器失去满足工作原理的条件，故而再想看到或再现故障已不可能。正确的方法是通过道路试验，再现故障现象；再分别机械结构、换挡执行元件、液压油路、电气元件、传感器、控制器等的工作特点，综合分析大致的故障可能后，在有目标的进行分解检查。道路试验分析故障固然与经验相关，同时必须具备全面的专业知识和技能，学习掌握道路试验的基本方法，就是经验积累的基本任务。

一、换挡试验

换挡试验又可称为时间滞后试验，它是在发动机怠速状态下，通过改变自动变速器操纵杆的位置，测定动力传递到驱动轮所经历的时间，帮助判断故障的位置。滞后时间是指当变速杆换入某一挡位瞬间，液压控制系统发生作用、动力经行星齿轮、传动装置到达驱动轮所经历的时间。具体的表现是发动机怠速状态，变速杆换入某挡瞬间，汽车由静止状态到产生动力振动的一段时间。

离合器的间隙过大，会延长离合器接合时间，而系统压力低于标准压力时，也会延长达到离合器活塞作用压力的时间，各种控制阀出现卡带也会延长动力传递时间。所以，通过换挡试验可进行初步的故障判断，如某离合器的磨损情况、系统压力是否应该检查等。

二、道路试验

对于自动变速器来说，换挡与汽车的行驶速度息息相关，换挡的过程是在运动中进行的，所以道路试验是自动变速器故障诊断的基本试验之一。

道路试验：指汽车在道路上行驶，通过汽车不同工况下变速挡位的自动变换，真实再现汽车所发生过的故障，从而判断自动变速器故障发生的部位、条件和时间，帮助确定引发故障的机构、装置或系统的试验。

进行道路试验前对自动变速器的工作性能的了解非常重要，它有助于正确分析故障。如所试验的自动变速器的执行元件工作表、换挡电磁阀工作逻辑表和自动换挡特性曲线等，参看四单元中图 4.36 所示自动变速器换挡特性曲线。执行器工作表给出不同挡位时参加工作的执行器，通过换挡变速和换挡时的冲击振动情况，可以帮助判断是哪些执行器发生了故障。自动换挡特性表表示不同节气门开度条件下发动机转速与汽车行驶速度的变化及正确的升挡和减挡的速度标准，可用来判断自动变速器换挡时机是否正常，帮助确定调整是否合适、液压系统与电控系统是否存在问题。换挡图中的实线为升挡曲线，虚线为降挡曲线。可以注意到从某挡位换入另一挡位，不同节气门开度下汽车的速度不同；同一节气门开度时升挡与降挡的汽车速度也不一致（存在升降挡速度差的原因）。

进行道路试验前要完成安全检查、油液检查等项工作，防止意外故障的发生。试验道路也要有所选择，避开狭窄、拥挤的道路。试验前汽车怠速运转一段时间，以使变速器油温升高到工作温度。

汽车道路试验可进行下几方面的检验。

1. 静止换挡检验

汽车制动状态，将换挡杆分别推到倒挡和前进挡位置，执行装置进入工作状态，发动机的扭矩经变矩器、变速器及传动系统传递给车轮，通过所产生的振动可检验低速挡和倒挡的工作情况。

自动变速器在完成选挡操作后，液压油会按照规律进入指定的离合器活制动器，油压传递和执行元件完成动作需要一定的时间，尽管时间可能很短。关于系统的问题，可从以下几个方面考虑。

① 由液压元件动作原理可知，在离合器或制动器的间隙过大或过小时，都会引起动作的时间的变化。

② 由系统油路可知，液压油流动速率受流通尺寸等制约，尺寸的变化是引起执行元件动作时间变化的另一原因。

③ 液压执行元件的动作快慢还与液压系统压力大小有关，通过执行动作的冲击和时间快慢，可以进行粗略的判断。

2. 起步试验

汽车起步时是汽车从静止状态改变为运动状态，需要很大的牵引力矩。当变速器变速杆换入 D 挡或倒挡，变矩器与变速器的低挡进入工作状态，松开驻车制动器与行车制动器后汽车应向前蠕动。随着节气门开度增加，发动机转速增高，汽车车速随之提高，不应有任何阻滞或冲击振动。如出现起步无力、起步时无蠕动现象、汽车升速时间过长等问题，应进一步对变矩器和变速器进行检查。汽车的起步试验也可以在坡路上进行，由于需要更大的牵引力，能够帮助判断变矩器的增扭作用。注意：由于变矩器是依靠液体动能传递动力，只有当发动机转速较高时才能产生较大动能，所以汽车车速提高滞后于发动机转速属正常现象。

3. 自动换挡试验

自动换挡指在给定变速范围，自动变速器控制装置和机械变速系统自动发生挡位转换。包括自动控制升挡、自动控制降挡状态。自动变速器的自动换挡主要受控于节气门开度和行驶速度，所以当节气门度一定，随汽车行驶速度升高达到一定程度时自动变速器自动换入另一挡位。在汽车升速过程中主要检查汽车的升挡规律是否满足换挡规律曲线的要求。这种检查是通过路试人员的感觉实现的，路试时应仔细体会换挡时汽车产生的变化。换挡瞬间汽车的阻力矩发生变化，发动机的转速也会产生瞬时变化而形成轻微振动，汽车速度明显降低或后座，而后迅速升速。

汽车达到最高挡后，将加速踏板完全放松，汽车的行驶速度在阻力作用下下降，自动变速器会根据换挡规律自动降挡。减速可以通过自由滑行或通过点制动来实现，当汽车速度降至某一值时，发动机转速会出现突然上升、车速下降，即完成一次降挡动作。

换挡时机不正确，可在从液压系统和电子控制系统两方面考虑故障原因。如节气门阀调整不当、节气门传感器故障等。

4. 加速试验

汽车加速试验主要测试自动变速器在大负荷、大阻力工况下传递扭矩的能力。汽车正常起步后，突然踏下加速踏板，使汽车加速行驶，观察汽车车速是否随发动机转速增加而迅速增加。如加速过程长则可能是离合器出现打滑等故障。

5. 强制降挡试验

汽车行驶中如果突然加速，由汽车驱动力矩平衡关系可知，此时所需驱动力矩也很大。一方面通过增加发动机输出功率;另一方面可通过降挡增加扭矩的方法实现汽车驱动力矩的平衡。加速时自动实现降挡的过程称为强制降挡。

试验时选择良好道路条件，汽车保持较高速度，突然将油门踩到底，汽车出现明显的瞬间制动（降挡）后发动机转速迅速上升，随着车速上升和自动变速器自动换入高速挡位，发动机转速又逐渐下降，说明自动变速器强制降挡功能正常。

6. 发动机制动性能试验

汽车在下坡时，因自身重力作用而加快滑行速度，长时间利用行驶制动器制动减速，会由于产生高热而使制动装置性能下降，一般利用发动机运转的惯性进行反拖制动。在自动变速器的 2 挡和 L 挡设置了这种功能。试验时将车速提高，然后将变速换挡杆置于 2 挡或 L 挡位置，观察汽车的速度是否下降很快，如无发动机制动，则应检查单离合器的作用是否正常。

课题实施 换挡试验

操作一 换挡试验（操作示意见图 7.2）

（1）车轮用三角木止动，拉紧驻车制动器手柄。

（2）起动发动机。

（3）怠速状态下将换挡杆从 N 位换入 D 位，感觉到车身振动的测量时间以 0.1s 为单位。

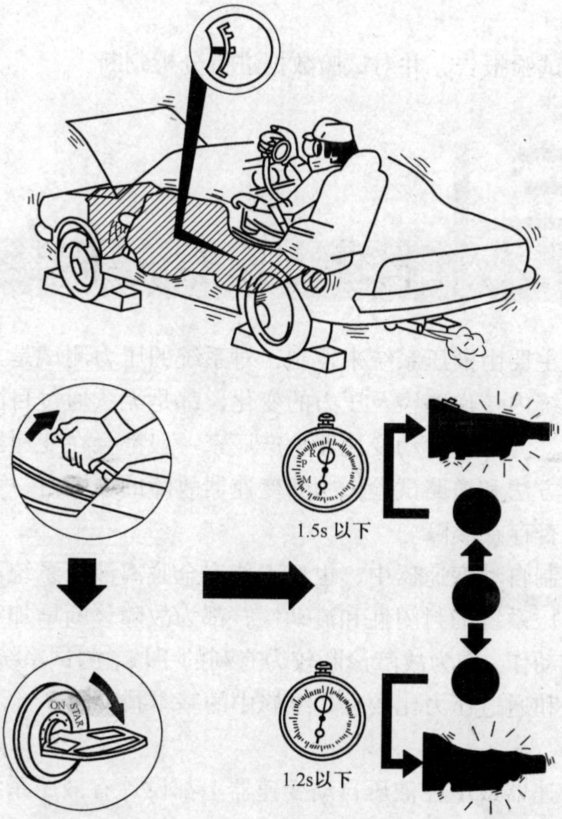

图 7.2　换挡时间试验

提示

（1）试验应在对汽车进行完基本检查和基本调整后进行。

（2）试验油温应达到汽车正常行驶温度（70℃～80℃）。

（3）为使离合器和制动器完全恢复到自由状态，各挡测试应保持 1 分钟以上的时间间隔。

操作二　换挡试验数据分析

（1）试验数据满足表 7.3 为正常。

表 7.3　换挡试验标准

换挡位置	标准滞后时间
空挡-前进挡	1.2s 以下
空挡-倒挡	1.5s 以下

（2）滞后时间超过标准时，可判断为相应的离合器或制动带打滑或液压系统压力低，可通过其他试验进行进一步检查。

课题小结

（1）换挡试验又可称为时间滞后试验，它是在发动机怠速状态下，通过改变自动变速器操纵杆的位置，测定动力传递到驱动轮所经历的时间，帮助判断故障的位置。

（2）道路试验指汽车在道路上行驶，通过汽车不同工况下变速挡位的自动变换，真实再现汽车所发生过的故障，从而判断自动变速器故障发生的部位、条件和时间，帮助确定引发故障的机构、装置或系统的试验。

作业测评

完成自动变速器换挡试验报告，并对试验数据进行分析判断。

课题三 自动变速器液压系统油压试验

自动变速器的执行器主要由液压系统来控制，对系统的压力测试是方便有效的诊断方法。自动变速器中，油压在系统内传递路径及压力的变化，都是无法通过目测进行判断。只有使用压力表才能测试油路压力，为此各自动变速器生产厂家一般都会在变速器上设有多个压力测试孔。当不能通过其他检查方法和道路试验来判断变速器故障的原因时，可通过液压系统压力测试，帮助判断液压系统是否存在故障。

即使在当前的电子控制自动变速器中，也还不能完全脱离液压系统而独立实现自动变速器功能特性的装置。由于液压系统的封闭性和流动性，都为故障诊断增加难度。液压系统是在不同压力下才能完成工作或动作，作为故障诊断较为有利的手段，测试系统压力就显得尤为重要。掌握正确的油压测试方法和通过压力比较也是维修中的基本技能之一。

基础知识

几乎所有液压自动变速器或电控液压自动变速器上都设计有液压系统测压点，根据维修手册，找到测压点和压力数据，拧下测压点的螺旋油堵，接上压力表即可测量油路上的压力。图7.3为压力表的接法与测压点的示意位置。不同的自动变速器液压系统有不同的测试要求和测试点，需要根据制造商提供的维修手册确定测试点的位置和具体的测试压力标准。在图7.4所示液压控制油路图上可看到在每个换挡油路的测压点。

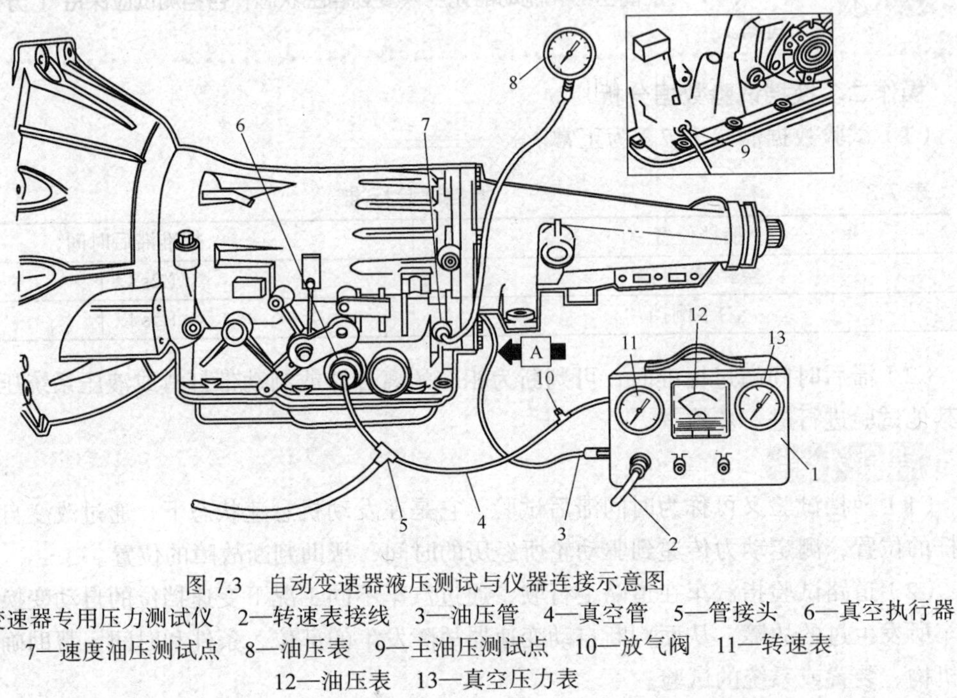

图7.3 自动变速器液压测试与仪器连接示意图

1—自动变速器专用压力测试仪 2—转速表接线 3—油压管 4—真空管 5—管接头 6—真空执行器 7—速度油压测试点 8—油压表 9—主油压测试点 10—放气阀 11—转速表 12—油压表 13—真空压力表

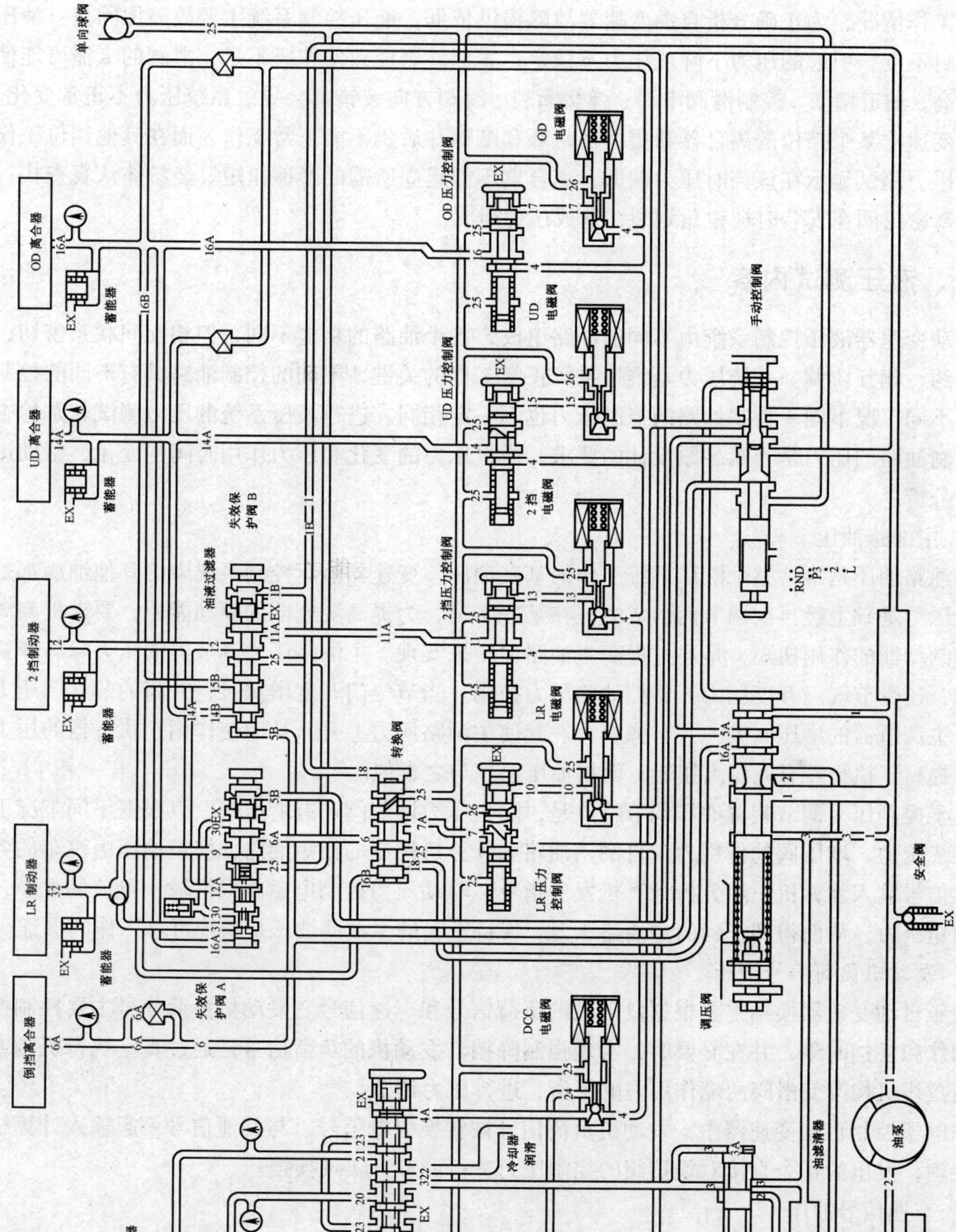

图 7.4 电控自动变速器液压油路图及压力测试点

由前面的学习可以了解到，自动变速器的液压系统中，设计有不同的压力控制油路，因此液压系统中有几种不同的油压类型。通过压力测试可检查油泵、压力调节阀、节气门阀和调速机构的工作情况，为正确分析自动变速器故障提供依据。液压控制系统主要故障原因是：液压系统密封不良，引起的压力下降或压力不稳定；零部件磨损致使建压不足；滑阀的卡滞可能使压力过高；油道堵塞、控制滑阀卡滞、弹簧断裂、滑阀方向装错都会导致系统压力不正常变化。例如，变速器某个挡位的离合器新更换密封环和摩擦片后仍不能正常工作，而在其他挡位工作正常，压力测试显示在该挡时压力偏低，离合器不能建立所需的摩擦扭矩。经解体认真查找，发现活塞密封圈在安装时被锐角划裂，造成压力泄漏。

一、液压测试内容

自动变速器液压控制系统由不同的油路组成，各个油路的功能不同，但相互间联系密切，相互制约、相互协调。系统压力是维持系统正常工作的关键，不同的控制油路具有不同的控制压力；不同工况下同一控制油路的控制压力也不一定相同。进行液压系统的压力测试就是检查不同控制油路的压力是否满足原设计的要求，通过压力的变化和压力作用时间的变化，帮助进行故障分析。

1. 主油路油压

主油路油压是维持整个液压系统工作的基础油压，变速器液压控制系统中的其他油压都是在这个压力基础上经再次调节而形成的。在某些工况，为提高变速器的驱动能力，要求提高离合器或制动器的作用扭矩，是通过提高主油路油压来实现。主油路压力调节器的压力除与弹簧力平衡，还受节气门开度压力、倒挡油路压力控制。当节气门开度增加时，升高的节气门压力作用于主调节器的增压阀上，并与弹簧力一起使主油路压力上升，从而使作用于执行器的压力增高，提高了执行器有效输出扭矩。倒挡油压原理与之类似。

电子控制压力调节装置油压调节特点是，除主压力调节阀还有增压阀，以根据不同工况下调节系统压力。增压阀的作用力来自倒挡油路和计算机控制的扭矩油路，扭矩油压由汽车的各种传感信号输入计算机，经分析计算机发出指令，驱动压力控制电磁阀根据输入电流的大小，调节扭矩压力，从而得到正确的主油路压力。保持正确的主油路油压是系统可靠工作的保证。

2. 发动机负荷信号油压

液压自动变速器换挡主要根据发动机的负荷信号和车速信号。发动机负荷信号主要控制换挡阀动作和换挡时刻，并在必要时，实现强制降挡。发动机的负荷信号是通过真空执行机构或节气门拉线机构改变滑阀两端作用力的平衡，进行压力调节。

在电子控制自动变速器中，发动机负荷信号被转换为电信号，与其他信号一起输入计算机进行处理，发出的指令直接对换挡阀的控制压力进行调节，实现换挡。

3. 车速信号油压

在液压控制换挡的自动变速器中通过与变速器输出轴联接的调速阀，将车速信号转变成液压信号进行自动控制，此油压主要控制自动换挡，一些自动变速器上还用它来对主油路压力反馈控制。

电子控制液压系统将包括车速信号在内的传感信号输入计算机，经综合分析发出指令控制换挡电磁阀，调节换挡阀的控制油压，实现换挡动作。

4. 变矩器工作油压

要使变矩器实现正常的液力传动，必须使变矩器内保持一定数量、一定质量、一定压力的循环油液。如果变矩器内部装有锁止离合器，则还要有一系列控制装置实现锁止离合器接合与断开。

5. 特殊油压

一些变速器上设有特殊的油压测试点，用来检测具有特殊要求的油压。如有的变速器为离合器、制动器、减振器均设置了测试点，可以进行具体的油压测试，帮助进行变速器故障分析。进行特殊油压测试，要有详细油压数据的维修手册的帮助。

二、油路压力与故障分析

在道路测试中应对变速器从一挡换到另一挡时的压力变化数值进行记录，观察起动压力和压力增长的平稳程度。正常情况下，两挡间的压力差不应超过 15Pa，压力应该伴随着负荷逐渐增加。这个试验也可在速度试验台或底盘测功机上进行。将汽车的驱动轮置于速度试验台或底盘测功机上，非驱动轮用止动块塞住，如图 7.5 所示，通过改变换挡手柄的位置 ，观察主油压力表的变化。任何一个超过规范值的压力数值都预示着故障的存在。当变速器油液压力较低时，可能存在内部泄漏、滤网堵塞、油泵输出量下降，或压力调节器故障。如果变速器油液压力增加时刻不对或压力达不到一定数值，则可能是滑阀出现卡滞或存在密封故障。如果在两挡间的换挡压力差大于 15Pa，则可能是伺服机构存在内部泄漏或离合器密封出现问题。

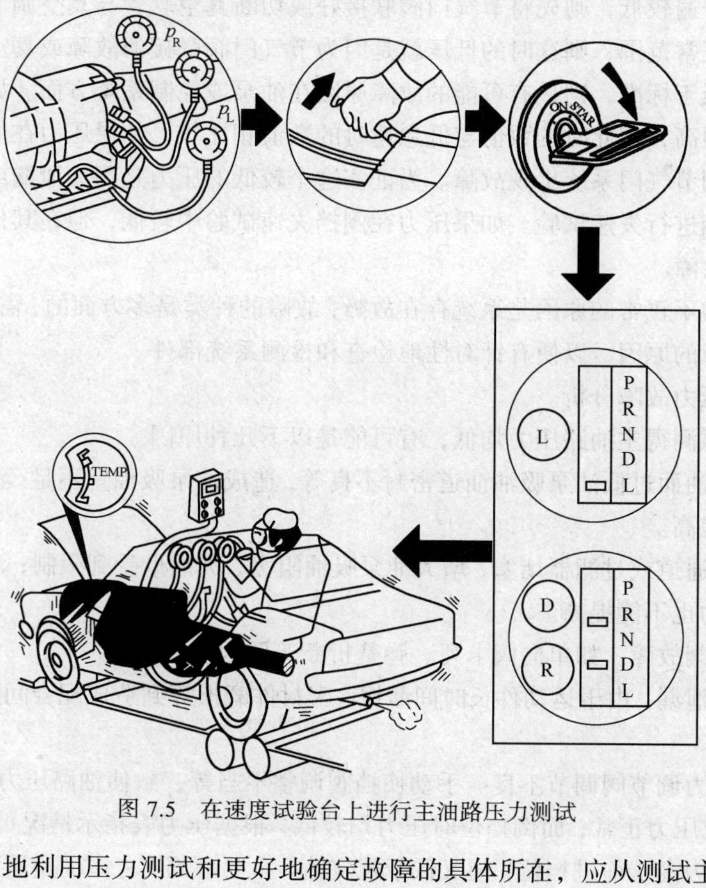

图 7.5　在速度试验台上进行主油路压力测试

为了最大程度地利用压力测试和更好地确定故障的具体所在，应从测试主油路压力开始进行检测。几乎所有的自动变速器都设有检测主油路压力的测试接点，对主油路压力的测量应该在所有挡位的范围和3个基本发动机转速下展开。

（1）在发动机低怠速运转时测量主油路压力。如果主油路压力在低怠速（850 ± 50r/min）的所有挡位运行，情况都符合要求，则油泵和压力调节器的工作状况良好。如果低怠速时所有压力值偏低，那么有可能在油泵、压力调节器、滤网、变速器油液，或内压力泄漏方面存在故障。

（2）在发动机高怠速运转时测量主油路压力。为进一步明确低怠速运转时主油路压力值偏低的原因，可以在发动机高怠速情况下，各挡位处于工作状态时进行压力检测。如果高怠速时压力符合要求，则故障的原因通常是因为油泵的老化磨损，或是因为内部的泄漏。内部泄漏现象通常在某个范围内更明显，因为在那时变速油液还通过某些具体的阀门和通路被输送到具体的装置内，如果其中的某个装置存在任何泄漏，则在被选用挡上工作时就会出现压力下降现象。

（3）利用节气门全开时的压力变化判断故障。在发动机节气门全开时观察每一挡位的压力变化，发动机在较高转速时，如果出现压力逐渐下降现象，通常可能是机油漉网堵塞。这是因为变速器油液不能顺利通过滤网进入高速旋转的油泵，以满足变速器的需要。如果随发动机转速增加而变速器油液压力没有变化，则有可能是压力调节器内出现卡滞。尽管压力调节器卡住时随发动机转速的增加仍可提供一定压力的油液用以维持基本的需求，但它不能提供该转速下所必需的油液压力。

如果在低怠速时压力较高，有可能是因为压力调节器或节气门阀出现故障。如果节气门开度较大时的压力普遍较低，则先将节气门阀联接好或切断真空软管与真空调节器的联接，如果此时压力恢复到正常范围，则这时的低压就是因为节气门阀联接的故障或真空管路的故障而产生的。如果压力低于标准，则最有可能的故障原因在油泵或控制系统方面。如果在节气门开度较大时的压力都很高，用此时的数值与低怠速时的数值相比较，如果压力在低怠速时正常而在高怠速时偏高，则节气门系统出现故障。为证实这个较低的压力是因为泄漏或油泵的老化磨损所致，可挂入倒挡进行失速试验。如果压力在倒挡失速试验中较低，但在其他试验中都正常，就是油泵泄漏的故障。

造成油路压力不正常的原因是系统存在故障，故障的种类是多方面的，需要进行综合分析，判断可能产生故障的原因，以便有针对性地检查和检测系统部件。

（1）主油路压力故障分析。

通过上面测试测得主油路压力均低，有可能是以下几种原因。

① 变速器内油面过低油泵吸油油道密封不良等，造成油泵吸油量不足，油泵压力腔存在空气，使油压不能提高。

② 油泵吸油通道或过滤器堵塞，增大油泵吸油阻力，吸油量受到限制；油泵排油量也随之减少，压油腔压力也不能提高。

③ 油泵安全阀故障。如单向阀卡死、弹簧折断等原因。

④ 油泵内部泄漏。由于运动件长时间摩擦、密封件磨损等到造成配合间隙过大，或密封不严而产生泄漏。

⑤ 主油路压力调节阀调节不良、手动换挡阀调整不当等，致使油路压力控制有误差。

（2）前进挡位压力正常，而倒挡位时压力均较低，根据压力表指示情况可分以下几种情况。

① 倒挡时压力高于前进挡位，但又低于规定值。主要原因有：主油路压力调节阀不良，倒挡油路及与倒挡有关的制动器、离合器液压活塞或蓄压器等有轻度泄漏。

② 倒挡时油压与前进挡位油压相同，或相差不大。主要原因有：主油路压力调节阀的倒挡修正油压油路堵塞或泄漏，倒挡油压修正柱塞卡死。

③ 倒挡时油压很低甚至没有压力，主要原因有：倒挡控制阀故障，倒挡油路、倒挡制动器或离合器、倒挡减振蓄压器存在严重的泄漏。

（3）倒挡压力正常，而前进挡压力偏低，有以下两种情况。

① 前进挡各挡压力均低，则可能为前进挡离合器液压活塞或其液压油路有泄漏故障，或相应前进挡液压元件及油路有泄漏。

② 在各前进挡位中，某一个挡位的油压偏低而其他几个挡位正常，则可能因手动选挡阀等调节不当引起，或某些挡位特殊油路有泄漏。

（4）在各挡位或某些挡位的怠速油压值正常，而失速油压或大负荷油压偏低。故障原因一般有：主油路油压调节阀有故障，主油路修正调节油压油路有泄漏，主油路相应挡位的离合器或制动器活塞及其油路有轻度密封不良现象，在高油压时产生泄漏。

（5）如果选挡手柄在 P、N 两位时油压正常，而当选挡手柄进入行驶挡后压力变低，这说明油泵及主调压系统基本正常，故障可能在相应挡位各油路上或离合器、制动器活塞上。

（6）前进挡与倒挡油压均高，有以下两种情况。

① 压力均过高且超过倒挡压力，可能的原因是调节阀有故障，节气门阀有故障，节气门拉线调节不当或发卡，从而造成系统油压调节失效。

② 前进挡压力与倒挡压力相同，可能的原因为主调节阀压力修正柱塞卡死，倒挡修正油压油路与其他油路错乱或泄漏。

三、发动机负荷信号油压测试与分析

一些自动变速器上设有发动机负荷信号油压测试接点，用来检测其压力是否正常。检测时按基本操作程序接好油压测试表，起动发动机后有两种操纵节气门阀的方法可供选择。一种方法是为了使油压值有一个正确范围，通常将节气门或节流阀置于怠速、半开度、全开 3 种状态；另一种是按具体车型的规定在某一发动机转速与车速的状态下进行测试。一般先使节气门或节流阀移动，观察压力是否随之相应变化，从而大致判断一下节流阀的调压作用是否正常，然后根据不同车型的具体要求进行检测，读取数据。

如果此压力一直保持在最高、最低或某一压力，不随节气门开度变化而变化，则可能是节流阀已经卡死在某一位置，不能运动。如果油压能随节气门开度变化而变化，但偏低，则可能是液压系统内部存在泄露、节流阀阻滞、前端弹簧变软、后端弹簧压力调节不当；如果偏高，则可能是节流阀后端弹簧压力调节不当。

四、车速信号油压测试与分析

在大多数使用调速阀产生车速信号油压的自动变速器上，都设有为检测此油压而用的测试接点。检测时按基本操作程序接好油压表后（测试此油压最好用指针式小量程油压表，因为这样油压变化更直观），通过道路行驶测试或在举升器上空负荷测试两种方法进行检测。观察油压是否随车速变化而变化，判断调速阀是否在做相应动作。然后根据该车型油压为正常油压值时的相应测试状态操作汽车，读取油压值，最后对测量值与正常值进行比较，判断故障原因。常见几种车型车速信号油压值见表 7.4。

表 7.4　　　　不同车型车速信号油压值

车系（型）与变速器类型	车速（km/h）	油压值（kPa）
三菱 F3A20	22.5	100
	56～62.5	300
	80～86.5	500
奔驰 E500、500E、W4A040	30	80
	90	220
奔驰 500SEL、S500、W4AO40	30	60
	90	200
奔驰 E320、300E、W4A040	30	80
	90	260
丰田 A243L	18	2～4.9
	50	18～21
	90	41～49

五、液力变矩器油压测试

一些自动变速器上设有检测变矩器工作油压及锁止离合器的控制油压的测试接点，在该点按基本操作程序接好压力表后，可在道路或举升器上进行操作测试。变速杆换入 D 位，使发动机驱动车轮转动，分别测量怠速状态、自动变速器由 1 挡换到最高挡时的油压值，之后分别在 R、N、2、L 各挡位进行测试。在前进挡位时，分别测取液力变矩器锁止离合器接合与分离状态时的油压值。

液力变矩器油压测试用来检测变矩器及其液压控制系统故障，在后面将专门进行分析。

六、其他油压测试

（1）各换挡执行元件的油压测试。例如：某离合器或制动器油压测试，强制降挡制动器控制油压测试等。测试方法一般都与主油路油压相同或相近，在故障诊断时可根据需要进行测试，并用来辅助分析故障。

（2）控制修正油压测试。在现代 KM、三菱系列等变速器中，控制锁止离合器的锁止、保持换挡时离合器或制动器上油压变化平顺的油压不是直接取自主油路油压，而是将主油路压力经过一个减压阀进行调节后的油压；在变速器中还用这个油压配合油压控制电磁阀与锁止控制电磁阀，去修正控制其他油压。这个由减压阀调节后的油压叫修正油压（或称减压阀油压）。测试时应对各挡的怠速与大负荷等状态分别进行测试，油压应在 360～480kPa 这个范围。造成该油压不正常的原因有：电控系统不良，油压控制电磁阀及油路有泄漏或堵塞。

总之，在对上述油压进行油压测试时，应根据实际情况进行选择，在分析时应注意各个油压间的相互联系与影响。

课题实施　液压测试的基本操作

操作一　测试前的准备

准备一只量程 0～3MPa 的油压表和一定长度的油管，通过与变速器配套的油压测试专用接头，连接到被测点上。因要进行路试，油压表需放入驾驶室内，以便于观察，所以油管要有一定长度且耐压。

操作二　测压基本操作

① 关闭发动机，变速挡置于 P 挡，拆下测压点油堵螺栓，换上测试管接头，接上油管和油压表。

② 起动发动机，检查各接头处是否有泄漏。

③ 待变速器油温达到正常工作温度，变换各种工况检查并记录油压表数值。

④ 通过测量值与标准值比较，判断分析系统状况。

课题小结

（1）自动变速器液压系统压力测试可检查油泵、压力调节阀、节气门阀和调速机构的工作情况，为正确分析自动变速器故障提供依据。

（2）液压控制系统主要故障原因是：液压系统密封不良，引起的压力下降或压力不稳定；零部件磨损致使建压不足；滑阀的卡滞可能使压力过高；油道堵塞、控制滑阀卡滞、弹簧断裂、滑阀方向装错都会导致系统压力不正常变化。

（3）主要测试内容：主油路油压、发动机负荷信号油压、车速信号油压、变矩器工作油压和特殊油压。

（4）为了最大程度地利用压力测试和更好地确定故障的具体所在，应从测试主油路压力开始进行检测。

作业测评

（1）简述自动变速器液压系统主油压、调节油压、工作油压的关系。

（2）简述怎样查找自动变速器液压系统油压测试点。

（3）简述液压系统油压测试工作要点。

知识拓展　自动变速器测试与诊断设备

对自动变速器进行维修时除需要使用各种通用的或专用的维修工具，还需要专门的试验设备进行自动变速器的测试。计算机控制的自动变速器，由于计算机内装有可对自动变速器电子控制部分及传感器、执行器的故障进行诊断的程序，能够帮助我们快速、准确地判断故障发生的位置及原因，计算机的这种功能被称为自我诊断功能。

近年来，随着汽车大量采用计算机控制系统、各控制系统之间的联系更加紧密，而变得越来越复杂。当系统中某一部分出现故障，可能导致整个系统甚至多个系统不能正常工作，如果对故障情况不能及时发现和妥善处理，还可能导致故障进一步扩大，严重地损害汽车的使用性能。因此要求计算机控制系统能够自动、及时、准确地判定系统是否存在故障，并在出现故障时能够采取必要的措施，使系统处于安全状态，并向驾驶员发出警示信号，使驾驶员了解控制系统状态，采取相应的处理措施。当判定系统存在故障时，还要能够将故障情况记录下来，为进行维修工作提供参考和帮助，提高汽车使用性和检修方便性。汽车计算机控制系统对系统状态进行监控和判定的功能称为自诊断功能。计算机控制系统在判定系统存在故障时，能够主动采取必要措施，以确保汽车相关系统的基本功能，使汽车能运行到附近的汽车维修厂进行故障排除，这种功能称为故障安全功能。

例如，电控自动变速器控制系统可以通过装在变速器输入轴上的转速传感器和输出轴上的转速传感器来检测变速器是否发生打滑。当变速器内的高速挡离合器磨擦片出现严重磨损而打滑时，两个转速传感器出现较大的转速差时，计算机能够点亮警示灯向驾驶员发出警示信号，同时自动中止高速挡的工作，而换为低速挡，维持汽车以低速运行状态到就近的汽车修理厂进行维修。维修人员可调出计算机内存储的故障信息，为确定故障的位置和故障情况提供参考。

一、利用故障灯显示故障码

车载式自诊断装置指装于汽车控制系统中的、能够对控制系统自身中的传感器、执行器、电路等进行检测诊断，并能在出现故障时报警、存储故障码、启动备用系统或停止汽车运行的装置。在需要时，维修人员可通过某种操作方式获得储存于计算机内的故障码。车载式自诊断装置一般供用户和专业维修人员使用，对于一般用户，所有的诊断都是自动进行的，不要求专门的操作。对于专业维修人员，可通过诊断接口，以规定的操作方式读取储存于计算机内的故障码，方便地确定故障发生的位置和故障状况。

由于各汽车生产厂独立进行控制系统的设计，其自诊断装置的内容不同、报警方式不同、故障码显示方式不同、故障码的调用方法也不一样。作为汽车维修人员，应了解一般汽车故障码的基本调用方法与显示方式。

利用闪烁的指示灯作为故障码的显示方式是汽车较常采用的方法。使用这种方式其信号输出显示装置简单、成本低。其不足是只显示故障码，没有具体的故障指示，要了解详细的故障原因或位置，需要修理手册的进一步指导。可以讲它是面向专业修理人员的故障指示装置。指示灯显示指通过系列灯光闪灭的次数和灯光亮、灭时间的长短组成不同的数码。当汽车电控系统出现故障，不同的故障被以固定的数字编码，存储于计算机内存中，当需要调用时，通过特殊的触发方式，计算机可顺序输出故障的编码，驱动指示灯闪灭。维修人员通过读取灯光显示的数码，在汽车修理手册中可查找到该数码所代表的故障原因、基本症状和检修的方法。

很多汽车厂家的控制系统利用故障码显示方式，这种显示方式是利用一只位于仪表板或控制器上的发光二极管来显示故障数码，故障码显示分单位数或双位数。如本田车的变速驱动桥的故障码在通过连接线连接专用的故障码调用插头后，如存在故障，其仪表板上的变速器驱动档指示灯开始闪亮，维修人员此时需要认真读取故障灯显示的数码。指示灯通过短促闪亮或长短间隔的闪亮表示不同的数值。图7.6所示的一组脉冲，高电位表示灯亮，低电位表示灯灭；高电位的短闪表示故障码的个位，高电位的长闪表示故障码的十位。连续闪亮间有较长时间的暂停用来区分故障码。图7.6（c）存在一个长闪和4个短闪，则故障码为14。如果计算机内存储多个故障码，当故障码调用系统被触发，故障显示灯会由低向高顺序输出系统内存在原的故障码。

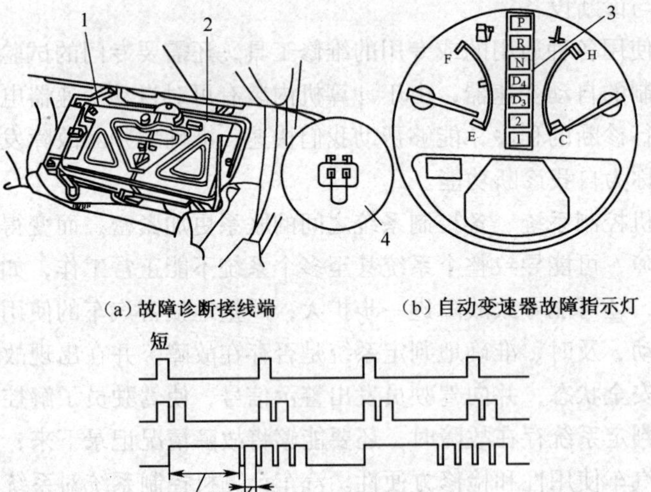

（a）故障诊断接线端　（b）自动变速器故障指示灯

（c）故障码闪亮显示

图7.6　本田汽车故障码显示方式

1—ECM　2—TCM　3—D_4　4—专用连接器连线

丰田汽车自动变速器的故障自诊断输出采用仪表板上的超速挡指示灯。汽车在行驶中如果超速挡指示灯连续闪烁，表明变速器系统出现故障，应进行检查。丰田汽车厂生产多种型号的汽车，不同的汽车型号其故障码的调用方法略有差异，其基本的故障码调用方法相同。

调用故障码前，要将超速档开关打开，否则超速档灯会始终亮着，不会闪烁故障码。使用诊断用跨接线将检测端口内的 TE1 或 TE2 端与 E1 端连接，如图 7.7 所示，打开点火开关，如系统内存有故障码，则超速档指示灯会出现闪烁。灯光每次闪亮时间为 0.5s，以闪灭时间的长短变化表示数位与数码。如连续闪亮几次后，出现 1.5s 的间歇，此后继续闪烁若干次，表示为一个二位故障码。前面连续出现的数为二位故障码的第一位数，后面连续出现的数为二位故障码为第二位数。随后出现 2.5s 的间歇，表示进入下一个故障码显示。故障码由小到大以顺序显示，当一组故障码显示完毕，会出现较长的间歇（约 4.5s），而后重复显示故障码。表 7.5 为丰田 A340E 自动变速器故障码。

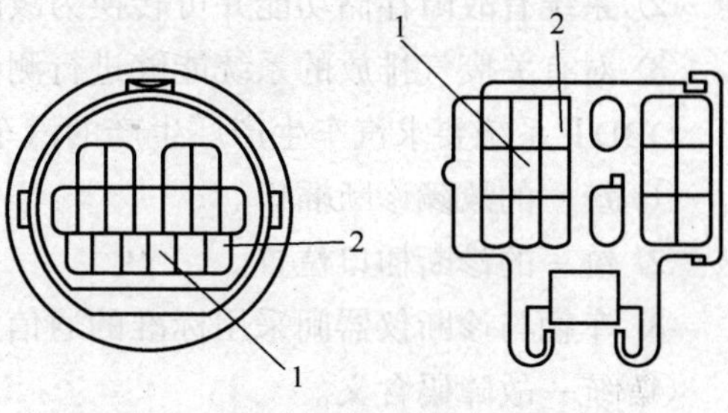

图 7.7　丰田自动变速器故障诊断接口
1—TE_1　2—TE_2

表 7.5　　丰田 A340E 自动变速器故障码

故 障 码	故 障 部 位
42	1 号车速传感器（在组合仪表中）故障、线路有断路或短路
61	2 号车速传感器（在 AT 中）故障、线路有断路或短路
62	1 号电磁阀线圈、线束或插接器有短路或断路
63	2 号电磁阀线圈、线束或插接器有短路或断路
64	锁止电磁阀线圈、线束或插接器有短路或断路

特别应注意，不同生产厂家的汽车的故障显示方式不同，故障码的调用方式、故障码所代表的含义也不一样，进行故障码调用和利用故障码进行故障分析时，需要借助该汽车生产厂提供的该车型的维修手册的帮助。

二、利用测试仪器调用故障码

与汽车计算机技术发展的同时，对汽车诊断设备也产生了重要影响。德国大众公司在 1972 年即研制出与车辆上传感器联接的诊断专用联接器，通过与外部设置的计算机和检测装置联接，能够检查 88 个项目，并把结果打印出来，如图 7.8 所示。

故障诊断仪器通常是利用串联通讯的方式，把电缆线前端的插接件与车辆专用插接件相连接，根据诊断对象不同，选择合适的软件安装在故障检测装置上，只要进行简单键操作，即可获得来自汽车上 ECU 中的必需的数据，并可对 ECU 控制的执行元件进行强制测试。更方便的是借助液晶屏幕显示，通过对话的形式，可以得到设备操作的指示，而不必繁烦翻阅使用说明书，这对于初学使用的维修人员非常方便。

图 7.8　大众 1552 故障诊断仪及变速器测试

OBDⅡ系统指美国政府要求销售到加州的汽车应达到 OBDⅡ标准要求，要求包括 3 个方面。

① 汽车仪表中有警示灯，用以出现故障时向车主提示车辆存在故障。

② 系统有故障存储功能并可转换为故障代码进行传送。

③ 对有关废气排放的系统能够进行测试保养。

OBD Ⅱ系统要求汽车生产厂生产的汽车必须提供以下几方面。

① 统一的故障诊断插口。

② 统一的诊断插口位置。

③ 车辆与诊断仪器间采用标准的通信规则。

④ 统一故障码含义。

⑤ 具有行车记录功能。

⑥ 监控排放控制系统。

⑦ 利用故障扫描仪读码、清码、记录数据等。

⑧ 统一标准技术术语、定义系统的元件名称。

OBD Ⅱ标准的制定对汽车设计和汽车服务行业产生了巨大的影响。将原来各汽车厂家分散的、封闭的故障诊断系统统一到一个标准上，有利于汽车检测设备、仪表的充分使用，更重要的是使汽车维修保养变得更方便、迅捷。受益的不仅是汽车生产厂，而是整个人类社会。使用 OBD 标准的汽车，其故障诊断插口如图 7.9 所示，具有 16 个插接头，其中 7 个是标准定义的插接头，其余的可由汽车生产厂家设定。例如：第 16 针为蓄电池正极；第 4、5 针为搭铁；第 7 和 15 针为 ISO.1994.2 认证发动机、变速器控制系统标准数据通信专用接头、第 2 和 10 针为 SAE J1850 标准通信接头等。

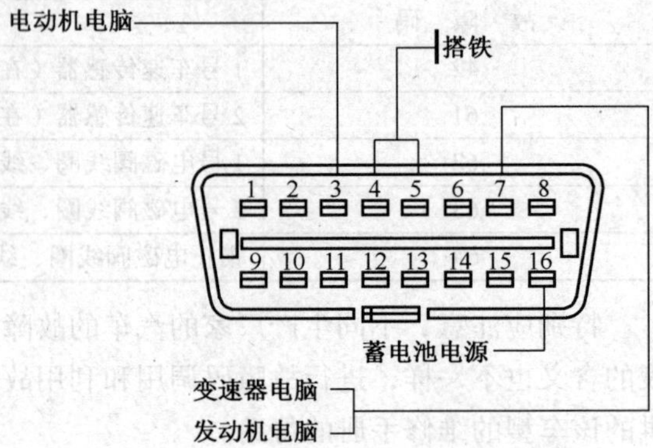

图 7.9 OBD Ⅱ十六针故障诊断接口

扫描检测仪的优点是为汽车维修人员提供下列帮助。

（1）方便地获得故障码，它所显示的是数字而不再是脉冲编码。

（2）读取汽车系统的数据流。可直接读取冷却水温度、节气门开度、各种工况下的压力、各种工况下的转速等。

（3）汽车行驶中监测数据变化。工作中在些故障属偶发性故障，没有被计算机记录并转换为故障码，但对正常运行有影响，可通过汽车行驶中对数据的观察来查找。

（4）进行道路试验时储存部分数据，以便回来后进行数据分析。

（5）可对传感器发出动作检测信号，如对电磁阀发出动作号，通过电磁阀吸合的动作声音进行故障检测。

（6）扫描仪可与打印机连接，将测试数据打印出来。

（7）扫描仪还可与个人电子计算机连接，将数据转存到个人计算机中。

由以上可知扫描仪的优点是显而易见的。

在进行自动变速器故障诊断时，还可利用其他设备或设施辅助检测，如使用汽车底盘测功机，可模拟道路状况对自动变速器工作情况进行检测，通过图形或数据分析可得各挡的实际情况，以确定问题所在。

参 考 文 献

1. 李春明，焦传君．汽车构造．北京：北京理工大学出版社，2008.
2. 陈家瑞，汽车构造．北京：机械工业出版社，2003.
3. 张为春，汽车构造．北京：机械工业出版社，2001.
4. 朱　迅．汽车自动变速器维修．北京：机械工业出版社，2002.
5. 张力新等．桑塔纳 2000 系列轿车维修手册．北京：机械工业出版社 1999.